O Estado Acionista

O Estado Acionista

EMPRESAS ESTATAIS E EMPRESAS PRIVADAS COM PARTICIPAÇÃO ESTATAL

2017

Rafael Wallbach Schwind

O ESTADO ACIONISTA
EMPRESAS ESTATAIS E EMPRESAS PRIVADAS COM PARTICIPAÇÃO ESTATAL

AUTOR: Rafael Wallbach Schwind
DIAGRAMAÇÃO: Almedina
DESIGN DE CAPA: FBA
ISBN: 978-858-49-3233-7

Dados Internacionais de Catalogação na Publicação (CIP)
(Câmara Brasileira do Livro, SP, Brasil)

Schwind, Rafael Wallbach
O Estado acionista : empresas estatais e empresas privadas com participação estatal / Rafael Wallbach Schwind. -- São Paulo : Almedina, 2017.
Bibliografia.
ISBN: 978-85-8493-233-7
1. Empresas privadas 2. Empresas públicas 3. O Estado 4. Parcerias público-privadas 5. Sociedades de economia mista I. Título.

17-06245 CDU-351.712(81)

Índices para catálogo sistemático:
1. Brasil : Empresas público-privadas : Direito administrativo 351.712(81))

Este livro segue as regras do novo Acordo Ortográfico da Língua Portuguesa (1990).

Julho, 2017

EDITORA: Almedina Brasil
Rua José Maria Lisboa, 860, Conj.131 e 132, Jardim Paulista | 01423-001 São Paulo | Brasil
editora@almedina.com.br
www.almedina.com.br

È possibile che il futuro abbia a mostrarci gli organismi economici, che oggi sono rappresentati dalle società per azioni, non solo su base di parità con lo Stato, ma forse anche al suo posto, come forze dominante dell'organizzazione sociale. Di conseguenza il diritto dele società potrebbe essere considerato come il potenziale diritto costituzionale del nuovo Stato economico, mentre l'attività di impresa sta sempre piú assumendo l'aspetto di attività politica economica.

(BERLE JR., Adolf A.; MEANS, Gardiner C.. *Società per azioni e proprietà privata*. Torino: Giulio Einaudi, 1966, p. 336 – traduzido do original em inglês *The modern corporation and private property*, 1932)

AGRADECIMENTOS

Este livro é resultado direto do suporte e da dedicação que diversas pessoas tiveram a mim ao longo de vários anos. Tenho, portanto, o dever e – principalmente – a satisfação de dirigir meus agradecimentos a todas elas.

Inicio com um agradecimento especial à Professora Maria Sylvia Zanella Di Pietro, minha orientadora no mestrado e no doutorado, que sempre me deu liberdade para seguir as minhas concepções, sem imposição de ideias e com amor ao debate. A Professora Maria Sylvia é verdadeiramente minha madrinha acadêmica. A ela devo grande parte do que já consegui realizar até hoje.

Faço um agradecimento particular também ao Professor Floriano de Azevedo Marques Neto. Além de ser uma das pessoas mais brilhantes que conheço, opinião que certamente compartilho com todos que têm o prazer de conviver academicamente com ele, o Professor Floriano contribuiu decisivamente com este trabalho por meio de observações sempre muito perspicazes. Além disso, Floriano ainda dedicou seu escasso tempo livre a escrever a interessantíssima apresentação deste livro.

Agradeço também aos Professores Dinorá Adelaide Musetti Grotti, Carlos Ari Sundfeld e Fernando Dias Menezes de Almeida, que também participaram da minha banca de defesa de tese de doutorado na Faculdade de Direito da USP. Suas arguições contundentes e desafiadoras foram decisivas para o desenvolvimento do trabalho que ora vem a público.

Este trabalho não teria sido possível sem o auxílio de meus colegas de escritório, em especial dos Drs. Cesar Pereira, André Guskow Cardoso, William Romero, Guilherme A. Vezaro Eiras, Mayara Gasparoto Tonin e Camila Batista Rodrigues Costa, que assumiram diversas das minhas funções em meus períodos de estudo. Destaco em especial o incentivo constante do Cesar, que é um grande amigo e um profissional no qual tento sempre me espelhar.

Agradeço sempre – e com muita honra – ao Professor Marçal Justen Filho, que, além de ser um grande jurista, é fonte de inspiração a todos que o cercam. Seu rigor acadêmico e seu raciocínio lógico me impressionam constantemente, mesmo depois de mais de quinze anos de convívio profissional praticamente diário.

Ao longo de diversos anos, tive (e ainda tenho) a honra de compartilhar muitos bons momentos em estudos e grupos de discussão na Faculdade de Direito da USP. Foi desse contexto que surgiram algumas ideias que permeiam o presente livro. Mas, principalmente, nasceram grandes amizades. Registro aqui meus agradecimentos aos amigos Alexandre Cunha, Alexandre Santos de Aragão, Bernardo Strobel Guimarães, Carlos Vinicius Alves Ribeiro, Carolina Caiado, Fernando Brega, Guilherme Ribas, Juliana Bonacorsi de Palma, Karlin Olbertz Niebuhr, Luiz Felipe Hadlich Miguel, Marcos Amaral, Odete Medauar, Raquel Preto, Renata Nadalin Meireles Schirato, Rodrigo Pagani de Souza, Sofia Preto, Tarcisio Vieira de Carvalho Neto e Vitor Rhein Schirato.

Devo um grande agradecimento à Karlin Olbertz Niebuhr e à Juliane Erthal de Carvalho, que me auxiliaram na revisão do trabalho e fizeram observações muito pertinentes – sendo que a Karlin ainda fez uma nova e criteriosa revisão quando este trabalho estava prestes a ser publicado.

Na fase de publicação, tive a felicidade de contar com a eficiência e a organização exemplares da equipe da Editora Almedina. É uma enorme satisfação ter este livro publicado por editora tão tradicional e relevante. A publicação de um livro torna o trabalho uma obra propriamente dita, acabada, final. Além de uma enorme satisfação pessoal, a publicação possibilita uma perspectiva autoral do trabalho. Faz com que enxerguemos algo concreto, que deriva de nós e que ao mesmo tempo nos transforma. Nada disso seria possível sem o apoio da Editora Almedina.

Como não podia deixar de ser, agradeço imensamente aos meus pais, Silvia e Sergio, com quem aprendi que o esforço, a dedicação e o amor pelo que se faz são os fatores que nos levam adiante em tudo na vida.

Por fim, devo meu agradecimento mais especial à Luciana, que deixou tantas coisas de lado para me dar o suporte e o carinho sem os quais nada é possível. Este livro vai dedicado a ela.

APRESENTAÇÃO

Há mais de dois séculos os administrativistas se esforçam por definir o objeto de seu estudo e com isso reafirmar a autonomia do direito administrativo em relação às outras áreas jurídicas. Muitas são as maneiras que adotam para definir o Direito Administrativo. Por muito tempo se tomava este ramo jurídico como aquele que tratava da disciplina jurídica da atuação da Administração Pública. Num primeiro momento, tomada pelo prisma estrutural (o direito das relações jurídicas que envolviam os órgãos da estrutura administrativa do Estado, algo muito próximo da estrutura do poder executivo). Depois, como o direito que disciplinava o regime próprio das funções administrativas, independentemente do poder do Estado em que elas se desenvolviam. É sintomático que entre nós o trabalho seminal no sentido de se fixar o direito administrativo como um ramo voltado ao regime jurídico das funções administrativas (ou, na formulação de então, o regime jurídico-administrativo) tenha sido uma obra que trazia no seu título referência justamente ao caráter estrutural.[1]

Estas duas considerações, o esforço pela delimitação das bordas de autonomia do jusadministrativismo e a adoção do regime jurídico da atividade

[1] Refiro-me por óbvio à obra maior de Celso Antônio Bandeira de Mello, *Natureza e Regime Jurídica das Autarquias* (São Paulo: RT, 1968), obra que durante ao menos trinta anos serviu de guia para as formulações do direito administrativo brasileiro, sendo que hoje, malgrado não responder mais às questões teóricas postas pela contemporaneidade, ainda influencia gerações de juristas. Para a abordagem que demonstra a superação do modelo teórico subjacente à formulação do "*regime jurídico-administrativo*" ver Gustavo Binenbojn, *Uma Teoria do Direito Administrativo. Direitos fundamentais, democracia e constitucionalização* (3ª ed, Rio de Janeiro: Renovar, 2014) e Carlos Ari Sundfeld, *Direito Administrativo para Céticos* (2ª ed., São Paulo: Malheiros, 2014).

administrativa do Estado inspiram este texto. Isso porque, após ter lido o livro ora apresentado, chegamos a duas conclusões: (i) não dá para definir o direito administrativo, nem a partir da estrutura da Administração Pública, nem meramente pelo exercício de poder extroverso e (ii) efetivamente, não faz muito sentido nos dias de hoje se ficar buscando critérios para delimitar a cidadela autônoma do direito administrativo (como de resto, permita-me, é perda de tempo no direito contemporâneo fazê-lo para qualquer ramo ou sub-ramo jurídico).

Sempre me pergunto qual função deve cumprir um programa de pós-graduação em uma Universidade pública. Certamente não há de ser prover educação continuada a graduados em direito, aperfeiçoamento ou atualização para profissionais jurídicos. Muito menos há de ser emular as teorias clássicas e reproduzir o conhecimento tradicional, ensejando que discípulos, mestrandos e doutorandos, revisitem e repisem os paradigmas tradicionais para mera emulação de seus orientadores ou titulares de cátedra. Embora contrárias ao conhecimento, essas finalidades até podem ter lugar em universidades privadas. Mas não numa universidade financiada por recursos de toda a sociedade. Ao meu ver, um programa de pós em direito em uma universidade como a Universidade de São Paulo deve se estruturar sobre a pesquisa séria e profunda, com vista a dois objetivos: desafiar os paradigmas tradicionais, buscando questões desafiadoras que nos levem ao limite e, eventualmente, demonstrem ter chegado o estágio de superação e, de outro lado, no bojo deste processo, oferecer respostas e alternativas criativas para os problemas colocados. O objetivo de um professor universitário em uma pós-graduação deve ser um só: forjar discípulos cujas pesquisas lhes apresentem o atestado de óbito de suas formulações, obras e pesquisas anteriores. Nada deve ser mais frustrante que um orientando produzir um trabalho que repise as linhas teóricas do orientador. Nada, ao revés, é mais recompensador do que trabalhos que demonstrem a insuficiência dos seus paradigmas ou que inovem sua pesquisa, abrindo novas sendas e perscrutando temas que estavam obscuros à luz do modelo teórico vigente.

Pois bem. Este longo preâmbulo contém todos os elementos necessários para apresentar o trabalho de Rafael Wallbach Schwind.

Não fui seu orientador, privilégio que coube à professora Maria Sylvia Zanella Di Pietro. Mesmo não sendo seu orientador, acompanhei durante todo o doutoramento de Rafael, sua pesquisa e evolução. Rafael é um tipo sério, não apenas porque dedicado, concentrado, responsável. Mas, principalmente, porque é um tipo daqueles que não faz concessões para a informalidade tipicamente brasileira. Para quem não o conhece, parece um sujeito sisudo, que não sorri. O que é um engano pois, como verá o leitor, Rafael tem verve e bossa. É, porém, o oposto absoluto do falastrão. Só fala sobre o que refletiu e pesquisou, não se apressa por dar sua opinião, tudo lê, não arrisca raciocínios aleatórios. Esse compromisso acadêmico, consentâneo com a tradição dos alunos que tiveram sua formação inicial sob influência de Marçal Justen Filho, é patente na obra agora publicada.

Retomo então as linhas introdutórias deste texto. As chamadas empresas público-privadas existem entre nós há décadas. E, pelo menos desde os anos 1990, multiplicaram-se e assumiram as mais diferentes feições. E fizeram emergir uma gama de problemas desafiadores. Não obstante isso, pouco se escreveu sobre isso até agora.[2]

Refletindo sobre as razões para este silêncio desafiador, concluo que ele se deve ao fato de que a doutrina tradicional tem enorme receio de tratar aquilo que desafia aos seus próprios fundamentos. E esse é o caso das empresas público-privadas. Elas não integram a estrutura da Administração Pública, embora se relacionem com o aparelho estatal. No mais das vezes, não se dedicam a desenvolver função administrativa, embora cuidem de objetos que de alguma maneira envolvam a cura de interesses coletivos ou estratégicos. E, por último, mas não menos importante, o fenômeno das empresas público-privadas simplesmente põe a nu a insuficiência do chamado regime jurídico-administrativo, ao menos na sua formulação de um regime único, monobloco, invariável e impassível de modulações.

Eis que Rafael, na melhor esteira da função contestadora e inovadora da pesquisa em Direito, resolve enfrentar o tema. E o faz sem respeitar (alvíssaras) as separações estanques de ramos jurídicos, passando pelo direito

[2] Exceções que só confirmam a regra são: Carlos Ari Sundfeld, Rodrigo Pagani de Souza e Henrique Motta Pinto, *Empresas Semiestatais* (*Revista de Direito Público da Economia*, vol. 36. Belo Horizonte: Fórum, 2011); Alexandre Santos de Aragão, *Empresa Público-Privada* (*Revista dos Tribunais*, vol. 890. São Paulo: RT, 2009); Marçal Justen Filho, *Empresas Privadas com Participação Estatal Minoritária* (*Revista dos Tribunais*, vol. 933. São Paulo: RT, 2013); Floriano de Azevedo Marques Neto e Marina Fontão Zago, *Limites da Atuação do Acionista Controlador nas Empresas Estatais: Entre a Busca do Resultado Econômico e a Consagração das suas Finalidades Públicas* (*Revista de Direito Público da Economia*, vol. 49. Belo Horizonte: Fórum, 2015); Floriano de Azevedo Marques Neto e Juliana Bonacorsi de Palma, *Empresas Estatais e Parcerias Estratégicas* (*Revista de Direito Administrativo*, vol. 271. Rio de Janeiro: FGV/Renovar, 2016).

societário, civil, constitucional. Mais: não se limita a abordar o tema sob o prisma teórico, mas o faz olhando a um só tempo para o direito positivo e para diversos exemplos práticos de manifestações das chamadas EPP. Há mais: Rafael apresenta e disseca cada aspecto, cada problema, não apenas expondo os desafios, mas oferecendo, aqui e acolá, soluções jurídicas criativas para seu enfrentamento. O capítulo sobre as *golden shares* merece nota especial, não apenas por cuidar de um tema relevante tanto no direito brasileiro quanto no ambiente português e europeu. A caracterização do seu exercício como uma modalidade do controle, e os limites e critérios para sua operacionalização, são pontos altos do trabalho. Rafael enfrenta com descortino e coragem um dos temas mais controvertidos do direito societário e administrativo. E o faz com destacada percuciência. Outro ponto digno de destaque é o tópico em que trata dos critérios de seleção, pelo ente estatal, do sócio privado. Afinal, se não faz sentido postular a realização de licitação pública, igualmente não se pode dizer que a eleição de um ou outro particular para o Estado travar uma parceria estrutural possa ser uma decisão puramente discricionária e imune a controles.

Enfim, o trabalho já mereceria leitura pelo seu caráter inovador e pela completude dos temas abordados. Mas a isso se deve somar o modo fluente e agradável da escrita e a profundidade da abordagem. Fosse isso pouco e há o fato de que o livro tem um alcance ainda maior. Ele reflete uma visão que tenho procurado desenvolver há alguns anos. O direito administrativo não deve mais ficar buscando critérios e argumentos para defender suas autonomia e estanqueidade. Simplesmente porque o direito administrativo é método, e não matéria. Ele não tem lindes claras, simplesmente porque ele se impregna em todas as áreas do direito. Como um direito disciplinador do poder público em ação, sua delimitação não deve constituir preocupação teórica. Onde o Estado exerce suas prerrogativas (jurídicas, políticas, econômicas e financeiras, extroversas ou consensuais), há necessidade de disciplina jurídica que se convolará em direito administrativo. Em oportunidade recente, comparei, não sem uma dose de megalomania, a presença do direito administrativo no Direito à presença da água no nosso planeta: observando uma foto da Terra tirada, veem-se vastas porções de água, situada nos rios, oceanos, lagos. Mas é pouco, muito pouco, limitar a estes locais a presença hídrica. A água está em muitos outros sítios. Vital à vida, está em corpos e materiais infinitos. Igual ocorre com o direito administrativo. Sendo nosso direito (ao menos nos sistemas jurídicos ocidentais) fundamentalmente estatal, a ele é imprescindível o poder extroverso. E sempre que haja manifestação do poder estatal haverá em alguma medida aplicação de regras, princípios ou institutos do direito administrativo.

É exatamente isso que o livro de Rafael nos mostra. A atividade empresarial do Estado envolve direito econômico, societário, contratual. E obviamente envolve direito administrativo. Porém, longe daí se querer aplicar o figurino único de um só regime jurídico. Eis a armadilha em que se enreda a doutrina e, pior, acomete também os órgãos de controle. Ou o ente é administrativo e se lhe aplica o pacote completo (concurso, licitação, orçamento, controle externo), ou então a entidade é privada e mesmo com participação relevante do Estado estará imune a qualquer incidência de direito administrativo. Rafael nos dá uma aula de como sair desta armadilha. As empresas público-privadas, mostra-nos, sujeitam-se à incidência do direito público na medida e na proporção da intensidade da participação e da ingerência estatal sobre a configuração empresarial.

Encerro esta já longuíssima apresentação narrando uma experiência que ilustra como é útil e necessário o livro agora editado. Recentemente integrei uma banca de concurso para ingresso na magistratura. Cabendo a mim arguir matéria de direito administrativo ousei preparar uma questão discursiva sobre as empresas público-privadas, na esteira do trabalho de Rafael que havia pouco arguira na sua banca de doutoramento composta, além de mim e da orientadora, pelos professores Fernando Menezes, Dinorá Grotti e Carlos Ari Sundfeld. Corrigindo as provas pude perceber a insuficiência da doutrina tradicional para o enfrentamento das desafiadoras questões ensejadas pelas EPPs. Poucos conseguiram responder suficientemente a indagação sobre qual regime deveria ser a elas aplicado. Oxalá a leitura do presente livro se dissemine, várias edições se sucedam e ela passe a integrar a bibliografia básica dos cursos de Direito, aqui e em Portugal. Ao menos os novos magistrados estarão apetrechados para os desafios do porvir.

Floriano de Azevedo Marques Neto
Professor Titular de Direito Administrativo – USP

PREFÁCIO

Na qualidade de orientadora de alunos do curso de pós-graduação da Faculdade de Direito da Universidade de São Paulo, tenho sido inúmeras vezes convidada para prefaciar trabalhos que, avaliados e aprovados por bancas examinadoras, deram aos seus autores os títulos de Mestre e de Doutor. Muitos desses alunos são hoje profissionais de diferentes setores jurídicos, públicos e privados. Alguns são também professores universitários.

Para o orientador, é extremamente gratificante acompanhar a carreira desses antigos alunos. Embora o esforço maior, a dedicação e o mérito sejam deles, gostamos de sentir que, de alguma forma, participamos de suas vitórias.

Dentre esses alunos, alguns se destacam pela excelente qualidade dos trabalhos apresentados. É o caso do paranaense Rafael Wallbach Schwind. Primeiro conquistou o título de Mestre, com sua dissertação sobre a *Remuneração do Concessionário*, publicada pela Editora Fórum, em 2010, também por mim prefaciada. Mais recentemente, obteve o título de Doutor com a tese que trata da atuação do Estado como acionista de empresas privadas, ora publicada pela Editora Almedina.

Mais uma vez, tenho a satisfação e a honra de ser convidada para escrever o prefácio.

A satisfação é tanto maior pela relevância do tema e qualidade da obra.

Com efeito, o tema desenvolvido neste livro diz respeito à atuação do Estado como acionista de empresas estatais e, em mais detalhes, de empresas privadas que não integram a Administração Pública.

A problemática das empresas estatais é um tema clássico do direito administrativo, mas ao mesmo tempo muito atual, como deixa transparecer a Lei Federal nº 13.303, de 30 de junho de 2016 – que dispõe sobre o estatuto jurídico da empresa pública, da sociedade de economia mista e de suas subsidiárias.

O art. 173 da Constituição Federal estabelece que o Estado pode explorar diretamente atividades econômicas quando necessárias aos imperativos da segurança nacional ou a relevante interesse coletivo. Isso significa que a atuação empresarial do Estado somente será compatível com a ordem constitucional se observar esses dois parâmetros. O ordenamento jurídico brasileiro estabeleceu claramente certas razões de ordem pública que servem ao mesmo tempo de fundamento e de limite para a atuação do Estado no desempenho de atividades econômicas. Não é toda atividade econômica que deve contar com a participação direta do Estado, portanto.

À medida que decide atuar no desempenho de atividades econômicas, por vezes em regime de concorrência com a iniciativa privada, o Estado precisa contar com instrumentos que lhe proporcionem agilidade e flexibilidade de atuação. As empresas públicas e sociedades de economia mista foram idealizadas principalmente para fornecer ao Poder Público instrumento adequado para o desempenho de atividades de natureza comercial e industrial. Foi precisamente a forma de funcionamento e organização das empresas privadas que atraiu o Poder Público. Daí a personalidade de direito privado das empresas estatais.

Contudo, apesar de terem personalidade jurídica de direito privado, as empresas estatais utilizam certos instrumentos e se submetem a determinados controles que são típicos da Administração Pública. Há, portanto, um constante conflito entre público e privado no âmbito das empresas estatais, que por si só já faz com que o tema seja de grande complexidade.

Mas para além das empresas estatais, existe também a participação do Estado como acionista de empresas privadas que não integram a Administração Pública. A hipótese, muito mais frequente do que pode parecer à primeira vista, é contemplada pelo art. 37, inciso XX, da Constituição Federal. Não obstante, é pouquíssimo estudada – e o estudo de Rafael vem a acrescentar algumas reflexões importantes a respeito do tema.

O estudo parte da concepção de que a participação do Estado no capital de empresas privadas que não integram a Administração Pública é uma espécie de parceria público-privada de natureza societária. O autor observa que, mesmo depois das diversas privatizações ocorridas com grande intensidade a partir da década de 1990, o Estado brasileiro possui ainda uma forte atuação no campo empresarial por meio de sua participação acionária em empresas que contam com capital majoritariamente privado. No entanto, ele ressalva que o engajamento empresarial do Estado (identificado por ele como sendo o "Estado Acionista") somente pode ser eficiente nessas empresas se considerar a possibilidade da conjunção de esforços entre os setores público e privado. Nesse contexto, o Estado contribui para o desenvolvimento da atividade empresarial, mas sem um comando absoluto, e sim por meio do compartilhamento da direção do empreendimento, de forma mais intensa do que aquela que ocorre, por exemplo, nas sociedades de economia mista.

Logo no início, Rafael enuncia a sua tese. Segundo ele, há uma técnica de intervenção do Estado no domínio econômico – denominada pelo autor de "técnica acionária" – pela qual o Estado emprega o seu apoio institucional e econômico em parcerias público-privadas de natureza societária, como mecanismo orientador de certas condutas consideradas desejáveis pelo Estado na ordem econômica. Essa participação do Estado como acionista de empresas privadas conduz à existência, segundo Rafael, de uma parceria entre os setores público e privado, de natureza societária, em que o ente administrativo não possui preponderância no controle da empresa, ainda que determinados poderes lhe sejam assegurados – tais como os de indicação de certos administradores e de exercício de direito de veto em determinadas matérias.

O assunto é dos mais complexos e intrincados, por envolver elementos de direito administrativo, constitucional e comercial.

O autor inicia o enfrentamento do tema retomando algumas noções sobre os motivos pelos quais o Estado utiliza o figurino empresarial para a realização de determinadas atividades. Ele identifica a existência de uma Administração Pública empresarial, que atua segundo uma lógica em grande parte própria, em contraposição com a Administração Pública não-empresarial.

Em seguida, o autor passa a tratar da reunião entre o Estado e os particulares em ambiente societário. Examinando o histórico da criação de sociedades de economia mista no Brasil, Rafael conclui que o Estado sempre manteve um controle absoluto de tais empresas, inclusive excepcionando as regras gerais das sociedades comerciais. Entretanto, observa ele que, com a retomada do princípio associativo, passou a haver uma flexibilização do controle acionário exercido pelo Estado, do que é exemplo a celebração de acordos de acionistas que asseguram poderes relevantes aos chamados sócios privados estratégicos em determinadas sociedades de economia mista.

Com fundamento nessas premissas, que encerram a primeira parte do estudo, o autor passa a examinar a técnica acionária propriamente dita.

Inicialmente, ele trata da caracterização da participação estatal em empresas privadas que não integram a Administração Pública. Segundo o autor, o Estado Acionista deve ter muito clara a noção de que a atividade empresarial envolve riscos. Além disso, o autor propõe o critério da preponderância do poder de controle – em substituição ao da participação no capital social – como definidor de uma empresa privada com participação estatal. Em seguida, o estudo passa ao exame da juridicidade da participação estatal no capital de empresas privadas que não integram a Administração Pública, com o exame das normas constitucionais e legais que tratam do assunto.

Feito isso, o autor identifica o que entende ser a técnica acionária – um mecanismo de apoio institucional do Estado – e examina quais são os três principais objetivos da participação do Estado no capital de empresas privadas: dinamização e diversificação das atividades realizadas por empresas estatais; participação do Estado na gestão de atividades que dependem de uma outorga estatal; e auxílio (ou fomento) a determinadas atividades e agentes econômicos. Nesse ponto, são examinadas as participações detidas pela Petrobras, Eletrobras, VALEC e SABESP em empresas privadas, a participação estatal em sociedades de propósito específico nas concessões e parcerias público-privadas, o modelo adotado nas concessões de aeroportos (em que a INFRAERO é acionista das concessionárias), os consórcios formados para a exploração do pré-sal, a atuação do BNDESPAR e os mecanismos previstos na Lei de Inovação.

A seleção do sócio privado é o tema que o autor passa a examinar na sequência. Retomando as noções que construíram a imprecisa concepção de *affectio societatis*, Rafael rejeita a tese de que a *affectio societatis* seria um fator que impede uma seleção objetiva de sócios privados. Igualmente, recusa a afirmação de que o contrato da sociedade seria um contrato de direito privado e por isso dispensaria qualquer procedimento objetivo de escolha do sócio privado. Por outro lado, o autor não aceita a afirmação feita por parcela da doutrina, segundo a qual a escolha do sócio privado sempre teria de se dar por meio de licitação. Após examinar todos os posicionamentos, ele conclui que nenhum deles é satisfatório e que a obrigatoriedade ou não de haver um processo objetivo de seleção do sócio privado dependerá das funções pretendidas com o emprego da técnica acionária em cada caso.

Em seguida, o estudo passa a examinar o regime jurídico das empresas privadas com participação estatal. Em síntese, o autor demonstra que não incide o regime de direito público e que os mecanismos de controle sobre elas são os do direito privado – destacando inclusive a importância da transparência e da boa-fé entre os sócios.

Na terceira e última parte do estudo, o autor ainda examina os dois principais mecanismos societários de controle nas empresas privadas com participação estatal, que são os acordos de acionistas e as ações de classe especial (ou *golden shares*).

Segundo o autor, os acordos de acionistas são um importante mecanismo para se estabelecer um cronograma de investimentos e os compromissos do sócio estatal e do sócio privado no empreendimento.

As *golden shares*, que refletem uma experiência estrangeira derivada principalmente de privatizações de empresas estatais, também são um instrumento relevante que o Estado Acionista tem à sua disposição para influir nas decisões tomadas pela empresa privada de que é sócio. Contudo, o autor ressalta que há um dever de proporcionalidade e razoabilidade na utilização das prerrogativas permitidas pelas ações de classe especial, bem como um limite claro que é o do interesse social. Ele defende a sindicabilidade dos atos praticados no exercício das prerrogativas asseguradas por *golden shares* e a responsabilização pelo exercício equivocado de tais prerrogativas.

Esta breve síntese permite constatar que os temas tratados são complexos e variados, mas se justificava um estudo sobre eles principalmente diante da escassez de trabalhos que tratam do assunto. Foi esse o objetivo a que se propôs Rafael em sua tese de doutorado, defendida na Faculdade de Direito da Universidade de São Paulo perante banca examinadora integrada pelos professores Floriano de Azevedo Marques Neto, Carlos Ari Sundfeld, Dinorá Adelaide Musetti Grotti, Fernando Dias Menezes de Almeida e por mim, como sua orientadora.

O livro ora publicado é uma versão aprofundada da tese, atualizada com as mais recentes alterações legislativas, inclusive decorrentes da Lei Federal nº 13.303, de 2016, que instituiu o estatuto jurídico das empresas estatais, e do Decreto nº 8.945, de dezembro de 2016, que a regulamentou.

A forma aprofundada como o tema foi desenvolvido, a inexistência de outras obras que tratem do mesmo assunto – quando se sabe que é bastante expressiva a participação do Estado em empresas privadas que não integram a Administração Pública –, a novidade de alguns aspectos tratados e, especialmente, a forma aprofundada como o tema foi desenvolvido, consolidam a posição do Rafael Wallbach Schwind como jurista destacado na área do direito administrativo econômico, tornando altamente recomendável incluir a sua obra entre aquelas de consulta obrigatória para os profissionais que atuam na área.

Maria Sylvia Zanella Di Pietro
Professora titular aposentada de Direito Administrativo – USP

SUMÁRIO

INTRODUÇÃO

1. O ESTADO ACIONISTA

O tema que será desenvolvido neste livro diz respeito à participação do Estado como acionista de empresas estatais e de empresas que não integram a Administração Pública – assunto que ganhou ainda maior atualidade com a edição do estatuto jurídico das empresas estatais (Lei Federal nº 13.303, de 30 de junho de 2016) e do decreto que a regulamentou (Decreto nº 8.945, de 27 de dezembro de 2016).

A temática tem como pano de fundo a atuação do Estado na ordem econômica.

De acordo com o artigo 173 da Constituição Federal, o Estado pode explorar diretamente atividades econômicas quando necessárias aos imperativos da segurança nacional ou a relevante interesse coletivo.

Normalmente, a exploração direta se dá por meio de empresas públicas, sociedades de economia mista, bem como por suas subsidiárias e controladas, que na realidade também são empresas estatais[3]. Todas essas empresas integram a Administração Pública, ainda que sejam rotuladas como pessoas jurídicas de direito privado.

Mas, em paralelo, existe uma possibilidade a mais de a estrutura estatal se engajar diretamente na exploração de atividades econômicas. Trata-se

[3] Utiliza-se aqui o gênero "empresas estatais" para fazer referência às empresas públicas, sociedades de economia mista e suas subsidiárias e controladas. Todas elas integram a Administração Pública.

da participação do Estado como sócio de empresas privadas *que não integram a Administração Pública.*

O fenômeno tem previsão constitucional expressa. O inciso XX do artigo 37 da Constituição Federal estabelece que "depende de autorização legislativa, em cada caso, a criação de subsidiárias das entidades mencionadas no inciso anterior [empresas públicas e sociedades de economia mista], *assim como a participação de qualquer delas em empresa privada*"[4]. A parte final do dispositivo contempla justamente a participação estatal em empresas que não integram a Administração Pública.

A participação do Estado como sócio de empresas privadas pode se prestar ao desempenho de uma série de finalidades de interesse estatal.

Pode consistir numa modelagem de *fomento*, pela qual o Estado emprega recursos em uma empresa privada, assumindo a condição de sócio para garantir que os objetivos buscados com o investimento estatal sejam alcançados. A presença do Estado, além de contribuir com o aporte de capital, tem a finalidade de conferir maior respeitabilidade e segurança ao empreendimento, fazendo com que a sociedade empresária tenha maior facilidade no desenvolvimento de certos negócios.

Pode ser uma sistemática pela qual empresas públicas e sociedades de economia mista ou suas subsidiárias se associam a entes privados para *desenvolver de modo mais eficiente uma atividade econômica específica.* O ente estatal assumirá a condição de sócio e, ainda que sem preponderância no exercício do poder de controle, deterá alguma parcela de poder no interior do arranjo societário.

Pode ainda se tratar de uma modelagem útil ao desempenho de *serviços públicos ou outras atividades que dependam de um contrato de concessão com o poder público.* Nesse caso, um ente estatal integrará o quadro de sócios da empresa concessionária, o que permite não só uma redução da assimetria de informações entre o poder público e o parceiro privado, mas também possibilita ganhos econômicos ao sócio estatal na exploração daquela atividade. Trata-se do modelo adotado nas licitações para a concessão de aeroportos, em que a Infraero passou a ser titular, em princípio, de 49%

[4] Note-se que o texto constitucional prevê apenas a participação das empresas estatais como sócias de empresas privadas. Não há previsão expressa acerca da participação do próprio Estado nessa condição. Por isso, ainda que se faça referência à participação "do Estado" como sócio de empresas privadas, deve-se compreender como sendo a participação de empresas estatais nesses arranjos societários.

do capital social das concessionárias[5]. Arranjo semelhante ocorre nos contratos de partilha para a exploração dos campos do pré-sal, em que não se dá propriamente a constituição de uma empresa privada com um sócio estatal, mas há a estruturação de um consórcio integrado pelos licitantes vencedores – o qual deve contar obrigatoriamente com a participação da Petrobras e da PPSA e tem um funcionamento muito semelhante ao de uma empresa privada, regulado pelo artigo 279 da Lei das Sociedades Antônimas (Lei nº 6.404)[6].

A maleabilidade do mecanismo da participação societária do Estado é uma importante característica dessa figura, o que a torna útil ao desempenho de uma série de atividades distintas.

O fenômeno não deixa de representar uma espécie de parceria público-privada[7].

Após a realização de diversas privatizações principalmente a partir da década de 1990, constatou-se que a participação direta do Estado na economia ainda é uma sistemática útil, que não pode simplesmente ser abandonada. No entanto, é necessário que o engajamento empresarial do Estado seja eficiente e considere a possibilidade da conjunção de esforços entre os setores público e privado. Esse contexto leva à realização de *parcerias público-privadas de natureza societária*, em que o Estado contribui de alguma forma para o desempenho de uma atividade, compartilhando

[5] Os próprios editais das licitações preveem a possibilidade de a Infraero reduzir a sua participação no capital das concessionárias ao longo da concessão.

[6] O artigo 20 da Lei nº 12.351, que disciplina a exploração no pré-sal e em áreas estratégicas, estabelece que "O licitante vencedor deverá constituir consórcio com a Petrobras e com a empresa pública de que trata o § 1º do art. 8º desta Lei, na forma do disposto no art. 279 da Lei nº 6.404, de 15 de dezembro de 1976". A participação da Petrobras nos consórcios "não poderá ser inferior a 30% (trinta por cento)", de acordo com o artigo 10, inciso III, alínea *c*, da mesma Lei. Já a PPSA "integrará o consórcio como representante dos interesses da União no contrato de partilha de produção", conforme estabelece o artigo 21 da mesma Lei.

[7] O termo "parceria", segundo Maria Sylvia Zanella Di Pietro, pode ter uma acepção bastante ampla, "de modo a abranger todos os ajustes entre setor público e setor privado, para a consecução de fins de interesse comum, como concessões, permissões, convênios, contratos de gestão, terceirização e quaisquer outras modalidades admissíveis perante o nosso ordenamento jurídico" (*Parcerias na Administração Pública*. 7.ed. São Paulo: Atlas, 2009, p. 13). A abrangência do termo também é destacada por Dinorá Adelaide Musetti Grotti (As parcerias na Administração Pública. In: CARDOZO, José Eduardo Martins; QUEIROZ, João Eduardo Lopes; SANTOS, Márcia Walquíria Batista dos (org.). *Curso de Direito Administrativo Econômico*. Vol. 1, São Paulo: Malheiros, 2006, p. 441).

a direção do empreendimento com o setor privado de forma mais intensa do que ocorre, por exemplo, nas sociedades de economia mista.

No presente estudo, parte-se de uma hipótese: *há uma técnica de intervenção do Estado no domínio econômico – a "técnica acionária" – pela qual o Estado emprega o seu apoio institucional e econômico em parcerias público-privadas de natureza societária, como mecanismo orientador de certas condutas consideradas desejáveis pelo Estado na ordem econômica.*

A atuação do Estado como sócio de empresas privadas será tratada como uma técnica de atuação estatal no domínio econômico – o que denominaremos de *técnica acionária.*

Essa participação do Estado como sócio-empresário vai além das empresas propriamente estatais, conduzindo à existência de uma parceria entre os setores público e privado, de natureza societária, em que o ente administrativo não possui preponderância no controle da empresa, ainda que determinados poderes lhe sejam assegurados – *v.g.*, indicação de certos administradores e exercício de direito de veto em determinadas matérias – poderes esses que deverão ser dimensionados e adaptados em função de cada situação concreta e dependendo dos objetivos buscados pelo Estado com a parceria.

2. "EMPRESAS PÚBLICO-PRIVADAS", "EMPRESAS SEMIESTATAIS" E OUTRAS DENOMINAÇÕES

Neste ponto, é necessário um esclarecimento de ordem terminológica. Isso porque o fenômeno da participação do Estado como sócio de empresas que não integram a Administração Pública vem sendo designado por uma diversidade de denominações pela doutrina.

Uma parte dos doutrinadores utiliza a expressão "empresa público-privada".

Embora empregado pela doutrina estrangeira com outra conotação[8], o termo "empresa público-privada" foi utilizado para fazer referência às

[8] Na realidade, o próprio termo "empresa público-privada" pode designar diferentes realidades. Em artigo publicado em 1993, Gaspar Ariño Ortiz utilizou o termo "empresa público-privada" para se referir à necessidade de as empresas estatais operarem com maior eficiência e libertadas de certas amarras de natureza política que prejudicavam a sua atuação na Espanha (ARIÑO ORTIZ, Gaspar. La "nueva" empresa público-privada: ¿ilusión o realidad? *Cuenta y Razón*, 1993, p. 37-50. Disponível em: <http://dialnet.unirioja.es/servlet/

empresas privadas com participação estatal num breve ensaio de autoria do economista Fernando Cariola Travassos, publicado em 2007[9]. O autor destacava as vantagens de o Estado reduzir a sua participação em empresas públicas e sociedades de economia mista, abrindo mão do controle de tais sociedades. Com isso, formar-se-ia uma "empresa de comando compartilhado" entre os setores público e privado.

Essa dispersão adequada e monitorada do capital votante ainda manteria o poder público como um acionista estratégico, com a possibilidade de influir nos objetivos e linhas de ação da companhia. Entretanto, a empresa estaria protegida de interesses político-partidários e de favorecimentos contrários aos seus interesses devido justamente à ausência de poder governamental absoluto sobre as suas decisões.

O modelo mencionado pelo economista é justamente aquele que constitui o principal objeto do presente estudo – ainda que a análise deste trabalho não se restrinja à situação mencionada no ensaio, de redução da participação do Estado em empresas estatais.

Posteriormente, foi publicado artigo intitulado "Empresa público-privada", de autoria de Alexandre Santos de Aragão[10]. Por empresa público-privada, o doutrinador se refere às empresas de capital público-privado em que a participação estatal é minoritária[11].

O sentido do termo é semelhante ao que foi utilizado por Fernando Cariola Travassos e se aproxima muito do que será utilizado no presente estudo. Apenas ressalvamos desde logo que o fundamental para a carac-

articulo?codigo=2044707> Acesso em 30.5.2012). Para ele, a ideia de "empresa público-privada" tinha um conteúdo ideológico: seria, na realidade, uma nova concepção das empresas estatais. No artigo, o doutrinador mostrava-se ao mesmo tempo cético e esperançoso com esse novo modelo. Mas seus objetivos consistiam apenas em expor possíveis dificuldades e em ressaltar que elas somente seriam ultrapassadas com a adoção de novas concepções que orientassem as empresas estatais a uma atuação "mais empresarial". O doutrinador não estava fazendo referência à participação do Estado como sócio de empresas privadas, que é o principal objeto do presente estudo.

[9] TRAVASSOS, Fernando C. As vantagens de uma empresa público-privada. *Jornal Valor Econômico*, 21.8.2007.

[10] ARAGÃO, Alexandre Santos de. Empresa público-privada. *Revista dos Tribunais – RT*, ano 98, n. 890, p. 33-68, dez. 2009.

[11] Nas palavras de Alexandre Santos de Aragão: "Empresas público-privadas seriam, assim, as sociedades comerciais privadas com participação estatal, direta ou indireta, minoritária com vistas à realização de determinado objetivo público incumbido pelo ordenamento jurídico ao Estado" (Empresa público-privada, p. 41).

terização dessas empresas é que o sócio estatal não detenha a preponderância no seu controle, e não que o ente estatal seja sócio obrigatoriamente minoritário em termos de quantidade de ações de sua titularidade. Nosso entendimento parte da noção, há muito já pacificada no direito societário, de que existe uma dissociação entre propriedade acionária e poder de comando empresarial[12].

Embora já tenhamos utilizado a expressão "empresa público-privada", com o propósito de caracterizar essas situações como verdadeiras parcerias público-privadas de natureza societária[13], o fato é que a expressão acaba não sendo a mais adequada.

Primeiro, porque o referido termo não é contemplado pelo direito positivo brasileiro, o que pode provocar alguma dificuldade de compreensão.

Segundo, porque as assim denominadas empresas público-privadas por parte da doutrina são, na realidade, empresas privadas que nem sequer integram a estrutura da Administração Pública. A designação "empresa público-privada" pode gerar uma confusão para a compreensão dessas sociedades como essencialmente privadas, ainda que possuam um ou mais entes do Estado em seu quadro acionário.

Outra parcela da doutrina utiliza a expressão "empresas semiestatais". É o caso de Carlos Ari Sundfeld, Rodrigo Pagani de Souza e Henrique Motta Pinto, que produziram um relevantíssimo artigo conjunto publi-

[12] A caracterização das empresas privadas com participação estatal será feita com mais detalhamento em capítulo próprio. Esta ressalva quanto à preponderância do poder de controle, portanto, será melhor explicitada. Por ora, cabe apenas a menção de que o poder de controle não é uma decorrência apenas da propriedade das ações. Há uma série de fatores que influem na alocação do poder de controle, que não podem ser restringidos à quantidade de ações detidas pelo sócio. Trata-se de lição clássica de Adolf A. Berle Jr. e Gardiner C. Means, no estudo intitulado *The modern corporation and private property*, publicado com base em dados estatísticos de 1929. Tal estudo demonstrou a possibilidade de dissociação entre propriedade acionária e poder de comando empresarial, o que levou seus autores a classificar o controle interno em cinco espécies: (i) controle com quase completa propriedade acionária, (ii) controle majoritário, (iii) controle obtido mediante expedientes legais (*through a legal device*), (iv) controle minoritário, e (v) controle administrativo ou gerencial (*management control*). Sobre o assunto, confira-se: COMPARATO, Fabio Konder. *O poder de controle na sociedade anônima*. 4.ed. Rio de Janeiro: Forense, 2005, p. 52 e ss.

[13] Em tese de doutoramento defendida na Universidade de São Paulo, intitulada "Participação estatal em empresas privadas: as empresas-público-privadas".

cado em 2011 sobre o tema[14]. Ao utilizar a expressão "empresas semiestatais", os doutrinadores ressaltam o fato de que uma parte do quadro de sócios dessas companhias é constituída de um ou mais entes que integram a estrutura estatal.

Utilizam-se ainda outras expressões, tais como "empresas participadas"[15], ou "empresas de capital público-privado"[16], mas nenhuma é capaz de expressar perfeitamente o fenômeno. As sociedades de economia mista no sentido definido pelo artigo 5º, inciso III, do Decreto-Lei nº 200, por exemplo, também poderiam ser consideradas empresas participadas pelo Estado ou empresas de capital público-privado, na medida em que o Estado participa do seu quadro de acionistas.

Aliás, o termo "sociedade de economia mista", antes da edição do Decreto-Lei nº 200, de 1967, era empregado para designar não só as empresas de capital público-privado de que o Estado é sócio majoritário, mas também aquelas em que o Estado figurava como sócio minoritário[17] – do que se pode concluir que as empresas privadas com participação estatal, tal como definidas neste estudo, seriam consideradas à época como "sociedades de economia mista minoritárias".

Assim, na ausência de uma expressão mais específica, optamos por utilizar uma denominação mais detalhada, mas que se torna autoexplicativa: "empresa privada com participação estatal".

Por meio da expressão "empresa privada com participação estatal", designamos as empresas que não integram a estrutura estatal – ou seja, não fazem parte da Administração Pública –, mas que possuem o Estado ou um ente estatal no seu quadro de sócios. As empresas privadas com par-

[14] SUNDFELD, Carlos Ari; SOUZA, Rodrigo Pagani de; PINTO, Henrique Motta. Empresas semiestatais. *Revista de Direito Público da Economia – RDPE*, Belo Horizonte, ano 9, n. 36, p. 75-99, out./dez. 2011.

[15] A expressão "empresas participadas" é utilizada pela legislação de Portugal para tratar do fenômeno. Por esse motivo, é mencionada, por exemplo, numa obra de grande relevância, de autoria de Nuno Cunha Rodrigues: *"Golden shares"*: as empresas participadas e os privilégios do Estado enquanto accionista minoritário. Coimbra: Coimbra, 2004.

[16] FIDALGO, Carolina Barros. FIDALGO, Carolina Barros. *As empresas de capital público-privado sem controle estatal*. Monografia de pós-graduação, Rio de Janeiro, UERJ, 2008.

[17] Confira-se, por exemplo: CAVALCANTI, Themístocles Brandão. *Tratado de direito administrativo*. vol. II, 3.ed. Rio de Janeiro: Freitas Bastos, 1956, p. 311 e ss., em que o doutrinador faz uma classificação das sociedades de economia mista em majoritárias e minoritárias em função da amplitude da participação estatal no seu quadro acionário.

ticipação estatal, portanto, diferenciam-se das empresas estatais (empresas públicas e sociedades de economia mista) justamente pelo fato de não integrarem a Administração Pública. Não fazem parte da estrutura do Estado.

Assim, entendemos que a questão semântica fica superada.

3. POR QUE ESTUDAR AS EMPRESAS PRIVADAS COM PARTICIPAÇÃO ESTATAL?

A participação do Estado como sócio de empresas privadas que não integram a Administração Pública é um tema relevante por uma série de razões.

Em primeiro lugar, é fato que o Estado aplica uma quantidade significativa de recursos de origem pública em empresas privadas alheias à estrutura estatal. Isso se dá (i) como sistemática de fomento, (ii) como um mecanismo possivelmente mais ágil de exploração de atividades econômicas que não dependem de controle societário estatal (neoempreendedorismo estatal[18]), e (iii) como sistemática de integração do Estado nas sociedades que desempenham alguma atividade concedida. Trata-se, portanto, de um assunto de grande interesse prático, apesar de pouco estudado.

Em segundo lugar, as empresas privadas com participação estatal traduzem uma técnica específica de intervenção do Estado na economia (técnica acionária), configurando uma modalidade de parceria público-privada em sentido amplo.

A noção de parceria entre os setores público e privado envolve uma série de mecanismos muito diversos entre si. Além das parcerias normalmente referidas[19], há aquelas em que se estabelece uma *associação empresarial* do

[18] A expressão "neoempreendedorismo estatal" é utilizada por Sérgio Guerra para fazer referência a uma mudança qualitativa do engajamento empresarial do Estado, tendencialmente desburocratizado e em busca de eficiência e internacionalização que superem os moldes cartorários, embora não substitua as empresas estatais (Neoempreendedorismo estatal e os consórcios com empresas do setor privado. In: MARSHALL, Carla; GOMES, José Maria Machado (coord.). *Direito empresarial público*. vol. 2. Rio de Janeiro: Lumen Juris, 2004, p. 47-104).

[19] Podem ser mencionadas as concessões e permissões de serviços públicos e de uso de bens públicos, acordos de programa, convênios das mais variadas espécies, inclusive com Organizações Sociais (OS) e Organizações da Sociedade Civil de Interesse Público (OSCIP), franquias, além das parcerias público-privadas em sentido estrito, que são as concessões patrocinadas e administrativas previstas na Lei nº 11.079. Para uma análise aprofundada e abrangente do fenômeno das parcerias, confira-se: DI PIETRO, Maria Sylvia. *Parcerias da Administração Pública*. 7.ed. São Paulo: Atlas, 2009.

poder público com particulares. Isso ocorre não apenas nas sociedades de economia mista, mas também – e com muito mais vigor – na integração de um ente estatal como sócio de uma empresa privada.

Em terceiro lugar, alterações legislativas de certo modo recentes vêm ampliando as possibilidades de atuação de entes estatais como sócios de empresas privadas.

No plano federal, as principais alterações normativas que previram essa possibilidade são as seguintes: (i) Lei nº 9.478 ("Lei do Petróleo"), de 1998, que prevê a possibilidade de a Petrobras participar direta ou indiretamente do quadro acionário de empresas privadas (artigos 64 e 65), (ii) Lei nº 10.973, de 2004, regulamentada pelo Decreto nº 5.563, de 2005, que preveem a participação da União como sócia minoritária de empresas para o incentivo à inovação e à pesquisa científica e tecnológica no ambiente produtivo, (iii) Lei 11.079, de 2004 – "Lei das Parcerias Público-Privadas" (artigo 9º, § 4º), que admite a participação da Administração Pública no capital do parceiro privado, (iv) Lei nº 11.908, de 2009, produto da conversão da Medida Provisória nº 443, de 2008, que trata de participações societárias detidas pelo Banco do Brasil e pela Caixa Econômica Federal (artigo 2º), regulamentada pelo Decreto nº 7.509, de 2011, (v) Lei nº 12.058, de 2009, que contemplou a possibilidade de a VALEC – Engenharia, Construções e Ferrovias S.A. participar minoritariamente do capital da empresa que construir e operar estrada de ferro que integra a Transnordestina, (vi) Lei nº 12.490, de 2011 (regulamentada pelo Decreto nº 8.016, de 2013), resultado da conversão da Medida Provisória nº 532, que autoriza a Empresa Brasileira de Correios e Telégrafos a adquirir participações acionárias em sociedades privadas já estabelecidas (artigo 11), e (vii) Lei nº 12.688, de 2012, produto da conversão da Medida Provisória nº 559, que trata da participação da Eletrobras em sociedades, com ou seu poder de controle.

Mais recentemente, com a publicação da Lei Federal nº 13.303 – estatuto jurídico das empresas estatais –, o fenômeno da participação estatal em empresas que não integram a Administração Pública foi mais uma vez contemplado (artigo 1º, § 7º), mas agora como uma previsão geral, e não apenas vinculada a uma empresa estatal específica. O Decreto nº 8.945, de 27 de dezembro de 2016, detalhou ainda mais a disciplina da participação estatal em empresas que não integram a Administração, principalmente nos artigos 8º e 9º.

A previsão da participação do Estado como sócio de empresas privadas, contudo, não se restringe ao plano da legislação federal.

No Estado de São Paulo, em 7 de dezembro de 2007, foi editada a Lei Complementar Estadual nº 1.025, que prevê a possibilidade de a SABESP participar do bloco de controle ou do capital de outras empresas, bem como a constituir subsidiárias, as quais poderão associar-se, majoritária ou minoritariamente, a outras empresas[20].

No Estado da Bahia, a Lei Estadual nº 12.623, de 2012, autoriza aquele Estado a participar direta ou indiretamente do capital da sociedade privada que terá como objeto a construção, operação e exploração das instalações do Porto Sul, em Ilhéus-BA. A Lei foi regulamentada pelo Decreto Estadual nº 14.452, de 2013, que estabelece o procedimento para a seleção do sócio privado e os poderes que o Estado da Bahia terá na qualidade de sócio minoritário.

Em quarto lugar, a participação do Estado como sócio de empresas privadas vem sendo adotada pela União em setores que envolvem alguma inovação relativamente às técnicas jurídicas para a exploração de bens e atividades públicas.

Trata-se da modelagem aplicada nas licitações para a concessão de aeroportos, em que a Infraero assumiu a posição de acionista minoritária, porém relevante, das empresas concessionárias.

Sob certo ângulo, a constituição de uma empresa privada com participação estatal para a gestão de infraestruturas aeroportuárias envolve a adoção de uma sistemática peculiar. Do ponto de vista conceitual, uma entidade da Administração Pública integrará a concessionária e terá algum poder, ainda que minoritário, na gestão da companhia. Por outro lado, a empresa estatal assumirá determinados riscos e se sujeitará às deliberações societárias legítimas, ainda que discorde delas. Isso significa que caberá ao sócio estatal atuar como parceiro e não como senhor do negócio, o que

[20] Após essa alteração legislativa, a SABESP se associou a diversos grupos privados no âmbito das seguintes empresas: Sesamm (com participação da SABESP de 36%), Águas de Andradina (com participação de 30%), Saneaqua Mairinque (com participação de 30%), Aquapolo Ambiental (com participação de 49%), Águas de Castilho (com participação de 30%) e Attend Ambiental (com participação de 45%). Embora a participação da SABESP no capital social destas empresas não seja majoritária, os acordos de acionistas preveem o poder de veto e voto de qualidade sobre determinadas matérias em conjunto com as empresas associadas, indicando controle compartilhado na gestão das investidas.

demandará uma correta compreensão do seu papel na companhia como um parceiro efetivo do sócio privado.

Concepção semelhante informa os arranjos dos consórcios que explorarão a camada do pré-sal segundo o regime de partilha, conforme previsto na Lei nº 12.351, de 2010 – muito embora, diga-se desde logo, o Estado pretenda claramente deter um controle absoluto no âmbito dos consórcios, ainda que com uma participação minoritária.

Identifica-se, portanto, um forte movimento no sentido de o Estado se engajar na exploração de atividades em associação ao setor privado, na qualidade de acionista.

O tema da participação estatal em empresas privadas, portanto, é bastante relevante e suscita uma série de discussões. Trata-se a um só tempo de uma sistemática apta a ser empregada para uma série de finalidades distintas. Em lugar (ou por vezes ao lado) de se ter uma relação contratual entre o Estado e o setor privado, há uma *relação societária* na qual o Estado não tem preponderância no exercício do poder de controle: embora não possa agir como senhor do negócio, o Estado poderá reservar determinados poderes. Nessa situação do "Leviatã como sócio minoritário"[21], surgirão questões relativas ao potencial de intervenção estatal legítima e aos limites para a adoção de mecanismos típicos de direito privado, de forma que não haja uma fuga "ilegítima" para o direito privado em situações nas quais isso não é admitido.

4. CONTRIBUIÇÃO PROPOSTA PELO PRESENTE ESTUDO

A figura do Estado como acionista precisa ser revisitada.

Alexandre Santos de Aragão menciona que, apesar de o fenômeno administrativo-societário ser "cada vez mais presente na realidade brasileira e comparada", ele é "ainda pouco estudado pela doutrina"[22].

[21] A expressão "*Leviathan as a minority shareholder*" foi mencionada de modo independente por Sergio Lazzarini (do Insper – Instituto de Ensino e Pesquisa) e por Aldo Mussachio (da *Harvard Business School*), citados em caderno específico da revista *The Economist* que dedicou-se a examinar o capitalismo de Estado ("*State capitalism*"), intitulado "*The visible hand*", publicado em 21 de janeiro de 2012 (p. 8). Ambos tratavam justamente do fenômeno da participação estatal minoritária em empresas privadas como uma forma atuação direta do Estado na economia, com ênfase especial no setor de petróleo ("*petrostate*").

[22] Empresa público-privada, p. 40.

Ao final do artigo, o doutrinador expõe o seguinte: "O grande desafio hoje em relação às pouco estudadas empresas público-privadas é, em razão inclusive dos elevados valores públicos nelas aplicados, verificar quais as modalidades de controle publicísticos eventualmente incidentes sobre a sua criação e gestão, sem comprometer o seu caráter privado e exógeno à Administração Pública (Direta ou Indireta, já que não é controlada pelo Estado) e a necessidade pública de sua atuação conforme os demais agentes do mercado"[23]. Por fim, afirma que o seu texto "traz posições que, naturalmente, podem (e devem) ser detalhadas ou refinadas no futuro em razão da esperada evolução científica da matéria"[24].

Carlos Ari Sundfeld, Rodrigo Pagani de Souza e Henrique Motta Pinto também apontam que "as peculiaridades dessa figura [empresas semitestatais] ainda não estão suficientemente delineadas"[25].

Ao final de seu artigo, os doutrinadores reafirmam sua convicção "quanto à importância de os estudiosos e aplicadores passarem a trabalhar com a figura da *empresa semiestatal*", por ser "necessária à adequada aplicação do direito administrativo positivo, que já vem dando a elas um tratamento especial, mesmo a expressão não estando ainda incorporada em lei"[26].

Segundo eles, não é possível que os analistas se limitem a "descrever essas empresas como *empresas não estatais*, do setor privado, sugerindo assim que seriam sujeitas em tudo ao regime empresarial comum"[27]. Isso porque, apesar de não incidir em bloco o regime jurídico das empresas estatais sobre elas, há uma tendência de se criar algumas regras especiais "capazes de disciplinar adequadamente essa figura, inclusive para evitar seu uso indevido, descontrolado ou desviado"[28].

Além das recentes alterações legislativas e da atenção que a doutrina começa a dar ao tema, é interessante observar que a participação do Estado

[23] Empresa público-privada, p. 66.
[24] Empresa público-privada, p. 66.
[25] Empresas semiestatais, p. 76.
[26] Empresas semiestatais, p. 98.
[27] Empresas semiestatais, p. 98.
[28] Empresas semiestatais, p. 99.

como sócio de empresas privadas é objeto de previsão específica no anteprojeto da nova lei da organização administrativa brasileira[29].

O artigo 10, inciso I, do anteprojeto, prevê que as entidades estatais podem "participar, quando autorizadas por lei específica, do capital da empresa não estatal, desde que isso não lhes confira, de modo permanente, preponderância nas deliberações sociais ou poder para eleger a maioria dos administradores". O § 2º prevê que tais empresas "não integram a administração indireta e estão sujeitas ao regime jurídico que lhes é próprio, segundo sua legislação de regência, não lhes sendo aplicáveis o regime e os controles a que se submetem as entidades estatais". O § 3º ainda estabelece que "Constitui improbidade administrativa o uso, por agente público, de influência sobre as empresas ou entidades a que se refere este artigo, para obter vantagem indevida, para si ou para outrem".

Embora destituído de força normativa, o anteprojeto demonstra que houve uma reflexão de seus autores acerca da participação de entes estatais em empresas privadas, sem preponderância no exercício do poder de controle. Procurou-se o estabelecimento de algumas balizas para esse fenômeno, que não foram até o momento sistematizadas em nenhum estudo ou texto legal mais abrangente.

Diante desse quadro, parece-nos justificável que nos dediquemos a examinar a participação estatal em empresas privadas que não integram a Administração Pública. Pretende-se compreender mais amplamente o fenômeno da técnica acionária do Estado, buscando-se estabelecer um arranjo metodológico para o tema que envolva tanto a participação do Estado em empresas estatais quanto em empresas que não integram a Administração Pública.

[29] O anteprojeto foi elaborado a pedido do Ministério do Planejamento, Orçamento e Gestão, com a finalidade de substituir grande parte do Decreto-lei nº 200, de 1967. A Comissão de Juristas que elaborou o seu texto foi nomeada pela Portaria MP nº 426, de 6.12.2007 e constituída pelos professores Almiro do Couto e Silva, Carlos Ari Sundfeld, Floriano de Azevedo Marques Neto, Maria Coeli Simões Pires, Maria Sylvia Zanella Di Pietro, Paulo Eduardo Garrido Modesto e Sérgio de Andréa Ferreira.

5. A ESTRUTURA DESTE LIVRO

Este livro é dividido em três partes, cada uma se concentrando em um grande bloco de temas correlatos.

A primeira parte tratará da atuação empresarial do Estado e será constituída de dois capítulos.

O Capítulo 1 investigará as razões pelas quais o Estado se vale de empresas para a intervenção do domínio econômico. Como será demonstrado, a utilização das vestes empresariais pelo Estado e a opção por mecanismos típicos de direito privado representam uma alternativa necessária à consecução de determinados objetivos.

No Capítulo 2, pretende-se examinar como se dá a convivência entre o Estado e os acionistas privados no âmbito das sociedades de economia mista. A partir de uma análise evolutiva, busca-se demonstrar que, apesar de o Estado ter procurado exercer o controle sobre essas companhias de forma absoluta, sempre houve o entendimento doutrinário de que o controle estatal não precisava ser absoluto, o que é reforçado pela ideia de "oxigenação" dessas sociedades. Ao final, serão feitas considerações sobre os acordos de acionistas nas sociedades de economia mista, uma vez que tal figura consolida concepções jurídicas relevantes para a compreensão das empresas privadas com participação estatal.

A segunda parte deste estudo é composta de quatro capítulos e focará suas atenções propriamente nas empresas privadas com participação estatal a partir das premissas fixadas nos dois capítulos anteriores.

O Capítulo 3 caracterizará as empresas privadas com participação estatal, examinará os fundamentos que parte da doutrina invoca para rejeitar tal figura, e fará uma análise da questão do controle interno de tais sociedades.

O Capítulo 4 aprofundará a concepção do que denominamos de *técnica acionária*. O objetivo geral consiste em compreender mais adequadamente o que representa essa técnica, sendo examinados em seguida as potencialidades, os objetivos e os condicionamentos ao seu exercício.

No Capítulo 5, será analisada a questão da escolha do sócio privado pelo ente estatal. Objetiva-se demonstrar que os fundamentos adotados pela doutrina, seja para defender a impossibilidade de licitação, seja para sustentar a sua obrigatoriedade irrestrita, são equivocados.

O Capítulo 6 encerrará a segunda parte da tese com a análise do regime jurídico das empresas privadas com participação estatal.

Na terceira parte do trabalho, que é dividida em dois capítulos, serão analisados os instrumentos societários de que pode se valer o sócio estatal de uma empresa privada. O enfoque da análise será centrado nos eventuais condicionamentos de direito público, bem como na demonstração das situações em que não estão presentes tais restrições.

O Capítulo 7 versará sobre o acordo de acionistas, o qual se trata de um instrumento que vem sendo largamente utilizado nas empresas privadas com participação estatal.

O Capítulo 8 examinará a figura das *golden shares*, ou ações de classe especial, que são outro mecanismo utilizado pelo Estado para garantir determinados interesses na condução dos negócios empresariais.

As conclusões farão o arremate do presente estudo relacionando os principais pontos que foram examinados nos capítulos precedentes.

O tema a ser examinado envolve ao menos duas grandes dificuldades.

De um lado, a participação do Estado como sócio de empresas privadas é um fenômeno ainda pouco estudado. Embora haja menções doutrinárias de longa data, o assunto parece ter ficado adormecido durante muito tempo. A doutrina administrativista acostumou-se ao Estado como controlador absoluto das empresas de que participa. Sua atuação em ambiente societário sem preponderância no controle simplesmente é deixada de lado, o que dificulta o estudo do tema. Assim, faz-se necessário superar alguns preconceitos que derivam do (muitas vezes inadequado) comportamento societário adotado pelo Estado sobre o qual a doutrina se acostumou a pensar.

De outro lado, o tema interessa ao direito administrativo e ao direito societário. Nas palavras de Nuno Cunha Rodrigues, emerge um "*direito comercial público* ou publicizado ou um *direito administrativo das sociedades comerciais*"[30]. Essa interdisciplinariedade perpassa todo o estudo e é uma dificuldade adicional para o desenvolvimento do trabalho. De todo modo, à medida que entes estatais passam a integrar empresas privadas, cabe aos estudiosos do direito administrativo estudar o ferramental adequado a essa realidade.

[30] *"Golden shares"*: as empresas participadas e os privilégios do Estado enquanto acionista minoritário, p. 21.

Apesar desses possíveis obstáculos, a relevância e a atualidade do tema nos parecem motivos mais do que suficientes para desenvolver um estudo sobre o Estado acionista e as empresas com participação estatal.

PARTE 1:
PRESSUPOSTOS PARA A COMPREENSÃO DAS EMPRESAS PRIVADAS COM PARTICIPAÇÃO ESTATAL

CAPÍTULO 1
A UTILIZAÇÃO DO FIGURINO EMPRESARIAL PELO ESTADO

1.1. O MODELO EMPRESARIAL

O estudo da participação do Estado no quadro acionário de empresas estatais e empresas privadas em geral deve se iniciar com o exame da atuação do Estado como empresário.

A utilização que o Estado faz da figura da empresa para a realização de parcela de suas atividades está muito longe de ser um dado irrelevante. Tampouco é mera obra do acaso. Trata-se de uma opção consciente do ordenamento jurídico por uma determinada forma de organização racional dos recursos e processos econômicos, dotada de características próprias e voltada a finalidades que se pressupõe serem obtidas com maior eficiência mediante a utilização do figurino empresarial[31].

[31] Não se defende aqui a ideia de um conceito metajurídico de empresa, de modo que, descoberta a "natureza da coisa"-empresa, seria possível transpô-la para o direito (sobre as concepções de "natureza das coisas", v.: LARENZ, Karl. *Metodologia da ciência do direito*, p. 157 e ss.). Como ensina Jorge Manuel Coutinho de Abreu, não está provado que a empresa apresente inequívoca identidade no mundo do ser que possibilite uma inequívoca captação no mundo do dever ser. Pelo contrário, investigações de diferentes quadrantes (econômicos, sociológicos, entre outros) têm proporcionado imagens variadas dela. Também não há prova de que o direito tenha recebido cabalmente qualquer definição metajurídica (ABREU, Jorge Manuel Coutinho de. *Da empresarialidade*: as empresas no direito, p. 15). Entretanto, como observa o doutrinador português: "O direito refere sempre a empresa a algo que – menos ou mais conformado por ele, de acordo com as necessidades de regulação da vida económico-

1.1.1. A COMPLEXIDADE DA NOÇÃO DE EMPRESA

A empresa foi o instrumento consagrado pela Revolução Industrial para o desenvolvimento de atividades econômicas de forma mais eficiente. Em certo sentido, a empresa é uma técnica de organização da atividade econômica segundo parâmetros de eficiência[32].

Até meados do século XIX, o desenvolvimento profissional de uma atividade econômica confundia-se com o conceito de mercancia. O comerciante era o profissional que buscava o lucro por meio da intermediação de trocas comerciais. Sua atividade não era tão diferente da realizada pelo comerciante do século XV, ainda que tenha havido algum progresso técnico e maior dinamicidade na atividade mercantil. Por isso, afirma-se que a grande diferença entre o direito comercial medieval e o oitocentista europeus residia apenas na fonte do direito, em função da estatização da produção normativa[33].

Com a Revolução Industrial, o núcleo do direito comercial deslocou-se do aspecto material da atividade profissional do comerciante para o aspecto formal pelo qual ela se desenvolvia. Passou-se a reconhecer uma importância muito maior à técnica adotada. Diante da constatação de que o lucro podia ser obtido em horizontes muito mais amplos do que a mera intermediação de trocas, reconheceu-se um papel fundamental à organização racional dos meios de produção[34].

-social (...) – existe na realidade empírica. É preciso atender, portanto, também às informações que se colhem nos já assinalados terrenos extra-jurídicos" (cit., p. 22). Portanto, não é equivocado recorrer a certos dados extra-jurídicos – acrescentando-se ainda que o direito não é constituído apenas da legislação, mas também da jurisprudência, dos costumes, da doutrina, dentre outras fontes.

[32] "O conceito de empresa somente pode ser compreendido como uma manifestação estritamente relacionada com o processo de Revolução Industrial. Isso não significa afirmar que a existência da empresa não poderia ser reconhecida em tempos anteriores aos da Revolução Industrial. É perfeitamente possível qualificar algumas organizações econômicas, desenvolvidas muito antes do século XIX, como empresas. O ponto fundamental, porém, não é este. (...) relevante é reconhecer que 'empresa' adquiriu sua significação mais elevada como instrumento de implementação dos processos econômicos relacionados com a industrialização do século passado" (JUSTEN FILHO, Marçal. Empresa, ordem econômica e Constituição, p. 110).

[33] JUSTEN FILHO, Marçal. Empresa, ordem econômica e Constituição, p. 110.

[34] ASCARELLI, Tullio. *Iniciación al estudio del derecho mercantil*, p. 143 e ss.; GALGANO, Francesco. *Trattato di diritto commerciale e di diritto pubblico dell'economia*, vol. II, p. 48 e ss.

Difundiu-se assim a concepção de que a atividade econômica era uma atividade de massa, tal como as concepções que orientaram a própria Revolução Industrial.

A doutrina, basicamente comercialista, estudou a complexidade do fenômeno.

Segundo Alberto Asquini, que examinou os diversos aspectos da organização empresarial, há uma multiplicidade de sentidos no conceito de empresa[35]. O doutrinador aponta quatro acepções: subjetiva, objetiva, institucional e funcional.

Em sentido *subjetivo*, a empresa indica o sujeito que desempenha e organiza a atividade empresarial. Segundo a acepção *objetiva*, empresa corresponde ao conjunto de bens empregados na atividade. Do ponto de vista *institucional*, a empresa é uma célula social, ou seja, uma organização em que se conjugam os esforços dos empresários e dos empregados na realização de certos objetivos. Já em sua acepção *funcional*, empresa corresponde à atividade economicamente organizada para a produção ou circulação de bens ou serviços.

A acepção funcional é a mais relevante para o presente estudo. Ela indica que a empresa consiste numa determinada forma de organização de atividades, de natureza econômica, que se reputa a mais apropriada para os objetivos buscados. Nesse sentido, a empresa corresponde a um ferramental, ou seja, a uma técnica de organização dotada de determinadas características que a fazem mais apropriada para o desenvolvimento de atividades econômicas. Assim, desejando-se desempenhar uma atividade econômica de forma mais eficiente, o modo de organização mais apropriado é o empresarial[36].

[35] ASQUINI, Alberto. Profili dell'impresa, trad. Fabio Konder Comparato. *Revista de Direito Mercantil*, n. 104/109. Sua exposição ficou conhecida como "teoria poliédrica" da empresa. Cabe ressalvar que a concepção de Alberto Asquini relacionava-se com a ideologia fascista, de que ele era defensor. A ideologia fascista buscava superar a ideia de luta de classes por meio da integração entre capital e trabalho. Assim, a relevância da acepção funcional da empresa adquiria um nítido conteúdo ideológico.

[36] Tornou-se clássico o conceito de empresa desenvolvido entre nós por J. X. Carvalho de Mendonça, que ressaltava o fenômeno empresarial justamente como técnica organizacional. Segundo ele, a empresa caracteriza-se como "organização técnico-econômica" que visa à produção de bens e serviços para a troca ou venda, mediante a combinação dos elementos econômicos da natureza, do trabalho e do capital (*Tratado de direito comercial brasileiro*, tomo I, p. 482).

Isso não significa, evidentemente, que haja uma única forma de se organizar empresarialmente os fatores de uma atividade econômica. A empresa não é um modelo único, fechado ou atemporal – e na realidade seria contraditório se assim o fosse, dado que uma característica inerente às atividades econômicas é precisamente a sua flexibilidade. A atividade econômica evolui e adquire contornos de complexidade com o tempo, refletindo-se necessariamente sobre a técnica empresarial. Mas é inegável que outros modelos organizacionais, diversos do empresarial, podem não ser os mais apropriados para certas atividades[37].

Para os objetivos do presente estudo, é necessário considerar que a empresa é um objeto cultural. Longe de se tratar de um produto da natureza ou existente apenas no plano das ideias, a empresa é um fenômeno nascido e desenvolvido a partir da convivência social. A empresa, como atividade humana, existe como instrumento vocacionado – mais do que outros – à realização de certos valores.

Como qualquer produto da cultura, a empresa é um fenômeno complexo. A representação mental acerca da empresa é intrincada, como demonstram as quatro acepções da teoria poliédrica de Alberto Asquini enumeradas acima[38]. De todo modo, a par dessa complexidade (e do con-

[37] Aqui os exemplos que poderiam ser dados são numerosos. Não se concebe, por exemplo, que uma atividade financeira seja desempenhada segundo um modelo de organização militar. Atividades militares e atividades financeiras se submetem a modelos de organização diferentes. Ainda que ambas devam buscar uma maior eficiência na consecução de seus objetivos, a forma de organização de cada qual é absolutamente diversa. A própria noção de eficiência de uma e outra é diferente. Do mesmo modo, a forma de organização empresarial é muito mais apropriada ao desempenho de uma atividade econômica do que uma organização autárquica.

[38] A complexidade do fenômeno da empresa não escapou nem mesmo à doutrina administrativista. Há quase trinta e cinco anos, em interessantíssimo artigo sobre a atuação empresarial do Estado brasileiro, Sergio de Andréa Ferreira deixa claro o caráter multifacetado do conceito. Segundo ele: "A *empresa* é a organização para a exploração econômica de uma atividade, sendo, por vezes, empregada como designativa da própria atividade (cf. arts. 1.371 e 1.374 do CC). O *estabelecimento* é o conjunto de bens empregados pelo empresário na *empresa*. O pessoal que atua na *empresa*, valendo-se do *estabelecimento*, é o *pessoal da empresa*, congregando os seus *empregados, servidores, prepostos*" (O direito administrativo das empresas governamentais brasileiras. *Revista de Direito Administrativo* nº 136, abr./jun. 1979, p. 6 – destaques no original). Em seguida, ele evidencia justamente o caráter da empresa como técnica de organização de uma atividade: "A *empresa*, como *organização* (e, já salientamos que *organização* é estruturação harmônica, é ordenação, divisão do trabalho, distribuição de competência) *econômica*, se situa ao lado de outras, como a *organização política*, a *organização administrativa*, a *organização militar*,

teúdo ideológico a ela subjacente), o fato é que o direito comercial do século XX estruturou-se em torno da atividade empresarial[39].

1.1.2. A FUNCIONALIZAÇÃO DO MODELO EMPRESARIAL

Mas o fenômeno da empresa não é relevante apenas ao direito comercial. Em virtude da importância da atividade econômica, a relevância da empresa se estende aos demais ramos do direito, inclusive ao direito administrativo.

A Constituição Federal não contém uma definição de empresa, mas apresenta uma série de disposições a respeito da Ordem Econômica que têm relação direta com o tema.

A consagração do capitalismo na ordem constitucional brasileira significa em certa medida a ampla admissão da organização empresarial no desempenho de atividades econômicas. Diante do postulado da livre iniciativa, os particulares têm liberdade para desenvolver atividades empresariais.

Entretanto, e para além disso, o fenômeno da empresa possui relação direta com o desempenho de atividades dotadas de forte interesse público[40]. A empresa não é um instrumento de realização exclusiva de interesses privados. Ela também se vincula à realização dos objetivos consagrados no artigo 3º da Constituição Federal, que orientam, na reali-

etc. Essas organizações não se excluem, bastando assinalar que a *organização administrativa* lançou mão de *organização empresarial*, como estamos vendo" (cit., p. 7 – destaques no original).

[39] O Código Civil italiano de 1942, por exemplo, modelou o direito comercial a partir do conceito de empresa. Embora não se possam negar os vínculos com a ideologia fascista, as previsões eram compatíveis com as características da atividade econômica tal como desempenhada a partir do capitalismo pós-Revolução Industrial. Tanto é que bastou a simples revogação de alguns dispositivos que faziam mera apologia ao fascismo para se adequar as normas ao ordenamento posterior à Segunda Guerra Mundial.

[40] Como observa Fabio Konder Comparato: "A inter-relação crescente de interesses públicos e privados, na atividade empresarial, já não precisa ser sublinhada, nos dias que correm. Mesmo em sistemas econômicos como o nosso, que consagram o princípio da apropriação privada dos meios de produção, as grandes empresas tendem a se inserir no plano nacional de desenvolvimento, como agentes da realização da política econômica e social do Estado. Os aspectos de interesse público na mudança de controle de macroempresas são, pois, evidentes, tanto mais que, não raro, essa cessão de controle se opera com o patrocínio e a ajuda efetiva do Poder Público, como tem sido visto ultimamente" (*O poder de controle na sociedade anônima*. 4.ed., p. 282).

dade, toda a Ordem Econômica. Vale dizer, o sucesso no desempenho de uma atividade econômica organizada empresarialmente pode propiciar o desenvolvimento nacional e a construção de uma sociedade menos desigual. Há, portanto, uma funcionalização da empresa como instrumento de realização de objetivos nacionais essenciais[41]. O reconhecimento da legitimidade do lucro nas atividades empresariais privadas pode (*rectius*, deve) se dar simultaneamente com o resguardo da satisfação de todos[42].

Especificamente em relação ao desempenho de atividades estatais, o fenômeno da empresa adquire uma dupla importância, principalmente em função do alto grau de intervenção do Estado na economia, que continua existindo mesmo após o movimento das privatizações.

[41] É evidente que a simples exploração de uma atividade empresarial não significa que ela conduzirá à realização dos objetivos buscados pela Constituição. Seria muita ingenuidade pensar desse modo. Entretanto, é inegável que a atividade empresarial apresenta externalidades positivas – as quais serão maiores e mais evidentes a depender da regulação estatal no enfrentamento das falhas de mercado (por exemplo, por meio da defesa da concorrência). Além disso, deve-se reconhecer que a empresa tem uma função social, tal como ocorre (e se reconhece sem qualquer dificuldade) em relação à propriedade. Tanto é que o art. 116, parágrafo único, da Lei n. 6.404/76 (Lei das S.A.) prevê que "O acionista controlador deve usar o poder com o fim de fazer a companhia realizar o seu objeto e cumprir a sua função social, e tem deveres e responsabilidades para com os demais acionistas da empresa, os que nela trabalham e para com a comunidade em que atua, cujos direitos e interesses deve lealmente respeitar e atender".

[42] Existem críticas à real existência de uma função social da empresa. Há quem considere essa função um mito, uma utopia. É o entendimento de Gaspar Ariño Ortiz. Para ele: "Las empresas privadas y el Gobierno tienen funciones y finalidades diferentes: no deben mezclarse unas con otras, ni es misión de las empresas ejecutar los programas económicos del Gobierno. La llamada 'responsabilidad social' o 'función social' de las empresas es un mito: se trata sencillamente de cumplir la ley y las regulaciones administrativas, respetar los contratos con terceros, respetar las reglas del mercado, sin engaños ni fraudes y dar cuenta puntual de su gestión ante el (los) dueño (s). Esa es toda su responsabilidad social: crear riqueza y 'ganar tanto dinero como sea posible para sus accionistas y propietarios' (Friedman). Lo demás es música celestial" (Principios de derecho público económico: modelo de Estado, gestión pública, regulación económica. 3.ed. Granada: Comares, 2004, p. 205). Discordamos do entendimento do doutrinador. Parece-nos inegável a existência de uma função social da atividade empresarial, tal como ocorre em relação à propriedade. O fato de o empresário desejar a maximização de seus lucros não retira a função social da empresa. Além disso, são frequentes as situações em que uma empresa se preocupa com a sua função social, desenvolvendo programas de auxílio à comunidade. Ainda que o empresário deseje com isso melhorar a imagem da empresa (que, assim, passa a ser vista como um ente preocupado com sua responsabilidade social, ambiental, entre outras) para seu próprio benefício, não se exige nenhuma espécie de "reserva mental" do empresário para que se reconheça a função social da empresa.

Por um lado, a técnica empresarial pode ser utilizada como um *sucedâneo* da atuação administrativa direta. É o que acontece com as concessões, por meio das quais se atribui a uma organização empresarial privada o desempenho de atividades que em princípio precisariam ser desenvolvidas diretamente pelo Estado. O ato administrativo – precedido da devida previsão legislativa – que concede a um particular o direito de explorar determinada atividade não passa de uma decisão estatal que pressupõe o *modus operandi* empresarial privado como o mais apropriado para aquela situação.

Com a ampliação do emprego da técnica concessória a atividades que antes não admitiam exploração econômica, decorrente em parte das técnicas de financiamento consagradas na lei das parcerias público-privadas, observa-se que o emprego da organização empresarial ampliou-se a um leque ainda maior de atividades estatais[43].

Por outro lado, e aqui reside o segundo fator de importância do fenômeno da empresa para o desempenho de atividades estatais, a atuação empresarial é utilizada *pelo próprio Estado*, diretamente, para o desenvolvimento de certas funções. Daí a criação de empresas estatais, gênero que compreende as empresas públicas e sociedades de economia mista e suas subsidiárias e controladas, que são entes dotados de características empresariais, ainda que integrem a Administração Pública – e daí também o engajamento do Estado como sócio de empresas privadas.

[43] Sobre a ampliação do conceito de concessão e sua grande flexibilidade ante as alterações introduzidas pela Lei n. 11.079, confira-se: MONTEIRO, Vera. *Concessão*. São Paulo: Malheiros, 2010. A conclusão da doutrinadora é a seguinte: "Apesar de soar angustiante o reconhecimento de uma nova categoria contratual (o gênero 'concessão') sem lhe atribuir um regime jurídico rígido e predefinido em lei, considera-se ser mais eficiente aceitar que ela seja formada por um regime mais flexível, que comporta variações e adaptações a serem elaboradas nos contratos a partir das peculiaridades do caso concreto, das leis que normatizam o serviço ou bem objeto da contratação, bem assim das leis que tratam do regime dos contratos públicos e das espécies concessórias" (cit., p. 202). Em outra oportunidade, também tratamos do assunto, partindo do entendimento de que "a técnica concessória tem sido utilizada para o desenvolvimento de atividades de diversas naturezas (não necessariamente serviços públicos), nas quais a cobrança de tarifas não é possível ou ao menos não é conveniente" (SCHWIND, Rafael Wallbach. *Remuneração do concessionário*: concessões comuns e parcerias público-privadas. Belo Horizonte: Fórum 2010, p. 19). Isso se dá com a introdução de novas técnicas de remuneração (basicamente a obtenção de receitas marginais e a remuneração pelo próprio poder concedente), o que permite a concessão à iniciativa privada de uma atividade que, se não envolvesse tais mecanismos, não seria minimamente interessante ao particular.

Isso significa que a criação de empresas estatais reflete uma decisão consciente por parte do Estado, devidamente autorizada por lei, no sentido de se empregar a técnica empresarial pelo próprio Estado no desempenho de atividades econômicas, promovendo-as por meio de pessoas jurídicas especialmente criadas para essa finalidade e integradas, ao menos em parte, por capital estatal[44].

É interessante notar que o fenômeno da "empresarialização" da atividade estatal atinge, *cum grano salis*, a própria Administração Pública direta e autárquica. A reforma administrativa consagrada na Emenda Constitucional nº 19 preocupou-se com a eficiência na gestão administrativa. Daí a previsão de determinados instrumentos destinados a conferir uma lógica gerencial a certas atividades, tal como ocorre com os contratos de gestão[45]. Evidentemente, a concepção de eficiência na Administração Pública direta difere daquela que se aplica à gestão econômica empresarial[46]. O que importa é identificar que a adoção do modelo empresarial representa uma técnica adotada pelo próprio Estado para o desenvolvimento mais eficiente de certas atividades.

Nesse contexto, deve ser examinado o tema da atuação empresarial do Estado.

[44] É justamente esse fator que determinou, por exemplo, a conversão de uma série de autarquias e departamentos em empresas estatais no final da década de 1960 e início da década de 1970 no Brasil (cf. FERREIRA, Sérgio de Andrea. O direito administrativo das empresas governamentais brasileiras, p. 5).

[45] O § 8º do artigo 37 da Constituição Federal, introduzido com a redação instituída pela Emenda Constitucional n. 19, de 1998, prevê que "A autonomia gerencial, orçamentária e financeira dos órgãos e entidades da administração direta e indireta poderá ser ampliada mediante contrato, a ser firmado entre seus administradores e o poder público, que tenha por objeto a fixação de metas de desempenho para o órgão ou entidade, cabendo à lei dispor sobre: I - o prazo de duração do contrato; II - os controles e critérios de avaliação de desempenho, direitos, obrigações e responsabilidade dos dirigentes; III - a remuneração do pessoal". O estabelecimento de metas, critérios de avaliação e de remuneração diferenciada de pessoal são precisamente técnicas empresariais.

[46] Para um exame sobre o princípio da eficiência na Administração Pública, confira-se: GABARDO, Emerson. *Princípio constitucional da eficiência*. São Paulo: Dialética, 2002. A literatura sobre a Administração Pública gerencial e sobre as técnicas empregadas é imensa. Dentre tantos outros, podem ser consultados: PEREIRA, Luiz Carlos Bresser; CUNIL GRAU, Nuria. Entre o Estado e o mercado: o público não estatal. In: _____ (org.). *O público não-estatal na reforma do Estado*. Rio de Janeiro: FGV, 1999; e PEREIRA, Luiz Carlos Bresser; SPINK, Peter Kevin (org.). *Reforma do Estado e Administração Pública gerencial*. Rio de Janeiro: FGV, 1998.

1.2. A ADOÇÃO DO MODELO EMPRESARIAL PELO ESTADO

O *modelo empresarial* é uma técnica utilizada pelo Estado para o desenvolvimento de certas atividades que lhe foram conferidas pelo ordenamento jurídico.

1.2.1. O MODELO EMPRESARIAL COMO TÉCNICA DE AÇÃO ESTATAL

A adoção do modelo empresarial pelo Estado não é um dado indiferente nem de menor importância. Pelo contrário. Quando cria uma entidade atribuindo a ela a qualificação de empresa, o Estado assume que o modelo empresarial corresponde à melhor forma de organização dos seus recursos para o cumprimento de certos objetivos aos quais se reconhece algum interesse público. Isso dignifica o reconhecimento de que a estruturação de uma atividade segundo preceitos empresariais corresponde ao modelo mais apropriado para o desenvolvimento de certos objetivos.

Pode-se dizer que a adoção do modelo empresarial compreende dois juízos simultâneos: (i) um juízo negativo, segundo o qual outra forma de organização (autárquica, por exemplo) não é a mais apropriada para a atividade que se pretende desempenhar; e (ii) um juízo positivo, que consiste no reconhecimento de certas virtudes no formato empresarial que o tornam o melhor modelo para a busca dos objetivos previstos no ordenamento jurídico.

E o que caracteriza o modelo empresarial? É justamente o fato de se tratar de uma organização flexível dos fatores de produção, que tem a maleabilidade necessária e suficiente para responder às mutáveis exigências de seu entorno. Em um contexto altamente cambiável como o das atividades econômicas (em que se altera a configuração de mercado, mudam-se preços, desenvolvem-se novas tecnologias, novas demandas, entre outros fatores), são imprescindíveis dois requisitos muito importantes: liberdade e agilidade[47].

[47] Em certo sentido, a empresa retrata uma realidade não dominada pelo direito. Não cabe ao ordenamento, por exemplo, impor uma determinada forma de produção. Trata-se de tema afeto à economia e à ciência da administração. Por isso a doutrina aponta que é tão difícil ao direito apreender a realidade da empresa. Nesse sentido: ARIÑO ORTIZ, Gaspar, *Principios de derecho público económico*, p. 201-216; ABREU, Jorge Manuel Coutinho de. *Da empresarialidade*: as empresas no direito, p. 10-24.

É da essência da atividade empresarial que ela disponha de liberdade para atuar de modo suficientemente ágil. São precisamente essas características que o Estado pretende incorporar à sua estrutura quando cria uma empresa estatal. E é pelo mesmo fator que o Estado pode inclusive converter outros entes estatais – como órgãos da Administração direta e "autarquias econômicas" (que não deixavam de ser uma *contraditio in terminis*) – em empresas, tal como ocorreu fortemente no Brasil entre o final da década de 1960 e o início da década de 1970[48].

1.2.2 AS EMPRESAS ESTATAIS COMO MODELO DE DESPUBLICIZAÇÃO

1.2.2.1. O pensamento da doutrina

Um olhar sobre a evolução do pensamento jurídico brasileiro a respeito das empresas estatais é muito útil para se compreender os motivos pelos quais o Estado busca o modelo empresarial.

Embora possa ter havido certa perplexidade inicial com a utilização do figurino empresarial pelo Estado[49], reconheceu-se que a criação de empresas estatais sempre teve o legítimo propósito de *despublicização*, ou seja, de a Administração Pública libertar-se de certos condicionamentos inerentes ao regime de direito público. Especialmente numa época de grande preocupação com o desenvolvimento econômico da nação brasileira por meio da assunção pelo Estado de atividades que não eram tipicamente "do Poder Público", verificou-se a criação de um número considerável de

[48] O termo "autarquias econômicas" foi utilizado por Sergio de Andréa Ferreira para designar as autarquias que desenvolviam atividades com substrato econômico. Segundo o doutrinador, entre o final da década de 1960 e o início da década de 1970, identificou-se uma forte tendência de transformação de órgãos da Administração Direta e de "autarquias econômicas" em empresas estatais. É o que ocorreu com a Empresa Brasileira de Correios e Telégrafos, antigo Departamento de Correios e Telégrafos (em 1969), com o Banco Nacional de Habitação (BNH) e com o Banco Nacional de Desenvolvimento Econômico (BNDE), antigas autarquias (em 1971). O fenômeno, como mencionado, não passou desapercebido pela doutrina, como se verifica no artigo de Sergio de Andréa Ferreira já citado (O direito administrativo das empresas governamentais brasileiras. *Revista de Direito Administrativo* nº 136, abr./jun. 1979, p. 5).

[49] R. HOUIN, A administração das empresas públicas e as normas de direito comercial. *Revista de Direito Administrativo*, n. 48, abr./jun. 1957, p. 48.

empresas estatais justamente por se reputar que essa formatação era a mais apropriada para o tipo de atividade (econômica) que iria se desenvolver[50].

A opção legislativa pela criação de entidades da Administração Pública indireta sob a forma empresarial retratava uma aspiração relevante. Buscava-se que esses entes tivessem um regime diferenciado em relação ao aplicável à Administração Pública direta e aos demais entes da Administração indireta, que proporcionasse as condições necessárias para a intervenção direta no domínio econômico.

A questão é que o Estado passou a assumir atividades comerciais e industriais, muito distintas daquelas que estava "habituado" a exercer. Era necessário desenvolver essas atividades mediante a utilização de uma ferramenta diferente, mais apropriada do que o regime jurídico aplicado a outras atividades[51].

Essa intenção de despublicizar parcela da atuação estatal por meio de empresas em que ao menos parte do capital fosse de origem pública logo foi tida como uma natural decorrência da assunção de atividades econômicas pelo Estado.

[50] Aponta-se como a mais antiga empresa estatal o Banco do Brasil, criado pelo Alvará de 12 de outubro de 1808, sendo que a Lei n. 59, de 8 de outubro de 1833, criou o novo Banco do Brasil. Entretanto, o processo de criação de empresas estatais intensificou-se mais de um século depois, principalmente a partir de 1939, conforme ensina Sergio de Andréa Ferreira (O direito administrativo das empresas governamentais brasileiras, p. 4). A partir dessa época foram criadas, dentre outras empresas, o Instituto de Resseguros do Brasil (1939), a Companhia Siderúrgica Nacional (1941), a Companhia Vale do Rio Doce (1942), a Companhia Nacional de Álcalis (1943), a Fábrica Nacional de Motores (1946), o Banco de Crédito da Amazônia (1950), o Banco Nacional de Crédito Cooperativo (1951), a Petróleo Brasileiro S.A. – Petrobras (1953), a Companhia Urbanizadora de Nova Capital do Brasil – Novacap (1956), a Rede Ferroviária Federal (1957), as Usinas Siderúrgicas de Minas Gerais – Usiminas (1958), a Companhia Siderúrgica Paulista – Cosipa (1960), as Centrais Elétricas Brasileiras S.A. – Eletrobras (1961), a Empresa Brasileira de Telecomunicações – Embratel (1962), a Companhia Brasileira de Alimentos – Cobal (1962), o Serviço Federal de Processamento de Dados – Serpro (1964), a Empresa Brasileira de Turismo – Embratur (1966), a Companhia de Navegação Lloyd Brasileiro e a Empresa de Reparos Navais Costeira S.A. (1966), a Companhia Docas do Rio de Janeiro (1967), a Termisa – Terminais Salineiros do Rio Grande do Norte S.A. (1970), entre outros. Estados e Municípios também criaram diversas empresas estatais na mesma época. Além disso, houve a transformação de outros entes em empresas estatais, conforme já apontado acima.

[51] Reitere-se o que foi exposto na nota anterior. É sabido que no Brasil o fenômeno das empresas estatais vem desde a época do Império. Entretanto, o processo de criação de empresas estatais se intensificou muito somente a partir de 1939 (v. Capítulo 2).

Há sessenta anos, Bilac Pinto apontava o seguinte: "Desde o momento em que o Estado, para realizar seus fins, teve de incluir entre as suas atividades as de natureza industrial ou comercial, surgiu para os estadistas o problema de escolha dos meios pelos quais tais encargos poderiam ser desempenhados"[52]. Portanto, era necessário que o Estado selecionasse meios diversos de atuação, mais apropriados às atividades econômicas. Tal modelo era justamente o empresarial.

Na mesma época, o fenômeno foi examinado com muita percuciência por Themístocles Brandão Cavalcanti. Em capítulo específico sobre as estruturas administrativas de seu *Tratado de Direito Administrativo*, o doutrinador expunha a complexidade que o tema da organização administrativa estava alcançando com a utilização simultânea de estruturas de direito público e de direito privado.

Segundo ele, foram sendo criadas pelo Estado "empresas autônomas, reservadas à execução de serviços destinados a atender a fins que não se enquadram nas atividades próprias e tradicionais de Estado"[53]. A partir daí, ainda segundo o doutrinador, podia-se afirmar "o declínio das duas noções clássicas – de serviço público e de estabelecimento público – no sentido de uma certa distorção no sentido privatístico". Sua conclusão era que o sistema constitucional à época já admitia a adoção de modelos mais flexíveis de atuação estatal, justamente para fazer frente ao aumento da complexidade da atuação estatal. Nas palavras do doutrinador:

O sistema, como se vê, é extremamente flexível e admite um conjunto de providências onde grande é a colaboração da atividade privada e dos métodos privados na execução de serviços que vivem sob o contrôle estatal.

Não se cogita evidentemente aqui de um sistema socialista onde a política exige a integração de todos êsses serviços na estrutura de Estado, que os absorve, mas dos países onde a intervenção do Estado se impõe, por necessidade de contrôle e por uma ação supletiva, na ausência de investimentos privados para as indústrias e atividades básicas.

[52] O declínio das sociedades de economia mista e o advento das modernas empresas públicas. *Revista de Direito Administrativo*, Seleção Histórica, 1991, p. 258 (original publicado na RDA nº 32, de 1953).

[53] *Tratado de direito administrativo*. vol. II. 3.ed. Rio de Janeiro: Freitas Bastos, 1956, p. 40 (grafia original).

Aqui um sistema flexível é admissível. O que se ajusta perfeitamente ao sistema constitucional[54].

Themístocles Brandão Cavalcanti, portanto, apontava que a adoção da forma empresarial derivava justamente da sua maior flexibilidade em comparação com o regime de direito público, o que era compatível com a Constituição da época (de 1946). Sua conclusão final era que "a área comum, a faixa cinzenta, a fronteira do público e do privado, se foi ampliando"[55].

Caio Tácito apontava que o "Direito Administrativo toma de empréstimo ao Direito Comercial o modelo orgânico das sociedades comerciais, predominantemente o da sociedade por ações, instituindo instrumentos flexíveis de ação administrativa no campo da economia"[56]. Assim, adotando-se a personalidade jurídica de direito privado, tem-se "como objetivo precípuo a liberação dos processos burocráticos de gestão administrativa e financeira. É, em suma, o repúdio aos sistemas clássicos de controle da administração direta, de forma a propiciar maior flexibilidade operacional e permitir a abstenção dos processos formais da contabilidade pública"[57].

A mesma conclusão foi exposta, em termos ainda mais incisivos, por Celso Antônio Bandeira de Mello.

Em capítulo que tratava das "novas formas de ação do Estado", em obra sobre a prestação de serviços públicos e a Administração indireta, o doutrinador aponta que "o Poder Público, invejando a eficiência das sociedades comerciais, tomou de empréstimo os figurinos de direito privado e passou a adotar-lhe os processos de ação, constituindo pessoas modeladas à semelhança delas para prestação dos mais variados serviços"[58]. Assim, "o Estado foi impelido tanto pelo objetivo de ganhar mais eficiência quanto, em certos casos, pela natureza peculiar da atividade que, por assim dizer, não se compatibilizaria com outro meio de ação"[59].

[54] *Tratado de direito administrativo*, p. 44.

[55] *Tratado de direito administrativo*. cit., p. 45.

[56] Controle das empresas do Estado (públicas e mistas). *Revista de Direito Administrativo* n. 111, jan./mar. 1973, p. 1-2.

[57] Controle das empresas do Estado (públicas e mistas). *Revista de Direito Administrativo* n. 111, jan./mar. 1973, p. 3.

[58] *Prestação de serviços públicos e Administração Indireta*. 2.ed. São Paulo: RT, 1979, p. 88.

[59] *Prestação de serviços públicos e Administração Indireta*. cit., p. 88.

O doutrinador ainda apontou que nem sempre as empresas estatais nasciam de uma programação adrede formulada pelo Estado, com vistas ao aprimoramento dos seus meios de ação. Muitas vezes ocorria a estatização (ou nacionalização) de empresas privadas. De todo modo, no caso dessa assunção de empresas pelo Estado, a estrutura estatal "só poderia conduzi-las na conformidade técnica do direito privado"[60].

O mesmo fator é mencionado por Maria Sylvia Zanella Di Pietro. Segundo a doutrinadora, à proporção que o Estado foi assumindo outros encargos nos campos social e econômico, "sentiu-se a necessidade de encontrar novas formas de gestão do serviço público e da atividade econômica privada exercida pela Administração"[61]. Uma decorrência disso foi justamente "a utilização de métodos de gestão privada, mais flexíveis e mais adaptáveis ao novo tipo de atividade assumida pelo Estado, em especial a de natureza comercial e industrial"[62], que, nos países subdesenvolvidos, era voltada ao desenvolvimento econômico. Assim, "para a atividade comercial ou industrial do Estado, mostrou-se mais adequada a forma empresarial"[63].

1.2.2.2. A identificação de uma "Administração Pública empresarial"

Considerando-se que a adoção de um regime empresarial é justificada ante os fins atribuídos ao Estado, deve-se concluir que a libertação das constrições do direito público pela organização estatal é um *propósito legítimo*. Não compreende necessariamente nenhuma injuridicidade ou imoralidade. A diversidade e a complexidade crescentes do direito administrativo são o resultado da expansão da Administração Pública, cuja estrutura incorpora paulatinamente interesses distintos e funções das mais diversas[64].

[60] *Prestação de serviços públicos e Administração Indireta*. cit., p. 89.

[61] *Parcerias na Administração Pública*. 7.ed. São Paulo: Atlas, 2009, p. 50.

[62] *Parcerias na Administração Pública*. cit., p. 50.

[63] *Parcerias na Administração Pública*. cit., p. 51.

[64] Um exemplo dessa incorporação de interesses distintos na estrutura da Administração Pública é o das sociedades de economia mista, que integram a Administração Pública, mas, ao mesmo tempo, são integradas por acionistas privados, que possuem seus interesses próprios, distintos dos interesses da Administração e do acionista controlador. Diversas obras já trataram da ampliação da Administração e seu reflexo sobre o "regime jurídico administrativo". Pela excelência e pioneirismo no direito brasileiro, consulte-se: DI PIETRO, Maria Sylvia. *Do direito privado na Administração Pública*. São Paulo: Atlas, 1989 (a atuação empresarial do Estado é tratada nas p. 110-111 e 121-122). Confiram-se ainda os seguintes estudos: SUN-

No caso da atuação empresarial do Estado, essa libertação das amarras do direito público não é um "pecado tolerado"[65] pelo ordenamento ou pela doutrina. As empresas estatais são entes de grande relevância e sua submissão ao direito privado, ainda que com temperamentos, conta com expressa previsão no Texto Constitucional.

Sendo assim, deve-se rejeitar qualquer pretensão de se aplicar um regime jurídico uniforme a todas as atividades desempenhadas pela Administração Pública[66]. Cada função administrativa deve ser desempenhada mediante a utilização do ferramental mais adequado. Essa pluralidade de meios convida o Estado a exercer – evidentemente de modo adequado e ponderado – a *liberdade de escolha das formas jurídicas*[67].

Para a atuação direta no desempenho de atividades econômicas, a própria Constituição previu a utilização de *empresas* estatais e a participação do Estado em empresas que não integram a Administração Pública.

Assim, pode-se dizer que o ordenamento jurídico reconhece a existência de uma "Administração Pública empresarial", que se vale da racionalidade da empresa para o desempenho das atividades que o próprio ordenamento a incumbiu de realizar. Há uma reserva constitucional no

DFELD, Carlos Ari. *Direito administrativo para céticos*. São Paulo: Malheiros, 2012, p. 28-30; RAMOS, Luciano Silva Costa. Contornos jurídicos da utilização do regime jurídico-privado pela Administração Pública, *Revista Trimestral de Direito Público – RTDP* nº 46, p. 223-232; GUIMARÃES, Bernardo Strobel. O exercício da função administrativa e o direito privado. São Paulo, 2011. Tese (doutorado) – Departamento de Direito do Estado da Faculdade de Direito da Universidade de São Paulo.

[65] A menção à inexistência de um "pecado tolerado" é feita por Carlos Ari Sundfeld e Rodrigo Pagani de Souza (Licitação nas estatais: levando a natureza empresarial a sério. *Revista de Direito Administrativo* n. 245, p. 20).

[66] Floriano de Azevedo Marques Neto aponta a existência de uma "maldição do regime único". Para ele: "o problema está em pretender submetê-lo [o poder público], em cada segmento do Direito Administrativo, a um único regime, a um único e uniforme tratamento. Essa tendência (seria mesmo uma *maldição*) leva a doutrina (...) a sustentar que as entidades da Administração indireta devem seguir um figurino único, independentemente da Constituição, a qual expressamente determina que a Lei é que deverá criá-los ou autorizar a sua criação em seu art. 37, inciso XIX (o que supõe dispor sobre seu regime jurídico)" (Do direito administrativo à Administração contratual. *Revista do Advogado da Associação dos Advogados do Estado de São Paulo – AASP*. São Paulo, ano XXIX, n. 107, dez. 2009, p. 78). Para uma análise mais ampla dos contratos administrativos e dos regimes públicos contratuais: ALMEIDA, Fernando Dias Menezes de. *Contrato administrativo*, *passim* (com especial ênfase nas p. 370-385).

[67] Como se verá, a questão da liberdade de escolha das formas jurídicas tem grande importância para a presente tese. O aprofundamento da questão ocorrerá nos capítulos subsequentes.

sentido de ser adotado um regime de natureza fundamentalmente empresarial no desempenho de atividades econômicas pelo Estado, ainda que esse regime sofra alguns temperamentos justamente pelo fato de incluir as empresas estatais no interior da estrutura do Estado. Caberá ao Estado, então, selecionar a forma como atuará concretamente: se mediante uma empresa pública, uma sociedade de economia mista ou qualquer outra forma empresarial admitida pelo ordenamento – *tal como as empresas privadas com participação estatal*, objeto do presente estudo, em que o Estado figura como sócio de empresas que nem mesmo integram a Administração Pública.

1.2.2.3. A legitimidade da busca pelo direito privado por meio da empresa: a atratividade da racionalidade empresarial

A escolha constitucional da figura da empresa para a atuação do Estado no domínio econômico reflete, evidentemente, uma opção pelo direito privado – inclusive por expressa disposição no próprio texto da Constituição[68].

Partindo-se do pressuposto de que a atuação direta do Estado na economia é caracterizada pela subsidiariedade e pela sua funcionalidade a certos objetivos traçados pela Constituição, extrai-se um princípio constitucional de eficiência do setor empresarial do Estado. Seria contraditório atribuir ao Estado a execução de determinadas tarefas e, ao mesmo tempo, não lhe propiciar o ferramental necessário para tanto – que, no caso, são os instru-

[68] O artigo 173, §§ 1º e 2º, da Constituição Federal, com a redação atribuída pela Emenda Constitucional nº 19, prevê o seguinte: "Art. 173. Ressalvados os casos previstos nesta Constituição, a exploração direta de atividade econômica pelo Estado só será permitida quando necessária aos imperativos da segurança nacional ou a relevante interesse coletivo, conforme definidos em lei. § 1º A lei estabelecerá o estatuto jurídico da empresa pública, da sociedade de economia mista e de suas subsidiárias que explorem atividade econômica de produção ou comercialização de bens ou de prestação de serviços, dispondo sobre: I - sua função social e formas de fiscalização pelo Estado e pela sociedade; II - a sujeição ao regime jurídico próprio das empresas privadas, inclusive quanto aos direitos e obrigações civis, comerciais, trabalhistas e tributários; III - licitação e contratação de obras, serviços, compras e alienações, observados os princípios da administração pública; IV - a constituição e o funcionamento dos conselhos de administração e fiscal, com a participação de acionistas minoritários; V - os mandatos, a avaliação de desempenho e a responsabilidade dos administradores. § 2º - As empresas públicas e as sociedades de economia mista não poderão gozar de privilégios fiscais não extensivos às do setor privado".

mentos compatíveis com uma racionalidade empresarial. Se o Estado tem o dever de intervir na economia para prestar diretamente certas atividades, é imprescindível que tenha à sua disposição os meios necessários para que sua intervenção seja eficiente. Do contrário, a previsão constitucional seria mera pantomima. Não passaria de simples declaração de intenções, destituída de qualquer sentido efetivo.

Juntamente a essa constatação, deve-se reconhecer que o direito privado é uma espécie de "direito comum" da atividade empresarial. Logo, a atuação econômica do Estado mediante instrumentos de direito privado não é um defeito tolerado pelo sistema. Trata-se, na realidade, de uma previsão do próprio ordenamento, de *status* constitucional, que reputa tal regime jurídico como sendo mais apropriado às funções reservadas ao Estado em sua intervenção direta no domínio econômico. Além disso, trata-se do regime adotado pelos demais atores econômicos, eventualmente atuando em concorrência com o próprio Estado, o que remete a problemática não só ao princípio da eficiência, mas também ao da isonomia.

Maria João Estorninho, em seu estudo sobre a "fuga" para o direito privado, expôs uma série de critérios que apontam para a existência de vantagens na atuação pública segundo o direito privado[69].

Partindo-se da exposição da doutrinadora, podem ser apontados ao menos quatro deles como relevantes para a atuação empresarial do Estado: (i) maior flexibilidade e celeridade nos processos de decisão e atuação, uma vez que os entes constituídos sob o figurino privado não se submetem às regras de procedimentalização que caracterizam os entes públicos; (ii) maior autonomia e descentralização dos entes criados como pessoas de direito privado; (iii) sujeição às regras de mercado e à concorrência, o que demanda uma maior observância de critérios de rentabilidade e economicidade; e (iv) diversificação dos meios de financiamento mediante a captação de investimento privado.

Uma atuação estatal segundo a lógica empresarial permite a obtenção dessas vantagens. A forma empresarial (i) propicia maior flexibilidade e celeridade justamente por não se submeter a determinados condiciona-

[69] *A fuga para o direito privado*: contributo para o estudo da atividade de direito privado da Administração Pública. Coimbra: Almedina, 1999, p. 58-67. A expressão "fuga para o direito privado" foi cunhada por Fritz Fleiner, que mencionava o fenômeno pelo qual a Administração Pública se refugiava no direito privado para escapar de certos controles inerentes ao regime jurídico público (*Instituciones de derecho administrativo*. Barcelona: Labor, 1933).

mentos que são inerentes ao paradigma burocrático (típico das autarquias, por exemplo), (ii) confere maior autonomia às empresas estatais, que têm personalidade própria, de direito privado, e podem ser sócias de empresas que nem mesmo integram a estrutura do Estado, (iii) compatibiliza-se com a sujeição às regras do mercado e ainda (iv) possibilita o ingresso de capitais privados em adição ao capital público no caso de ser essa estrutura a mais adequada à atividade que se pretende desenvolver.

Portanto, a previsão constitucional da utilização do figurino empresarial pelo Estado significa uma decisão consciente no sentido de se pretender incorporar determinadas características à estrutura administrativa.

Propõe-se, dessa forma, a constatação de que o ordenamento jurídico admite a existência de uma "Administração Pública empresarial", que é tão natural ao agir administrativo quanto qualquer outro mecanismo mais fortemente submetido a condicionamentos públicos.

A identificação de uma "Administração Pública empresarial", ao lado da "Administração Pública não-empresarial", evidencia que o ordenamento criou um espaço de atuação administrativa pautado por alguma racionalidade empresarial, necessariamente diversa da racionalidade que pautará outras atuações do Estado. Ainda que o Estado-empresário aplique a lógica empresarial com certos temperamentos, já que sua atuação é funcionalizada pelo ordenamento a determinados fins (segurança nacional e promoção de um relevante interesse coletivo) que são a justificativa e o fundamento para a atuação empresarial do Estado, o fato é que o próprio ordenamento reconhece a necessidade de se aplicar os instrumentos mais adequados às finalidades previstas. Daí, por exemplo, a previsão constitucional de que haja procedimentos simplificados de licitação para certas empresas estatais, o que nada mais é do que a adaptação de certos condicionamentos estatais a uma atuação que possui essência empresarial, ainda que com a participação do Estado[70].

[70] Sobre o tema, confiram-se: SUNDFELD, Carlos Ari; SOUZA, Rodrigo Pagani de. Licitação nas estatais: levando a natureza empresarial a sério. *Revista de Direito Administrativo*, n. 245, p. 13-30, 2007; JUSTEN FILHO, Marçal. *Comentários à lei de licitações e contratos administrativos*. 15.ed. São Paulo: Dialética, 2012, p. 27-35. BARROSO, Luis Roberto. Regime jurídico das empresas estatais. *Revista de Direito Administrativo*, n. 242, p. 85-93; DALLARI, Adilson Abreu. Licitações nas empresas estatais. *Revista de Direito Administrativo* n. 229, p. 69-85; CARDOZO, José Eduardo Martins. O dever de licitar e os contratos das empresas estatais que exercem atividade econômica. In: CARDOZO, José Eduardo Martins; QUEIROZ, João Eduardo Lopes;

Pode-se falar em "fuga" para o direito privado, expressão já bastante difundida. Entretanto, o termo "fuga" denota um sentido pejorativo, como se se tratasse de um mecanismo concebido para fraudar uma configuração jurídica diversa, eventualmente obrigatória e inafastável.

Preferimos colocar a questão em outros termos, no sentido de que a adoção de formas jurídicas empresariais pelo Estado deriva de uma *lógica atrativa da racionalidade empresarial* como sendo a forma mais apropriada de atuação no domínio econômico. Desse pressuposto se extraem (i) a opção constitucional pela adoção de uma *forma jurídica empresarial* para o desempenho de certas atividades, (ii) o reconhecimento de alguma *liberdade* para sua definição precisa no caso concreto (empresa pública, sociedade de economia mista ou outro arranjo empresarial com participação do Estado – como as empresas privadas com participação estatal), devendo ser observado ainda (iii) o *princípio do respeito à forma jurídica escolhida*, no sentido de que não é possível anular as vantagens da forma jurídica empresarial mediante a introdução de condicionamentos injustificados e incompatíveis com a opção previamente adotada.

Nesse sentido é a lição de Paulo Otero. Segundo o doutrinador, "em vez de uma 'fuga' para formas de organização típicas do Direito Privado, pode bem afirmar-se que a utilização de formas de organização do sector empresarial do Estado reguladas pelo Direito Comercial decorre de uma lógica atractiva deste ramo do Direito como típico Direito comum regulador das empresas, isto atendendo ao facto de estar em causa o desenvolvimento de uma atividade económica através de uma estrutura empresarial"[71].

Além disso, a adoção do figurino empresarial pelo Estado não representa necessariamente uma fenda ao arbítrio. Trata-se mais propriamente de uma necessidade, diante da missão conferida ao Estado pelo ordenamento para a atuação direta no setor econômico. Ainda segundo Paulo Otero:

[A] liberdade de eleição das formas de organização do sector empresarial do Estado não constitui qualquer decorrência de uma regra de liberdade ou de desnormativização do exercício de um poder de organização administrativa ainda herdado do Estado Absoluto (...), antes traduz um corolá-

SANTOS, Márcia Walquiria Batista dos (coord.). *Direito administrativo econômico*. São Paulo: Atlas, 2012, p. 1270-1299.

71 *Vinculação e liberdade de conformação jurídica do sector empresarial do Estado*. Coimbra: Coimbra, 1998, p. 235.

rio da exigência constitucional de eficiência do sector público, enquanto incumbência prioritária do Estado e, por isso mesmo, fonte atribuidora de uma faculdade tendencialmente discricionária de instrumentalização da forma organizativa das empresas do Estado às concretas exigências da realidade de um modelo eficiente de prossecução do interesse público[72].

Pensamos que essa maneira de enfrentamento da questão, baseada na lógica empresarial como mecanismo *normal* de atuação do Estado ante as missões que lhe foram conferidas pelo ordenamento, gera menos questionamentos do que se falar na existência de uma "fuga" – eventualmente sub-reptícia – para o direito privado. A atuação empresarial é uma ferramenta colocada à disposição da Administração Pública pelo ordenamento jurídico para a realização de certas atividades estatais voltadas à intervenção direta no domínio econômico.

As empresas estatais são um instrumento posto à disposição do Estado para possibilitar que a Administração Pública, legitimamente liberada de certas amarras, desempenhe, com a eficiência necessária, determinadas finalidades que lhe foram atribuídas pelo ordenamento. A rigor, não se trata de uma "fuga" para o direito privado, já que o termo em questão apresenta uma conotação pejorativa, de algo imoral, verdadeira fraude para burlar a aplicação de condicionamentos que seriam inafastáveis. Trata-se, isso sim, de constatar que a Administração Pública dispõe de um *complexo ferramental* para o desempenho das atividades que lhe são atribuídas pelo ordenamento.

[72] *Vinculação e liberdade de conformação jurídica do sector empresarial do Estado*. Coimbra: Coimbra, 1998, p. 235. A questão que é objeto de preocupação do doutrinador português, na realidade, é um pouco mais específica. Em Portugal, o Estado pode atuar mediante Empresas Públicas e empresas submetidas mais propriamente ao direito comercial (direito privado). Era essa a discussão existente na época em função das previsões contidas no Decreto-Lei n. 260, de 8 de abril de 1976, então vigente quando foi redigido o trabalho de Paulo Otero: buscava-se saber se o Estado tinha liberdade para escolher uma forma jurídica em detrimento da outra. O doutrinador entendia que sim. Posteriormente, o setor empresarial do Estado em Portugal passou a ser regido pelo Decreto-Lei n. 558, de 17 de dezembro de 1999, que revogou a legislação anterior, mas manteve de certa forma a mesma discussão, uma vez que previa a atuação do Estado-empresário mediante Entidades Públicas Empresariais (EPEs, continuadoras das antigas EPs) e sociedades comerciais. Mais recentemente, o Decreto-Lei n. 558/1999 foi substituído pelo Decreto-Lei n. 133/2013. De todo modo, o raciocínio desenvolvido pelo doutrinador é relevante para a explanação do tema aqui estudado.

Uma das ferramentas, absolutamente *legítima*, consiste na empresa estatal, que tem por característica justamente a possibilidade de libertar a Administração de certos condicionamentos que prejudicariam (ou até mesmo inviabilizariam) os próprios objetivos pretendidos pelo ordenamento. Outra ferramenta que o ordenamento coloca à disposição do Estado é precisamente a sua integração como sócio de empresas privadas. Trata-se da *técnica acionária*, que será tratada adiante e integra o cerne do presente estudo.

1.2.2.4. A rejeição da tese da suficiência da "boa gestão"

A existência de vantagens na adoção da técnica empresarial de direito privado pelo Estado não é pacífica.

Uma forte crítica a esse entendimento é feita pela doutrinadora portuguesa Sofia Tomé D'Alte.

Para ela, "não é possível fazer equivaler à utilização destas últimas [formas jurídicas privadas] qualquer garantia de eficácia ou eficiência inevitáveis e acrescidas", do que decorreria a necessidade de "relativizar o valor acrescentado quase pacificamente atribuído às formas organizativas de direito privado para solucionar os problemas que a actividade pública de prestação actualmente enfrenta"[73].

Segundo a doutrinadora portuguesa, a gestão empresarial deixa de ter sentido substancial no âmbito de ação do Estado, por causa de três fatores: (i) a gestão privada (empresarial) não existiria verdadeiramente quando atuam os poderes públicos, uma vez que estes não detêm interesses próprios, sendo que a utilização de mecanismos privados faz com que a atuação se modifique somente em termos formais, e não materiais; (ii) a utilização de mecanismos de gestão de tipo empresarial não é exclusiva nem indissociável das formas jurídicas de direito privado, podendo ser aplicados à atuação de qualquer entidade pública; e (iii) a dicotomia entre os dois tipos de gestão subalterniza a importância da *res* pública, levando à convicção errônea de que tudo o que é público é ineficaz, ineficiente e incompetente,

[73] *A nova configuração do sector empresarial do Estado e a empresarialização dos serviços públicos.* Coimbra: Almedina, 2007, p. 310.

enquanto, pelo contrário, dever-se-ia assumir e reclamar para a atuação dos poderes públicos padrões de diligência, excelência e competência[74].

Partindo desses três pressupostos, Sofia Tomé D'Alte conclui pouco importar que a Administração adote ou não uma forma empresarial para o desenvolvimento de certas atividades. O relevante seria reconhecer a existência de um imperativo de "boa gestão", independentemente da forma jurídica adotada para o agir administrativo. Em suas palavras:

[M]ais não nos resta senão dar por confirmada a ideia segundo a qual, mais do que optar entre uma gestão privada e uma gestão pública na prestação de actividades materialmente administrativas, impõe o ordenamento jurídico que se suplante tal distinção e se unifique o agir público sob o imperativo da boa gestão. Neste sentido, a utilização de mecanismos jurídicos de direito privado – elemento do qual tem dependido a consideração de que assim se estaria a actuar em gestão privada –, não afasta a consideração segundo a qual, mesmo assim, se está a proceder a uma verdadeira gestão pública, senão em sentido formal (que para este efeito desconsideramos), pelo menos em sentido material: no sentido em que, sempre que estejam envolvidos sujeitos ou poderes públicos numa qualquer atividade de concretização do interesse público, envolvendo recursos e dinheiros públicos, então estaremos sempre perante uma atividade de gestão pública[75].

Antes de se examinar essas objeções, é necessário fazer duas ressalvas.

Inicialmente, não se deve, de fato, adotar um entendimento mecanicista no sentido de que a atuação empresarial só apresentaria virtudes e o agir segundo preceitos de direito público somente geraria ineficiências. A simples atuação segundo preceitos empresariais não é garantia de eficiência nem de resultados positivos. Prova disso é que há grandes críticas à ineficiência das empresas estatais – ainda que ao menos parte dessas críticas seja baseada justamente no fato de que a estrutura empresarial do Estado se afasta do que seriam as melhores práticas empresariais (do que

[74] *A nova configuração do sector empresarial do Estado e a empresarialização dos serviços públicos*. cit., p. 315.

[75] *A nova configuração do sector empresarial do Estado e a empresarialização dos serviços públicos*. cit., p. 314-315.

se conclui que o problema não seria propriamente a ineficiência do modo de agir empresarial, e sim o afastamento que ocorre em relação a ele)[76].

De todo modo, a ideia de que a atuação empresarial não constitui nenhuma garantia de eficiência parece-nos irrelevante. Isso porque o *modus operandi* empresarial não é adotado por representar propriamente uma *garantia* de eficiência. Na realidade, nenhuma técnica de gestão pode *garantir* qualquer padrão mínimo ou ideal de eficiência. Em certa medida, a "legitimação pela eficiência" seria um problema, uma vez que a ausência dos resultados esperados conduziria ao próprio afastamento da racionalidade empresarial – justamente por não atender às expectativas que teriam lhe servido de fundamento para sua aplicação.

A adoção da técnica empresarial como forma de atuação decorre do entendimento de que ela é mais apropriada do que outras (como, por exemplo, o paradigma burocrático de atuação estatal, típico das autarquias) para a consecução de determinadas finalidades. Trata-se de um critério de adequação do meio (empresa) à realização dos fins estabelecidos pelo ordenamento, e não qualquer pressuposto segundo o qual a forma jurídica empresarial necessariamente proporcionaria maior eficiência. Assim, se o Estado deseja incorporar ao seu funcionamento as características da atuação empresarial – a qual permite maior flexibilidade e celeridade, é passível de sujeitar-se às regras de mercado e comporta meios de financiamento que incorporem a captação de investimento privado –, a atuação empresarial será a ferramenta mais apropriada.

A segunda ressalva diz respeito à eficiência na gestão administrativa.

É fato que a Administração Pública deve realizar suas atividades com eficiência. Há realmente um dever de boa gestão que se aplica a toda atuação administrativa, empresarial ou não[77].

[76] Nesse sentido, confira-se: ARIÑO ORTIZ, Gaspar. *Principios de derecho público económico*. 3.ed., p. 457-502; e ARIÑO ORTIZ, Gaspar. *Empresa pública, empresa privada, empresa de interés general*. Navarra: Thomson Arazadi, 2007, p. 81-130.

[77] A própria doutrinadora portuguesa relaciona o dever de boa gestão à imprescindibilidade de uma atuação eficiente ao afirmar que "este dever de boa gestão decorre do Princípio da Eficácia que deve nortear toda a actuação pública, seja ela administrativa ou empresarial" (D'ALTE, Sofia Tomé. *A nova configuração do sector empresarial do Estado e a empresarialização dos serviços públicos*. cit., p. 314, nota n. 466).

Entretanto, parece-nos insuficiente satisfazer-se com o dever de boa gestão. A questão é que, justamente para buscar uma atuação eficiente, o Estado deve se valer dos *instrumentos mais adequados* às necessidades e características da atividade realizada. Em certos casos, que envolvem atividades econômicas ou os chamados "serviços públicos comerciais e industriais", a atuação mediante uma lógica empresarial será a ferramenta mais apropriada para que se realize concretamente o dever de boa gestão – o que não significa que o agir segundo parâmetros empresariais seja sempre desejável nem que se adeque a qualquer atividade.

Feitas essas ressalvas, cabe-nos examinar as objeções levantadas.

A primeira objeção consiste na afirmação de que o Estado jamais atuaria verdadeiramente segundo uma lógica empresarial, uma vez que caberia a ele a satisfação do interesse público, inexistindo qualquer interesse próprio.

Note-se que o argumento não nega a existência de características intrínsecas ao agir empresarial. Pelo contrário, o teor da crítica consiste justamente na ideia de que as qualidades da atuação empresarial jamais poderiam ser apropriadas pelo ente estatal em virtude de características do próprio Estado. Assim, a adoção do modo de agir empresarial seria apenas formal. Na prática, não se alteraria a atuação administrativa.

Entretanto, tal entendimento deve ser rejeitado.

É evidente que o fato de uma empresa integrar a estrutura estatal impõe a ela alguns condicionamentos. No Brasil, a Constituição Federal é muito clara em prever a submissão dos integrantes da Administração Pública indireta aos princípios gerais da Administração (artigo 37). Contudo, isso não significa que as vantagens da atuação empresarial sejam totalmente anuladas em virtude disso. Seria até contraditório que a Constituição previsse a submissão das empresas estatais ao direito privado e, ao mesmo tempo, estabelecesse mecanismos que tornassem irrelevante tal submissão, por anular os seus eventuais benefícios mediante a aplicação de condicionamentos incompatíveis com a técnica empresarial.

Em nosso entendimento, a opção do ordenamento pelo figurino empresarial representa um limite ao modo como incidem os princípios de direito público. Não se questiona a sua incidência sobre as empresas estatais, mas ela somente poderá ocorrer passando pela adequação da técnica empresarial. Assim, todos os princípios administrativos adquirirão feições específicas, adaptadas ao figurino da empresa, mas sem perder densidade normativa. É esta a interpretação mais coerente com o postulado da proporcionalidade. Exagerada, portanto, a ideia de que a simples presença do Estado afastaria as vantagens que se busca implementar com a adoção da lógica empresarial.

Poderia se afirmar, então, que a atuação empresarial do Estado, justamente por causa da incidência dos princípios gerais que regem a Administração, não se constituiria verdadeiramente numa aplicação do agir empresarial. Entretanto, eventual discussão nesse sentido teria conteúdo meramente semântico. O relevante é constatar que o ordenamento contempla justamente a forma empresarial para que o Estado atue explorando determinadas atividades econômicas. Há, portanto, uma clara *opção do ordenamento pela lógica empresarial*, que, se não afasta alguns condicionamentos aplicáveis à estrutura estatal de modo genérico, serve de filtro para a aplicação dos princípios gerais da Administração Pública.

A segunda objeção, segundo a qual os mecanismos de gestão de tipo empresarial poderiam ser aplicados à atuação de qualquer entidade pública, também deve ser rejeitada.

O dever de boa gestão é que pode (e deve) ser observado por qualquer entidade pública, eventualmente até mesmo com a adoção de práticas gerenciais. Entretanto, o mesmo não se pode dizer da técnica empresarial, que se destina a organizar os fatores de produção segundo uma racionalidade econômica e, em certos casos, é aberta à participação de particulares como sócios do Estado.

Além disso, note-se que a objeção levantada é contraditória com a primeira. Se a gestão de tipo empresarial pode ser adotada inclusive por entidades públicas, é porque a simples presença do Estado não afasta as vantagens do agir empresarial, ao contrário do que se apontou na primeira objeção formulada.

A terceira objeção consiste na afirmação de que a dicotomia entre os modos de gestão (público e empresarial) colocaria a *res* pública numa situação de inferioridade.

Quanto a isso, já afastamos o entendimento segundo o qual a técnica empresarial seria uma forma de garantir resultados mais eficientes. A adoção da técnica empresarial não garante resultados. Nenhuma técnica é garantidora de resultados satisfatórios.

De todo modo, a utilização do figurino empresarial pelo Estado não significa colocar a *res* pública em uma situação de inferioridade. Sob certo ângulo, é justamente o contrário. A adoção da técnica empresarial deriva da constatação de que ela possui características mais adequadas à realização de determinadas atividades. Assim, longe de se pretender colocar a coisa pública numa posição de inferioridade, a adoção da racionalidade empresarial pelo Estado deriva justamente da compreensão de que essa forma de intervenção é a mais apropriada a determinadas finalidades – e, portanto, em princípio será a que melhor proporcionará a realização de certos objetivos estabelecidos pelo ordenamento jurídico.

1.3. A SUBMISSÃO AOS PRINCÍPIOS GERAIS DO DIREITO ADMINISTRATIVO

Fixado o entendimento de que a escolha do ordenamento pela atuação empresarial do Estado reflete uma *opção deliberada* pela despublicização, em virtude das características do figurino empresarial, observa-se que houve um movimento em sentido contrário, de questionamento à ideia de subordinação das empresas estatais ao direito privado.

1.3.1. A REAÇÃO À DESPUBLICIZAÇÃO

A reação à despublicização não se trata de um fenômeno verificado exclusivamente na doutrina. A própria jurisprudência tem dificuldades em lidar com os efeitos derivados da submissão das empresas estatais ao direito privado[78]. Aponta-se inclusive que a Constituição Federal de 1988 provocou uma espécie de "recaptura" das empresas estatais pelo direito público[79].

[78] É o que demonstra o substancioso estudo de Henrique Motta Pinto: A autarquização das empresas estatais na jurisprudência do Supremo Tribunal Federal: um obstáculo para as reformas na administração pública. *Cadernos Gestão Pública e Cidadania*, v. 15, p. 215-233, 2010. Segundo classifica o doutrinador, as regras que dispõem sobre as empresas estatais estabelecem peculiaridades, limitações e privilégios. Todas elas são uma decorrência da integração das empresas estatais à estrutura do Estado. Entretanto, a jurisprudência tem muita dificuldade de trabalhar com elas, do que deriva um permanente "risco de crise sistêmica". Confira-se também: SUNDFELD, Carlos Ari. A submissão das empresas estatais ao direito privado: uma definição histórica do STF. *Boletim de Direito Administrativo – BDA*. Ano XI, n. 5, p. 286-290, maio 1995.

[79] Segundo Floriano de Azevedo Marques Neto: "A Constituição de 1988 procedeu quase que a uma 'recaptura' pelo Direito Público das entidades estatais constituídas e modeladas a luz do Direito Privado. Como reação aos desvios, a Carta adotou opção que, malgrado seu caráter moralizador, acabou por praticamente erradicar as vantagens que advinham da cria-

A reação à despublicização pode ser verificada em duas propostas.

1.3.1.1. Primeira proposta: classificação das empresas estatais em prestadoras de serviços públicos e exploradoras de atividades econômicas

Nesse contexto, ganhou corpo uma classificação que dividia as empresas estatais em (i) exploradoras de atividades econômicas e (ii) prestadoras de serviços públicos. Essa classificação baseia-se no artigo 173, § 1º, da Constituição Federal, tanto em sua redação original quanto na atual, pós-Emenda Constitucional nº 19, a qual prevê que a empresa pública, a sociedade de economia mista e outras entidades "que explorem atividade econômica" sujeitam-se ao regime jurídico próprio das empresas privadas[80]. Frequentemente, extrai-se dessa previsão que a Constituição pretendeu aplicar o regime próprio das empresas privadas somente às empresas estatais que exploram atividades econômicas em sentido estrito, deixando de lado aquelas que prestam serviços públicos. Assim, a despeito de as primeiras se submeterem ao direito privado (e ainda assim com alguns temperamentos), as últimas se sujeitariam integralmente ao direito público[81].

ção dos entes estatais de direito privado. Ao equipará-los aos entes da Administração Direta e submetê-los ao regime de direito público (especialmente no tocante aos procedimentos de contratação de pessoa, previsões orçamentárias e licitações), inicialmente sem nenhuma temperança, a CF inaugurou uma situação jurídica peculiar" (As contratações estratégicas das estatais que competem no mercado. In: OSÓRIO, Fábio Medina; SOUTO, Marcus Juruena Villela (org.). *Direito administrativo:* estudos em homenagem a Diogo de Figueiredo Moreira Neto. Rio de Janeiro: Lumen Juris, 2006, p. 579).

[80] A redação original do dispositivo era a seguinte: "§ 1º A empresa pública, a sociedade de economia mista e outras entidades que explorem atividade econômica sujeitam-se ao regime jurídico próprio das empresas privadas, inclusive quanto às obrigações trabalhistas e tributárias". Com a Emenda Constitucional n. 19, a redação foi alterada para o seguinte texto: "§ 1º A lei estabelecerá o estatuto jurídico da empresa pública, da sociedade de economia mista e de suas subsidiárias que explorem atividade econômica de produção ou comercialização de bens ou de prestação de serviços, dispondo sobre: I - sua função social e formas de fiscalização pelo Estado e pela sociedade; II - a sujeição ao regime jurídico próprio das empresas privadas, inclusive quanto aos direitos e obrigações civis, comerciais, trabalhistas e tributários; III - licitação e contratação de obras, serviços, compras e alienações, observados os princípios da administração pública; IV - a constituição e o funcionamento dos conselhos de administração e fiscal, com a participação de acionistas minoritários; V - os mandatos, a avaliação de desempenho e a responsabilidade dos administradores".

[81] BANDEIRA DE MELLO, Celso Antônio. Natureza essencial das sociedades de economia mista e empresas públicas: consequências em seus regimes. In: _____. *Grandes temas de direito*

Tal entendimento, entretanto, mostrou-se equivocado. Ainda que a atividade desempenhada tenha relevância, as empresas estatais prestadoras de serviços públicos não perdem sua caracterização jurídica de *empresas*, o que impõe a elas o dever de agirem empresarialmente, segundo mecanismos típicos de direito privado – que são naturais ao agir administrativo, conforme exposto acima.

A classificação das empresas estatais em prestadoras de serviços públicos e exploradoras de atividades econômicas *strictu sensu*, portanto, acaba tendo o efeito de neutralizar os legítimos objetivos – de maior agilidade, flexibilidade e comprometimento com resultados – que são buscados com a adoção do figurino empresarial pelo Estado. Aproximam-se muito as empresas estatais prestadoras de serviços públicos do regime de direito público, a despeito de tais empresas terem sido concebidas justamente como um mecanismo de despublicização.

1.3.1.2. Segunda proposta: classificação em atividades-fim e atividades-meio

Outra classificação também se fez notória. Consiste na classificação das atividades desempenhadas pelas empresas estatais exploradoras de atividade econômica, dividindo suas funções em atividades-fim e atividades-meio[82].

Segundo essa concepção, quando uma empresa estatal exploradora de atividade econômica estiver no exercício de sua atividade-fim, não precisaria realizar licitação, uma vez que, nessa situação, estaria atuando no mercado, em regime de concorrência com seus competidores privados. A submissão das atividades-fim a procedimentos licitatórios inviabilizaria a atuação da empresa estatal no mercado.

Já quando a empresa estatal estiver no exercício de uma atividade-meio, ainda segundo essa doutrina, haverá o dever inafastável de realizar licitações, uma vez que, nesse âmbito de atuação, não haveria um ambiente de competição com outras empresas, para o qual o dever de licitar seria incompatível.

administrativo. 1.ed., 2.tir., São Paulo: Malheiros, 2010, p. 329-338.

[82] CARVALHO FILHO, José dos Santos. *Manual de Direito Administrativo*. 24.ed. Rio de Janeiro: Lumen Juris, 2011, p. 241.

1.3.1.3. Inadequação das classificações

Na realidade, nenhuma dessas classificações é adequada.

Em relação à primeira, a própria distinção entre serviços públicos e atividades econômicas está sendo constantemente repensada[83]. Ainda que se entenda pela manutenção de uma ideia de serviço público em oposição às atividades econômicas *strictu sensu*, essa distinção não mais se revela adequada para o fim de se determinar o regime de gestão de uma empresa estatal.

A partir da década de 1990, ocorreu a disseminação do fenômeno da prestação de serviços públicos em regime de competição (como ocorreu nos setores de telecomunicações, portuário e elétrico, dentre outros). Além disso, houve a quebra do monopólio estatal sobre a exploração de algumas atividades econômicas (certas atividades petrolíferas, por exemplo). Com isso, foi introduzido o regime concorrencial tanto na prestação de serviços públicos quanto na exploração de atividades econômicas em sentido estrito anteriormente exploradas apenas pelo Estado.

Ao mesmo tempo, houve uma política de privatização de empresas estatais, mas que não atingiu todas as empresas controladas pelo Estado. Remanesceram importantes empresas que continuam integrando a estrutura do Estado, mas que passaram então a competir com empresas privadas entrantes.

Essa introdução da concorrência no desempenho de serviços públicos e na exploração de atividades econômicas que anteriormente constituíam monopólios estatais torna de certa forma superada a distinção entre serviço público e atividade econômica *strictu sensu* para efeitos de definição do regime jurídico aplicável às empresas estatais. Se anteriormente havia uma vinculação entre serviço público e atuação não concorrencial, essa relação ficou ultrapassada. Atualmente, não há nenhuma relação entre a natureza da atividade (serviço público ou atividade econômica em sentido

[83] No sentido de que a distinção releva "sinais de crise", confira-se: SUNDFELD, Carlos Ari; SOUZA, Rodrigo Pagani de. Licitação nas estatais: levando a natureza empresarial a sério. *Revista de Direito Administrativo* n. 245, p. 22. Na realidade, o conceito de serviço público está constantemente em crise. É o que demonstra Alexandre Santos de Aragão (*Direito dos serviços públicos*. Rio de Janeiro: Forense, 2007, p. 239-264), dentre outros.

estrito) e a presença ou ausência de competição. Na realidade, há até uma regra geral de competição na prestação de serviços públicos[84].

Assim, é plenamente possível que uma empresa estatal preste um serviço público em regime de competição com empresas privadas, do que se extrai a absoluta impossibilidade de sua gestão ser integralmente submetida ao paradigma burocrático de atuação somente por se rotular a sua atividade como sendo um serviço público, e não uma atividade econômica em sentido estrito.

Em relação à segunda classificação, a distinção entre atividades-meio e atividades-fim também conduz a equívocos quando se pretende tratar do regime incidente sobre as empresas estatais.

Em primeiro lugar, não há nenhum critério adequado para se estabelecer exatamente o que é uma atividade-fim ou uma atividade-meio. A ausência de critérios mais apurados torna problemática tal classificação para a determinação do regime jurídico aplicável às empresas estatais.

Em segundo lugar, ainda que fosse possível enquadrar sem qualquer margem de dúvida as atividades de uma empresa estatal em atividades-fim e atividades-meio, o fato é que o desempenho das atividades-meio não é irrelevante para a atuação da empresa estatal no mercado. O desempenho ineficiente das atividades-meio pode afetar a competitividade das empresas estatais que exploram atividade econômica em concorrência no mercado.

Em terceiro lugar, determinadas contratações relacionadas a uma atividade-meio podem revelar ao mercado alguma estratégia competitiva da empresa estatal. Suponha-se a contratação por uma empresa estatal de um serviço de consultoria destinado a preparar o lançamento de um determinado produto no mercado. A realização de uma licitação para a contratação desse serviço (que poderia ser enquadrado como atividade-meio) revelaria

[84] O artigo 16 da Lei n. 8.987 estabelece que "A outorga de concessão ou permissão não terá caráter de exclusividade, salvo no caso de inviabilidade técnica ou econômica justificada no ato a que se refere o art. 5º desta Lei". Segundo Vitor Rhein Schirato: "a regra na prestação dos serviços públicos é a concorrência. E o fato de haver concorrência (em decorrência da incidência da livre iniciativa aos serviços públicos) não desnatura ou desconfigura esses serviços, eis que o regime *jurídico* (*i.e.*, aquele proveniente do direito positivo) dessas atividades não as coloca sob um regime de exclusividade estatal, salvo em casos excepcionais" (*Livre iniciativa nos serviços públicos*. Belo Horizonte: Fórum, 2012, p. 334).

ao mercado a própria estratégia comercial da empresa estatal, comprometendo a sua futura implantação[85].

Diante disso, o pensamento doutrinário atualmente caminha no sentido de se admitir com maior naturalidade a sujeição das empresas estatais ao regime próprio das empresas privadas. Entende-se que o dado relevante consiste em identificar se a empresa estatal atua em competição com outras empresas.

Nesse sentido, Carlos Ari Sundfeld e Rodrigo Pagani de Souza apontam que "pouco importa – segundo a moderna doutrina – se a estatal é 'exploradora de atividade econômica' ou 'prestadora de serviço público', ou se está no exercício de 'atividade-fim' ou de 'atividade-meio' (nos sentidos consagrados dessas palavras), mas importa, muito, a circunstância de ser ou não uma empresa estatal competitiva"[86].

Da mesma forma, Floriano de Azevedo Marques Neto sustenta que "saber se a empresa estatal explora serviço público ou atividade econômica em sentido estrito parece ser irrelevante". No tocante às empresas que exploram atividades industriais, comerciais ou de serviços à coletividade a título oneroso (ou seja, atividades econômicas em sentido amplo), segundo o doutrinador, "relevante é saber se sua atividade está ou não submetida a um regime de competição"[87].

Portanto, se o ordenamento possibilitou ao Estado o desempenho direto de atividades econômicas, observadas determinadas condições, e se previu para tanto a utilização do *modus operandi* empresarial, não faria sentido que as empresas controladas pelo Estado tivessem sua atuação prejudicada em favor da aplicação de preceitos incompatíveis com o agir empresarial. Isso tornaria as empresas estatais incapazes de desempenhar suas funções, ainda mais em mercados competitivos.

Como afirma Floriano de Azevedo Marques Neto: "Se o Estado tem por necessária sua atuação (absolutamente excepcional para as atividades econômicas em sentido estrito à luz do princípio da subsidiariedade inerente ao artigo 173 da CF), em competição com os particulares, nenhum sentido

[85] Sobre o assunto, consulte-se: MARQUES NETO, Floriano de Azevedo. As contratações estratégicas das estatais que competem no mercado, p. 575-604.

[86] Licitação nas estatais: levando a natureza empresarial a sério, p. 23.

[87] As contratações estratégicas das estatais que competem no mercado, p. 581-582.

haverá em manietar-se, impondo-se regras que o tornam um competidor frouxo, pouco agressivo, incapaz de fazer frente à disputa de mercados"[88].

1.3.1.4. O estatuto jurídico das empresas estatais

Nesse contexto, cabe uma menção ao estatuto jurídico da empresa estatal (Lei Federal nº 13.303, de 30 de junho de 2016).

Ao se editar uma lei específica para tratar das empresas públicas, sociedades de economia mista e suas subsidiárias, reconhece-se que há de fato uma Administração Pública empresarial, que opera segundo uma lógica própria em comparação com o restante da Administração.

A Lei Federal nº 13.303 tem o claro intuito de fazer com que as empresas estatais tenham uma atuação mais transparente, profissionalizada e com regras claras sobre riscos, controle e governança. Busca-se deixar mais claros quais são os poderes e os limites do Estado enquanto acionista controlador das empresas estatais. Pretende-se que haja uma maior oxigenação com a previsão de certas garantias aos acionistas minoritários e membros independentes do Conselho de Administração das sociedades de economia mista, bem como com a previsão de instrumentos de fiscalização pelo Estado e pela sociedade. Além disso, criaram-se disposições específicas para licitações realizadas pelas empresas estatais que exploram atividade econômica, aproveitando-se basicamente a experiência de modo geral bem-sucedida do Regime Diferenciado de Contratação (RDC).

Há, portanto, uma lógica de atuação que é própria do setor empresarial e que se aplica às empresas estatais.

1.3.2. A INCIDÊNCIA DOS PRINCÍPIOS QUE REGEM A ADMINISTRAÇÃO PÚBLICA

A despublicização buscada com as empresas estatais, entretanto, não conduz ao afastamento dos princípios que regem a Administração Pública.

Embora isso já tenha sido afirmado em algumas passagens acima, é necessário aprofundar a questão.

O artigo 37 da Constituição Federal é expresso ao determinar a sujeição das empresas estatais – na qualidade de integrantes da Administra-

[88] As contratações estratégicas das estatais que competem no mercado, p. 582.

ção Pública indireta – aos princípios gerais da Administração Pública. Portanto, a sujeição das empresas estatais aos princípios da legalidade, impessoalidade, moralidade, publicidade e eficiência é inafastável, independentemente de qual seja a atividade por elas desempenhada.

O mesmo se pode afirmar em relação às empresas estatais que atuam em regime de competição. Todas elas estão sujeitas aos princípios gerais da Administração Pública, não só por força do artigo 37 da Constituição Federal, como também por causa da previsão contida no artigo 173, § 1º, inciso III, que prevê a edição de uma lei que estabelecerá o estatuto jurídico das empresas estatais, a qual disporá, dentre outras matérias, sobre licitação e contratações, "observados os princípios da administração pública".

Isso significa que a incidência dos princípios que regem a Administração Pública não é afastada pelo simples motivo de o Estado adotar o figurino empresarial para o desempenho de certas atividades. A adoção das vestes empresariais pelo Estado, embora tenha como conteúdo intrínseco uma decisão pela despublicização decorrente da adoção de uma lógica econômica, deve de alguma forma se compatibilizar com os princípios gerais da Administração Pública.

1.3.3. NOSSO ENTENDIMENTO: A ADAPTAÇÃO PELA FIGURA DA EMPRESA

A questão, portanto, não reside em definir se os princípios gerais da Administração Pública se aplicam ou não às empresas estatais. Deve-se verificar de que modo – ou em que gradação – tais princípios subordinarão a atuação dessas empresas.

Evidentemente, os princípios gerais da Administração devem incidir sobre as empresas estatais de modo diverso do que sucede com a Administração Pública não empresarial. A adoção da figura da empresa para que o Estado desempenhe certas atividades produz uma adaptação dos princípios gerais da Administração, que incidem sobre a Administração Pública empresarial de modo peculiar em comparação com o que ocorre sobre a Administração direta e os demais entes que compõem a Administração indireta. Daí nosso entendimento, reitere-se, pela utilidade de se identificar uma "Administração Pública empresarial", ao lado da "Administração Pública não empresarial".

Em relação ao *princípio da legalidade*, é evidente sua incidência sobre as empresas estatais. Entretanto, tal princípio não se aplica a elas da mesma forma que subordina a Administração Pública não empresarial.

É inegável que os administradores de uma empresa estatal devem observar a lei. Entretanto, eles se vinculam também ao estatuto da empresa, que prevê regras para sua gestão. Ou seja, há certos condicionamentos à atuação dos administradores de uma empresa estatal que não se restringem ao disposto na lei, e que, por integrarem o estatuto da empresa, poderão ter alguma orientação de natureza econômica, relacionada à atividade empresarial explorada.

Além disso, é igualmente óbvio que o campo de atuação dos administradores de uma empresa estatal não se restringe apenas à aplicação do que a lei determina. A lei jamais poderia contemplar toda a complexidade que caracteriza a atuação empresarial. Some-se a isso a circunstância de que os administradores da empresa estatal devem buscar a maior eficiência na sua atuação. O resultado disso é que o seu agir não se resume a cumprir as determinações legais[89]. Há maior flexibilidade e criatividade na atuação dos administradores de uma empresa que desempenha uma atividade econômica, ainda que tal empresa seja estatal.

O *princípio da impessoalidade* também se aplica com certos temperamentos à Administração Pública empresarial.

Diante da tendência de se oferecer produtos customizados aos clientes, que atendam às suas necessidades pessoais, não se pode exigir que uma empresa estatal, em absolutamente todas as situações, aplique um tratamento uniforme a todos aqueles que com ela contratarem.

Uma instituição financeira estatal, por exemplo, poderá desenvolver produtos que atendam à individualidade de cada cliente. Do contrário, teria dificuldades em concorrer com as instituições financeiras privadas que incontestavelmente dispõem de liberdade para atender de modo customizado às necessidades de seus clientes.

A questão é que, se é dado às empresas privadas a possibilidade de despender tratamentos diferenciados aos seus clientes em um determinado

[89] Na realidade, nem mesmo o agir da Administração Pública direta consiste no mero cumprimento de determinações legais. Nesse sentido: DI PIETRO, Maria Sylvia Zanella. Do princípio da legalidade e do controle judicial diante da constitucionalização do direito administrativo. In: DI PIETRO, Maria Sylvia Zanella; RIBEIRO, Carlos Vinícius Alves. *Supremacia do interesse público e outros temas relevantes do direito administrativo*. São Paulo: Atlas, 2010, p. 173-196.

mercado, as empresas estatais que com elas compitam também devem dispor dessa possibilidade. O princípio da impessoalidade não veda tratamentos diferenciados se essa for uma prática do mercado, desde que, evidentemente, os critérios utilizados para as distinções aplicadas sejam compatíveis com o ordenamento.

Um fator relevante nessa seara diz respeito à superação do conceito de vulnerabilidade em certas situações. A instituição da concorrência entre exploradores de certas atividades econômicas ou prestadores de serviço público confere aos clientes (sejam usuários, sejam consumidores, aqui a distinção pouco importa) o poder de selecionar o prestador que melhor atenda às suas necessidades. Isso afasta eventual vulnerabilidade dos clientes e exige que as empresas disputem a sua preferência, para o que será indispensável a existência de maior flexibilidade, segundo parâmetros que seriam incompatíveis com o princípio da impessoalidade, se fosse tomado de forma radical[90].

O *princípio da moralidade* também não se aplica exatamente da mesma forma às empresas estatais e à Administração Pública não empresarial.

Embora se rejeite em qualquer caso uma atuação imoral, uma atividade econômica, ainda mais se explorada em regime concorrencial, apresentará parâmetros peculiares de moralidade. Assim, por exemplo, não há nenhuma dúvida de que o administrador público não pode premiar o agente administrativo que aplicar um maior número de multas de trânsito. Por outro lado, não haverá problema em se reconhecer que o administrador de uma empresa tem a possibilidade de promover determinado funcionário que age de modo mais eficiente a ponto de atrair clientes das empresas concorrentes. No primeiro caso, a remuneração vinculada ao maior número de multas, ainda que fizesse sentido do ponto de vista estritamente econômico, seria um incentivo a uma atuação imoral do agente público. Já no segundo caso, a promoção do funcionário será um incentivo à atuação eficiente, que proporcione melhores resultados – o que é plena-

[90] Sobre o fenômeno da clientelização nas concessões, confira-se o nosso *Remuneração do concessionário*: concessões comuns e parcerias público-privadas. Belo Horizonte: Fórum, 2010. Confira-se também: PEREIRA, Cesar A. Guimarães. *Usuários de serviços públicos*. 2.ed. São Paulo: Saraiva, 2008.

mente compatível não só com a moralidade, mas também com a racionalidade empresarial[91].

É claro que o princípio da moralidade deve ser observado na atuação empresarial do Estado, mas os padrões de moralidade devem ser compatibilizados à lógica econômica.

O *princípio da publicidade* também adquire contornos específicos à atividade empresarial do Estado.

Quando se explora uma atividade econômica, ainda mais em concorrência no mercado, o princípio da publicidade muitas vezes deverá ceder ante a preservação de um sigilo empresarial. Do contrário, o princípio da publicidade inviabilizaria certas atuações e comprometeria a força concorrencial da empresa estatal.

Logo, a empresa estatal que atua em um mercado competitivo não poderá se submeter aos mesmos padrões de publicidade que se aplicam à Administração direta. Ainda que fundamental à atividade, inclusive porque propicia o exercício do poder de controle, o princípio da publicidade não pode inviabilizar os negócios da empresa.

Por último, o *princípio da eficiência* adquire contornos específicos na atuação empresarial do Estado. O sentido de eficiência para uma organização empresarial é bem diverso da eficiência a ser buscada pela Administração Pública direta.

A empresa estatal deverá se preocupar com os seus resultados, não apenas no tocante à consecução dos fins públicos que justificaram a sua criação, como também com os seus resultados econômicos (rentabilidade) e com a ocupação de uma melhor posição no mercado.

Portanto, embora seja inquestionável a aplicação dos princípios gerais da Administração Pública a todas as empresas estatais, sua incidência concreta deverá se adaptar à atividade desempenhada pela empresa, a qual é dotada de uma racionalidade econômica, muito diversa da que orienta a atuação da Administração Pública não empresarial.

[91] Os exemplos baseiam-se nos que foram dados por Floriano de Azevedo Marques Neto: "Certamente seria censurável que um dirigente de um órgão de trânsito oferecesse benefícios ao subordinado seu que aplicasse mais multas aos infratores de trânsito (e consequentemente ensejasse maior arrecadação aos cofres públicos). Doutro lado, não feriria a ética das relações concorrenciais que a diretoria de um bando estatal promovesse um gerente de agência que conseguiu trazer para a instituição financeira estatal clientes que eram correntistas do banco privado vizinho" (As contratações estratégicas das estatais que competem no mercado, p. 597).

Como ensina Eberhard Schimidt-Assmann:

El ajuste del régimen jurídico de las empresas públicas en el Derecho de la organización administrativa no puede llevar, naturalmente, a aplicarles mecánicamente las normas desarrolladas para los órganos y entidades administrativas. Al igual que ocurre en otros ámbitos, la idea de que la constitución de empresas públicas bajo forma de sociedad anónima o limitada impone una "huida" de la Administración al Derecho privado, que debe ser contrarrestada por todos los medios posibles con la reconducción a un Derecho administrativo pensado para la ejecución de la Ley, resulta escasamente útil[92].

Assim, a aplicação dos princípios gerais da Administração Pública precisa equilibrar os valores consagrados por eles com os objetivos buscados pelo próprio ordenamento com a adoção da forma jurídica empresarial. Eventual rejeição dessa constatação seria ofensiva ao interesse público e à legalidade.

1.4. O CAMINHO EM DIREÇÃO À PARTICIPAÇÃO ESTATAL EM EMPRESAS PRIVADAS QUE NÃO INTEGRAM A ADMINISTRAÇÃO PÚBLICA

Há incisivas e numerosas críticas à atuação empresarial do Estado, que não se revelaria adequada aos anseios de eficiência.

Gaspar Ariño Ortiz, que é um dos grandes críticos das empresas estatais, relaciona diversos problemas. Segundo ele, nas empresas estatais: (i) há uma relação de agência entre os diretores e o Estado, o que faz com que os interesses governamentais se sobreponham aos interesses que deveriam orientar a atuação empresarial; (ii) ocorre uma diluição das responsabilidades, o que faz com que ninguém seja responsabilizado por uma má atuação da empresa estatal; (iii) os dirigentes podem ser substituídos a qualquer momento por razões políticas, o que retira deles qualquer preocupação com resultados comerciais de longo prazo; (iv) há uma preocupação excessiva com a imagem, ainda que isso não resulte em planejamentos efetivos e de longo prazo; (v) não existe um sistema de incentivos à boa gestão; (vi) há maior preocupação com o cumprimento de regras do que com o

92 *La teoría general del derecho administrativo como sistema*. Madrid: Marcial Pons, 2003, p. 281.

resultado; (vii) existe uma constante manipulação de cifras e resultados; e (viii) as restrições orçamentárias são muito brandas, o que não impede a sua tendência ao expansionismo[93].

A conclusão do doutrinador espanhol é que as empresas públicas não são verdadeiramente empresas, nem são genuinamente públicas[94].

Não é objetivo deste estudo tratar das razões que fazem com que o Estado-empresário seja ineficiente. As críticas apresentam um conteúdo muito mais próximo da ciência da administração do que do direito administrativo.

De todo modo, as críticas que são feitas à ineficiência da atuação empresarial do Estado em nada afastam as conclusões no sentido de que as vestes empresariais são as mais apropriadas para certos objetivos. Aliás, em certo sentido, as críticas destacam justamente a ausência de aplicação de uma lógica empresarial *efetiva* como causa dessas ineficiências – comprovando, sob esse ângulo, que o problema não está na lógica empresarial de atuação, mas na ausência de sua aplicação.

É forçoso reconhecer que a simples adoção de uma técnica (empresarial, no caso) não é garantia de eficiência. Como afirma Sofia Tomé D'Alte: "É pois com tristeza que verificamos uma vez mais a actualidade e veracidade dos apanágios populares aplicados ao Estado, o qual 'acordou' um dia e quis ser, em tudo o que fazia, empresário... mas além de se ter esquecido que 'não é o hábito que faz o monge, ainda não se apercebeu também que, apesar de ser 'ferreiro' utiliza em demasia 'espetos de pau'"[95]. De fato, a utilização do figurino empresarial pelo Estado não é garantia de bons resultados em sua atuação.

Mesmo assim, deve-se reconhecer também que a aplicação de mecanismos de atuação empresarial pelo Estado consiste no ferramental mais

[93] *Empresa pública, empresa privada, empresa de interés general.* Navarra: Thompson Arazadi, 2007, p. 151-158.

[94] Para Gaspar Ariño Ortiz: "Hoy, ni es 'empresa', ni es 'pública'. No es 'pública', es 'política'. No es 'de todos', es 'de unos pocos', fundamentalmente los políticos triunfantes en el proceso electoral. Se hace imprescindible sustituir la politización partidista, por una dirección nacional, integradora, acompañada de regulación independiente y un Estatuto profesional adecuado. No es 'empresa', es otra cosa, con una cultura absolutamente anti-empresarial. El cambio cultural es *conditio sine qua non* para la eficiencia" (*Empresa pública, empresa privada, empresa de interés general*, p. 167-168).

[95] *A nova configuração do sector empresarial do Estado e a empresarialização dos serviços públicos*, p. 211-212.

adequado – e portanto imprescindível – ao Estado para a consecução de certas finalidades. O objetivo de despublicização de certas atividades que contam com a atuação do Estado é garantido pelo próprio ordenamento ao estabelecer a utilização de empresas com participação estatal para o desempenho de certas atividades.

É nesse contexto que as empresas privadas com participação estatal devem ser examinadas. Trata-se do emprego de uma técnica de atuação do Estado no domínio econômico, segundo uma lógica empresarial, para a consecução de certas finalidades que o Estado considera relevantes, as quais, por isso mesmo, apresentam algum engajamento estatal na sua formatação. Identificou-se que a atuação empresarial com engajamento do Estado pode se prestar não apenas à prestação de serviços ou à exploração de atividades econômicas, mas também para uma série de outras finalidades associadas a essas atividades – como, por exemplo, de fomento a uma determinada atividade reputada como sendo de interesse público.

Diferentemente do que ocorre com as empresas estatais, as empresas privadas com participação estatal configuram um arranjo no qual a participação do Estado *desloca-se para o exterior do aparato estatal*. Surge a proposta de o Estado integrar empresas privadas na qualidade de sócio, mas *sem que elas se insiram na Administração Pública*. Com isso, busca-se maior eficiência da atuação empresarial – enfim, utiliza-se o figurino da empresa – mas a organização libera-se em definitivo de certas amarras típicas da Administração Pública (até mesmo daquelas que se aplicam de forma adaptada às empresas estatais[96]).

Sob certo ângulo, trata-se assumidamente de um recrudescimento da despublicização da atuação estatal, que deriva da constatação de que não é necessário que a organização empresarial integre a Administração Pública para reunir capitais públicos e privados em um ambiente societário. Uma empresa privada, que não integra a estrutura estatal, pode ser um importante veículo de ação governamental.

Entretanto, antes de aprofundar o exame das empresas privadas com participação estatal, faz-se necessário tratar das relações público-privadas

[96] Os controles que incidem sobre as empresas privadas com participação estatal e o exercício da técnica acionária serão tratados ao longo do presente estudo. Por ora, cabe fixar a noção de que mesmo alguns instrumentos que se aplicam às empresas estatais (com toda a adaptação condizente com a Administração Pública empresarial) *em regra* não incidem sobre as empresas privadas com participação estatal.

no ambiente societário em uma perspectiva mais ampla, na qual o Estado possui preponderância no poder de controle. Mais diretamente, pretende-se examinar como se dá a relação societária entre o Estado e os particulares no interior das sociedades de economia mista. Busca-se demonstrar que, mesmo quando o Estado acionista possui preponderância no poder de controle, não se pode simplesmente deixar de lado os interesses dos sócios privados. O aprofundamento dessas questões permitirá o estabelecimento de bases mais sólidas para o estudo das empresas privadas com participação estatal.

É o que se passa a examinar no próximo capítulo.

CAPÍTULO 2
A REUNIÃO DO ESTADO COM PARTICULARES EM AMBIENTE SOCIETÁRIO

2.1. A EXPERIÊNCIA BRASILEIRA DAS SOCIEDADES DE ECONOMIA MISTA

No capítulo anterior, demonstrou-se que a adoção do figurino empresarial pelo Estado reflete uma opção do ordenamento jurídico no sentido de que a lógica empresarial é a mais adequada para o desempenho de certas atividades atribuídas à Administração.

Mas a opção pela organização empresarial como forma de atuação administrativa dá ensejo ainda a outras escolhas. A Administração não dispõe de um único modo de organização empresarial para que possa alcançar determinados objetivos. A ordem constitucional estabelece algumas possibilidades de formatação empresarial, inclusive com a integração de capitais públicos e privados.

Assim, passa-se a examinar como se dá a convivência entre o público e o privado no interior das sociedades de capital misto no Brasil[97]. Pretende-se demonstrar que, desde o início da constituição das sociedades de eco-

[97] Optou-se pelo exame da questão apenas no Brasil, que é suficiente para os objetivos da presente tese. Para uma análise do movimento de criação de sociedades de economia mista na Europa, confira-se: CASSESE, Sabino. Azionariato di Stato. *Enciclopedia del diritto*, vol. IV. Giufrè, 1959, p. 774-785. Conforme demonstrado pelo autor italiano, a experiência das socieda-

nomia mista no país, o Estado sempre buscou um controle absoluto dessas empresas, reduzindo ao máximo o papel dos acionistas privados. Entretanto, esse modelo, que nunca foi obrigatório (como será demonstrado), passou a sofrer alguns questionamentos. Passou-se a apontar que os acionistas privados não precisam necessariamente ter um papel coadjuvante em suas associações empresariais com o Estado. Em determinado sentido, as empresas privadas com participação estatal consistem na retomada de certas concepções que a doutrina já tinha desde quando se iniciou um movimento consistente de criação de sociedades de economia mista no Brasil.

2.1.1. A CRIAÇÃO DE SOCIEDADES DE ECONOMIA MISTA NO BRASIL

O Banco do Brasil foi a primeira sociedade de economia mista criada no país. Isso se deu por alvará de 12 de outubro de 1808 do Príncipe Regente Dom João[98]. Contudo, foi somente a partir da década de 1930 que se iniciou um processo consistente de criação de sociedades de economia mista no país[99].

Esse processo se iniciou com a criação do Instituto de Resseguros do Brasil, pelo Decreto-lei nº 1.186, de 3 de abril de 1939, como uma sociedade de economia mista de forma jurídica *sui generis*. Seus estatutos foram

des de economia mista, que foi iniciada com as grandes companhias coloniais, após ter ficado de lado por muito tempo, foi retomada entre o final do século XIX e o início do século XX.

[98] O alvará de 12 de outubro de 1808 outorgava os estatutos para o banco – o qual inicialmente foi constituído sob a forma de sociedade privada por ações e, a partir da Carta Régia de 22 de agosto de 1812, converteu-se na primeira sociedade de economia mista do país, com o ingresso da Coroa como acionista do banco. Em 1821, com o retorno de Dom João a Portugal, o banco ficou em situação econômica delicada, o que foi agravado com a independência do Brasil em 1822, e acabou sendo extinto em 1835. Em 1853, foi criado o novo Banco do Brasil, por meio de lei que previu que o Governo Imperial e as províncias deveriam subscrever ações.

[99] A intervenção estatal por meio da constituição de empresas de capital público e privado tinha o objetivo de modificar o modelo de desenvolvimento nacional – contexto em que a industrialização tornou-se prioridade. O Estado brasileiro viu na figura da sociedade de economia mista uma forma de controlar determinadas atividades consideradas de interesse para o desenvolvimento nacional, ao mesmo tempo em que se permitia a reunião de capitais públicos e privados. Sobre o assunto: PINTO JUNIOR, Mario Engler. *Empresa estatal*: função econômica e dilemas societários. São Paulo: Atlas, 2010; BERCOVICI, Gilberto. IRB – Instituto de Resseguros S.A. Sociedade de economia mista. Monopólio de fato, dever de contratar e proteção à ordem pública econômica. *Revista de Direito do Estado – RDE*, n. 12, Renovar, p. 335-376, out./dez. 2008.

aprovados pelo Decreto-lei nº 1.805, de novembro daquele ano. O capital do IRB era representado por ações nominativas de duas classes (A e B), com igualdade de direitos em relação aos dividendos e ao ativo social. As ações de classe A, que representavam 70% do capital, foram subscritas por instituições de previdência social criadas por lei federal. As de classe B, que representavam os restantes 30% do capital, foram subscritas pelas sociedades de seguro. O presidente do IRB e três membros do Conselho Técnico eram de livre nomeação pelo Presidente da República[100], sendo que a União participava de 25% dos lucros, sem assumir nenhum risco[101].

A constituição do IRB representou a funcionalização de uma sociedade de economia mista a determinados fins pretendidos pelo Estado. Tratou-se de um instrumento para que o Estado não só tivesse o controle da companhia (por meio da nomeação do seu presidente e de um número considerável de conselheiros), mas também para que houvesse a nacionalização do setor, tal como determinado pela Constituição da época[102].

Em 1941, o Decreto-lei nº 3.002 autorizou a criação da Companhia Siderúrgica Nacional e aprovou os projetos dos seus estatutos, com a qualificação jurídica de sociedade de economia mista[103]. O capital foi dividido em ações ordinárias e preferenciais, estas sem direito a voto. O presidente da companhia era nomeado e demitido livremente pelo Presidente da República, e os demais diretores eram eleitos pela assembleia geral[104].

[100] Artigo 11 e §§ 1º e 2º do Decreto-lei nº 1.186, de 1939: "Art. 11. A Administração do Instituto será exercida por um presidente, assistido por um Conselho Técnico, composto de seis membros. § 1° Serão de livre escolha do Governo e nomeados pelo Presidente da República o presidente e três membros do Conselho. § 2º As sociedades possuidoras de ações de capital do Instituto elegerão, em reunião convocada pelo presidente deste, com a antecedência mínima de vinte dias, e por ele presidida, os três outros membros, devendo a escolha recair entre pessoas que exerçam administração ou gerência técnica nas sociedades".

[101] VALVERDE, Trajano de Miranda. Sociedades anônimas ou companhias de economia mista, p. 33.

[102] A Constituição de 1937 declarava no artigo 145 que só poderiam funcionar no Brasil as empesas de seguros quando os seus acionistas fossem brasileiros. Sobre o assunto, confira-se: VALVERDE, Trajano de Miranda. Sociedades anônimas ou companhias de economia mista, p. 33.

[103] Nessa época, já estava em vigor a legislação que tratava das sociedades por ações (Decreto-lei nº 2.627, de 26 de setembro de 1940).

[104] Artigo 15 do Estatuto da CSN, estabelecido pelo Decreto-lei nº 3.002, de 1941: "Art. 15. O Presidente será nomeado ou demitido livremente pelo Presidente da República e os demais Diretores serão eleitos por quatro anos pela Assembléia Geral, podendo ser renovado o mandato".

Por meio do Decreto-lei nº 3.173, do mesmo ano de criação da CSN, o Ministério da Fazenda foi autorizado a ceder a empresas nacionais e cidadãos brasileiros parte das ações que o Tesouro Nacional havia subscrito. O mesmo decreto-lei proporcionou aos titulares das ações preferenciais – que eram os Institutos de Pensões e Aposentadoria dos industriários, comerciários e bancários, e as Caixas Econômicas Federais do Rio de Janeiro e de São Paulo – determinadas garantias de rentabilidade (juros de 6% ao ano ou a diferença que fosse verificada entre o montante do dividendo distribuído e aquela taxa de juros). Se os dividendos que tocassem as ações preferenciais fossem maiores do que 6%, aquelas instituições deveriam devolver o excedente até que a União fosse totalmente indenizada[105].

Apesar da participação privada, contudo, o Estado acabava tendo o controle direto das atividades da CSN.

Em 1942, pelo Decreto-lei nº 4.352, a União incorporou ao seu patrimônio os bens então pertencentes à Companhia Brasileira de Metalurgia e à Itabira de Mineração S.A., autorizando, no artigo 6º do mesmo instrumento, a constituição da Companhia Vale do Rio Doce, com a natureza de sociedade de economia mista, por ações.

O capital da Companhia (então de Rs$200.000.000,00), foi dividido em ações ordinárias (Rs$110.000.000,00) e preferenciais (Rs$90.000.000,00). O Ministério da Fazenda foi autorizado a subscrever pelo Tesouro Nacional a integralidade das ações ordinárias (com direito a voto), bem como, em conjunto com os Institutos, Caixas de Previdência e Caixas Econômicas, as ações preferenciais que não fossem tomadas em subscrição pública[106]. Portanto, apenas a União tinha direito a voto na companhia.

A diretoria da Companhia Vale do Rio Doce era composta por cinco membros (três brasileiros – inclusive o presidente – e dois norte-americanos), sendo que o presidente era de livre nomeação pelo Presidente da República e podia vetar as deliberações da diretoria[107]. Os demais diretores

[105] VALVERDE, Trajano de Miranda. Sociedades anônimas ou companhias de economia mista, p. 33.

[106] Artigo 6º, § 2º, do Decreto-lei nº 4.352, de 1942: "§ 2º Fica o Ministério da Fazenda autorizado a subscrever, pelo Tesouro Nacional, 110.000 ações, e conjuntamente com os Institutos e Caixas de Previdência e Caixas Econômicas as que, das restantes 90. 000 não forem tomadas em subscrição pública, nos termos do decreto-lei n. 3.173, de 3 de abril de 1941".

[107] O artigo 15 do Estatuto, aprovado pelo Decreto-lei nº 4.352, de 1942, previa o seguinte: "Art. 15. O presidente será nomeado ou demitido livremente pelo Presidente da República e os demais diretores serão eleitos por quatro anos pela Assembléia Geral, podendo ser re-

eram eleitos em assembleia geral. Assim, além de deter todos os direitos de voto, a União ainda nomeava e demitia livremente o diretor-presidente da empresa.

Foram ainda criadas a Companhia Nacional de Álcalis (em 1943), a Companhia Hidrelétrica do São Francisco (em 1945), a Fábrica Nacional de Motores S.A. (em 1946), e a Petróleo Brasileiro S.A. – Petrobras (em 1953).

A criação da Petrobras, com a qualificação jurídica de sociedade de economia mista, foi autorizada pela Lei nº 2.004, de 3 de outubro de 1953, justamente com o objetivo de servir como um instrumento, ao lado do Conselho Nacional do Petróleo, para que a União exercesse o monopólio das atividades de (i) pesquisa e lavra das jazidas de petróleo e outros hidrocarbonetos fluidos e gases raros existentes no território nacional, (ii) da refinação do petróleo nacional ou estrangeiro, e (iii) do transporte marítimo e por meio de condutos do petróleo bruto e de derivados, assim como de gases raros (artigo 1º). O Conselho Nacional do Petróleo seria o órgão de orientação e fiscalização, enquanto que a Petrobras e suas subsidiárias seriam os órgãos de execução do monopólio (artigo 2º).

Para que a Petrobras funcionasse como um instrumento de intervenção da União na economia, a lei que autorizou sua criação estabeleceu uma série de previsões destinadas a que o Estado controlasse a companhia, sem a possibilidade de os acionistas privados disporem de meios efetivos para participar das decisões empresariais. Com vistas a esse propósito, foram estabelecidas regras com quatro objetivos específicos: (i) garantir à União a maioria do capital social com direito a voto, (ii) prever prerrogativas à União no tocante à indicação e demissão de diretores, (iii) contemplar poderes específicos ao diretor presidente indicado pelo Presidente da República, e (iv) impedir a formação de grupos privados significativos, por meio da dispersão do capital[108].

Para garantir que a maioria do capital social com direito a voto ficasse sempre sob a titularidade da União, o *caput* do artigo 10 da Lei nº 2.004 previa que a União subscreveria a totalidade inicial do capital da Petrobras, e que subscreveria ainda, em todo aumento de capital, as ações ordinárias

novado o mandato". O artigo 24, inciso IV, do Estatuto, estabelecia que competia ao diretor presidente "vetar as deliberações da Diretoria, podendo determinar novo exame do assunto".

[108] Com a criação da Petrobras, portanto, adotou-se uma sistemática mais sofisticada de manutenção do controle estatal do que havia ocorrido com as sociedades de economia mista criadas até então.

que lhe assegurassem pelo menos 51% do capital votante[109]. Além disso, o artigo 11 da mesma lei estabelecia que as transferências de ações da União e as subscrições de ações por outras pessoas jamais poderiam importar em reduzir a menos de 51% não só as ações da União com direito a voto como também a sua participação no capital social, sendo nula – e passível de ação popular – qualquer transferência com infringisse essa regra[110].

Ao mesmo tempo, e também com o objetivo de garantir que a maioria do capital votante sempre permanecesse em mãos da União, o § 2º do artigo 9º da Lei nº 2.004 estabelecia que as ações preferenciais (sem direito a voto) não poderiam ser convertidas em ações ordinárias, e que era inaplicável a restrição, contida na legislação das sociedades anônimas da época, de que a emissão de ações preferenciais não poderia ultrapassar a metade do capital da companhia[111]. Com isso, tinha-se o claro intento de permitir uma maior participação de pessoas privadas no capital, mas por meio de ações preferenciais, que não conferissem direito de voto aos seus titulares,

[109] Artigo 10 da Lei nº 2.004: “Art. 10. A União subscreverá a totalidade do capital inicial da Sociedade, que será expresso em ações ordinárias e, para sua integralização, disporá de bens e direitos que possui, relacionados com o petróleo, inclusive a permissão para utilizar jazidas de petróleo, rochas betuminosas e pirobetuminosas e de gases naturais; também subscreverá, em todo aumento de capital, ações ordinárias que lhe assegurem pelo menos 51 % (cinqüenta e um por cento) do capital votante”.

[110] Artigo 11 da Lei nº 2.004: “Art. 11. As transferências pela União de ações do capital social ou as subscrições de aumento de capital pelas entidades e pessoas ás quais a lei confere êste direito, não poderão, em hipótese alguma, importar em reduzir a menos de 51% (cinqüenta e um por cento) não só as ações com direito a voto de propriedade da União, como a participação desta na constituição do capital social. Parágrafo único. Será nula qualquer transferência ou subscrição de ações feita com infringência dêste artigo, podendo a nulidade ser pleiteada inclusive por terceiros, por meio de ação popular”.

[111] Artigo 9º e § 2º da Lei nº 2.004, na redação original (a do § 2º viria a ser alterada pelo Decreto-Lei n. 688, de 1969): “Art. 9º A Sociedade terá inicialmente o capital de Cr$ 4.000.000.000,00 (quatro bilhões de cruzeiros), dividido em 20.000.000 (vinte milhões) de ações ordinárias, nominativas, do valor de Cr$ 200,00 (duzentos cruzeiros) cada uma. (...) § 2º As ações da Sociedade serão ordinárias, com direito de voto, e preferenciais, sempre sem direito de voto, e inconversíveis em ações ordinárias, podendo os aumentos de capital dividir-se, no todo ou em parte, em ações preferenciais para cuja emissão não prevalecerá a restrição do parágrafo único do art. 9º do decreto-lei nº 2.627, de 26 de setembro de 1940”. O artigo 9º e parágrafo único do Decreto-lei nº 2.627, de 1940, que regia na época as sociedades anônimas, previa o seguinte: “Art. 9º As ações, conforme a natureza dos direitos ou vantagens que confiram a seus titulares, são comuns ou ordinárias e preferenciais, estas de uma ou mais classes, e as de gozo ou fruição. Parágrafo único. A emissão de ações preferenciais sem direito de voto não pode ultrapassar a metade do capital da companhia”.

de modo a afastar a possibilidade de interferência dos acionistas privados na administração da companhia.

Além de ser titular da maioria do capital social e da maioria do capital com direito a voto, a União, por meio do Presidente da República, ainda tinha asseguradas as prerrogativas de nomear o presidente do Conselho de Administração, o qual seria demissível *ad nutum*, bem como de nomear três diretores, com mandato de três anos. A Diretoria Executiva seria composta apenas pelo presidente e por esses três diretores, sendo que o presidente tinha o direito de veto sobre as decisões do Conselho de Administração e da Diretoria Executiva. No caso do exercício desse direito de veto, ainda cabia um recurso *ex officio* ao Presidente da República, ouvido o Conselho Nacional do Petróleo[112]. Assim, garantia-se à União um controle absoluto sobre a companhia.

A Lei nº 2.004 ainda estabeleceu mecanismos que provocavam a dispersão do capital, de modo que não fosse possível a existência de acionistas privados individualmente relevantes na gestão da Petrobras. Nesse sentido, o artigo 18, incisos III a V, previa limites máximos à quantidade de ações que poderiam ser adquiridas por pessoas privadas, inclusive pessoas físi-

[112] Artigo 19 da Lei nº 2.004: "Art. 19 A Sociedade será dirigida por um Conselho de Administração, com funções deliberativas, e uma Diretoria Executiva. § 1º O Conselho de Administração será constituído de: a) 1 (um) Presidente nomeado pelo Presidente da República e demissível ad nutum com direito de veto sôbre as decisões do próprio Conselho e da Diretoria Executiva. b) 3 (três) Diretores nomeados pelo Presidente da República, com mandato de 3 (três) anos; c) Conselheiros eleitos pelas pessoas jurídicas de direito público, com exceção da União em número máximo de 3 (três) e com mandato de 3 (três) anos; d) Conselheiros eleitos pelas pessoas físicas e jurídicas de direito provado, em número máximo de 2 (dois) e com mandato de 3 (três) anos, cada parcela de 7,5 % (sete e meio por cento) do capital votante da Sociedade, subscrito pelas pessoas mencionadas nas letras c e d do § 1º. § 2º O número dos Conselheiros será fixado na proporção de um para cada parcela de 7,5% (sete e meio por cento) do capital votante da Sociedade, subscrito pelas pessoas mencionadas nas letras *c* e *d* do § 1º. § 3º A Diretoria Executiva compor-se-á do Presidente e dos 3 (três) Diretores nomeados pelo Presidente da República. § 4º E privativo dos brasileiros natos o exercício das funções de membro do Conselho de Administração e do Conselho Fiscal. § 5º Do veto do Presidente ao qual se refere a letra a do § 1º, haverá recurso ex-officio para o Presidente da República, ouvido o Conselho Nacional do Petróleo. § 6º Os 3 (três) primeiros Diretores serão nomeados pelos prazos de respectivamente, 1 (um), 2 (dois) e 3 (três) anos, de forma a que anualmente termine o mandato de um Diretor". Depois, esse dispositivo teve sua redação alterada pelo Decreto-lei nº 688, de 1969, mas a estrutura de direção da Petrobras manteve-se praticamente a mesma, com a União respondendo pela indicação de toda a Diretoria Executiva.

cas[113]. Por meio dessa sistemática, buscava-se impedir ou pelo menos dificultar a formação de blocos de acionistas privados que tivessem alguma relevância e pudessem questionar a condução dos negócios da companhia pelo Estado.

É verdade que a lei autorizadora da criação da Petrobras previa que os estatutos da companhia deveriam respeitar, de modo geral, a legislação que regia as sociedades anônimas. Com isso, buscava-se uma atuação segundo mecanismos privados como em qualquer sociedade por ações. Entretanto, a estrutura da companhia e as limitações instituídas pela própria Lei nº 2.004 faziam com que os acionistas privados não pudessem ter qualquer peso relevante na condução dos negócios da empresa. Seu papel seria o de meros investidores.

Em 1961, foi editada a Lei nº 3.890-A, que autorizou a criação da Centrais Elétricas Brasileiras S.A. – ELETROBRAS, tendo por objeto a realização de estudos, projetos, construção e operação de usinas produtoras e linhas de transmissão e distribuição de energia elétrica.

A ELETROBRAS foi constituída como sociedade de economia mista. Inicialmente, a União subscreveria a totalidade do seu capital, mas, nas emissões posteriores de ações ordinárias, poderia haver a aquisição de ações por outras pessoas (preferencialmente por pessoas jurídicas de direito público, mas também por pessoas privadas). A União, contudo, deveria permanecer com uma quantidade mínima de 51% das ações, conforme estabelecido nos artigos 7º e 10 da Lei nº 3.890-A[114].

[113] O artigo 18, em seus incisos III a V, da Lei nº 2.004, tinha a seguinte redação original: "Art. 18. Os Estatutos da Sociedade, garantida a preferência às pessoas jurídicas de direito público interno, poderão admitir como acionistas sòmente: (...) III – os brasileiros natos ou naturalizados há mais de cinco anos e residentes no Brasil uns e outros solteiros ou casados com brasileiras ou estrangeiras, quando não o sejam sob o regime de comunhão de bens ou qualquer outro que permita a comunicação dos adquiridos na constância do casamento, limitada a aquisição de ações ordinárias a 20.000(vinte mil); IV – as pessoas jurídicas de direito privado, organizadas com observância do disposto no art. 9º, alínea b do decreto nº 4.071, de 12 de maio de 1939, limitada a aquisição de ações ordinárias a 100.000 (cem mil); V - as pessoas jurídicas de direito privado, brasileiros de que sòmente façam parte as pessoas indicadas no item III, limitada a aquisição de ações ordinárias a 20.000 (vinte mil)".

[114] Artigo 7º da Lei nº 3.890-A: "Subscreverá a União a totalidade do capital inicial da Sociedade e, nas emissões posteriores de ações ordinárias, o suficiente para lhe garantir o mínimo de cinqüenta e um por cento do capital votante". Artigo 10 da mesma lei: "Nos aumentos de capital, será assegurada preferência às pessoas jurídicas de direito público, para a tomada de

Além de deter sempre a maioria do capital da companhia, estabeleceu--se que a União aprovaria os atos constitutivos da ELETROBRAS e, por meio do Presidente da República, designaria o presidente e membros do Conselho de Administração e do Conselho Fiscal. Dessa forma, a União teria sempre o controle incontrastável da companhia.

Os governos militares deram prosseguimento à política de criação de sociedades de economia mista.

A Lei nº 5.792, de 11 de julho de 1972, autorizou a criação da Telecomunicações Brasileiras S/A – TELEBRAS, vinculada ao Ministério das Telecomunicações, com a qualificação jurídica de sociedade de economia mista, reportando-se expressamente ao conceito criado pelo Decreto-lei nº 200, já então em vigor. Dentre os objetivos da TELEBRAS, previram-se (i) o planejamento dos serviços públicos de telecomunicações em conformidade com as diretrizes do Ministério das Comunicações, (ii) a gestão da participação acionária do Governo Federal nas empresas de serviços públicos de telecomunicações do país, (iii) a promoção, por meio de suas subsidiárias ou associadas, da implantação e exploração de serviços públicos de telecomunicações, bem como (iv) a promoção da captação de recursos a serem aplicados pela sociedade ou pelas empresas de serviços públicos (artigo 3º). A forma jurídica de sociedade de economia mista favorecia justamente esse último objetivo, de captação de recursos junto à sociedade.

A Lei nº 5.792 assegurou que a União seria sempre majoritária. O artigo 8º estabelecia que a União deveria ter no mínimo 51% do capital votante da companhia, sendo nulas as transferências ou subscrições de ações que infringissem essa premissa[115]. Os dividendos da União e os recursos orçamentários aplicados em favor da TELEBRAS constituiriam reserva para que a União participasse dos aumentos de capital da sociedade[116].

ações da Sociedade, respeitado o disposto no art. 7º, ***in fine***, e será adotada a mesma norma nos lançamentos de obrigações".

[115] Artigo 8º da Lei nº 5.792: "Nos aumentos de capital da sociedade, caberá à União subscrever o suficiente para garantir um mínimo de 51% (cinqüenta e um por cento) do capital votante podendo, a qualquer tempo, alienar, total ou parcialmente, as ações que excederem àquele limite. Parágrafo único. Será nula de pleno direito a transferência ou subscrição de ações com infringência ao disposto neste artigo".

[116] Artigo 7º da Lei nº 5.792: "Os dividendos que couberem à União por sua participação no capital da Sociedade, bem como as dotações consignadas no Orçamento Geral da União

Previa-se que a TELEBRAS seria regida em regra pela legislação que dispunha sobre as sociedades por ações. Entretanto, o artigo 12 da Lei nº 5.792 já estabelecia que não seriam aplicadas disposições específicas que regiam essas sociedades. Assim, não precisariam ser observadas pela TELEBRAS as normas que estabeleciam (i) a necessidade de subscrição, por pelo menos sete pessoas, de todo o capital social (artigo 38, item 1º, do Decreto-lei nº 2.627), (ii) a obrigatoriedade de depósito, em estabelecimento bancário, da décima parte do capital subscrito em dinheiro (artigo 38, item 1º, do Decreto-lei nº 2.627), (iii) a possibilidade de as ações preferenciais adquirirem direito a voto quando, pelo prazo fixado nos estatutos, deixarem de ser pagos os dividendos fixos (parágrafo único do artigo 81 do Decreto-lei nº 2.627), e (iv) a regra segundo a qual, na subscrição de ações, o mínimo de integralização inicial seria fixado pelo Conselho Monetário Nacional (artigo 45, § 5º, da Lei nº 4.728)[117].

Portanto, a União assegurava o controle absoluto sobre a TELEBRAS por meio da maioria das ações com direito a voto, bem como excepcionando regras do regime geral do anonimato, como aquela que possibilitava o direito de voto aos titulares das ações preferenciais que não recebessem os dividendos fixos dentro do prazo previsto no estatuto. Os acionistas privados apenas contribuiriam para a formação do capital da companhia, sem influir nos destinos da empresa.

Em 1973, foi autorizada ainda a criação da Siderurgia Brasileira S.A. – SIDERBRAS, pela Lei nº 5.919. O objeto principal da SIDERBRAS seria a promoção e o gerenciamento dos interesses da União em empreendimentos siderúrgicos já existentes ou a serem constituídos. Para tanto, a SIDERBRAS poderia criar subsidiárias ou ainda participar minoritariamente do capital de empresas privadas que exercessem atividades siderúrgicas e afins[118].

em favor da TELEBRÁS, constituirão reserva para participação da União nos aumentos de capital da sociedade".

[117] Artigo 12 da Lei nº 5.792: "Observados *(sic)* as ressalvas desta lei e da legislação de telecomunicações, a TELEBRÁS será regida pela legislação referente às sociedades por ações, não se lhe aplicando os requisitos dos itens 1º e 3º do artigo 38 e parágrafo único do artigo 81 do Decreto-lei nº 2.627, de 26 de setembro de 1940, assim como as exigências do § 5º do artigo 45 da Lei nº 4.728, de 14 de julho de 1965".

[118] Artigo 3º da Lei nº 5.919, com a redação dada pela Lei nº 6.159, de 1974: "A SIDERBRÁS exercerá o controle acionário das empresas siderúrgicas, cujas ações com direito a voto pertençam em sua maioria à União ou a entidade de Administração Federal indireta, as quais

A companhia foi constituída sob a formatação jurídica de sociedade de economia mista, sendo que a União teria a propriedade no mínimo de 51% das ações[119], e ainda poderia indicar o presidente[120]. A lei que autorizou a criação da SIDERBRAS também eram previstas exceções ao regime geral do anonimato[121].

A União ainda adquiriu o controle de uma série de empresas, o que também ocorreu de modo geral nos Estados[122].

Portanto, a partir da década de 1930, observou-se no país um processo consistente de criação de sociedades de economia mista, notadamente nos setores que demandavam altos investimentos, como o de infraestrutura. As empresas eram constituídas para a consecução de objetivos de interesse do Estado, que as controlava em termos incontrastáveis.

2.1.2. CONSTATAÇÕES A PARTIR DO HISTÓRICO DA CONSTITUIÇÃO DE SOCIEDADES DE ECONOMIA MISTA

A partir do movimento de criação de sociedades de economia mista ocorrido no Brasil desde a década de 1930, que na realidade não destoa do que ocorreu em outros países[123], chegam-se a algumas constatações que são

passarão à condição de suas subsidiárias, podendo ainda criar outras subsidiárias e associar-se minoritariamente a empresas privadas que exerçam atividades siderúrgicas e afins".

[119] Parágrafo único do artigo 6º da Lei nº 5.919: "Nos aumentos de capital da SIDERBRÁS caberá à União subscrever o suficiente para garantir um mínimo de 51% (cinqüenta e um por cento) das ações com direito a voto".

[120] Artigo 5º da Lei nº 5.919: "O Presidente da SIDERBRÁS será nomeado pelo Presidente da República, e os Diretores eleitos pela Assembléia Geral dos Acionistas".

[121] Artigo 8º da Lei nº 5.919: "Observadas as ressalvas desta Lei, a SIDERBRÁS será regida pela legislação referente às Sociedades Por Ações não se lhe aplicando os requisitos dos itens 1º e 3º do artigo 38 e parágrafo único do artigo 81, do Decreto-lei nº 2.627, de 27 de setembro de 1940, assim como as exigências do § 5º do artigo 45, da Lei nº 4.728, de 14 de julho de 1965".

[122] Poderiam ser mencionados diversos outros casos em que o Estado sempre procurou assegurar um controle absoluto sobre sociedades de economia mista. Entretanto, a exposição se tornaria muito repetitiva. Os casos mencionados já são suficientes para o presente estudo.

[123] Sobre o assunto, confira-se: CASSESE, Sabino. Azionariato di Stato. *Enciclopedia del diritto*, vol. IV. Giufrè, 1959, p. 774-785. O doutrinador italiano faz um histórico da constituição de sociedades de economia mista na Alemanha, França, Inglaterra, Bélgica e Itália. Apesar de apontar a existência de algumas empresas em que o Estado era sócio minoritário, a grande maioria das situações mencionadas é de empresas controladas de forma absoluta pelo Estado. Mesmo naquelas em que o Estado não era sócio majoritário, depois de um tempo assumia essa condição e passava a dominar a condução dos negócios.

interessantes para uma melhor compreensão da participação do Estado como sócio de particulares em ambiente empresarial.

2.1.2.1. A manutenção do controle absoluto em favor do Estado

O movimento de disseminação das sociedades de economia mista no Brasil foi caracterizado pelo controle absoluto do Estado sobre essas companhias[124].

Uma análise da legislação e dos estatutos dessas empresas é reveladora. Não se pretendia deixar nenhum espaço para que os acionistas privados pudessem influir nas decisões empresariais. As sociedades de economia mista foram concebidas como instrumentos de governo. Sua estruturação se fazia de modo a reservar ao Estado uma posição de superioridade em relação aos acionistas privados, cabendo a estes o papel de meros investidores.

Isso se fazia por meio (i) da manutenção da maioria do capital votante em mãos do Estado, o que lhe proporcionava absoluta preponderância nas deliberações sociais, (ii) da indicação do presidente, de diretores e de conselheiros das sociedades, com a possibilidade de demissão *ad nutum*, (iii) da dispersão do capital entre os privados, estabelecendo-se limites ao número de ações que poderia ser adquirido por cada pessoa privada a fim de impedir a constituição de grupos relevantes que pudessem contrastar as decisões do sócio estatal controlador, bem como (iv) da criação de normas que excepcionavam as regras gerais do anonimato, como aquela que conferia direito de voto aos titulares de ações preferenciais que não recebessem os seus dividendos depois de determinado período previsto no estatuto.

Como decorrência, não havia nenhuma intenção de se estabelecer uma verdadeira parceria entre os setores público e privado. Apesar de serem reunidos capitais públicos e privados em ambiente empresarial, a prática das sociedades de economia mista no Brasil buscou permitir uma intervenção direta na economia sob controle absoluto do Estado, sem deixar que os acionistas privados tivessem qualquer participação efetiva nas decisões empresariais.

[124] Para uma análise crítica do controle estatal sobre as empresas privadas, com enfoque na questão do controle social, confira-se: TOJAL, Sebastião Botto de Barros. *O Estado e a empresa estatal* – controle: fiscalização ou poder de dominação? São Paulo, 1987. Dissertação (mestrado) – Faculdade de Direito da Universidade de São Paulo.

Assim, as sociedades de economia mista, mesmo antes de receberem uma conceituação legal no Brasil (o que ocorreu somente com o Decreto-lei nº 200, no ano de 1967), sempre foram estruturadas no país de forma a reservar ao Estado uma posição de superioridade absoluta em relação aos acionistas privados, seja no que se refere ao número de ações com direito a voto, seja no tocante às suas prerrogativas enquanto administrador e controlador dessas empresas – fenômeno que, na realidade, não se observa apenas no país[125].

Posteriormente, essa sistemática foi positivada pelo Decreto-lei nº 200, que conceituou a sociedade de economia mista como sendo "a entidade dotada de personalidade jurídica de direito privado, criada por lei para o exercício de atividade de natureza mercantil, sob a forma de sociedade anônima, *cujas ações com direito a voto pertençam, em sua maioria, à União ou à entidade da Administração Indireta*" (artigo 5º, inciso III)[126].

Com a previsão de que a União deteria direta ou indiretamente a maioria das ações com direito a voto, houve uma clara opção do Estado não por parcerias público-privadas efetivas em ambiente societário, mas pela constituição de sociedades de capital misto em que o Estado comandava e os acionistas privados eram irrelevantes em termos de gestão da companhia – e, muitas vezes, até mesmo na composição do capital. Passou a ser comum, por exemplo, a constituição de sociedades de economia mista em que, além do Estado como sócio, havia apenas mais seis acionistas privados, cada um sendo titular de uma única ação, somente para dar cumprimento

[125] Segundo José Cretella Júnior: "Análise objetiva dos fatos mostra, entretanto que, em quase todos os países, o poder público tende com o tempo a assenhorear-se da emprêsa, ou em outras palavras, caminham as emprêsas de economia mista para a publicização, já que, na grande maioria das vêzes, relevantes interêsses de ordem coletiva estão em jôgo e o Estado tem maiores possibilidades e prerrogativas para atendê-los" (*Tratado de direito administrativo*. vol. VII, p. 238).

[126] Depois, o conceito legal de sociedade de economia mista foi modificado pelo Decreto-lei nº 900, de 1969, mas sem grandes alterações. A definição legal de sociedade de economia mista, vigente até hoje, conceitua-a como sendo "a entidade dotada de personalidade jurídica de direito privado, criada por lei para a exploração de atividade econômica, sob a forma de sociedade anônima, cujas ações com direito a voto pertençam em sua maioria à União ou a entidade da Administração Indireta" (artigo 5º, inciso III, do Decreto-lei nº 200, com a redação conferida pelo Decreto-lei nº 900).

ao artigo 38, item 1º, do Decreto-lei nº 2.627, que exigia a existência de ao menos sete sócios nas sociedades por ações[127].

É evidente que o Decreto-lei nº 200 não vedava a adoção de uma sistemática diferente, em que houvesse a constituição de efetivas parcerias público-privadas na gestão de companhias. Não se proibia, por exemplo, a constituição de empresas de capital misto em que o Estado fosse minoritário e compartilhasse efetivamente o controle da sociedade com seus sócios privados. Entretanto, a própria ausência de previsão expressa dessa possibilidade no Decreto-lei nº 200 confirmava que o Estado brasileiro sempre assumiu uma opção preferencial pelo controle estatal absoluto sobre as sociedades de economia mista, reservando aos acionistas privados o papel de simples investidores, cujos interesses egoísticos somente poderiam contribuir para a consecução dos interesses estatais por via do simples aporte de capitais[128].

A sistemática de controle absoluto pelo Estado relaciona-se com a dificuldade de se conciliar interesses públicos e privados em uma sociedade de capital misto.

A própria doutrina produzida na época, mesmo antes da edição do Decreto-lei nº 200, relutava em reconhecer algum papel de maior relevância aos acionistas privados. Havia entendimentos até mesmo no sentido de que seria absolutamente inviável a conciliação dos interesses públicos com os interesses privados desses acionistas – o que levou a questionamentos quanto à própria utilidade das sociedades de economia mista.

[127] Nesse sentido: SUNDFELD, Carlos Ari. Participação privada nas empresas estatais. In: _____ (coord.). *Direito administrativo econômico.* 1.ed. 2.tir. São Paulo: Malheiros, 2002, p. 275; SCHIRATO, Vitor Rhein. Novas anotações sobre as empresas estatais. *Revista de Direito Administrativo – RDA* n. 239, p. 212. O artigo 38, item 1º, do Decreto-lei nº 2.627, de 1940, tinha a seguinte redação: "Nenhuma sociedade anônima poderá constituir-se sem que se verifiquem, preliminarmente, os seguintes requisitos: 1º, a subscrição, pelo menos por sete pessoas, de todo o capital social".

[128] É claro que o Decreto-lei nº 200, por tratar da estrutura da Administração Pública, não precisava necessariamente disciplinar a atuação do Estado como sócio de empresas privadas. Afinal, tais empresas não integram a Administração Pública, cmo se vê do teor do artigo 4º. Entretanto, a própria ausência de previsão dessa possibilidade em tal contexto normativo denotava a pouca importância que se atribuía a essa possibilidade. O anteprojeto de lei destinado a revogar parcela do Decreto-lei nº 200 tenta suprir essa lacuna ao tratar expressamente das sociedades privadas com capital parcialmente estatal, conforme será examinado abaixo.

Representativa desse entendimento é a multicitada conferência feita por Bilac Pinto no Auditório da Fundação Getúlio Vargas, em 1952, que resultou no texto intitulado "O declínio das sociedades de economia mista e o advento das modernas emprêsas públicas"[129].

Segundo Bilac Pinto, "esta associação entre o Estado e os particulares não pode, senão excepcionalmente, conduzir a bons resultados"[130]. Para ele, uma associação somente beneficia todos os seus associados quando eles visem a um fim comum ou, quando menos, fins análogos, excluída a oposição entre uns e outros. Entretanto, numa sociedade de economia mista, em sua visão, os fins buscados pelo Estado e pelos acionistas privados são diametralmente opostos e, portanto, acabam por se excluir mutuamente. O capitalista particular não teria em vista senão o seu interesse pessoal, consistente na obtenção de lucros elevados, que lhe assegurariam bons dividendos. Já o Estado teria a intenção de salvaguardar o interesse geral. Cada interesse resultaria em formas diversas de condução da empresa.

Assim, segundo Bilac Pinto, nasceria um conflito irredutível, no qual um grupo de associados necessariamente seria a vítima. Para ele, "ou são os particulares que empolgam a direção, e a emprêsa passa a ser dirigida com fim lucrativo, como uma emprêsa privada; ou o Estado tem êxito em fazer prevalecer o ponto de vista favorável à comunidade, e nessa hipótese são então os particulares que não alcançam os proveitos que tiveram em vista ao investirem os seus capitais"[131]. Em sua visão, quando as forças entre esses dois grupos se equilibram, os conflitos se repetem continuamente, sendo resolvidos ora num sentido, ora noutro, o que comprometeria a unidade de direção. A sociedade de economia mista, portanto, seria "um corpo de duas cabeças, ou, para usar expressão de Fayol, 'um monstro que não vale a pena viver'"[132].

Segundo Bilac Pinto, o prestígio da economia mista se deveu apenas ao fato de ela ser um instrumento para que o Estado estendesse progres-

[129] O declínio das sociedades de economia mista e o advento das modernas empresas públicas. *Revista de Direito Administrativo*, Seleção Histórica, 1991, p. 258 (original publicado na *RDA* nº 32, de 1953).

[130] O declínio das sociedades de economia mista e o advento das modernas emprêsas públicas, p. 261.

[131] O declínio das sociedades de economia mista e o advento das modernas emprêsas públicas, p. 261.

[132] O declínio das sociedades de economia mista e o advento das modernas emprêsas públicas, p. 261.

sivamente sua participação em empresas privadas. Assim, ela teria sido um meio de *camouflage* para que o Estado tomasse a direção de empresas que conservavam seu aspecto privado e, assim, não deixavam suspeitar da presença do Estado.

Entretanto, na prática, não seria possível conciliar os interesses públicos e privados. Segundo Bilac Pinto, uma posição minoritária do Estado daria a ele o direito de acompanhar a vida da empresa, mas o obrigaria a "suportar riscos que êle será impotente para evitar"; já uma posição majoritária, em se tratando de um serviço público, possibilitaria "o nascimento de um dissídio irremediável entre a minoria que busca o lucro e a maioria que visa ao interêsse público". Além disso, caso houvesse a exploração de uma atividade privada, haveria o perigo de que o Estado "abuse de suas prerrogativas em proveito dos acionistas particulares, encontrando nas facilidades oferecidas pela sociedade de economia mista um convite perigoso à ubiqüidade financeira"[133]. Em todos os casos, segundo o doutrinador, haveria sempre uma arguição fundamental contra o sistema das sociedades de economia mista: "o conflito insolúvel entre o interêsse particular e o interêsse público". Assim, a evolução deveria se dar por meio da constituição de "modernas empresas públicas", uma vez que o sucesso das empresas privadas residiria não propriamente na colaboração da iniciativa privada, e sim era devido aos princípios de organização do trabalho[134].

Evidentemente, o prognóstico feito por Bilac Pinto no sentido de que as sociedades de economia mista seriam substituídas por empresas públicas nunca se concretizou. Entretanto, é fato que o Estado brasileiro sempre teve dificuldade para conciliar interesses públicos com interesses dos acionistas privados das sociedades de capital misto. A solução adotada foi contornar esse conflito por meio do controle absoluto e incontrastável do sócio estatal, reduzindo-se de forma significativa o papel dos sócios privados – a ponto de parte da doutrina não reconhecer a qualificação de sociedade de economia mista a certas configurações em que a presença

[133] O declínio das sociedades de economia mista e o advento das modernas emprêsas públicas, p. 262.

[134] O declínio das sociedades de economia mista e o advento das modernas emprêsas públicas, p. 262.

de acionistas privados é mera figuração[135], o que, em certo sentido, confirmou materialmente a previsão de Bilac Pinto[136].

2.1.2.2. *A criação de previsões que excepcionavam as regras gerais das sociedades comerciais*

Outra constatação diz respeito à existência de uma infinidade de normas que excepcionavam o regime geral das sociedades para as empresas com participação estatal.

As sociedades de economia mista eram formalmente regidas pela legislação das sociedades anônimas em geral. A própria ausência de uma definição legal, que só viria a existir a partir de 1967, quando o Decreto-lei nº 200 passou a caracterizar essas empresas como uma categoria jurídica específica, demonstrava que elas não deveriam ser essencialmente diversas de qualquer outra sociedade por ações. Pelo contrário. Adotava-se o regime das sociedades mercantis justamente porque se tratava do figurino mais apropriado a uma intervenção direta do Estado no setor econômico. A legislação inclusive conferia maleabilidade suficiente para que fossem criadas empresas de capital misto com diferentes configurações, inclusive

[135] "Entre nós as sociedades mistas tiveram seu auge justamente no período militar, adquirindo prestígio porque, pelas insuficiências legislativas da época, constituíam uma conveniente rota de fuga aos controles típicos da Administração. A grande maioria de nossas sociedades mistas não o era, em verdade: tratava-se de empresas totalmente dominadas pelo Estado, com alguns acionistas privados admitidos apenas para figurar, sem participação relevante" (SUNDFELD, Carlos Ari. Participação privada nas empresas estatais. In: _____ (coord.). *Direito administrativo econômico.* 1.ed. 2.tir. São Paulo: Malheiros, 2002, p. 264-285). No mesmo sentido, de acordo com Vitor Rhein Schirato, "as sociedades anônimas constituídas exclusivamente com recursos públicos, nas quais apenas as ações detidas pelos membros do conselho de administração não são detidas pela Administração, configuram-se empresas públicas e não sociedades de economia mista. Esta afirmação é ratificada, ainda, pelo fato de que a integralização dos valores referentes às ações detidas pelos membros do Conselho de Administração é desembolsada pela própria Administração, que transfere tais ações aos membros do Conselho de Administração condicional e exclusivamente pelo período em que desempenham a função de administradores e após o qual são obrigados a restituir ao Poder Público as ações por eles detidas (Novas anotações sobre as empresas estatais, p. 212).

[136] Ou seja, como houve a constituição de sociedades de economia mista que apenas formalmente tinham essa denominação, mas na prática não possibilitavam nenhum poder aos acionistas privados, o prognóstico de Bilac Pinto de certa forma se verificou na prática, justamente porque o Estado brasileiro adotou uma sistemática de não permitir contrastes por seus sócios privados.

de modo que o Estado-acionista estivesse em condição de igualdade com os sócios privados.

Contudo, mesmo antes da conceituação legal de sociedades de economia mista positivada no Decreto-lei nº 200 (e que contemplava apenas o modelo do Estado como majoritário), o Estado não apenas já exercia o controle absoluto das empresas que contavam com capital público e privado, como também instituía normas específicas que buscavam garantir esse seu controle absoluto sobre tais companhias. Isso se fazia não apenas nas leis que autorizavam a criação de cada empresa específica, mas também por meio do estabelecimento de normas genéricas que excepcionavam o regime geral do anonimato sempre que o Estado estivesse presente na qualidade de acionista.

Um exemplo deixa bem claro o que se afirma aqui. Tão logo publicado o Decreto-lei nº 2.627, de 26 de setembro de 1940, que dispunha sobre as sociedades por ações, o poder público apressou-se em editar o Decreto-lei nº 2.928, de 31 de dezembro daquele mesmo ano. Esse novo decreto-lei, no seu artigo 1º, estabelecia o seguinte: "As sociedades por ações, nas quais o Govêrno Federal interfira diretamente na constituição dos órgãos de sua administração ou seja subscritor de parte de seu capital, *ficam excluídas da aplicação obrigatória das normas dos arts. 127, nº I, e 130 do decreto-lei nº 2.627, de 26 de setembro de 1940, e de seus efeitos*".

Ou seja, apenas três meses depois da edição da legislação que regia as sociedades anônimas, o Estado brasileiro já criou para as sociedades de economia mista uma exceção ao regime geral, afastando as regras (i) que estabeleciam ao conselho fiscal a incumbência de examinar periodicamente os livros da sociedade (artigo 127, inciso I, do Decreto-lei nº 2.627[137]), e (ii) que previam a constituição de um fundo de reserva para assegurar a integridade do capital e que deveria atingir no mínimo 20% do capital social (artigo 130 do Decreto-lei nº 2.627[138]) .

[137] Artigo 127, inciso I, do Decreto-lei nº 2.627: "Art. 127. Aos membros do conselho fiscal incumbe: I – Examinar, em qualquer tempo, pelo menos de três em três meses, os livros e papeis da sociedade, o estado da caixa e da carteira, devendo os diretores ou liquidantes fornecer-lhes as informações solicitadas".

[138] Artigo 130 do Decreto-lei nº 2.627: "Art. 130. Dos lucros líquidos verificados far-se-á, antes de qualquer outra. (*sic*) a dedução de cinco por cento, para a constituição de um fundo de reserva, destinado a assegurar a integridade do capital. Essa dedução deixará de ser obrigatória logo que o fundo de reserva atinja 20% (vinte por cento) do capital social, que será reintegrado quando sofrer diminuição. § 1º Quando os estatutos criarem fundos

Essa sistemática de criação de regras específicas para as sociedades com participação governamental, de que são exemplos as exceções estabelecidas pelo Decreto-lei nº 2.928, foi objeto de dura crítica por parte de Trajano de Miranda Valverde. Segundo ele:

Nenhuma razão séria apóia as exceções desta lei [Decreto-lei nº 2.928]. Quando o Estado controla a maioria das ações de uma sociedade anônima ou companhia, deve o Govêrno dar o exemplo do mais absoluto respeito à lei comum, principalmente quando ela, como no caso, ditou certas medidas que visam a assegurar a moralidade na administração da emprêsa. O Estado, abrindo exceções injustificáveis para si, lança a desconfiança no público, que não acudirá ao seu apêlo nas futuras iniciativas[139-140].

No mesmo sentido, Waldemar Ferreira já dizia na época que a associação do Estado com indivíduos, com o objetivo de industrialização dos serviços e explorações industriais daquele, efetiva-se sob a forma de sociedades mercantis, em regra sociedade por ações. Assim: "Organizam-se como estas. Funcionam regularmente, com os órgãos estruturais a anônima. Diretoria. Assembléia geral. Conselho Fiscal. Essa regularidade, entretanto, é mais aparente do que real. Acionista preponderante, o Estado nelas intervém

de reserva especiais, estabelecerão também a ordem para a dedução da percentagem dos lucros líquidos, os quais não poderão, em tempo algum, ser totalmente atribuídos àqueles fundos. § 2º As importâncias dos fundos de reserva criados pelos estatutos não poderão, em caso algum, ultrapassar a cifra do capital social realizado. Atingido esse total, a assembléia geral deliberará sobre a aplicação de parte daquelas importâncias, seja na integralização do capital, se fôr caso, seja no seu aumento, com a distribuição das ações correspondentes pelos acionistas (art. 113), seja na distribuição, em dinheiro, aos acionistas, a título de bonificação. Se as importâncias dos fundos de amortização ou de depreciação ultrapassarem o ativo por amortizar, o excesso distribuir-se-á pelos acionistas. § 3º A assembléia geral pode deliberar a criação de fundos de previsão, destinados a amparar situações indecisas ou pendentes, que passam de um exercício para outro".

[139] Sociedades anônimas ou companhias de economia mista, p. 36.

[140] Acerca da derrogação de dispositivos do diploma relativo às sociedades por ações pelo Decreto-lei nº 2.928, de 1940, Walter T. Álvares indica que "o exame dos livros, papéis da sociedade, estado da caixa, e as reservas legais deduzidas dos lucros líquidos, serão livremente fixados pelos estatutos, nas sociedades de economia mista nas quais a União interfira diretamente em sua administração" (As sociedades de economia mista. *Revista de Direito Administrativo* nº 38, out./dez. 1954, p. 25).

tomando para si a parte do leão... O Estado nelas se movimenta por via de dispositivos legislativos especialíssimos"[141].

Portanto, apesar de submeter as sociedades de economia mista ao regime geral do anonimato, o Estado sempre procurou excepcionar diversas regras, o que acabou por criar um regime misto, sempre voltado à dominação estatal e à redução da importância dos acionistas privados.

Esse afastamento das regras gerais, além de questionável por excepcionar normas que muitas vezes buscavam conferir moralidade e transparência à condução das empresas, ainda podia comprometer as características de independência que em tese deveriam orientar as sociedades.

Era a advertência feita por Alfredo de Almeida Paiva. Segundo ele, "à medida que tais sociedades se afastem das normas e da técnica das emprêsas privadas, despindo-se de suas características de independência de ação e conseqüente liberdade administrativa, deixarão de ser os instrumentos simples, flexíveis e eficientes e correrão, por conseguinte, o risco de falharem às suas finalidades"[142].

Segundo o doutrinador, embasado em lição de Oscar Saraiva, a criação de regras que excepcionavam o regime geral das sociedades comerciais fazia com que ocorresse com as sociedades de economia mista algo semelhante ao que havia acontecido com as entidades autárquicas, que "envelheceram precocemente". Isso porque, quando as autarquias surgiram em maior número no quinquênio de 1937 a 1942, "trazendo em si condições de independência de ação e liberdade administrativa que as tornavam instrumentos flexíveis e eficientes de ação, logo a seguir, as influências centralizadoras de padronização, uniformização e contrôle as alcançaram, tornando em muitos casos sua administração quase tão rígida quanto a do próprio Estado, e fazendo desaparecer as razões de conveniência que originaram sua instituição"[143]. Desse modo, ainda segundo o doutrinador, a utilidade das sociedades de economia mista somente permaneceria se elas "se mantiverem fiéis às suas características de empresa privada, de

[141] *Compêndio de sociedades mercantis*, vol. III, § 172.

[142] As sociedades de economia mista e as emprêsas públicas como instrumentos jurídicos a serviço do Estado, p. 319.

[143] As sociedades de economia mista e as emprêsas públicas como instrumentos jurídicos a serviço do Estado, p. 319-320.

forma a não permitir sua transformação em simples órgão da administração pública descentralizada"[144].

É interessante notar que essa sistemática de criar regras específicas às sociedades de economia mista, reduzindo o papel dos acionistas privados a meros investidores, era inclusive contrária ao espírito que orientou a edição da legislação que tratava das sociedades por ações na época em que foi criada grande parte das empresas (Decreto-lei nº 2.627, de 1940).

De fato, a exposição de motivos do anteprojeto da lei sobre sociedades anônimas, escrita em 1939, ressaltava o seguinte:

Vivemos, forçoso é confessar, em pleno regime de usura. Porque, no Brasil, o dinheiro ainda produz fàcilmente dinheiro. A proliferação das casas bancárias, com capitais ridículos, evidencia o acêrto da afirmação. Ora, é possível que o Govêrno possa modificar com o tempo essa situação, fundando sociedades anônimas de economia mista, para a realização de empreendimentos de interêsse geral. *O êxito dependerá da maneira por que há de ser administrada a empresa, competência e responsabilidade dos administradores, parcimônia nas despesas, nada de burocracia, tudo como se fora uma empresa privada*[145].

A legislação do anonimato, portanto, pretendia não fazer distinções de regime jurídico entre sociedades com ou sem participação estatal.

Contudo, não foi o que aconteceu. O decreto-lei editado apenas três meses depois da legislação da sociedade por ações já criou regras específicas às sociedades anônimas que contavam com o Estado na qualidade de acionista. Essas normas peculiares diminuíam as atribuições do Conselho Fiscal e comprometiam a segurança que a legislação geral buscava por meio da obrigação de criação de um fundo de reserva mínimo. Além disso, as leis que autorizavam a criação de cada empresa sempre previam normas que excepcionavam o regime geral. Assim, as exceções instituídas para as sociedades com participação estatal pretendiam conferir maior liberdade ao Estado controlador das sociedades de economia mista, ainda que em comprometimento das garantias que os acionistas privados teriam à luz da legislação das sociedades por ações.

[144] As sociedades de economia mista e as emprêsas públicas como instrumentos jurídicos a serviço do Estado, p. 320.

[145] Sem destaque no original.

A doutrina produzida antes do Decreto-lei nº 200 chegava até mesmo a colocar em dúvida a natureza jurídica de direito privado de certas sociedades de economia mista.

Waldemar Ferreira sustentava que, apesar de o seu capital ser formado em sua maior parte com dinheiros públicos, a personalidade jurídica de direito privado das sociedades de economia mista se conserva "em todos os momentos e negócios, na inteireza de seus atributos e poderes"[146]. Entretanto, o próprio doutrinador, depois de afirmar que as sociedades de economia mista não eram simples sociedades por ações, acrescentava: "A preponderância do poder público, qual se verifica na prática brasileira da sociedade de economia mista, leva a concluir que esta, aparentemente, é sociedade anônima; mas, na sua essência e no seu funcionamento, *muito mais se caracteriza como ente autárquico*, por não passar de serviço público descentralizado, que a União, os Estados e os Municípios, entram a explorar sob a forma de sociedade mercantil"[147].

Alfredo de Almeida Paiva dizia que havia quem entendesse que a personalidade jurídica da sociedade de economia mista dependeria "da maior ou menor participação do Estado na constituição de seu capital social, de modo a considerá-las pessoas jurídicas de direito privado, quando tal participação se verifique em caráter minoritário, e, ao contrário disso, pessoas jurídicas de direito público, quando sua posição seja feita mediante a detenção da maioria das ações"[148]. Após examinar a doutrina estrangeira, que também se debruçava sobre o tema[149], ele concluía que o problema da

[146] Para o doutrinador: "é como pessoa jurídica de direito privado que a sociedade de economia mista se plasma, constitui-se e entra a aparecer no mundo dos negócios. A despeito de que seu capital se tenha formado, senão de todo, em mor parte com dinheiros públicos e que por agentes do poder público ela se administre, com isso não se desfigura; e sua personalidade jurídica específica se conserva, em todos os momentos e negócios, na inteireza de seus atributos e poderes" (FERREIRA, Waldemar. *A sociedade de economia mista em seu aspecto contemporâneo*. São Paulo: Max Limonad, 1956, p. 57).

[147] FERREIRA, Waldemar. *A sociedade de economia mista em seu aspecto contemporâneo*, p. 165.

[148] As sociedades de economia mista e as emprêsas públicas como instrumentos jurídicos a serviço do Estado, p. 315.

[149] Segundo o doutrinador, para Rafael Bielsa: "cuando el Estado es mero acionista, claro que en ella prevalece el caracter de una persona de derecho privado. Pero cuando el Estado concurre a formar la entidad, como poder administrador, esta tiene que configurarse como un ente autárquico. La determinación pues, del caráter jurídico de estas entidades, sólo puede o debe hacerse, con referencia a los elementos constitutivos esenciales de la Sociedad o empresa". Já Héctor Câmara defendia que as sociedades de economia mista eram pessoas de

caracterização da personalidade jurídica das sociedades de economia mista "não pode ser resolvido *a priori*, tornando-se, por essa razão necessário e indispensável examinar, no caso concreto, outros aspectos da sociedade, entre os quais o da participação do Estado na formação do capital social, a sua posição na direção ou administração da Emprêsa, e, finalmente, qual seja seu objeto social ou finalidade a ser atingida, para, só então, chegar-se a uma conclusão definitiva"[150]. Assim, segundo Alfredo de Almeida Paiva, as sociedades de economia mista, embora "em princípio" devessem se caracterizar como pessoas jurídicas de direito privado, poderiam, em casos especiais, configurar-se como pessoas jurídicas de direito público[151].

Portanto, dependendo da participação do Estado no capital e da intensidade de sua atuação como administrador dessas companhias, bem como da natureza da atividade e das finalidades buscadas, a doutrina chegava até mesmo a questionar a personalidade de direito privado que a legislação atribuía às sociedades que contavam com capital público associado ao capital privado.

Considerar que as sociedades de economia mista seriam pessoas jurídicas de direito público não deixava de ser um contrassenso – afinal, como demonstrado no Capítulo 1, o objetivo de se adotar o figurino empresarial sempre foi o de proporcionar maior maleabilidade à atuação do Estado na

direito público. Segundo ele: "las sociedades de economia mista seran personas de derecho público, no por el solo hecho de participar el Estado, sino cuando su estrutura, objetivo y funciones sean conformes con los fines estatales, cuando estén destinadas a satisfacer intereses públicos coincidentes con todos los del Estado, de acuerdos a la doctrina prevalente". Henri Zwahlen distinguia o ponto de vista formal do material. Segundo ele: "Formellement, une institution peut être régie par des dispositions de droit privée, bien que, matériellement, ele relève du droit public".

[150] As sociedades de economia mista e as emprêsas públicas como instrumentos jurídicos a serviço do Estado, p. 315.

[151] "Nas hipóteses em que o Estado tenha em vista estimular ou amparar a iniciativa privada, equiparando-se, ao simples particular, não haverá dúvida quanto à caracterização da personalidade jurídica de direito privado. Ao invés disso, quando a sociedade de economia mista se constitui em simples instrumento do poder público na realização de um serviço público concedido ou delegado, a personalidade jurídica de direito público melhor se ajustaria à realidade, sem prejuízo de que suas atividades, com relação a terceiros, continuem regidas pelos princípios do direito privado, a não ser naquilo em que a lei específica haja por bem dispor em contrário à legislação comum, que lhes será aplicável" (PAIVA, Alfredo de Almeida. As sociedades de economia mista e as emprêsas públicas como instrumentos jurídicos a serviço do Estado, p. 316).

economia. Entretanto, esse contrassenso derivava da própria postura estatal de criar normas especialíssimas às sociedades, apenas porque contavam com a participação do Estado.

2.1.2.3. A inexistência de formas padronizadas de empresas de capital misto

O movimento de criação de sociedades de economia mista no Brasil demonstra também que não havia no ordenamento a previsão de formas rígidas e obrigatórias de participação do Estado em sociedade com particulares.

Antes do Decreto-lei nº 200, como mencionado, nem sequer existia uma conceituação legal de sociedades de economia mista. Era pacífico que o Estado poderia constituir empresas com particulares, seja como sócio majoritário, seja como minoritário. Não havia nenhuma forma padronizada de constituição de empresas de capital misto. Existia liberdade – evidentemente não absoluta – para que, em cada situação concreta, fossem definidos os poderes de cada sócio no interior de cada sociedade, bem como a participação de cada um deles no capital das companhias.

Na prática, adotou-se o modelo de controle absoluto das sociedades de capital misto pelo Estado, produto do dirigismo estatal que via na constituição de empresas comandadas pelo Estado uma forma de planejar e realizar investimentos em diversas atividades, notadamente de infraestrutura, em prol do desenvolvimento nacional. Para garantir esse controle estatal, formataram-se empresas em que os acionistas privados eram meros investidores – ou ainda sociedades em que o capital privado era absolutamente irrelevante, como mencionado acima. Mas o ordenamento jurídico *não impunha necessariamente essa sistemática de formatação*. O Estado não precisava obrigatoriamente deter o controle absoluto das sociedades de capital misto, nem tinha de ser o titular da maioria do capital social das companhias[152].

Em outras palavras, pode-se afirmar que existia um "Estado acionista", ou seja, um Estado que, para intervir na economia, podia se valer de seu papel como acionista de empresas de capital misto, modulando os seus poderes e a sua participação acionária em cada situação concreta, sem

[152] Era possível, por exemplo, a criação de empresas em que o Estado fosse sócio minoritário, compartilhando efetivamente o controle da companhia com seus sócios privados – ainda que tal empresa não integrasse a estrutura estatal.

necessariamente comandar "com mão de ferro" as companhias de que era sócio.

Nesse sentido, anteriormente à edição do Decreto-lei nº 200, havia apontamentos doutrinários no sentido de que existia liberdade na formatação de sociedades de economia mista, bem como que as sociedades de economia mista "autênticas" eram aquelas em que o Estado seria sócio *minoritário, sem o predomínio na administração das empresas.*

Walter T. Álvares, em estudo publicado em 1954, reconhecia haver flexibilidade na constituição de empresas de capital misto[153].

O doutrinador invocava a lição de Fritz Fleiner no sentido de que a expressão "sociedade de economia mista" não designava noção jurídica alguma, mas apenas que o capital privado e os fundos públicos reuniam-se a fim de explorar uma determinada atividade empresarial. Embasava-se também no entendimento de Georges Ripert de que as sociedades de economia mista foram criadas ao sabor das circunstâncias. Com base nisso, Walter T. Álvares mencionava que as sociedades com participação estatal poderiam apresentar variações: "capital público majoritário ou minoritário ou igual à participação privada, acionistas só entidades públicas ou acionistas particulares e públicos"[154].

Walter T. Álvares ainda citava o entendimento de Arena e Rava, que denominavam de "azionariato misto vero e próprio" as situações em que se reúnem capitais públicos a particulares, e de "azionariato misto impróprio" os casos nos quais a colaboração é feita somente entre o Estado e outras entidades públicas. O doutrinador se referia também à classificação de Raymond Racine, que indicava a existência de "sociedades de economia mista de formação espontânea" (participação pública majoritária, ou minoritária, ou igual à participação privada), e "sociedades de economia mista instituídas por decreto" (com participação pública majoritária ou minoritária)[155].

Themístocles Brandão Cavalcanti também defendia haver uma variedade de arranjos societários entre o Estado e particulares.

[153] ÁLVARES, Walter T. As sociedades de economia mista. *Revista de Direito Administrativo* nº 38, out./dez. 1954, p. 20.

[154] As sociedades de economia mista, p. 21.

[155] ÁLVARES, Walter T. As sociedades de economia mista, p. 21. As obras mencionadas são: ARENA; RAVA. *Le società commerciale pubbliche*, p. 20-21; e RACINE, Raymond. *Au service des nationalisations, l'entreprise privée*, p. 13-19.

Segundo ele, ao lado das formas de direito público, estava o "Estado acionista", que ele indicava como sendo "o Estado revestido de todos os característicos de pessoa privada, integrado no regime das leis comerciais, obediente aos estatutos das sociedades anônimas, embora tenha um predomínio numérico no capital da sociedade"[156].

Para que uma empresa pudesse ser compreendida como sociedade de economia mista, Themístocles Brandão Cavalcanti entendia que deveriam ser observados quatro elementos constitutivos: (i) participação da pessoa pública e dos particulares na constituição do capital como sócios; (ii) participação também de ambos na administração; (iii) estrutura de direito privado, quase sempre sob a forma de sociedade anônima; e (iv) adaptação dessa estrutura às exigências de direito público peculiares à generalidade dessas empresas, de modo a conciliar os interesses públicos com as disposições gerais que presidem a generalidade das sociedades civis e comerciais[157].

Observados esses elementos, pouco importava se o Estado acionista tinha ou não preponderância no capital social ou na administração da sociedade. Para o doutrinador, podia haver sociedades de economia mista majoritárias ou minoritárias[158], o que significava que era admissível que o Estado, como sócio, participasse de arranjos societários com níveis diversos de ingerência.

Para Themístocles Brandão Cavalcanti, portanto, não havia uma única forma padronizada de se constituir uma sociedade de capital misto. Ainda que fosse necessário adaptar a sua estrutura a certas exigências de direito público, a intensidade do controle societário estatal podia variar a cada caso.

No mesmo sentido, Alfredo de Almeida Paiva, apesar de defender que o Estado deveria necessariamente participar da administração para que a empresa fosse considerada uma verdadeira sociedade de economia mista, admitia que a configuração de cada empresa poderia ser dimensionada à luz dos objetivos buscados. Quando o Estado fosse sócio majoritário, "nada há de estranhar que os seus dirigentes sejam eleitos ou nomeados pelo poder público, pois tal prerrogativa é a mesma que desfrutam os porta-

[156] *Tratado de direito administrativo*. vol. II, p. 311.

[157] *Tratado de direito administrativo*. vol. II, p. 314.

[158] *Tratado de direito administrativo*. vol. II, p. 314.

dores da maioria das ações"[159]. Já quando o Estado participasse em caráter minoritário, "êle se equipara ao simples particular, sem maiores regalias ou responsabilidades, não só quanto sua fundação, mas, também, no que diz respeito à sua condição ou direção"[160].

Na visão do doutrinador, portanto, havia maleabilidade na definição da atuação empresarial do Estado em associação a particulares em cada situação concreta, podendo-se definir a intensidade do controle societário estatal dependendo dos objetivos buscados.

Um interessantíssimo estudo de autoria de Arno Schilling, publicado em 1957 – e que surpreende pela atualidade de suas observações e questionamentos – defende de modo muito incisivo que havia uma contradição entre a constituição de sociedades de capital misto e a pretensão do Estado de comandá-las de modo absoluto e incontrastável[161].

Segundo o doutrinador, com base na definição de Themístocles Brandão Cavalcanti[162], as sociedades de capital misto sempre deveriam conciliar os interesses econômicos dos sócios com o interesse público. Isso significava que a constituição de sociedades de economia mista tinha por pressuposto lógico a viabilidade da conciliação de interesses públicos e privados. Se fossem inconciliáveis, não haveria motivo para reunir a iniciativa pública e a iniciativa privada em ambiente empresarial.

Partindo desse pressuposto, Arno Schilling expunha que existiam duas correntes a esse respeito. A primeira entendia que o Estado deveria necessariamente possuir a maioria do capital a fim de gozar de uma preponderância administrativa e financeira bem acentuada. A segunda sustentava

[159] As sociedades de economia mista e as emprêsas públicas como instrumentos jurídicos a serviço do Estado, p. 312.

[160] As sociedades de economia mista e as emprêsas públicas como instrumentos jurídicos a serviço do Estado, p. 312.

[161] SCHILLING, Arno. Sociedades de economia mista. *Revista de Direito Administrativo* nº 50, out./dez. 1957, p. 36-46.

[162] Segundo Themístocles Brandão Cavalcanti, podia-se definir sociedade de economia mista da seguinte maneira: "A sociedade de economia mista é aquela em que se verifica sob uma estrutura de direito privado a participação financeira de uma pessoa pública e dos particulares, regendo-se por normas especiais e organizada a sua administração de forma a conciliar os interêsses econômicos dos sócios com o interêsse público, representado êste pela participação da pessoa de direito público na constituição do capital da emprêsa e na sua administração" (*Tratado de direito administrativo*, vol. II, p. 313). Note-se que essa definição está na terceira edição do Tratado, datada de 1957. É anterior, portanto, ao Decreto-lei nº 200.

que cabia ao Estado participar com a minoria das ações, justamente para não ter preponderância na administração ou na designação e eleição dos órgãos diretores. Entretanto, para se obter efetivamente as vantagens buscadas com as sociedades de economia mista – consistentes (i) na flexibilização das regras de contabilidade pública, (ii) na redução da excessiva ingerência política e (iii) na obtenção de recursos particulares –, a solução adotada seria a criação de sociedades em que o Estado seria sócio minoritário. Para Arno Schilling, "autêntica sociedade de economia mista só é aquela em que o poder público tem participação minoritária assim no capital como na administração da pessoa jurídica"[163].

Desse modo, segundo o doutrinador, tão acentuada era a participação majoritária do Estado e a sua predominância na administração, e tão relevantes os privilégios que se atribuíam às sociedades com participação estatal, que as sociedades mistas praticamente resvalavam no terreno reservado às pessoas de direito público. Podia-se afirmar, então, que "as chamadas sociedades de economia mista, constituídas no Brasil pelo poder público e com a participação majoritária dêste no capital e predominante na administração da pessoa jurídica, não passam na verdade de autarquias administrativas"[164]. Por decorrência, se deve haver o predomínio absoluto do Estado, não se via objetivo na implantação do sistema misto[165]. O único objetivo, segundo Arno Schilling, seria o de iludir a aplicação das regras disciplinadoras da contabilidade pública, o que não seria um propósito moralmente válido, uma vez que, na realidade, essas empresas seriam verdadeiras autarquias, apenas com outra denominação, mas "não desfiguradas como tal pela contribuição minoritária do capital particular"[166].

Nas palavras de Arno Schilling: "aos pregoeiros da instituição do sistema misto de prestação de serviços públicos não interessam as vantagens das autênticas sociedades de economia mista, com o capital particular predominante, porque o fim visado não é o sistema misto em si, senão,

[163] Sociedades de economia mista, p. 57.

[164] Sociedades de economia mista, p. 58.

[165] Nas palavras de Arno Schilling, com base no doutrinador argentino Alcides Greca: "se na emprêsa deve predominar o Estado com o seu capital e seus representantes, não vê objetivo na implantação do sistema misto; que a faculdade, atribuída ao Estado, de designar a maior parte dos diretores desvirtua os fins visados pela constituição da sociedade de economia mista" (Sociedades de economia mista, p. 37).

[166] Sociedades de economia mista, p. 42.

como acima se explicou, o afastamento da disciplina das normas do direito público"[167].

Portanto, a doutrina não via nenhuma dificuldade em reconhecer a inexistência de um modelo padrão de sociedades de capital misto. Pelo contrário, muitas vezes se apontava que o controle absoluto do Estado-acionista – que foi o modelo adotado na prática, apesar de não ser obrigatório – acabava por distorcer a sistemática do capital misto, o que eventualmente tornava sem sentido a associação público-privada em ambiente societário. Tais considerações são importantes, uma vez que as empresas privadas com participação estatal, objeto deste estudo, poderiam ser consideradas como sociedades de economia mista antes da edição do Decreto-lei nº 200.

2.1.2.4. A conceituação legal das sociedades de economia mista com fundamento no controle estatal majoritário

Apesar de se entender que não haveria necessariamente modelos obrigatórios de sociedades de capital misto, verifica-se que houve uma evolução desse entendimento em sentido parcialmente oposto.

Ao criar um conceito de sociedade de economia mista que era mais restrito do que o entendimento doutrinário vigente à época, limitando-se a designar essas empresas como sendo somente aquelas em que a União tivesse a titularidade da maioria do capital votante, entendemos que o Decreto-lei nº 200 acabou por ter um duplo efeito.

Por um lado, deixou-se de prever expressamente a possibilidade de o Estado participar como sócio de empresas privadas. Assim, ainda que não houvesse (e de fato não havia) nenhuma vedação a arranjos societários dessa natureza, a ausência de previsão expressa refletia um possível desinteresse pela participação estatal em empresas que não integravam a Administração Pública – desinteresse que definitivamente deixou de existir, o que será examinado no capítulo seguinte.

Por outro lado, ao incluir no conceito de sociedade de economia mista a obrigatoriedade de o Estado ser o titular da maioria do capital votante, positivava-se uma espécie de preferência pelo controle estatal incontrastável – que, apesar de ser a prática recorrente, não era um modelo obrigatório para o Estado-empresário.

[167] Sociedades de economia mista, p. 42-43.

Não tardou para que parte da doutrina considerasse que as sociedades de economia mista eram meras coadjuvantes dos misteres estatais, sem a necessidade de levar em consideração os interesses dos acionistas privados, praticamente como se fossem verdadeiras empresas públicas.

Nesse sentido, por exemplo, Celso Antônio Bandeira de Mello entende que "a lei estabelece que a supremacia acionária votante terá de ser governamental. Com efeito, o que se quer é, precisamente, garantir que seu *controle absoluto*, que é a condição de seus destinos, seja estritamente da alçada do Estado ou de suas criaturas auxiliares, sem que possa repartir decisões, sejam quais forem, sobre qualquer assunto social com particulares"[168].

Assim, passou-se a entender como natural e necessário o fato de o Estado comandar de forma absoluta as sociedades de economia mista. A doutrina passou a raciocinar sobre esse modelo, esquecendo-se do princípio associativo que deveria orientar a conjunção dos setores público e privado em ambiente societário. O hábito administrativo brasileiro acabou por suplantar a maleabilidade que o ordenamento permitia, distorcendo de certa forma o instituto das sociedades de economia mista.

Contudo, mais recentemente, essa ideia de controle absoluto pelo Estado tem sido revista. Convém tratar mais a fundo dos pressupostos dessa revisão, uma vez que dizem respeito ao convívio dos interesses públicos e privados em ambiente societário, o que é relevante para o estudo das empresas privadas com participação estatal.

2.2. A FLEXIBILIZAÇÃO DO CONTROLE ACIONÁRIO EXERCIDO PELO ESTADO

A repetição do modelo de sociedades de economia mista destituídas de qualquer espírito associativo entre o Estado e os sócios privados fez com que os observadores se acostumassem a esse cenário e passassem a raciocinar em função dele, tomando-o como o verdadeiro modelo das sociedades de economia mista, que não admitiria variações relevantes[169].

[168] *Curso de direito administrativo*. 21.ed., p. 186.

[169] Segundo Carlos Ari Sundfeld: "Não corresponde a uma exigência jurídica a idéia de que o controle societário público sobre a sociedade mista deva ser do *tipo absolutista, incontrastável, ilimitado*. Tal impressão resulta – isto, sim – dos hábitos administrativos brasileiros, que traduzem mais a distorção no uso do instituto, decorrente dos desvios de nossa história" (A participação privada nas empresas estatais, p. 275).

Mais recentemente, contudo, esse modelo de sociedades de economia mista começou a ser questionado – o que culminou inclusive com a edição da Lei Federal nº 13.303, que dispõe sobre o estatuto jurídico das empresas estatais.

2.2.1. A RETOMADA DO PRINCÍPIO ASSOCIATIVO E SUA INFLUÊNCIA NO EXERCÍCIO DO CONTROLE ESTATAL

Na realidade, ao contemplar a figura das sociedades de economia mista, o ordenamento parte do pressuposto de que é possível haver a compatibilização de interesses públicos e privados, associando-os em uma empresa. Se o Estado pretende um maior grau de intervenção estatal em determinada empresa que conte com a sua participação, a forma jurídica mais apropriada será a empresa pública, na qual ocorre o aporte de capitais exclusivamente públicos e, por conseguinte, não haverá a necessidade de compatibilização com interesses de sócios privados[170]. Já se houver a necessidade ou o interesse de que seja aportado capital privado, a sociedade de economia mista ou outra forma de reunião de capitais públicos e privados serão as figuras apropriadas – mas, nessa hipótese, por uma questão de lógica, deverá haver alguma retribuição aos sócios privados que justifique o aporte de capital na sociedade.

A adoção da figura da sociedade de economia mista, portanto, importa um duplo juízo.

Em primeiro lugar, o Estado reconhece que *deverá levar em consideração os interesses dos acionistas privados na gestão da sociedade.* Afinal, o aporte de capital privado não se dá por mera benemerência. Se uma pessoa privada emprega recursos seus em uma sociedade formada com o Estado, é porque pretende obter benefícios próprios com tal associação. Ainda que ciente das finalidades públicas que justificaram a constituição da empresa, o sócio privado tem a expectativa legítima de que a sociedade de economia mista conciliará suas funções sociais com os interesses dos seus sócios privados.

[170] O problema da composição dos interesses públicos e privados somente se coloca nas sociedades de capital misto (dentre elas as empresas privadas com participação estatal, objeto deste estudo). Numa empresa pública, não há esse tipo de questão uma vez que não existe nenhum capital privado envolvido. No máximo, pode haver conflitos entre dois sócios públicos, mas em tese não haverá nenhum interesse privado relacionado a esse tipo de sociedade.

Do contrário, não investiria em tal empresa[171]. Portanto, se é necessário ou interessa ao Estado o investimento de capital privado, o Estado *deverá necessariamente levar em consideração os interesses dos acionistas privados na gestão da companhia*, para assegurar o sucesso na captação desse investimento.

Em segundo lugar, a formatação de uma sociedade de economia mista significa a constatação de que é possível compatibilizar os interesses públicos que justificaram a constituição da empresa com os interesses particulares dos sócios privados *sem que haja o comprometimento das funções públicas que foram atribuídas à sociedade pelo ordenamento jurídico*. Se essa compatibilização fosse impossível (seja em tese, seja no caso concreto), a figura da sociedade de economia mista não seria viável, nem teria previsão constitucional.

Em decorrência desses dois fatores, parcela da doutrina passou a apontar que é indevido que o Estado deixe de levar em consideração os interesses dos acionistas privados na gestão da sociedade de economia mista[172]. Exercendo um juízo relativamente livre de escolha da forma jurídica empresarial, a opção adotada pelo Estado no sentido de constituir uma sociedade de capital público e privado consiste no reconhecimento de que os interesses dos sócios privados não serão simplesmente suprimidos.

Noutras palavras, o Estado tem à sua disposição diversas possibilidades de arranjos societários. Se a consecução dos interesses públicos que jus-

[171] Aplicam-se aqui as lições sobre controle totalitário. Para Berle e Means, o controle com quase completa titularidade acionária poder ser assimilado à situação da sociedade propriamente unipessoal, seja uma *one-man company*, seja uma *wholly owned subsidiary*. Em ambas as hipóteses, propriedade e controle recobrir-se-iam perfeitamente, como duas faces da mesma moeda. Entretanto, para Fábio Konder Comparato, a assimilação parece "forçada e inadmissível". Isso porque: "Na sociedade unipessoal, não há nenhum outro interesse interno a ser levado em consideração, na aplicação das normas legais, além do interesse do titular único do capital social. Por isso mesmo, perdem eficácia todas as regras para regular conflitos de interesse entre sócios. *Basta, no entanto, que exista um só outro acionista, titular de uma única ação, ainda que sem direito de voto, para que se dissipe o caráter totalitário do controle e reapareça a possibilidade de conflitos de interesse entre sócios*" (*O poder de controle na sociedade anônima*, p. 53). Nas sociedades de economia mista, portanto, a simples existência de acionistas privados possui efeitos relevantes.

[172] SUNDFELD, Carlos Ari. A participação privada nas empresas estatais. In: _____ (coord.). *Direito administrativo econômico*. 1.ed. 2.tir. São Paulo: Malheiros, 2002, p. 264-285; WALD, Arnoldo. As sociedades de economia mista e a nova lei das sociedades anônimas. *Revista de Informação Legislativa*, Brasília, ano 14. n. 54, p. 99-114, abr./jun. 1977. Sobre a questão dos lucros, confira-se: CÂMARA, Jacintho Arruda. O lucro nas empresas estatais. *Revista Brasileira de Direito Público – RBDP*, Belo Horizonte, ano 10, n. 37, p. 9-18, abr./jun. 2012.

tificam a constituição da empresa fosse absolutamente incompatível com os interesses egoísticos de eventuais acionistas privados, o Estado poderia criar uma empresa pública. Entretanto, se o Estado optou pela constituição de uma sociedade de economia mista, partiu do juízo de que a observância de certos interesses dos sócios privados não inviabilizará o atingimento das finalidades públicas pretendidas.

Evidentemente, isso não significa a impossibilidade de se tomar decisões empresariais que sejam contrárias aos interesses pessoais dos sócios privados. Entretanto, os interesses dos acionistas privados de uma sociedade de economia mista devem ser ponderados na condução dos negócios da empresa.

Assim, passou-se mais recentemente a se reconhecer que é admissível uma estruturação diversa da que representou a prática generalizada no Brasil, de modo que efetivamente se observe o princípio associativo que informa a constituição de sociedades de capital público e privado[173].

Não cabe aqui investigar as razões – inclusive de ordem econômica – que levaram a essa constatação. Um fator que se extrai da doutrina já produzida sobre o tema consiste na identificação de que o poder público precisava ampliar a capacidade de investimento e necessitava se valer de conhecimentos do setor privado para o desempenho de determinadas atividades. Para viabilizar a integração de capital privado relevante nas sociedades de economia mista – *v.g.*, com o ingresso de um sócio estratégico –, era necessário permitir que esse sócio dispusesse de algum poder efetivo no interior da companhia, o que se supõe consistir num fator de *mitigação do risco de investimento*[174]. Por meio de sua participação mais ativa nas decisões estratégicas da sociedade de economia mista, o acionista privado garante que seus interesses não sejam simplesmente ignorados pelo sócio estatal controlador. Isso reduz o risco político, o que torna o investimento mais atrativo – e mais benéfico para o próprio Estado.

Em termos estritamente jurídicos, constatou-se que a legislação que trata das sociedades de economia mista não estabelece que o exercício

[173] SUNDFELD, Carlos Ari. A participação privada nas empresas estatais, p. 264-285; HAJ MUSSI, Luiz Daniel Rodrigues. Acordo de acionistas na sociedade de economia mista: comentários a acórdão do Superior Tribunal de Justiça. *Revista de Direito Público da Economia – RDPE*, Belo Horizonte, ano 3, n. 9, p. 239-252, jan./mar. 2005.

[174] PINTO JÚNIOR, Mario Engler. Regulação econômica e empresas estatais. *Revista de Direito Público da Economia*. n. 15, jul./set. 2006.

do controle pelo Estado deva ocorrer de modo absoluto, ilimitado, nem exclusivo. Percebeu-se que a manutenção da personalidade governamental e o desempenho das atividades que justificaram a criação da sociedade de economia mista não dependiam de um controle exercido em termos "absolutistas" pelo Estado.

Essa mudança de pensamento, portanto, representou uma retomada do princípio associativo, o qual, ainda que reconhecido pela doutrina, na prática nunca orientou efetivamente a criação e a atuação das sociedades de economia mista.

2.2.2. FUNDAMENTOS NORMATIVOS PARA A RETOMADA DO PRINCÍPIO ASSOCIATIVO

Na realidade, o princípio associativo que caracteriza as sociedades de economia mista faz-se presente no plano normativo, ainda que a prática o tenha deixado adormecido.

Uma demonstração disso pode ser verificada na Exposição de Motivos da atual Lei das Sociedades Anônimas – Exposição de Motivos nº 196, de 24 de junho de 1976, do Ministério da Fazenda, à Lei nº 6.404. O documento destacava o fato de a lei estabelecer um capítulo específico sobre as sociedades de economia mista, em que as normas "dizem respeito, essencialmente, às disciplinas dos direitos e à defesa dos minoritários, adaptando às peculiaridades da empresa mista os princípios básicos da lei".

A Exposição de Motivos ressaltava que "ao buscar a forma anônima para o empreendimento que promove, o Estado visa a assegurar ao particular, aos quais oferece associação, os mesmos direitos e garantias de que fruem os acionistas das demais companhias sem prejuízo das disposições especiais da lei federal (art. 236)".

Além disso, a Exposição de Motivos afirmava que "na sociedade mista, dada a existência, por definição, de grupos de acionistas com interesses distintos, quais sejam, o Estado, que busca o interesse público, e o investidor particular, que visa o lucro, a administração deverá compreender sempre o órgão colegiado (art. 240), justificando-se ainda o funcionamento permanente do Conselho Fiscal".

Portanto, um dos objetivos centrais da legislação que trata das sociedades de economia mista consiste na *defesa dos minoritários* (ou seja, dos acionistas privados), que, por se associarem a uma empresa que reúne capital público ao lado de capital privado, deveriam dispor dos mesmos direitos e garantias observados aos acionistas minoritários de qualquer outra sociedade anônima. Isso fica claro a partir da redação do artigo 238 da Lei nº 6.404, que não desonera o ente público de cumprir com seus deveres e responsabilidades de acionista controlador, em vista dos acionistas minoritários (artigo 116, parágrafo único).

Essa preocupação com a defesa dos acionistas minoritários decorre precisamente do caráter associativo das sociedades de economia mista. Justamente por haver – ao menos em teoria – uma associação efetiva de interesses públicos e privados, ainda que sob controle preponderante do Estado, a lei se preocupou com o estabelecimento de mecanismos que garantissem que os interesses dos acionistas minoritários fossem levados em consideração. Se os particulares que se associam à empresa fossem meros párias e seus interesses simplesmente pudessem ser ignorados, os instrumentos criados pela legislação seriam dispensáveis – e a própria figura da sociedade de economia mista nem mesmo precisaria existir.

Logo, sempre foi um equívoco encarar o controle do Estado nas sociedades de economia mista como algo absoluto, necessariamente insuscetível de contrapesos ou condicionamentos. Ainda que o exercício do poder de controle pelo sócio estatal retrate a preponderância dele sobre os acionistas privados, é inegável que esse poder é submetido a uma série de limitações, sob pena de se tornar abusivo e incompatível com a própria noção de sociedade de economia mista. Essas limitações encontram fundamento no caráter associativo de tais empresas e na concepção de que os interesses privados dos acionistas minoritários não podem ser ignorados. Do contrário, a própria figura da sociedade de economia mista perderia sentido[175].

[175] A questão gera reflexos inclusive sobre a responsabilidade dos administradores. Em importante estudo (já citado acima) que se dedicava a examinar o impacto da Lei nº 6.404 sobre as sociedades de economia mista, inclusive no que se refere ao conflito de interesses entre os acionistas estatais e privados, Arnoldo Wald observava o seguinte: "É incontestavelmente acertada a decisão do legislador de equiparar, no caso, a responsabilidade do acionista controlador na empresa de economia mista à existente nas demais companhias, pois, tanto a pessoa jurídica de direito público como as outras pessoas jurídicas que compõem a administração indireta podem, evidentemente, em tese, violar obrigações e deveres que a lei lhes atribui. Cabe-lhe atender às finalidades sociais da empresa e às suas obrigações com os demais acionistas, a comunidade e os seus empregados, não podendo praticar qualquer abuso de poder" (WALD, Arnoldo. As sociedades de economia mista e a nova lei das sociedades anônimas, p. 108).

A Emenda Constitucional nº 19 também representa uma tentativa de retomada do caráter associativo das sociedades de economia mista[176].

O § 1º, incluído no artigo 173 da Constituição Federal, previu que a lei que estabelecerá o estatuto jurídico das empresas estatais deverá tratar também da "constituição e o funcionamento dos conselhos de administração e fiscal, *com a participação de acionistas minoritários*" (inciso IV).

Assim, conferiu-se *status* constitucional à obrigatoriedade de os acionistas minoritários terem representantes nos conselhos de administração e fiscal das sociedades de economia mista. Ainda que esse direito já fosse assegurado pela Lei nº 6.404[177], agora ele tem sede constitucional. O objetivo é um só: ampliar a efetiva participação dos acionistas privados na condução das sociedades de economia mista, o que é decorrência da relativa liberdade de que dispõe o Estado na escolha da forma empresarial adotada para a consecução das finalidades por ele pretendidas[178].

Mais recentemente, a Lei Federal nº 13.303, de 30 de junho de 2016, que estabeleceu o estatuto jurídico das empresas estatais, também contemplou algumas contribuições importantes para a oxigenação das sociedades de economia mista.

O artigo 19 da Lei garante aos acionistas minoritários o direito à eleição de pelo menos um representante no Conselho de Administração, se maior número não lhes couber pelo processo de voto múltiplo previsto na Lei nº 6.404.

[176] Note-se que o contexto em que foi editada a Emenda Constitucional n. 19, de reforma gerencial e intensas privatizações, de certa forma confirma a afirmação feita acima, de que um dos fatores que levou ao reconhecimento de poderes mais efetivos aos acionistas minoritários foi justamente a necessidade de obtenção de investimentos privados nas sociedades de economia mista.

[177] O *caput* do artigo 239 da Lei n. 6.404 estabelece o seguinte: "As companhias de economia mista terão obrigatoriamente Conselho de Administração, *assegurado à minoria o direito de eleger um dos conselheiros*, se maior número não lhes couber pelo processo de voto múltiplo". Já o artigo 240 estabelece que "O funcionamento do conselho fiscal será permanente nas companhias de economia mista; um dos seus membros, e respectivo suplente, *será eleito pelas ações ordinárias minoritárias* e outro pelas ações preferenciais, se houver". Já se garantia, portanto, a representação dos acionistas privados no Conselho de Administração e no Conselho Fiscal das sociedades de economia mista.

[178] Para Adilson Abreu Dallari, a regra prevista na Constituição tem eficácia imediata (DALLARI, Adilson Abreu. Acordo de acionistas. Empresa estadual concessionária de serviço público federal. *Revista Trimestral de Direito Público – RTDP* nº 28, 84-108, 1999).

O artigo 22 da Lei também estabelece que o Conselho de Administração deve ser composto, no mínimo, por 25% (vinte e cinco por cento) de membros independentes ou pelo menos um, caso haja decisão pelo exercício da faculdade do voto múltiplo pelos acionistas minoritários.

Além disso, a Lei estabeleceu alguns parâmetros mais concretos para se evitar o abuso de poder pelo acionista controlador.

Nesse sentido, o artigo 14 previu que o acionista controlador deve (i) preservar a independência do Conselho de Administração no exercício de suas funções e (ii) observar a política de indicação na escolha dos administradores e membros do Conselho Fiscal. Também foi prevista a responsabilização do acionista controlador pelos atos praticados com abuso de poder, sendo que a ação de reparação poderá ser proposta pela própria sociedade, pelo terceiro prejudicado ou pelos demais sócios, sendo desnecessária autorização em assembleia-geral de acionistas.

Há ainda diversos outros mecanismos destinados a assegurar maior transparência na condução das empresas estatais. O artigo 8º da Lei nº 13.303 prevê que deve haver, dentre outras providências, (i) a elaboração de uma carta anual pelos membros do Conselho de Administração com a explicitação dos compromissos e a definição clara dos recursos a serem empregados, (ii) a divulgação tempestiva e atualizada de informações relevantes relacionadas às atividades desenvolvidas, à estrutura de controle, aos fatores de risco, aos dados econômico-financeiro, às políticas e práticas de governança corporativa e à descrição da composição e da remuneração da administração; (iii) a elaboração e divulgação de política de divulgação de informações, (iv) a elaboração de uma política de distribuição de dividendos, (v) a divulgação dos dados operacionais e financeiros das atividades relacionadas à consecução dos fins da companhia, (vi) a elaboração e divulgação da política de transações com partes relacionadas, (vii) a ampla divulgação ao público em geral de carta anual de governança corporativa e (viii) a divulgação anual de relatório integrado ou de sustentabilidade.

Todos esses instrumentos destinam-se a fazer com que a gestão das empresas estatais seja mais transparente, estabelecendo-se limites mais concretos ao exercício do poder de controle. A ideia é que as empresas estatais tenham a sua atuação voltada aos fins que justificaram a sua criação, deixando de ser meros instrumentos para o exercício do poder político por parte do acionista controlador.

2.2.3. RESULTADO: A "OXIGENAÇÃO" DAS SOCIEDADES DE ECONOMIA MISTA

Como resultado, identificou-se que o ordenamento admite a existência de limitações ao controle societário exercido pelo Estado nas sociedades de economia mista. Não há nenhuma exigência normativa de que ele seja incontrastável para se justificar a reunião de capitais públicos a recursos privados em uma sociedade. A impressão de que o controle estatal seria absoluto era aceita sem grandes questionamentos em virtude dos "hábitos administrativos brasileiros"[179], conforme mencionado acima. No entanto, o controle incontrastável era uma distorção da figura da sociedade de economia mista[180].

A sociedade de economia mista sempre admitiu a existência de acionistas minoritários atuantes. Mais recentemente, a admissão de sócios estratégicos a exercer uma atuação mais ativa passou a ser um mecanismo comum de reforma administrativa. Sem o Estado abrir mão do caráter governamental da empresa, passou-se a admitir a existência de um "acionista estratégico", que efetivamente contribui com o gerenciamento da sociedade – num fenômeno que no direito francês se convencionou chamar de *respiration du secteur publique*[181].

2.3. A ADMISSÃO DOS ACORDOS DE ACIONISTAS

Estabelecido que o poder de controle societário exercido pelo Estado não precisa ser incontrastável no âmbito de uma sociedade de economia mista, cabe examinar a possibilidade de se firmar acordos de acionistas no âmbito dessas empresas. Pretende-se colher dessa realidade alguns subsídios úteis

[179] SUNDFELD, Carlos Ari. A participação privada nas empresas estatais, p. 264-285.

[180] Como observava Arnoldo Wald ao examinar o impacto da Lei nº 6.404 sobre o controle das sociedades de economia mista: "Não podem mais, em tais casos, as sociedades de economia mista manter a posição do velho banqueiro alemão que considerava o acionista um tolo e um chato. Tolo porque entregava o seu dinheiro e chato porque, em seguida, tinha a audácia de pretender receber dividendos. No momento em que a S/A se torna uma verdadeira empresa aberta e não apenas uma forma cômoda de evitar alguns encargos fiscais, como acontecia no passado, o Estado deve optar entre reformular as suas empresas para delas excluir os acionistas privados ou aceitar as regras da nova lei" (As sociedades de economia mista e a nova lei das sociedades anônimas, p. 114).

[181] MARAIS, Bertrad du. *Droit publique de la régulation économique.*Paris: Dalloz, 2004, p. 300.

ao estudo das empresas privadas com participação estatal, nas quais se vem utilizando justamente esses acordos parassocietários como mecanismo de garantir alguma influência estatal em decisões empresariais relevantes.

2.3.1. A DIVERGÊNCIA DOUTRINÁRIA A RESPEITO DA JURIDICIDADE DOS ACORDOS DE ACIONISTAS EM SOCIEDADES DE ECONOMIA MISTA

Há intensas discussões doutrinárias sobre a viabilidade jurídica de o Estado firmar acordos de acionistas com determinados sócios privados de uma sociedade de economia mista.

Para uma parcela da doutrina, a celebração de um acordo de acionistas pelo Estado representaria um compartilhamento do poder de controle – ou a própria supressão desse poder das mãos do Estado. Isso significaria a total impossibilidade de utilização desse tipo de arranjo negocial em uma empresa que integra a Administração Pública[182].

Outra parte da doutrina, contudo, entende que a celebração de acordos de acionistas pelo Estado seria justamente uma forma de "oxigenação" do exercício do poder de controle: seriam garantidos certos poderes a um sócio privado relevante, mas o Estado continuaria com a preponderância no exercício do poder de controle[183].

2.3.2. O CASO CEMIG

Uma das mais importantes discussões sobre esse tema no Brasil se deu por ocasião de uma operação societária envolvendo a Companhia Energética de Minas Gerais – CEMIG[184].

[182] Nesse sentido: COMPARATO, Fábio Konder. *Ensaios e pareceres de direito empresarial*. Rio de Janeiro: Forense, 1978.

[183] DALLARI, Adilson Abreu. Acordo de acionistas. Empresa estadual concessionária de serviço público federal, p. 84-108; SUNDFELD, Carlos Ari. A participação privada nas empresas estatais, p. 264-285; GUIMARÃES, Marcello. *Uso político de estatais pelo acionista controlador em prejuízo dos direitos dos acionistas minoritários*. Belo Horizonte: Fórum, 2011.

[184] A exposição aqui se faz com base nos dados constantes dos autos das diversas medidas judiciais que trataram do tema, que foram consultados pelo autor deste trabalho. A principal medida consistiu na Ação Anulatória nº 02499.120901-5, que tramitou inicialmente perante o Juízo da 1ª Vara da Fazenda Pública e Autarquias da Comarca de Belo Horizonte. Por se tratar de questão amplamente debatida e referida por todos aqueles que produzem textos

Naquele caso, o Estado de Minas Gerais, então controlador exclusivo da CEMIG (que é sociedade de economia mista, concessionária de serviço público federal), alienou à MGI – Minas Gerais Participações S.A., empresa integrante da Administração indireta, 18.719.600.000 ações ordinárias da CEMIG, que correspondiam a 32,964% do capital votante daquela empresa. Com isso, o Estado reservou para si 50,958% das ações ordinárias da companhia, mantendo participação majoritária no capital com direito a voto.

A MGI, então, emitiu 18.719.600 debêntures, resgatáveis em ações de emissão da CEMIG, as quais foram integralmente subscritas pelo BNDES.

Em operação posterior, o BNDESPAR – BNDES Participações S.A., subsidiária integral do BNDES, com a expressa concordância da MGI, resolveu alienar publicamente, por meio de leilão, referidas debêntures. O edital do certame previa expressamente que a alienação em bloco das debêntures tinha por objetivo, no caso de exercício do direito de resgate dos títulos em ações, o ingresso, na CEMIG, de um "sócio estratégico que possua experiência no setor de atividade da empresa" (item 1.1 do edital). Por essa razão, somente seriam admitidos ao leilão os interessados que cumprissem os requisitos de pré-qualificação, nos termos do edital (item 1.2 do edital).

O mesmo edital do leilão ainda previa que o adquirente das debêntures, na eventualidade do seu resgate em ações, celebraria com o Estado de Minas Gerais, acionista controlador da CEMIG, um acordo de acionistas "estabelecendo os princípios gerais de condução dos negócios da empresa, bem como sua representação nos órgãos de administração e no Conselho Fiscal da CEMIG, permanecendo o Estado de Minas Gerais detentor da maioria das ações e no exercício dos poderes de acionista controlador da CEMIG" (item 1.3 do edital)[185].

Após a realização do procedimento de qualificação, em que se verificou que cinco pretendentes preenchiam os requisitos técnicos e econômicos reputados imprescindíveis para se tornar sócios estratégicos na CEMIG, a Southern Electric Brasil Participações Ltda. arrematou as debêntures. Como consequência, exerceu a faculdade de resgate dos títulos em ações da CEMIG, celebrando com o Estado de Minas Gerais o acordo de acionistas

doutrinários sobre a celebração de acordos de acionistas em sociedades de economia mista, reputa-se que a menção ao caso concreto neste estudo, mais do que relevante, é indispensável.

[185] De acordo com o item 1.4 do edital, o modelo de acordo de acionistas, publicado nos órgãos oficiais do Estado de Minas Gerais e da União, estava à disposição dos interessados.

previsto no edital, pelo prazo de trinta e cinco anos. Assim, o controle da CEMIG, que antes era exercido de forma isolada, hegemônica e soberana pelo Estado de Minas Gerais, passou a ser compartilhado com a empresa vencedora do leilão, que se tornou uma sócia estratégica da companhia.

Durante certo tempo, não houve nenhum conflito entre o Estado de Minas Gerais e o sócio estratégico que havia ingressado na CEMIG. Entretanto, após alteração de orientação política, ocorrida depois das eleições para o governo estadual, o Estado de Minas Gerais propôs uma ação anulatória em face da Southern Electric. Dentre outras alegações que não são relevantes ao presente trabalho, argumentou que os direitos assegurados ao sócio estratégico pelo acordo de acionistas impediam o exercício do poder de controle societário pelo Estado de Minas Gerais, o que prejudicaria o atendimento aos interesses públicos que justificaram a criação daquela sociedade de economia mista. O acordo de acionistas, portanto, seria nulo[186].

É importante notar que o Estado de Minas Gerais não argumentou que todo e qualquer acordo de acionistas seria nulo. Somente alegou que aquele acordo *em concreto* seria incompatível com a natureza da sociedade de economia mista em questão. A possibilidade em tese de se firmar um acordo de acionistas era aceita pelo próprio Estado.

A Southern Electric defendeu que o acordo de acionistas firmado em consonância com a previsão do edital do leilão não lhe conferia o controle da companhia. Este continuava sendo exercido preponderantemente pelo Estado de Minas Gerais. O instrumento somente garantiria determinados direitos ao sócio estratégico, justamente para que exercesse efetivamente o papel de sócio relevante. Assim, o sócio estratégico poderia (i) indicar quatro dos onze membros do Conselho de Administração, (ii) indicar três dos oito diretores, (iii) indicar dois dos cinco membros do Conselho Fiscal, e (iv) vetar determinadas deliberações, que somente seriam aprovadas com a sua concordância.

Como contrapartida, o acordo de acionistas estabelecia alguns deveres ao sócio estratégico, consistentes em: (i) aportar tecnologia no desenvolvimento de projetos de geração térmica, (ii) participar ativamente da

[186] Antes dessa ação, foram propostas uma ação popular e uma ação civil pública em que se questionava a legalidade do leilão. O Estado de Minas Gerais, em ambos os feitos, chegou a defender a legalidade da operação, mas posteriormente mudou seu entendimento com a propositura da ação anulatória.

estruturação de projetos no regime aplicável a produtores independentes de energia, (iii) participar ativamente da estruturação organizacional de empresas sujeitas à competição por mercados de energia elétrica; (iv) ceder experiência gerencial em negociação com consumidores em ambiente de competição, negociação com fornecedores de bens e serviços em ambiente de desregulamentação, desenvolvimento de novos negócios e competição por novos mercados; (v) participar ativamente no gerenciamento de projetos, seguro e risco, visando a facilitar o acesso a recursos de financiamento, e (vi) participar ativamente da definição de novos investimentos que contribuíssem para o resultado empresarial.

Ainda de acordo com a defesa da Southern Electric, as matérias sobre as quais o sócio estratégico tinha direito de veto, nos termos do acordo de acionistas, eram absolutamente extraordinárias na vida de uma companhia como a CEMIG. Assim, caso fossem objeto de alteração, modificariam radicalmente os direitos e deveres do sócio estratégico. Daí a exigência de que eventuais alterações fossem aprovadas somente se houvesse concordância entre o Estado de Minas Gerais e o sócio ingressante. O direito de veto, portanto, teria o efeito apenas de evitar distorções e abusos por parte do controlador: na ausência de consentimento por parte do sócio estratégico, prevaleceria o "princípio da conservação".

Em síntese, o acordo de acionistas, no caso concreto, apenas permitiria que o sócio estratégico participasse da gestão da sociedade de economia mista, de modo a cumprir os deveres e as funções que o próprio acordo havia previsto – e que eram os objetivos buscados com o ingresso de um sócio estratégico, conforme alegou a Southern Electric.

A pretensão do Estado de Minas Gerais acabou sendo julgada procedente. O Poder Judiciário entendeu que o acordo de acionistas teria impedido que o Estado de Minas Gerais orientasse as atividades da companhia ao atendimento do interesse público que justificou a sua criação. Assim, seria possível a anulação do ato, inclusive pela própria Administração, com base na Súmula nº 473 do Supremo Tribunal Federal. Além disso, entendeu-se que a celebração do acordo de acionistas dependeria de autorização legal, com base em previsão contida em lei estadual e na Constituição do Estado de Minas Gerais[187].

[187] O artigo 1º e seu § 1º da Lei Estadual nº 11.968 estabelecia o seguinte: "Art. 1º. Fica o Poder Executivo autorizado a alienar ações preferenciais e ordinárias de propriedade do Estado que integram o capital social da Companhia Energética de Minas Gerais – CEMIG e do Banco

Toda a discussão travada nesse caso sintetizou as dúvidas existentes sobre a compatibilização do poder de controle. O ponto central consiste em identificar até que ponto o Estado pode compartilhar o poder de controle de uma sociedade de economia mista sem descaracterizar a empresa como ente da estrutura estatal. Diversas alegações deduzidas ao longo da tramitação da discussão defenderam que o Estado simplesmente não podia compartilhar o controle, o que tornaria inviável a celebração de um acordo de acionistas com um sócio privado. Entretanto, tal concepção é equivocada.

2.3.3. O PODER DE CONTROLE ESTATAL COMO PROPRIEDADE DINÂMICA: AUTOVINCULAÇÃO E MODULAÇÃO POR MEIO DO ACORDO DE ACIONISTAS

Entendemos que a celebração de acordos de acionistas no âmbito de sociedades de economia mista é plenamente possível – ainda que com base em fundamentos parcialmente diversos daqueles normalmente apontados pela doutrina que se dedicou a estudar o tema.

2.3.3.1. O controle interno como poder limitável

O reconhecimento de certos poderes a um sócio estratégico não é incompatível com o modelo da sociedade de economia mista. Muito pelo contrário, trata-se de uma derivação do princípio associativo e da tendência à oxigenação dessas empresas, o que conta com fundamentos constitucionais e legais, conforme mencionado acima.

O artigo 238 da Lei nº 6.404 estabelece que a pessoa jurídica que controla a sociedade de economia mista deverá orientar as atividades da com-

de Minas Gerais S.A. – BEMGE. § 1º - Excluem-se da alienação de que trata este artigo as ações que asseguram a participação majoritária do Estado do capital votante da CEMIG e do BEMGE". Entendeu-se que esse dispositivo retratava uma preocupação do legislador no sentido de que a alienação de ações não poderia implicar transferência do controle acionário. Além disso, o artigo 14, § 4º, inciso II, da Constituição Estadual, exigia lei específica para a alienação de ações que impliquem transferência do controle, pelo Estado, de entidades da Administração indireta. Conciliando-se esses dispositivos, concluiu-se que a celebração do acordo de acionistas, por conter previsões que consistiriam na transferência do controle ao sócio estratégico, dependeria de autorização legal.

panhia de modo a atender ao interesse público que justificou a sua criação. O dispositivo, entretanto, não significa que o ente estatal controlador da sociedade de economia mista deva exercer os seus poderes sem levar em consideração os interesses dos acionistas privados. O *caput* do artigo 116, ao qual se remete o dispositivo mencionado acima, estabelece a possibilidade de celebração de acordo de voto e de exercício do poder de controle de forma compartilhada. E o artigo 117 prevê como modalidades do exercício abusivo de poder (i) a orientação da companhia para fins estranhos ao objeto social "em prejuízo da participação dos acionistas minoritários nos lucros ou no acervo da companhia" (§ 1º, alínea *a*), bem como (ii) a adoção de políticas ou decisões "que não tenham por fim o interesse da companhia e visem a causar prejuízo a acionistas minoritários" (§ 1º, alínea *c*).

Ainda deve ser mencionado o artigo 109 da Lei nº 6.404, que arrola alguns direitos que não podem ser suprimidos dos acionistas, dentre eles: (i) participar dos lucros sociais, (ii) participar do acervo da companhia em caso de liquidação e (iii) fiscalizar a gestão dos negócios sociais. Portanto, mesmo sócios minoritários de uma sociedade de economia mista têm o direito inalienável de fiscalizar a gestão dos negócios da companhia, o que representa um limite ao exercício do poder de controle societário em uma sociedade de economia mista.

Com o mesmo objetivo, os artigos 14 e 15 da Lei nº 13.303 estabelecem limites concretos ao exercício do poder de controle, inclusive contemplando a possibilidade de responsabilização do controlador pelos atos praticados com abuso do poder de controle.

A partir desses dispositivos das Leis nº 6.404 e 13.303, verifica-se que o poder de controle exercido pelo Estado em uma sociedade de economia mista submete-se a uma série de condicionamentos legais. Os fins sociais que justificam a constituição da empresa não conduzem à supressão dos direitos e interesses dos acionistas privados. A consideração dos interesses dos sócios privados é uma condição para a integração de pessoas privadas, ainda mais no caso de um sócio estratégico. Logo, não só é admissível como também é natural que a vontade do acionista estatal seja contrastável e, eventualmente, não prevaleça em vista da deliberação dos demais sócios.

Além disso, os acordos de voto são mencionados expressamente no artigo 116, que se aplica às sociedades de economia mista por expressa previsão legal – do que se conclui que os acordos de acionistas são compatíveis com essa modalidade empresarial. São um instrumento que concretiza a noção de parceria que orienta a criação dessas empresas[188].

Portanto, o poder de controle societário no âmbito das sociedades de economia mista admite flutuações e limitações, com fundamento não apenas na lei, mas também, se for o caso, em previsões específicas constantes de um acordo de acionistas.

2.3.3.2. O poder de controle como propriedade dinâmica estatal: a autovinculação do Estado em contrapartida das vantagens propiciadas pelo acionista privado

Como já foi referido acima, se o Estado, no exercício da liberdade de escolha das formas jurídicas empresariais, optou pela sociedade de economia mista para o desenvolvimento de certas atividades, partiu do entendimento de que os interesses dos sócios privados (i) devem ser levados em consideração e (ii) não impedem em tese a consecução dos objetivos públicos buscados com a empresa.

Mas a escolha do Estado ao constituir uma empresa estatal não diz respeito apenas à opção entre a criação de uma empresa pública ou de uma sociedade de economia mista. Se a lei que autoriza a criação de uma sociedade de economia mista não prevê detalhadamente como se dará o controle interno pelo Estado, e se o controle é um poder limitável e sujeito a uma série de condicionamentos e flutuações sem que se comprometa a figura do controlador, deve-se concluir que a Administração, por meio da celebração de um acordo de acionistas, poderá *condicionar* em certa medida o exercício do poder de controle interno que teria em tese. Os limites da disposição do poder de controle pelo Estado nas sociedades de economia mista serão (i) a manutenção da *preponderância* do controle retratada na titularidade da maioria das ações com direito a voto (artigo 5º, inciso III, do Decreto-lei nº 200), de modo a garantir a consecução das finalidades

[188] Segundo Adilson Abreu Dallari, o acordo de acionistas "não descaracteriza a sociedade de economia mista, mas, ao contrário, serve exatamente para caracterizá-la, na medida em que dá concreção à ideia de parceria que inspirou sua instituição nessa específica modalidade de empresa estatal" (Acordo de acionistas – empresa estadual concessionária de serviço público federal – manutenção da qualidade de acionista controlador. *Revista Trimestral de Direito Público – RTDP* nº 28, p. 102).

públicas que justificaram a criação da empresa[189], bem como (ii) a consagração legal de que certos direitos dos acionistas são inalienáveis. Para além disso, o poder de controle é condicionável em cada caso concreto e o Estado poderá dispor de parte dele para obter a participação de um sócio estratégico que aporte capital e (ou) agregue determinadas qualidades à empresa – *v.g.*, *expertise* técnica para que a sociedade concorra de modo mais eficiente no mercado.

A afirmação de que o poder de controle pode ser objeto de disposição pelo Estado, ainda que com certas limitações, merece uma breve digressão sobre sua natureza jurídica.

Muito se discute sobre como caracterizar o poder de controle, que não se relaciona necessariamente com a participação acionária detida por seu titular e inclusive pode ser exercido de fora da sociedade[190].

A primeira tentação seria reconduzir a caracterização do poder de controle ao esquema clássico de reafirmar a sociedade como comerciante ou empresário. Berle e Means, como menciona Fábio Konder Comparato, quando estudaram justamente a disciplina das "cessões negociais de controle", desenvolveram a tese de que o controle nada mais seria do que "um bem social ou empresarial, cujo valor pertenceria, por conseguinte, à própria companhia, e não aos seus acionistas"[191].

[189] É verdade que o critério adotado pelo Decreto-lei nº 200 para caracterizar as sociedades de economia mista não consiste no controle estatal, e sim na titularidade das ações. São sociedades de economia mista aquelas empresas em que a maioria do capital votante é detida pelo sócio estatal. Não há nenhuma ressalva quanto ao exercício do poder de controle no âmbito interno das sociedades. Entretanto, entendemos que a previsão do artigo 5º, inciso III, do Decreto-lei nº 200, ao referir-se à titularidade da maioria do capital votante, procurou assegurar que o controle dessas empresas fosse exercido pelo Estado. Como o poder de controle é modulável, entretanto, concluímos disso que o fundamental para a caracterização de uma sociedade de economia mista é que a preponderância do poder de controle seja do sócio estatal. Assim, admite-se que um ou mais sócios privados possam integrar o bloco de controle, mantida a preponderância do sócio estatal.

[190] Há muito tempo Fábio Konder Comparato já desenvolveu a ideia de que o exercício do poder de controle é dissociado da participação acionária, com base em célebre estudo de Adolf A. Berle Jr. e Gardiner C. Means intitulado *The modern corporation and private property*, publicado com base em dados estatísticos de 1929 (COMPARATO, Fabio Konder. *O poder de controle na sociedade anônima*, p. 52 e ss.). Essa questão será examinada em maiores detalhes no Capítulo 3..

[191] *O poder de controle na sociedade anônima*, p. 113. Para o aprofundamento da concepção dos autores norte-americanos acerca da lógica tradicional da propriedade e do novo conceito de sociedade por ações que decorre da evolução conceitual, confira-se: BERLE Jr., Adolf

Em sentido diverso, Rubens Requião entendia que o controle seria um bem material ou incorpóreo, análogo ao aviamento da empresa, que seria "apropriável, por ocupação, pelo acionista ou pelo grupo que conseguir reunir a disposição do maior número de títulos"[192]. Também já se propôs que o poder de controle fosse compreendido como sinônimo de poder de gestão e de direção, e como poder sobre bens alheios[193].

Após analisar e rebater diversas compreensões sobre o exercício do poder de controle, Fábio Konder Comparato conclui que o poder em geral é uma categoria jurídica "pertencente à esfera da dinâmica jurídica, em contraste com o estático 'interesse juridicamente protegido'". Assim, embasado em lição de Carnelutti, Comparato sustenta que o poder, concebido como potência, "implica uma idoneidade em modificar o mundo, traduzindo a possibilidade em existência". Trata-se, mais precisamente, da "faculdade de produzir efeitos jurídicos pela manifestação de vontade do seu titular". O doutrinador inclusive retoma a noção de "propriedade dinâmica", em oposição à "propriedade estática", para chegar a essa conclusão. Segundo ele:

[A] propriedade dinâmica, ou controle sobre bens de produção, não tem por objetivo a fruição, mas a produção de outros bens ou serviços e, por isso mesmo, implica, necessariamente, uma relação de poder sobre outros homens, na medida em que a produção sai da fase artesanal para a industrial. A propriedade dinâmica de bens de produção é a que se realiza sob a forma de empresa. Perante uma propriedade desse tipo, a problemática fundamental não é a de proteção e tutela contra turbações externas,

A.; MEANS, Gardiner C. *Società per azioni e proprietà privata*. Torino: Giulio Einaudi, 1966, p. 315-332.

[192] Conferência pronunciada em 29 de novembro de 1974, publicada na *Revista de Direito Mercantil*, nova série, 1974, n. 15-16, p. 23.

[193] Trata-se do entendimento de G. Rossi no estudo intitulado *Persona giuridica, proprietà e rischio d'impresa*, publicado em 1967. Segundo ele, o controle sobre a sociedade se resolveria na designação dos administradores sociais, aos quais competiria o controle sobre a empresa. Os acionistas, assim, seriam *ex vi legis* excluídos do controle empresarial, o qual seria sinônimo de poder de gestão e direção. Entretanto, segundo Fabio Konder Comparato, tal entendimento deve ser rejeitado porque "confunde, lamentavelmente, o poder de controle com o exercício das prerrogativas diretoriais na companhia, como se estas últimas fossem realmente soberanas, isto é, não dependentes, legalmente, de nenhum outro poder, notadamente da assembléia geral" (*O poder de controle na sociedade anônima*, p. 120).

mas sim a de fiscalização e disciplina do seu exercício, a fim de se evitar o abuso ou desvio de poder[194]

Com base nisso, pode-se afirmar – e é o que defendemos – que o poder de controle de uma sociedade de economia mista é uma *propriedade dinâmica* de titularidade estatal, que pode em certa medida ser limitada por meio de um acordo de acionistas, desde que com isso (i) sejam mantidos determinados poderes necessários a garantir os interesses públicos envolvidos e (ii) o Estado obtenha outras vantagens à empresa como contrapartida pela disposição de parcela do poder de controle. Desde que observados os limites legais de autorização de criação da sociedade de economia mista, a Administração pode dispor de parcela do poder de controle por meio de um acordo de acionistas[195].

Nesse sentido, o acordo de acionistas é um ato negocial que versa sobre uma propriedade dinâmica de titularidade do Estado, a qual consiste justamente no poder de controle sobre a sociedade de economia mista. Dentro do plexo de prerrogativas que o poder de controle enfeixa, o Estado pode limitar algumas delas em um ato negocial celebrado com um sócio estratégico a fim de obter outras vantagens à companhia – notadamente o aporte de capital privado e de *expertise* por parte do acionista. Dessa forma, o Estado confere uma "funcionalização" específica a parcela da

[194] *O poder de controle na sociedade anônima.* 4.ed. Rio de Janeiro: Forense, 2005, p. 130. Mais adiante, em outro capítulo, aprofundaremos a noção de poder de controle como propriedade dinâmica.

[195] Note-se que a lei que autoriza a criação de uma sociedade de economia mista normalmente confere certa margem de liberdade (ou discricionariedade) à Administração Pública para configurar os aspectos concretos da empresa. A Administração tem a possibilidade de constituir uma sociedade de economia mista de que tenha, por exemplo, 50,1%, 70%, 95% das ações, ou qualquer outro percentual que lhe garanta a preponderância no poder de controle. Entendemos que não há nenhum questionamento quanto a essa possibilidade, que a lei autorizadora pode deixar em aberto. A variação da representatividade do capital público em uma sociedade de economia mista tem por princípio a possibilidade de dimensionamento do poder de controle de que disponha o Estado. Entretanto, há um dado adicional, que consiste na constatação de que o poder de controle não está vinculado necessariamente ao percentual de capital detido por alguém em uma sociedade. Sendo assim, partindo-se do pressuposto de que não há questionamento quanto à possibilidade de a Administração dimensionar a sua participação no capital da sociedade de economia mista, o que pode em tese produzir efeitos na divisão de poder dentro da sociedade, entendemos que a modulação do poder de controle pode ser realizada também por outros mecanismos, tal como o dos acordos de acionistas.

propriedade dinâmica constituída pelo poder de controle[196]. Trata-se de uma prática de mercado, que é utilizada pelo Estado por ser plenamente compatível com a lógica empresarial que se aplica – *cum grano salis*, é verdade – às sociedades de economia mista.

A vantagem propiciada pelo acordo de acionistas ao sócio privado será a limitação de determinadas prerrogativas do ente estatal na gestão da companhia. Nesse sentido, pode-se afirmar que o acordo de acionistas é um negócio jurídico de *autovinculação convencional* de que se utiliza o Estado para propiciar certas garantias a um acionista privado em contrapartida pelo aporte – de capital, *know how* ou outra vantagem com conteúdo econômico – realizado por este último[197].

E o Estado igualmente obtém vantagens com a disposição de parcela do poder de controle. Ao constatar que não precisa dominar toda a potencialidade de organização da atividade enfeixada no poder de controle da sociedade, o Estado pode atribuir parcela desse poder a um sócio estratégico, que, agregando certas qualidades de diversas naturezas (financeiras, técnicas, entre outras), poderá exercer determinadas funções no interior da empresa de forma até mais eficiente à consecução dos objetivos sociais que justificaram a sua criação[198].

[196] Sobre a "funcionalização" dos bens estatais, confira-se: MARQUES NETO, Floriano de Azevedo. *Bens públicos*: função social e exploração econômica; o regime jurídico das utilidades públicas. Belo Horizonte: Fórum, 2009, p. 389. Como conclui o doutrinador, a "funcionalização da propriedade" é "manifestada na crescente atenção do Direito para com a finalidade a ser cumprida pelo emprego dos bens, públicos e privados, e que tem como indicador mais patente a adstrição dos bens à função social" (cit., p. 389). O poder de controle detido pelo Estado também pode ser "funcionalizado" a uma série de finalidades justamente por meio de sua modulação através de um ato negocial, que é o acordo de acionistas.

[197] Utilizamo-nos aqui da classificação realizada por Paulo Modesto de que os atos de autovinculação da Administração Pública podem ser classificados em: (a) autovinculação involuntária ou não intencional e (b) autovinculação deliberada ou intencional, a qual se subdivide em (b.1) autovinculação deliberada ou intencional unilateral – concreta ou abstrata e (b.2) autovinculação deliberada ou intencional bilateral ou convencional. A esse respeito, confira-se: MODESTO, Paulo. Legalidade e autovinculação da Administração Pública: pressupostos conceituais do contrato de autonomia no anteprojeto da nova lei de organização administrativa. In: MODESTO, Paulo (coord.) *Nova organização administrativa brasileira*. Belo Horizonte: Fórum, 2009, p. 113-169).

[198] Pode-se dizer que há uma "rentabilização" do poder de controle por meio da celebração de um acordo de acionistas, em que o sócio privado, em troca dos poderes que recebe, injeta capital, *know how* e outras qualidades na sociedade de economia mista. A ideia de "rentabilização" dos bens públicos é desenvolvida por Floriano de Azevedo Marques Neto (*Bens*

2.3.3.3. *Rejeição da objeção relacionada à "alienação do poder administrativo"*

Poderia se objetar a celebração de acordo de acionistas numa sociedade de economia mista sustentando-se a inviabilidade de alienação do poder administrativo detido pelo Estado na gestão da companhia. Entretanto, essa objeção deve ser rejeitada.

A ideia de que, quando a Administração se vincula por meio de um ato negocial relativamente ao exercício de um poder, estaria a alienar esse poder, perdendo a possibilidade de o exercer a todo o tempo de forma mais consentânea com as leituras que faz a cada momento das necessidades públicas, na verdade sempre foi um obstáculo levantado contra qualquer tipo de contratação administrativa.

Segundo Mark Bobela-Mota Kirkby, essa objeção "remonta à ideia de Otto Mayer, expressa em fins do século XIX, de que o exercício do poder público através de um contrato limitaria a capacidade do Estado para cumprir adequadamente as suas funções públicas, porque o emaranharia numa teia de vinculações contratuais das quais dificilmente se poderia libertar, com uma consequente perda de disponibilidade sobre esse mesmo poder"[199].

Segundo o doutrinador português, o mesmo problema centrou toda a discussão sobre a possibilidade de a Administração contratualizar o exercício de poderes discricionários na Inglaterra, desde o início do século XX. Em 1920, foi proferido o célebre acórdão *Amphitrite*, no qual se afirmou um princípio de proibição da limitação do exercício de poderes discricionários por meio de contrato, sustentando-se a tese, que se desenvolveu posteriormente na doutrina e na jurisprudência, no sentido de que qual-

públicos: função social e exploração econômica; o regime jurídico das utilidades públicas, p. 389-390). Segundo ele, a existência de demandas crescentes e recursos escassos faz com que o Estado "tenha que buscar mecanismos alternativos para financiar o cumprimento de suas funções, porquanto os mecanismos tradicionais (arrecadação tributária, endividamento e emissão de moeda) mostram-se esgotados. Isso torna imperativo que o regime jurídico dos bens públicos se abra para o que alguns autores chamam de '*rentabilização dos bens públicos*', o que certamente obriga a uma revisão do regime tradicional a eles aplicado, revisão esta que implica passar por uma série de questionamentos", como a ideia da extracomercialidade (*Bens públicos*, p. 389-390).

[199] *Contratos sobre o exercício de poderes públicos*: o exercício contratualizado do poder administrativo de decisão unilateral. Coimbra: Coimbra, 2011, p. 53.

quer contrato que envolvesse negociação do poder administrativo seria inválido e nulo (*void*).

Também na França se difundiu o entendimento de que certas matérias, notadamente o exercício do poder de polícia administrativa, devido à sua natureza, não poderiam integrar o objeto de um contrato administrativo. Pelos mesmos motivos, o doutrinador aponta também que, na Espanha, até hoje se questiona a viabilidade de acordos urbanísticos típicos, que, segundo alguns, podem implicar uma compressão inaceitável dos poderes administrativos consagrados na legislação que dispõe sobre o uso do solo.

Entretanto, deve-se fazer uma distinção entre a alienação de poderes discricionários e a autolimitação do poder de controle de uma empresa. Nesse sentido, conforme ensina José Manuel Sérvulo Correia:

(...) não têm razão alguns sectores da doutrina que pretendem erigir o *exercício de poderes de autoridade* em matéria insusceptível de contratação administrativa. A ideia de que, se intervém como titular do poder público, a Administração não pode 'atar-se as mãos' através da celebração de contratos prende-se ainda com os preconceitos novecentistas da escola de Otto Mayer contra os contratos em geral. A verdade é que, pelo menos no Direito português, a Administração se vincula mais fortemente à manutenção da situação jurídica constituída através de acto administrativo do que mediante contrato administrativo. O que a Administração não pode é vincular-se para o futuro, num plano de abstracção extra-normativa, quanto ao exercício dos seus poderes discricionários em termos que a impedissem de ponderar os interesses em causa por forma a modular as soluções à especificidade dos casos concretos. Mas aqui, mais uma vez, já se não trata da forma da conduta administrativa, mas de um conteúdo incompatível com o Ordenamento vigente, seja qual for a forma que lhe sirva de veículo[200].

Esse posicionamento se aplica à análise aqui realizada.

Na alienação de um poder discricionário, haveria uma vinculação genérica ao exercício ou não exercício futuro de poderes públicos. Já a autolimitação do poder de controle por meio de um acordo de acionistas consiste no exercício válido do próprio poder de controle no interior da sociedade. O Estado apenas modula o exercício do poder de controle – que não é nem

[200] *Legalidade e autonomia contratual nos contratos administrativos*. Coimbra: Almedina, 2003, p. 688.

mesmo em tese incontrastável, reitere-se – permitindo que um sócio privado exerça certos poderes na companhia. Essa autolimitação é compatível com a legislação que trata do poder de controle e é aderente ao princípio associativo que orienta as sociedades de economia mista.

Além disso, o Estado não estará se subjugando em face do sócio privado. Continuará exercendo os poderes necessários no interior da companhia, e terá à sua disposição o exercício de prerrogativas societárias para se voltar contra eventual conduta abusiva por parte do sócio privado. O acordo de acionistas, sob esse ângulo, não deixa de ser uma manifestação da *consensualidade* no exercício de funções administrativas – com o acréscimo da circunstância de que se dá em um ambiente empresarial, vocacionado a soluções consensuais dessa espécie[201].

A questão, então, residirá no *conteúdo* do acordo de acionistas. A atribuição de certos poderes ao sócio privado que efetivamente impeçam a consecução das finalidades públicas justificadoras da constituição da sociedade de economia mista será indevida. A atribuição da maior parte do capital votante ao sócio privado e a previsão de certos direitos de veto poderão extrapolar o que seria um conteúdo aceitável em relação ao acordo de acionistas. Entretanto, a fixação em tese de critérios peremptórios será sempre incompleta e imprecisa – o que não deixa de ser uma decorrência da faceta modulável do poder de controle.

O fato é que o poder de controle é uma propriedade dinâmica , que se traduz numa potencialidade autolimitável pelo Estado, o que se justifica pelo seu caráter modulável e se torna útil com a agregação de outras vantagens – econômicas, técnicas ou de outra natureza – aportadas pelo sócio privado que firma o acordo parassocietário adotado.

[201] Não é objeto deste trabalho aprofundar as noções sobre a atuação de natureza consensual da Administração Pública. Basta aqui a menção de que até mesmo o poder sancionatório pode ser objeto de atos de natureza consensual – como ocorre nos termos de ajustamento de conduta e nos acordos de leniência. A consensualidade vem sendo uma sistemática de atuação em diversos campos, inclusive no tributário. Em certos países, admite-se até mesmo a celebração de "acordos de estabilidade fiscal" para incentivar a realização de financiamentos privados. Todo esse contexto, em nossa opinião, vem a reforçar a viabilidade jurídica dos acordos de acionistas no âmbito de sociedades de economia mista.

2.3.3.4. A admissão expressa dos acordos de acionistas

De mais a mais, a celebração de acordos de acionistas conta com expressa previsão normativa, ao menos no plano federal.

O artigo 2º do Decreto nº 1.091, de 1994, estabelece que as empresas públicas, as sociedades de economia mista e suas subsidiárias e controladas "somente poderão firmar acordos de acionistas ou renunciar a direitos neles previstos, ou, ainda assumir quaisquer compromissos de natureza societária referentes ao disposto no art. 118 da Lei nº 6.404, de 15 de dezembro de 1976, mediante prévia anuência do Ministério da Fazenda".

Portanto, o ordenamento admite expressamente a celebração de acordos de acionistas no âmbito das sociedades de economia mista, exigindo apenas que, como regra, a realização de tais compromissos parassocietários seja objeto de prévia anuência por parte do Ministério da Fazenda[202]. Alguém poderia alegar que tal previsão seria inconstitucional ou ilegal, mas, como demonstramos acima, a celebração de acordos de acionistas é plenamente compatível com a ideia de modulação do poder de controle.

2.4. MAIS UMA VEZ: O CAMINHO EM DIREÇÃO À PARTICIPAÇÃO ESTATAL EM EMPRESAS PRIVADAS

A constatação de que o poder de controle exercido pelo Estado em uma sociedade de capital misto pode ser modulável é de extrema relevância no desenvolvimento do raciocínio que resulta na figura das empresas privadas com participação estatal.

Conforme foi demonstrado, houve no Brasil uma opção pela constituição de sociedades de capital misto em que o Estado exercia um controle

[202] Mesmo assim, o parágrafo único do artigo 2º do Decreto nº 1.091, de 1994, estabelece que é desnecessária a prévia anuência do Ministério da Fazenda para os acordos de acionistas celebrados pelo BNDES Participações S..A. - BNDESPAR, pelo BB - Banco de Investimento S.A., pela BB Aliança Participações S.A., pela BB Seguros Participações S.A., pela CAIXA Participações S.A. - CAIXAPAR, e pelo Instituto de Resseguros do Brasil - IRB (redação dada pelo Decreto nº 7.160, de 2010). É interessante notar que está havendo uma ampliação constante do rol de sociedades de economia mista que não dependem de anuência prévia do Ministério da Fazenda para a celebração de acordos de acionistas. Primeiro, o Decreto nº 7.021, de 2009, incluiu a CAIXAPAR no rol de empresas que não dependem da anuência prévia. Depois, o Decreto nº 7.160, de 2010, incluiu a BB Aliança Participações e a BB Seguros Participações.

interno incontrastável. Entretanto, a reunião de sócios privados a um ente estatal tem por decorrência a necessidade de se levar em consideração certos interesses e direitos desses acionistas, ainda que sejam minoritários.

Além disso, o poder de controle pode ser objeto de limitação por meio de acordos de acionistas. Com isso, possibilita-se a integração de um ou mais sócios privados estratégicos a uma empresa de capital misto, ainda que o sócio estatal continue tendo preponderância no exercício do poder de controle.

A participação estatal em empresas privadas insere-se nesse contexto. Sob certo ângulo, as empresas privadas com participação estatal constituem um passo adiante em direção ao compartilhamento do poder de controle entre o Estado e os seus sócios privados. Nessas empresas, haverá uma verdadeira parceria público-privada, de natureza societária, em que o Estado, embora possa integrar o bloco de controle, não terá preponderância na condução dos negócios da sociedade.

Sob outro ângulo, as empresas privadas com participação estatal representam uma retomada do espírito associativo que em tese deveria informar qualquer arranjo societário de capital misto. A rigor, as empresas privadas com participação estatal equivalem àquelas "autênticas" sociedades de economia mista, que sempre foram aceitas pela doutrina pátria, ainda que a sua utilização não tenha sido adotada de forma sistemática pelo Estado brasileiro. Em vez de se ver o sócio privado como um intruso, passa-se a enxergá-lo como um parceiro na realização de atividades econômicas cujo desempenho é de interesse do Estado.

No capítulo seguinte, será examinada a caracterização das empresas privadas com participação estatal. De certa forma, essas empresas são um desdobramento da prática das sociedades de economia mista, mas, para que sejam úteis, não podem repetir os equívocos que os hábitos administrativos brasileiros tiveram na constituição dessas últimas. Nas empresas privadas com participação estatal, o sócio estatal não pode ser opressor. Atuando em um ambiente empresarial privado, o Estado deve se comportar como um sócio qualquer, ainda que tenha interesses de ordem pública nessas associações empresariais.

SEGUNDA PARTE:
TÉCNICA ACIONÁRIA E AS EMPRESAS PRIVADAS COM PARTICIPAÇÃO ESTATAL

CAPÍTULO 3
CARACTERIZAÇÃO E JURIDICIDADE DAS EMPRESAS PRIVADAS COM PARTICIPAÇÃO ESTATAL

3.1. A NOÇÃO DE UMA PARCERIA SOCIETÁRIA ENTRE OS SETORES PÚBLICO E PRIVADO

3.1.1. RETOMADA DAS CONCLUSÕES DA PRIMEIRA PARTE

Na primeira parte do presente estudo, foram examinados alguns pressupostos que são importantes para a compreensão das empresas privadas com participação estatal.

Primeiro, demonstrou-se que o Estado tem no figurino empresarial um importante ferramental para o desempenho de uma série de atividades que lhe foram atribuídas pelo ordenamento jurídico. O Estado pode se valer de empresas estatais para a execução de atividades que são melhor desempenhadas segundo uma lógica empresarial. Identifica-se, portanto, a existência de uma "Administração Pública empresarial", em contraposição à "Administração Pública não empresarial". Empresas estatais, assim, são o veículo utilizado pelo Estado para a execução de uma diversidade de situações para as quais a lógica empresarial é mais atrativa.

Segundo, concluiu-se que a atuação empresarial do Estado envolve uma libertação de certos condicionamentos do direito público, o que é legítimo e necessário para a consecução de alguns objetivos estabelecidos pelo ordenamento. A utilização de empresas estatais retrata uma opção consciente pelos mecanismos de direito privado, que são uma espécie de direito comum das atividades empresariais. Trata-se não propriamente de uma "fuga" da Administração para o direito privado, e sim da identificação, no próprio ordenamento, de um ferramental mais adequado ao desempenho de certas atividades incumbidas ao poder público. À medida que as tarefas atribuídas ao Estado tornam-se mais complexas e variadas, a utilização de mecanismos de direito privado revela-se mais adequada.

Terceiro, demonstrou-se que a reunião do Estado com particulares em ambiente societário tem a potencialidade de prestar-se a uma série de objetivos, sem que haja necessariamente modelos rígidos de constituição dessas empresas. Ainda que o Estado brasileiro tenha privilegiado um modelo de controle societário estatal incontrastável, nunca houve vedação a outras sistemáticas que permitissem uma atuação mais ativa dos acionistas privados. Na realidade, a reunião de sócios privados e entes estatais em uma sociedade de capital misto significa o reconhecimento pela ordem jurídica de que os interesses privados podem ser levados em consideração no âmbito da atuação empresarial do Estado. O agrupamento de capitais públicos e privados – que é possível justamente pelo veículo da empresa – retrata a consagração do princípio associativo, que tem por pressuposto a concepção de que é possível acomodar interesses públicos e privados sem que isso signifique abrir mão das justificativas que levaram o Estado a integrar o quadro societário de uma empresa de capital misto.

Quarto, consignou-se que a consecução dos objetivos que justificam a atuação empresarial do Estado não demanda que ele detenha um controle societário necessariamente incontrastável. Ainda que se justifique resguardar a preponderância da Administração Pública no controle das sociedades de economia mista, que integram a estrutura estatal, admite-se que o Estado promova uma autolimitação dos seus poderes no interior da companhia, em favor de um sócio estratégico, por meio de um instrumento convencional (acordo de acionistas). Com isso, o ente estatal obtém algumas vantagens, tais como o aporte relevante de recursos e a integração da *expertise* do sócio privado, em benefício justamente dos objetivos que justificaram a constituição da sociedade.

Por outro lado, são evidentes algumas dificuldades envolvidas na atuação das empresas que integram a estrutura estatal.

As empresas estatais estão inseridas em um constante conflito decorrente da aplicação de padrões de controle e de gestão que muitas vezes não são compatíveis com a atividade econômica que exercem. Esse permanente risco de crise[203] intensifica-se ainda mais em razão de um uso político frequentemente desvirtuado que se confere às empresas estatais, o que gera ineficiências e resulta no mau aproveitamento dos recursos empregados nesses entes. Afinal, ainda que disponham de flexibilidade – pelo próprio fato de o ordenamento ter adotado as vestes empresariais –, as empresas públicas e as sociedades de economia mista integram a estrutura estatal. Não deixam de ser um instrumento do Estado, submetido aos princípios gerais que regem a atuação da Administração Pública.

3.1.2. A PARCERIA SOCIETÁRIA COMO MECANISMO ÚTIL E EFICIENTE

Diante desse contexto, identifica-se que a atuação empresarial com a participação do Estado pode ser elevada a outro patamar.

O Estado, normalmente por meio de um ente estatal (uma empresa pública ou uma sociedade de economia mista, que já são vocacionadas ao desempenho de atividades no domínio econômico), pode participar do quadro societário de empresas privadas que não integram a Administração Pública. Essa participação permite que o Estado, na qualidade de sócio, tenha alguma influência no interior dessa sociedade, a ponto de poder direcionar certas decisões empresariais à consecução de objetivos de interesse público.

A empresa com participação estatal desempenharia uma atividade econômica, em regime de direito privado. Entretanto, como contrapartida à participação do Estado, sua atuação proporcionaria uma série de benefícios adicionais – *v.g.*, o desenvolvimento econômico de certa região, a realização de projetos de discutível rentabilidade imediata mas de forte interesse social, o desenvolvimento de atividades que envolvem um grande risco (o qual seria mitigado com a integração do Estado na qualidade de sócio), dentre outros objetivos que possam ser buscados em cada situação concreta.

[203] PINTO, Henrique Motta. A autarquização das empresas estatais na jurisprudência do Supremo Tribunal Federal: um obstáculo para as reformas na administração pública, p. 215-233.

Essa mesma sistemática de participação do Estado como sócio de uma empresa privada pode (i) proporcionar o financiamento ou o apoio a certos projetos (em substituição a mecanismos mais tradicionais de fomento), (ii) promover a recuperação de empresas por meio da injeção de recursos públicos e a consequente participação estatal em determinadas decisões intraempresariais, notadamente em setores abatidos por uma forte crise econômica, (iii) regular o mercado, fazendo com que o Estado, na qualidade de sócio, possa influir em certas opções do negócio, (iv) acomodar processos de privatização, promovendo-se uma redução monitorada do capital público em empresas anteriormente estatais de modo que o Estado mantenha alguma participação acionária que lhe confira o poder de veto a certas decisões, (v) proporcionar uma melhor fiscalização de empresas concessionárias de serviços públicos, uma vez que o ente estatal, como sócio, terá maior facilidade de acesso a informações da empresa, reduzindo-se a assimetria informacional entre ele e o grupo privado, e (vi) promover a realização de atividades mais especializadas, que em princípio poderiam ser desempenhadas por uma empresa estatal, mas que podem ser executadas de modo mais eficiente por uma sociedade de propósito específico que, nesse caso, teria como sócio uma empresa estatal diretamente interessada no negócio[204].

Esses são, na realidade, somente *alguns* dos objetivos que podem ser alcançados com a participação do Estado como sócio de empresas privadas. Em lugar de o Estado utilizar técnicas coercitivas de regulação econômica, ou de estabelecer relações estritamente contratuais com a iniciativa privada (por exemplo, por meio de contratos de concessão), seria estabelecida uma *relação societária* entre o Estado e um grupo econômico privado[205].

[204] Segundo Gaspar Ariño Ortiz: "frente a la empresa pública con 100% de capital público, existe evidencia de la mayor eficiencia de las empresas mixtas, con una combinación de capital público y privado. De esta forma, la presencia de capital público en un porcentaje pequeño pero significativo (10-15%) puede permitir aunar los beneficios de la búsqueda del interés general (por ejemplo, de la objetividad en la gestión de las redes) con los beneficios de la gestión privada por accionariado privado mayoritario" (*Principios de derecho público económico*, p. 501).

[205] Na realidade, a relação jurídica societária não deixa de ser um contrato, ou melhor, um "módulo convencional de cooperação", na classificação de Fernando Dias Menezes de Almeida, ainda que, como observa o doutrinador, "via de regra os livros sobre Direito administrativo não cuidam do tema das sociedades estatais nos capítulos próprios dos contratos celebrados pela Administração. Isso certamente porque de plano já se afasta esse tipo contratual da lógica da teoria do contrato administrativo" (*Contrato administrativo*, p. 258).

O Estado aporta recursos ao empreendimento e confere um apoio institucional por meio de sua integração àquela sociedade privada. Em contrapartida, reserva para si alguns poderes internos à sociedade constituída, os quais deverão ser utilizados com o propósito de obter justamente as finalidades que justificaram o investimento estatal no negócio. Essas prerrogativas, entretanto, são postas em prática pelo Estado na qualidade de sócio, e não como um poder externo à sociedade. O Estado se valeria de instrumentos tipicamente de direito privado, possivelmente consensuais – como acordos de acionistas – ou ações de classe especial, que confeririam a ele, por exemplo, o direito de indicar certo número de diretores e de vetar determinadas atuações da empresa. O ente estatal que for sócio da empresa poderia inclusive, mas não necessariamente, integrar o bloco de controle da sociedade. Não teria a preponderância no controle da empresa – ela caberia aos sócios privados – mas teria algum poder de influir na sua atuação.

A empresa privada com participação estatal seria, portanto, o resultado de uma verdadeira parceria público-privada – expressão tomada aqui não no sentido empregado pela Lei nº 11.079, mas numa acepção mais ampla, de parceria entre entes públicos e privados com um objetivo comum. Tratar-se-ia de uma *parceria público-privada de natureza societária*.

Apesar de haver a participação do Estado ou de um ente estatal na sociedade em questão, ela não integraria a Administração Pública. Seria uma pessoa jurídica de direito privado não governamental, uma vez que a simples participação do Estado no seu quadro societário não lhe retira a preponderância privada nem a enquadra no conceito legal de sociedade de economia mista previsto no artigo 5º, inciso III, do Decreto-Lei nº 200.

Por não integrar a Administração Pública, a empresa privada com participação estatal não se submete aos condicionamentos que incidem sobre a estrutura estatal. Não se sujeita ao poder de tutela do Estado, nem ao controle pelos Tribunais de Contas, a não ser como qualquer pessoa jurídica privada que trava relações com o poder público. Não precisa realizar licitações nem concursos públicos. Além disso, não se aplicam a essas empresas os princípios gerais da Administração Pública. Elas devem, evidentemente, observar as leis, cuidar da sua eficiência, ter uma atuação compatível com a moralidade, mas isso ocorrerá na mesma medida do que ocorre com qualquer outra empresa privada.

Sem os condicionamentos de direito público relacionados às licitações, a empresa privada com participação estatal terá maior agilidade do que as empresas estatais. Assim, a participação do Estado em empresas que não integram a Administração Pública representa um passo adiante por parte do Estado no sentido de dinamizar sua intervenção no domínio econômico por meio da adoção de técnicas de atuação típicas do setor privado, as quais não se submetem aos mesmos condicionamentos que se aplicam às empresas estatais.

Os seus sócios privados buscam o lucro e, dessa forma, a sociedade com participação estatal não terá nenhuma tendência ao desperdício de recursos econômicos. Sempre deverá buscar as melhores condições em termos de vantajosidade, ainda que não precise utilizar o mecanismo público da licitação.

3.1.3. RESULTADO: AS EMPRESAS PRIVADAS COM PARTICIPAÇÃO ESTATAL

A esse fenômeno das empresas que não integram a Administração Pública, mas possuem participação estatal no seu quadro acionário, denominamos de "empresas privadas com participação estatal".

Podemos definir a categoria das empresas privadas com participação estatal como sendo as *sociedades comerciais privadas, não integrantes da Administração Pública, em que o Estado, diretamente ou por meio de um ente estatal, participa como sócio e se vale de instrumentos societários destinados a direcionar o comportamento da empresa para a realização de determinados objetivos públicos previstos no ordenamento jurídico, mas sem possuir, de modo permanente, preponderância no exercício do poder de controle.*

As empresas privadas com participação estatal derivam da constatação de que a intervenção do Estado no âmbito econômico para o atingimento dos objetivos previstos no *caput* do artigo 173 da Constituição Federal não se restringe à atuação por meio de empresas estatais. Ainda que o dispositivo mencione expressamente apenas as empresas públicas e sociedades de economia mista, nada impede que o Estado possa se valer de uma *técnica acionária*, ou seja, participe de empresas privadas na qualidade de sócio com vistas a influenciar a sua atuação. Nesse caso, aportará o seu apoio institucional e investirá recursos estatais, por entender que as atividades desempenhadas por essas empresas atenderão determinadas finalidades que justificam o comprometimento da Administração Pública com o negócio. Com isso, o Estado figurará como sócio da empresa e disporá de instrumentos que direcionem o comportamento desta, ainda que sem preponderância no controle interno da sociedade.

Por não ter a preponderância do controle interno nas empresas privadas com participação estatal, normalmente o ente estatal será um sócio minoritário. Entretanto, o dado essencial para a caracterização dessas empresas não consiste na quantidade de ações de titularidade do Estado, e sim na circunstância de que o Estado não terá preponderância, de modo permanente, no controle societário da empresa. Em tese, é possível cogitar da constituição de uma empresa privada com participação estatal na qual o Estado detenha a maior parte do capital, mas não tenha preponderância no seu controle[206].

Uma característica das empresas privadas com participação estatal que as torna um importante mecanismo de intervenção do Estado na economia diz respeito à maleabilidade na sua formatação jurídica. Não existe um modelo único de empresa privada com participação estatal, muito menos uma fórmula exclusiva de balanceamento dos poderes estatais no interior dessas empresas. Uma empresa privada com participação estatal pode ser muito diferente de outra sociedade que também conte com um ente estatal em seu quadro de acionistas. O percentual do capital subscrito pelo Estado pode ser muito diferente em cada caso, os poderes do sócio estatal podem variar substancialmente de uma situação para outra, e assim por diante. Pode-se dizer, portanto, que a montagem de uma empresa privada com participação estatal envolve vários níveis (ou graus) de decisão estatal em cada situação concreta na qual o Estado se valha da técnica acionária.

Daí a menção de que os arranjos societários com participação do Estado são verdadeiras parcerias – de natureza societária – entre os setores público e privado. No interior das empresas privadas com participação estatal, o Estado atua como genuíno sócio sem preponderância no poder de controle, o que diferencia tais empresas das sociedades de economia mista segundo a prática administrativa brasileira. Evidentemente, o Estado poderá influir nas decisões estratégicas das empresas em que figure como acionista, mas sem poderes absolutos. Disporá dos poderes que os atos constitutivos da empresa e eventuais outros instrumentos – tais como acordos de acionis-

[206] Essa questão será desenvolvida abaixo.

tas e ações de classe especial (*golden shares*) – assegurem a ele na condição de acionista. Mas, enquanto sócio, o Estado se apresenta tal como qualquer acionista privado.

Por tudo isso, fica muito claro que as empresas privadas que o Estado integre como sócio são o instrumento para uma parceria societária muito mais intensa entre os setores público e privado do que aquela que se verifica na prática das sociedades de economia mista – ainda mais comparando-se com o histórico da constituição de sociedades de capital misto no Brasil, em que sempre se adotou uma sistemática de preponderância absoluta e incontrastável do Estado no interior dessas empresas, como se demonstrou no capítulo anterior.

3.2. CARACTERIZAÇÃO DAS EMPRESAS PRIVADAS COM PARTICIPAÇÃO ESTATAL

Cabe aqui desenvolver em mais detalhes a caracterização das empresas privadas com participação estatal.

3.2.1. POSSIBILIDADE DE PERDAS: A ASSUNÇÃO DE RISCOS ATINENTES AO EMPREENDIMENTO

As empresas privadas com participação estatal representam uma associação entre a iniciativa privada e um ou mais entes que integram a estrutura estatal, mas sob uma configuração própria do direito privado.

Essa solução envolve uma ampliação de riscos para as entidades administrativas. Isso porque haverá a aplicação de recursos estatais num empreendimento tipicamente privado, que poderá experimentar perdas – o que é um risco inerente a qualquer atividade econômica privada.

Logo, não existe nenhuma garantia formal de que o Estado obterá os resultados esperados com a sua integração ao quadro de sócios de uma empresa privada. Ao se vincular a uma empresa privada na qualidade de sócio, o ente estatal assumirá certos riscos que são naturais a qualquer atividade econômica privada. Eventualmente, poderá sofrer prejuízos, o que não significa necessariamente que se trate de um dano (possivelmente ilegal) ao patrimônio do ente estatal. Ao resolver integrar o quadro acionário de uma empresa privada, o Estado estará ciente dos riscos da atividade, inclusive quanto à possibilidade de eventuais perdas econômicas. Trata-se de um fator a ser ponderado na decisão.

Nem poderia ser diferente. Considerando que as empresas privadas com participação estatal desempenham atividades no mercado, em possível situação de concorrência com outras empresas, seria inadmissível que houvesse alguma garantia em termos de resultados. São diversos os fatores que influem nos saldos de uma atividade econômica, sendo impossível prevê-los todos de antemão.

Isso não significa, contudo, que haja impedimento a que o sócio privado celebre entendimentos com o sócio estatal no sentido de conferir algumas garantias a este último – por exemplo, se houver algum financiamento estatal envolvido na atividade[207]. Tratar-se-á de um arranjo interno à sociedade. Impossível será garantir os resultados da atividade econômica desempenhada pela empresa privada com participação estatal.

Por outro lado, é evidente que a própria decisão do ente estatal de integrar-se à empresa privada poderá resultar em algum tipo de responsabilização aos agentes que decidiram pela sua realização. A incerteza quanto aos resultados não justifica a adoção de decisões irrefletidas. O emprego da técnica acionária corresponde a uma sistemática de intervenção do Estado na economia e, portanto, é sujeita a condicionamentos próprios das atividades estatais – ainda que de natureza empresarial[208]. Por isso, é importante que a decisão do ente estatal de integrar-se como sócio em uma empresa privada seja devidamente embasada.

[207] É possível cogitar de previsões que assegurem, por exemplo, poderes mais amplos ao sócio estatal se os resultados da empresa estiverem abaixo das expectativas. A maior participação do Estado destinar-se-ia a conferir um apoio maior àquela sociedade, uma vez que o sócio controlador possivelmente estará com a sua credibilidade abalada em virtude dos maus resultados obtidos.

[208] Note-se que a técnica acionária (que será melhor examinada no Capítulo 4) é uma sistemática de intervenção no domínio econômico empregada pelo Estado. Trata-se de uma função pública, o que não significa que as atividades desempenhadas pela empresa privada com participação estatal serão públicas. A técnica acionária é uma atuação governamental, enquanto que as atividades desempenhadas pelas empresas com participação do Estado, mas sem personalidade governamental, não são atividades públicas (salvo a situação em que um serviço público é concedido a uma empresa privada com participação estatal).

3.2.2. O CONTROLE EXERCIDO SOBRE A DECISÃO ESTATAL

A possibilidade de perdas é um fator a ser ponderado no controle que for exercido sobre as decisões estatais de integração a uma empresa privada. Como a verificação de uma perda econômica não significa necessariamente que houve um dano ao Estado, isso demanda que o controle exercido *a posteriori* verifique o nível de informação disponível no momento da decisão. Não se pode reputar ilegal ou irregular a decisão do Estado de se associar a um empreendimento empresarial apenas pelo fato de ele ter gerado algum prejuízo. Esse risco está envolvido em toda e qualquer atividade econômica.

Além disso, a técnica acionária pode ser utilizada justamente como um apoio institucional do Estado a atividades que envolvem riscos elevados ou que são de rentabilidade imediata duvidosa – e que, por essas características, possivelmente não seriam assumidas pela iniciativa privada sem que o Estado se integrasse ao empreendimento.

É o que ocorreu, por exemplo, no surgimento de toda a indústria que se forma em torno da exploração do pré-sal. A exploração das atividades econômicas relacionadas a essa nova indústria (por exemplo, o desenvolvimento e construção de sondas) envolve grandes riscos e, por conseguinte, relativa possibilidade de perdas. Assim, a participação estatal deve ser antecedida de todas as cautelas necessárias, embasando-se em elementos técnicos e econômicos que possibilitem demonstrar a *ratio* que orientou a decisão. Da mesma forma, se o BNDESPAR promove o financiamento de certa atividade e, para tanto, passa a integrar a empresa na qualidade de acionista minoritário, também haverá a assunção de certos riscos, sem uma garantia efetiva de retorno dos investimentos. Mesmo atendendo--se a todas as cautelas cabíveis, será impossível afastar os riscos de perda.

Trata-se de mais um fator que demanda cautela no exercício do controle sobre a decisão estatal de se integrar a uma empresa privada. Como se sabe, o risco é paralisante[209], mas a participação do Estado em empresas privadas é um instrumento que pode ser utilizado justamente para ultrapassar certos riscos.

[209] SUNSTEIN, Cass. R. *Laws of fear*: beyond the precautionary principle. Edimburgh: Cambridge, 2005, *passim*. Confira-se também: STEELE, Jenny. *Risks and legal theory*. Oxford and Portland: Hart, 2004.

3.2.3. A QUESTÃO DA COMPOSIÇÃO DO CAPITAL E A PREPONDERÂNCIA NO CONTROLE SOCIETÁRIO

Apontou-se como elemento conceitual das empresas privadas com participação estatal o fato de a preponderância do poder de controle não estar em mãos do sócio estatal. A afirmação merece uma digressão mais detalhada.

3.2.3.1. As menções à participação estatal minoritária

Normalmente, menciona-se que a participação do Estado em empresas privadas que não integram a Administração Pública seria necessariamente minoritária. Caso o ente estatal fosse um sócio majoritário, ou seja, detivesse a maioria do capital social, tratar-se-ia de uma sociedade de economia mista.

Nesse sentido, Alexandre Santos de Aragão, no pioneiro estudo sobre o tema já mencionado acima, conceitua as empresas privadas com participação estatal (denominadas por ele de empresas público-privadas) como "sociedades comerciais privadas com participação estatal, direta ou indireta, *minoritária* com vistas à realização de determinado objetivo público incumbido pelo ordenamento jurídico ao Estado"[210]. O doutrinador, portanto, inclui em seu conceito de empresa público-privada o entendimento de que, para a configuração desse arranjo societário, o Estado deverá necessariamente ser um sócio minoritário, titular de menos da metade do capital social.

Já Carlos Ari Sundfeld, Rodrigo Pagani de Souza e Henrique Motta Pinto definem as chamadas "empresas semiestatais" como sendo uma associação empresarial do poder público com particulares, que "*em geral* ocorre pela participação estatal, *minoritária mas relevante*, em empresa cuja maioria do capital votante fica nas mãos de particulares"[211]. Portanto, não afirmam que a participação do Estado deve ser necessariamente minoritária. Apenas consignam que tal participação *em geral* será minoritária, mas relevante.

Outros doutrinadores, embora não afirmem ser impossível a constituição de empresas privadas em que a maioria do capital seja titularizado pelo Estado, mencionam apenas a existência de sociedades privadas em

[210] Empresa público-privada, p. 41 (sem destaque no original).

[211] Empresas semiestatais, p. 75 (sem destaque no original).

que o ente estatal é sócio minoritário. É o caso, por exemplo, de Marçal Justen Filho, que trata da sociedade com participação estatal minoritária, definida por ele como sendo "uma pessoa jurídica de direito privado sob controle de particulares, sujeita a regime de direito privado, *de cujo capital participa minoritariamente um ente estatal*"[212].

De fato, nas aqui denominadas empresas privadas com participação estatal, haverá em regra a preponderância de capital de origem privada. A maior parte dos investimentos será normalmente assumida pelo particular, o que lhe conferirá a titularidade de participações sociais majoritárias. Existirão capitais de origem estatal, mas estes, em princípio, não representarão a maioria dos valores investidos na empresa.

De todo modo, em tese se poderia cogitar de uma empresa na qual a maior parte do capital seja de origem pública, ainda que a preponderância no seu controle interno[213] seja do sócio privado. Suponha-se, por exemplo, que o Estado constitua uma empresa privada em que será sócio de uma pessoa privada como medida de fomento a uma determinada inovação tecnológica que estava sendo desenvolvida por esta. Nesse caso, não haveria propriamente uma vedação a que o Estado fosse o titular da maioria do capital da sociedade, ainda mais diante do objetivo buscado com a sua integração à empresa, que consiste em conferir apoio institucional e econômico à tecnologia que está sendo desenvolvida.

O inverso também poderia em tese ocorrer. O Estado eventualmente poderia comandar uma determinada empresa de forma preponderante, ainda que não fosse titular da maioria do seu capital. O estatuto da empresa ou instrumentos consensuais – como um acordo de acionistas – poderiam proporcionar esse tipo de situação[214].

[212] *Curso de direito administrativo*. 9.ed., p. 317.

[213] O termo "controle interno" é utilizado em contraposição ao controle externo, que se caracteriza pelo fato de "a última palavra na orientação da empresa não [proceder] de um acionista nem dos administradores da sociedade" (PEREIRA, Guilherme Döring da Cunha. *Alienação do poder de controle acionário*. São Paulo: Saraiva, 1995, p. 13).

[214] Há, por exemplo, a situação das chamadas sociedades de economia mista ditas minoritárias, "em que o controle estatal é assegurado estatutariamente, independentemente da maioria das ações ser de titularidade de particulares" (Exposição de motivos do anteprojeto da nova lei de organização administrativa. In: MODESTO, Paulo (coord.). *Nova organização administrativa brasileira*: estudos sobre a proposta da comissão de especialistas constituída pelo governo federal para reforma da organização administrativa brasileira, p. 307).

Assim, para a caracterização das empresas privadas com participação estatal, mais importante do que a quantidade de ações detidas por cada sócio será a preponderância no exercício do poder de controle societário. Isso porque um sócio que seja titular de parcela reduzida do capital social pode ter preponderância no exercício do poder de controle da empresa, ao passo que um sócio que detém a maioria do capital social poderá ter os seus poderes restringidos por uma série de mecanismos[215].

3.2.3.2. A distinção entre propriedade acionária e poder de controle interno

A questão reside na distinção entre poder de controle e propriedade acionária.

À primeira vista, o controle interno de uma sociedade empresarial seria baseado apenas na propriedade de títulos representativos do capital social. Desse modo, a intensidade do controle exercido pelo sócio seria proporcional ao número de ações ou votos por ele detidos no interior da empresa.

Entretanto, é lição já conhecida há muito tempo que o poder de controle não decorre apenas da propriedade das ações. Há uma série de fatores que influem na alocação do poder de controle e que não se resumem à quantidade de ações detidas pelo sócio[216].

A constatação de que existe uma distinção entre propriedade de ações e detenção do poder de controle societário provém de um estudo clássico

[215] Ana Carolina Rodrigues e Felipe Taufik Daud definem as empresas privadas com participação estatal como sendo "sociedades anônimas, com disposições estatutárias específicas, cujo controle é exercido pelo acionista privado e que têm por objeto social a exploração de atividade econômica ou a prestação de serviço público" (O Estado como acionista minoritário, p. 25). Portanto, apesar de o título do estudo produzido pelos doutrinadores mencionar a participação do Estado como "acionista minoritário", eles não defendem nenhuma impossibilidade de o Estado deter a maioria dos títulos representativos do capital social. O Estado seria minoritário, mas em termos de controle, e não obrigatoriamente na composição do capital da empresa.

[216] Segundo Fábio Konder Comparato: "À primeira vista, o controle interno, isto é, aquele cujo titular atua no interior da própria sociedade, parece fundar-se, unicamente, na propriedade acionária. Sua legitimidade e intensidade dependeriam, em última análise, do número de ações ou votos de que se é titular, proporcionalmente à totalidade dos sufrágios possíveis. No entanto, um dos fenômenos básicos da sociedade anônima moderna, já anunciado *ante litteram* por Karl Marx e largamente demonstrado, pela primeira vez, na célebre pesquisa de Berle e Means nos Estados Unidos, com base em dados estatísticos de 1929, é a possibilidade de dissociação entre propriedade acionária e poder de comando empresarial" (*O poder de controle na sociedade anônima*, p. 51-52).

realizado por Adolf A. Berle Jr. e Gardiner C. Means, intitulado *The modern corporation and private property*, publicado com base em dados estatísticos de 1929. Tal estudo demonstrou a possibilidade de dissociação entre propriedade acionária e poder de comando empresarial, o que levou seus autores a classificar o controle interno em cinco espécies: (i) controle totalitário, (ii) controle majoritário, (iii) controle obtido mediante expedientes legais ("*through a legal device*"), (iv) controle minoritário e (v) controle administrativo ou gerencial ("*management control*")[217].

O controle com quase completa propriedade acionária (ou controle totalitário) seria aquele localizado nas *private corporations*, caracterizadas pela existência de um único sócio ou de pequeno grupo de sócios detentores de praticamente todas as ações emitidas.

No Brasil, são apontadas como situações de controle totalitário admitidas pela legislação a subsidiária integral prevista no artigo 251 da Lei nº 6.404 (que é uma hipótese de controle totalitário unipessoal), e os casos de unipessoalidade superveniente e transitória previstos no artigo 206, inciso I, alínea *d* da Lei nº 6.404 e no artigo 1.033, inciso IV, do Código Civil. A subsidiária integral configura uma técnica de organização societária e empresarial destinada a promover a segregação de atividades e responsabilidades, o que facilita atos de fusão e incorporação e permite que o único sócio tome isoladamente certas decisões de interesse da sociedade. Já nos casos de unipessoalidade transitória, a legislação oferece um prazo para que se reconstitua a pluripessoalidade, sob pena de dissolução da sociedade.

O controle totalitário conjunto é um arranjo que permite que os sócios decidam, unanimemente, todas as matérias de acordo com regras ou condições definidas previamente – por exemplo, por meio de um acordo de acionistas[218]. Nesse caso, não há um único sócio que reúna todas as ações ou quotas, e verifica-se a instabilidade como uma é característica indissociável.

A segunda espécie de controle corresponde ao controle majoritário. Trata-se do controle exercido por quem é titular de mais da metade das ações ou quotas com direito a voto[219].

[217] Para a versão em italiano, consulte-se: BERLE Jr., Adolf A.; MEANS, Gardiner C. *Società per azioni e proprietà privata*. Torino: Giulio Einaudi, 1966, p. 69-117 e p. 199-208.

[218] CASTRO, Rodrigo R. Monteiro de. *Controle gerencial*, p. 79.

[219] COELHO, Fábio Ulhoa. *Curso de direito comercial*. v.2. 5.ed. São Paulo: Saraiva, 2002, p. 277.

O controle majoritário se desdobra em absoluto ou simples. No controle absoluto (ou "quase totalitário"), a participação do acionista minoritário, ou de grupo de acionistas, não pode oferecer nenhum instrumento para se contrapor ao acionista controlador – como a possibilidade de eleger membros dos órgãos da administração, por exemplo. Já o controle majoritário simples é definido por exclusão, ou seja, será verificado nas hipóteses que não forem consideradas como controle absoluto. No controle majoritário absoluto, portanto, há uma influência irresistível exercida pelo controlador sobre os demais sócios, que seguem a sua orientação ou, em virtude de seu pequeno interesse patrimonial, nem mesmo chegam a acompanhar a vida social. No controle majoritário simples, por outro lado, existem minorias titulares de direitos que lhes garantem, se não o abalo do controle, ao menos a possibilidade de impor-lhe certas restrições[220].

O controle majoritário absoluto pode ser conjunto. Isso ocorre quando há dois ou mais sócios, cujas participações, reunidas, impedem a existência de acionista que contrabalanceie o seu poder[221].

Note-se que o controle majoritário deriva da adoção do princípio majoritário pela legislação, ou seja, do princípio pelo qual prevalece a vontade do maior número de votos. Como ninguém está investido do poder de decidir pelos interesses alheios, o que conduz às decisões por maioria, a exigência de decisões unânimes ou a imposição de *quorum* qualificado não coincidiria com o interesse social. Isso porque o convencimento da totalidade ou da maioria qualificada implicaria custos muito elevados[222]. Além disso, demandaria um nível de simetria informacional que é impossível

[220] São exemplos de restrições aquelas previstas no artigo 141, § 4º, e no artigo 161, §§ 2º ou 4º, alínea *a*, da Lei nº 6.404.

[221] COELHO, Fábio Ulhoa. *Curso de direito comercial*, p. 277.

[222] Segundo Fábio Konder Comparato: "historicamente, a fórmula acionária foi criada para se permitir a constituição de um vasto corpo acionário. E, efetivamente, companhias há que contam com centenas de milhares de acionistas. Nessas condições, seria totalmente desarrazoado aceitar a regra contratual do consentimento unânime, nas deliberações sociais. Em todas as legislações, estabeleceu-se o princípio majoritário, notadamente em matéria de sociedades por ações. Mas por que a maioria deve comandar? Parte-se, sem dúvida, do postulado de que a sociedade existe no interesse dos sócios, e como ninguém, em princípio, está investido da prerrogativa de decidir pelos interesses alheios, prevalece sempre a vontade do maior número, julgando cada qual segundo o seu próprio interesse" (*O poder de controle na sociedade anônima*, 4.ed., p. 60).

de se obter[223]. Assim, os sistemas baseados na maioria viabilizam decisões coletivas a custos relativamente baixos.

O terceiro tipo de controle é aquele exercido mediante um expediente ou artifício legal. Berle e Means mencionam como exemplos o controle piramidal ou em cadeia num grupo societário, a existência de ações sem direito de voto, a emissão de ações com voto limitado e o *voting trust*. Entretanto, esse tipo de controle é discutível segundo entendimento majoritário da doutrina[224-225].

O quarto tipo de controle é o minoritário, que se verifica nos casos em que o acionista, embora possua menos da metade das ações com direito de voto, dirige os negócios sociais e elege a maioria dos administradores, o que é possível nas grandes companhias, com alto grau de dispersão acionária[226].

As situações de controle minoritário podem surgir de forma espontânea ou induzida[227]. Além disso, o controle minoritário pode ser unipessoal (exercido por uma pessoa, física ou jurídica) ou conjunto (por duas ou mais pessoas, que vinculam suas ações por meio de acordo)[228].

[223] Para Rodrigo R. Monteiro de Castro, "o acionista menos informado tende a ser mais cético em relação a projetos de maior risco. Imagine-se, a propósito, que uma companhia pretenda associar-se a investidor chinês para, em seu país, construir uma fábrica que atenderá à demanda do mercado asiático. O acionista controlador, que talvez seja membro do conselho e/ou da diretoria, que se reuniu com o futuro acionista, visitou a cidade onde se instalará a nova planta industrial, encontrou com políticos locais, verificou com advogados os riscos do empreendimento, etc., mostra-se mais preparado e informado do que os demais acionistas para avaliar riscos e retornos – e, portanto, decidir" (*Controle gerencial*, p. 89).

[224] É o entendimento de Fábio Konder Comparato, que lembra que a posição de Berle e Means foi objeto de crítica pela própria doutrina norte-americana (*O poder de controle na sociedade anônima*. 4.ed., p. 64).

[225] Fábio Ulhoa Coelho também rejeita essa terceira modalidade de controle mencionada por Berle e Means e aponta apenas as outras quatro (*Curso de direito comercial*, p. 277).

[226] COELHO, Fábio Ulhoa. *Curso de direito comercial*, p. 277.

[227] Uma situação de surgimento espontâneo de controle minoritário ocorre nos casos em que se exige que o acionista faça uma oferta pública para adquirir as demais ações sempre que acumular determinado percentual. Isso ocorre porque o custo da oferta geralmente representa um preço muito maior do que se estaria disposto a pagar em situações normais.

[228] "A efetividade do controle minoritário conjunto (...) depende do nível de dispersão acionária e da convergência de interesses. Quanto maior a dispersão, menor a necessidade de acúmulo de ações para exercício de controle; e quanto maior a convergência de interesses, de modo a não provocar fissuras na relação, mais fácil de se dominar o processo de decisões societárias (exceto as que exijam *quorum* qualificado)" (CASTRO, Rodrigo R. Monteiro de. *Controle gerencial*, p. 97).

Por fim, o último tipo de controle, na classificação de Berle e Means, é o controle gerencial (*management control*). Trata-se de comando não fundado na participação acionária, mas apenas nas prerrogativas diretoriais. É uma forma de controle interno totalmente desligado da titularidade das ações em que se divide o capital social. Em virtude da dispersão acionária, os administradores assumem o controle empresarial de fato.

O exemplo histórico de controle gerencial era o da Pennsylvania Railroad Co., em dezembro de 1929, na qual os vinte maiores acionistas detinham em conjunto 2,7% do capital social da companhia – sendo que o maior acionista individual não detinha mais do que 0,34% do total de ações[229].

De acordo com a pesquisa realizada por Berle e Means, o controle gerencial – portanto, divorciado da propriedade acionária – era o mais frequente tipo de controle verificado nas duzentas maiores companhias não financeiras dos Estados Unidos no início da década de 1930, o que apenas se acentuou nas décadas seguintes[230].

A classificação desenvolvida por Berle e Means não é isenta de críticas. Aponta-se que os doutrinadores foram pouco criteriosos ao reunir situações que indicam quem exerce o poder com outras que revelam a forma como é exercido, o que resulta numa confusão entre controle societário e controle empresarial[231]. Entretanto, não cabe aqui aprofundar ou revisar as críticas que se faz à referida classificação.

Para o presente estudo, o dado mais relevante que se extrai dessa exposição é a conclusão de que o exercício do poder de controle interno de uma empresa não deriva apenas da propriedade acionária. Ainda que ela seja um elemento relevante para a definição do controle societário, não se trata do único pressuposto para o exercício de poder no interior de uma sociedade comercial. Existe uma série de outros fatores que condicionam o exercício do poder de controle, os quais podem levar a que sócios minoritários exerçam o poder de comando da empresa, ainda que detenham uma parcela muito pequena do seu capital social.

229 COMPARATO, Fábio Konder. *O poder de controle na sociedade de economia mista*. 4.ed., p. 71.

230 COMPARATO, Fábio Konder. *O poder de controle na sociedade de economia mista*. 4.ed., p. 72. Segundo o doutrinador, um levantamento estatístico feito em 1963, segundo o mesmo critério, demonstrou que a supremacia do *management control* havia se acentuado consideravelmente (cit., p. 72).

231 CASTRO, Rodrigo R. Monteiro de. *Controle gerencial*, p. 72-73.

Na síntese de Fábio Konder Comparato: "Se o poder de controle na empresa não mais se funda na titularidade acionária e transcende de certa forma a vontade – individual ou coletiva – dos acionistas, parece impossível reduzir o mecanismo social aos modelos do contrato e da propriedade privada. Estamos diante de uma personalização da empresa, subtraindo-a a qualquer vínculo de natureza real com os detentores do capital societário"[232].

Desse modo, em tese, o fato de o Estado ser sócio minoritário de uma empresa não impede que ele exerça o controle interno de forma absoluta, inclusive de modo que não haja uma efetiva parceria público-privada de natureza societária. Seria essa a situação, por exemplo, numa hipotética empresa em que o sócio estatal, apesar de deter 49% do capital, tivesse a prerrogativa de nomear todos os seus administradores e de vetar deliberações que versem sobre temas absolutamente corriqueiros na vida daquela sociedade. Entretanto, esse tipo de arranjo poderia, na realidade, ser um instrumento para escapar à formação de uma sociedade de economia mista, que integra a estrutura estatal e é sujeita a uma série de controles típicos das empresas estatais.

Por esses motivos, adota-se no presente estudo o entendimento de que o dado essencial para a caracterização das empresas privadas com participação estatal diz respeito não propriamente à posição do sócio estatal como acionista minoritário, e sim ao fato de a preponderância do poder de controle estar nas mãos do sócio privado. O sócio estatal, evidentemente, poderá deter uma participação relevante na empresa, inclusive no que se refere ao poder de controle interno (poderá integrar o bloco de controle). Entretanto, para que se configure uma empresa privada com participação estatal, a preponderância do controle deverá estar em mãos do sócio privado.

Isso não significa que a quantidade de ações de titularidade do Estado seja um dado irrelevante. A titularidade do capital é no mínimo um indicativo de exercício de poder no interior da empresa. Entretanto, reputa-se que o dado essencial diz respeito à preponderância no exercício do poder de controle interno. O critério proposto é certamente menos objetivo do que o do percentual de participação acionária[233]. Entretanto, é aquele que

[232] *O poder de controle na sociedade anônima*. 4.ed., p. 73.

[233] Basta verificar a quantidade de estudos e discussões existentes sobre o exercício do poder de controle nas sociedades empresariais. O tema é altamente complexo. Discute-se o conteúdo

reflete mais adequadamente o exercício do poder de controle, o qual, como visto, não depende necessariamente da titularidade das ações.

3.2.3.3. A sistemática adotada pelo direito português

A solução aqui preconizada é a adotada pelo direito português, que parte da ideia de "influência dominante", e não de percentual de participação acionária, para conceituar as chamadas "empresas participadas".

Em Portugal, dois diplomas legislativos regem a atuação empresarial do Estado. Em nível nacional, o tema é tratado pelo Decreto-lei nº 133, de 3 de outubro de 2013, que "estabelece os princípios e regras aplicáveis ao sector público empresarial, incluindo as bases gerais do estatuto das empresas públicas" (artigo 1º, nº 1). Já a atividade empresarial em nível local, ou seja, realizada por meio dos municípios, associações de municípios e áreas metropolitanas, é regulada pela Lei nº 50, de 31 de agosto de 2012. Ambos os diplomas adotam o critério da "influência dominante" para se definir se há uma empresa estatal ou uma empresa privada com participação estatal. Assim, ainda que a participação acionária seja um elemento relevante para que se verifique a existência ou não de uma influência dominante em mãos do Estado, não se trata da informação principal. O dado essencial será a influência desempenhada pelos sócios.

Em relação ao Decreto-lei nº 113, de 2013, o artigo 2º, nº 2, estabelece que o setor empresarial do Estado é integrado pelas empresas públicas e pelas empresas participadas. Empresas públicas são definidas pelo artigo 5º, nº 1, como sendo as organizações empresariais "nas quais o Estado ou outras entidades públicas possam exercer, isolada ou conjuntamente, de forma direta ou indireta, *influência dominante*, nos termos do presente decreto-lei". Já as empresas participadas são definidas pelo artigo 7º, nº 1, como "todas as organizações empresariais em que o Estado ou quaisquer outras entidades públicas, de caráter administrativo ou empresarial, detenham uma participação permanente, de forma direta ou indireta, desde que o conjunto das participações públicas *não origine influência dominante* nos termos do artigo 9º".

do poder de controle e quando há o seu exercício ou o seu compartilhamento entre os sócios. Como o poder de controle é modulável, determinadas situações geram certa perplexidade por não haver uma certeza absoluta sobre se determinado sócio é ou não controlador.

No direito português, as empresas denominadas de públicas são equivalentes às empresas estatais no Brasil (podem ou não ter acionistas privados). Trata-se de empresas que integram a estrutura estatal e nas quais a influência dominante está nas mãos do Estado. Já as empresas participadas são equivalentes às empresas privadas com participação estatal objeto deste estudo. O Estado delas participa direta ou indiretamente, de modo permanente, mas sem que as participações públicas configurem influência dominante.

Participação permanente, segundo o artigo 7º, nº 2, do Decreto-lei nº 133/2013, é aquela que não possui objetivos exclusivamente financeiros, sem qualquer intenção de orientar a empresa, desde que seja de duração superior a um ano[234].

Já a *influência dominante*, de acordo com o artigo 9º do Decreto-lei nº 133/2013, ocorrerá sempre que as entidades públicas estejam em *uma* das seguintes situações relativamente à empresa: (i) detenham uma participação superior à maioria do capital; (ii) disponham da maioria dos direitos de voto; (iii) tenham a possibilidade de designar ou destituir a maioria dos membros do órgão de administração ou do órgão de fiscalização; ou (iv) disponham de participações qualificadas ou direitos especiais que lhe permitam influenciar de forma determinante os processos decisórios ou as opções estratégicas adotadas pela empresa[235].

Portanto, ainda que a titularidade da maioria do capital social seja uma das situações que configuram a influência dominante, o dado essencial para distinguir as empresas públicas das empresas participadas reside na exis-

[234] Artigo 7º, nº 2, do Decreto-lei nº 133/2013: "Consideram-se participações permanentes as que não possuem objetivos exclusivamente financeiros, sem qualquer intenção de influenciar a orientação ou a gestão da empresa por parte das entidades públicas participantes, desde que a respectiva titularidade seja de duração superior a um ano".

[235] Artigo 9º, nº 1, do Decreto-lei nº 133/2013: "*Influência dominante*: 1 – Existe influência dominante sempre que as entidades públicas referidas nos artigos 3º e 5º se encontrem, relativamente às empresas ou entidades por si detidas, constituídas ou criadas, em qualquer uma das situações seguintes: a) Detenham uma participação dos direito de voto; b) Disponham da maioria dos direitos de voto; c) Tenham a possibilidade de designar ou destituir a maioria dos membros do órgão de administração ou do órgão de fiscalização; d) Disponham de participações qualificadas ou direitos especiais que lhe permitam influenciar de fora determinante os processos decisórios ou as opções estratégicas adotadas pela empresa ou entidade participada".

tência ou não de *influência dominante* pelo sócio estatal[236]. Havendo influência dominante, está-se diante de uma empresa pública ou outra organização empresarial que integre o Estado (artigos 3º a 5º). Já nas empresas participadas (artigo 7º do Decreto-lei nº 133/2013), não pode haver influência dominante por parte do sócio estatal – ainda que haja sua participação permanente, conforme mencionado acima.

Essa influência dominante não derivará necessariamente da maior quantidade de ações detida pelo sócio estatal. Se o Estado, ainda que não seja titular da maioria do capital social, (i) dispuser da maioria dos votos, (ii) tiver a possibilidade de nomear ou destituir a maioria dos administradores ou dos integrantes do órgão de fiscalização, ou ainda (iii) fizer uso de direitos que permitam uma influência determinante nos processos decisórios ou nas opções estratégicas da empresa, terá influência dominante e, desse modo, tal sociedade não será qualificada pela legislação portuguesa como empresa participada. Em outras palavras, é possível que o Estado tenha influência dominante sobre determinada empresa, ainda que não seja sócio majoritário em termos de propriedade acionária– caso em que a empresa será pública, e não participada.

A Lei nº 50, de 31 de agosto de 2012, faz uma classificação semelhante, ainda que restrita à atividade empresarial local[237].

Empresas locais nada mais são do que empresas estatais (ou empresas públicas, na denominação adotada pelo ordenamento português). Nelas, de acordo com o artigo 19º da Lei nº 50/2012, as entidades públicas participantes podem "exercer, de forma direta ou indireta, uma influência dominante em razão da verificação de um dos seguintes requisitos: a) Detenção da maioria do capital ou dos direitos de voto; b) Direito de designar ou destituir a maioria dos membros do órgão de gestão, da administração ou de fiscalização; c) Qualquer outra forma de controlo de gestão".

[236] Em outras palavras, a detenção da maioria do capital pelo Estado é um dos casos em que se configura a influência dominante estatal, mas não o único. O direito português admite a existência de influência dominante ainda que o Estado não detenha a maioria do capital social – e, nesse caso, a empresa será qualificada como empresa pública (estatal), e não como empresa participada.

[237] O diploma trata das empresas locais e das sociedades comerciais participadas. O artigo 2º da Lei nº 50 define a atividade empresarial local nos seguintes termos: "A atividade empresarial local é desenvolvida pelos municípios, pelas associações de municípios, independentemente da respectiva tipologia, e pelas áreas metropolitanas, através dos serviços municipalizados ou intermunicipalizados e das empresas locais".

Já as sociedades comerciais participadas são "entidades constituídas ao abrigo da lei comercial que não assumam a natureza de empresas locais" (artigo 3º c/c artigo 4º), de que participem municípios, associações de municípios ou áreas metropolitanas. Ao se prever que as sociedades comerciais participadas não terão a natureza de empresas locais, o dispositivo está a mencionar que, nelas, os entes estatais não terão influência dominante na companhia. Existindo influência dominante por parte do município ou outro ente local, a sociedade comercial será uma empresa local, e não uma empresa participada[238].

Portanto, também a Lei nº 50 de 2012 adota o conceito de "influência dominante" para distinguir as empresas locais (estatais) das empresas participadas. Os critérios adotados para a identificação da influência relevante são muito próximos daqueles previstos pelo Decreto-lei nº 133 de 2013, ainda que não sejam integralmente coincidentes[239].

Na síntese de Pedro Costa Gonçalves: "A detenção, ou não, por uma ou por várias entidades públicas participantes da *influência dominante* sobre a sociedade comercial em que aquela ou aquelas entidades participam impõe-se como critério decisivo para operar a distinção entre empresa local e sociedade comercial participada. Se essa influência dominante existe, está presente uma empresa local. Se não existe, está-se em face de uma sociedade comercial participada"[240].

Segundo o doutrinador português, a detenção da maioria do capital ou dos direitos de voto "é de longe o mais comum"[241] mecanismo gerador de influência dominante. Entretanto, as demais hipóteses, em especial a do controle de gestão, que "pode resultar de fatores alheios à condição societária"[242], demonstram que a influência dominante pode ser verificada

[238] No preciso comentário de Pedro Costa Gonçalves: "As sociedades comerciais participadas são quaisquer sociedades comerciais em que uma ou várias entidades públicas participantes detêm participações, sem que, sobre as mesmas, estas entidades, isoladamente ou em conjunto, possam exercer uma *influência dominante* (cf. artigo 19º, nº 1, sobre este conceito) – na hipótese de esta influência dominante existir, a sociedade comercial qualifica-se então como empresa local" (*Regime jurídico da atividade empresarial local*. Coimbra: Almedina, 2012, p. 62-63).

[239] Observa-se que as situações previstas no Decreto-lei nº 113 de 2013 são um desenvolvimento das previsões contidas na legislação editada anteriormente. Há um maior detalhamento, mas a adoção do critério da influência dominante continua presente.

[240] *Regime jurídico da atividade empresarial local*, p. 259.

[241] *Regime jurídico da atividade empresarial local*, p. 99.

[242] *Regime jurídico da atividade empresarial local*, p. 100.

por meio de outros instrumentos que não a maioria do capital. Essa conclusão é inteiramente aplicável ao direito brasileiro em virtude da distinção entre exercício do poder de controle e propriedade acionária.

Os critérios identificadores da influência dominante no direito português não são isentos de crítica. Pedro Costa Gonçalves qualifica como excessivo o critério consistente no direito de indicar ou destituir a maioria dos membros do órgão de gestão, de administração ou de fiscalização. O doutrinador entende que, se o sócio estatal tem o direito apenas de designar a maioria dos membros do conselho fiscal, não poderia ser considerado como no exercício de influência dominante[243].

De todo modo, não há dúvidas de que a influência dominante não deriva necessariamente da preponderância no capital acionário. É possível que o Estado tenha influência dominante mesmo sendo sócio minoritário – o que fará com que a empresa em questão seja considerada uma empresa estatal à luz do direito português.

Em suma, a legislação portuguesa que trata do setor empresarial do Estado distingue empresas estatais e empresas privadas com participação estatal justamente com base no critério da influência dominante. Ainda que a titularidade majoritária de títulos representativos do capital social possa denotar influência dominante, há outras situações em que o Estado terá essa influência mesmo não sendo sócio majoritário – o que é suficiente para que essas sociedades não se enquadrem no conceito de empresas participadas[244].

[243] Nas palavras do doutrinador: "como já há muito tem sido sublinhado, trata-se, nesta hipótese, de um 'excesso', que se revela patente pelo facto de se considerar sob influência dominante, por exemplo, a empresa na qual um município detenha *apenas* o direito de designar a maioria dos membros do conselho fiscal: ao que parece, equivocadamente, a lei associa o domínio da *fiscalização* ao domínio da *gestão* da empresa, associação que, todavia, não existe no direito português das sociedades comerciais" (GONÇALVES, Pedro Costa. *Regime jurídico da atividade empresarial local*, p. 99)

[244] O Decreto-lei nº 558, de 17 de dezembro de 1999, que foi substituído pelo Decreto-lei nº 133/2013, também já adotava o critério da influência dominante. O artigo 3º, nº 1, estabelecia duas situações que denotavam influência dominante: "a) Detenção da maioria do capital ou dos direitos de voto; b) Direito de designar ou de destituir a maioria dos membros dos órgãos de administração ou de fiscalização". Se o sócio estatal estivesse em uma dessas situações, não se trataria de empresa participada, e sim de empresa pública (estatal).

3.2.3.4. O critério adotado pelo anteprojeto de lei da nova organização administrativa

O anteprojeto de lei da nova organização administrativa brasileira, elaborado com o objetivo de atualizar e substituir em parte o Decreto-lei nº 200, adotou solução que se coaduna com aquela que é defendida nesta obra.

O artigo 10, inciso I, do anteprojeto, prevê que as entidades estatais podem "participar, quando autorizadas por lei específica, do capital de empresa não estatal, desde que isso não lhes confira, de modo permanente, *preponderância nas deliberações sociais ou poder para eleger a maioria dos administradores*".

Portanto, o anteprojeto adotou o critério do "controle estatal estável" como baliza que distingue as empresas estatais e as empresas não estatais com participação do Estado – e não o da titularidade da maioria do capital social. Assim, se houver integração de capital estatal e preponderância do Estado nas deliberações sociais ou no poder de eleger a maioria dos administradores, estar-se-á diante de uma empresa estatal. Já se o sócio estatal não exerce o controle de modo estável, a sociedade será uma empresa privada não estatal, ainda que um ou mais sócios integrem a estrutura da Administração Pública.

A solução adotada pelo anteprojeto retrata uma reflexão dos seus autores acerca do exercício do poder de controle. É o que observa Carlos Ari Sundfeld, segundo quem "o anteprojeto buscou sobretudo uma modernização dos conceitos do velho Decreto-lei nº 200, de 1967, que são anteriores ao advento da legislação das sociedades por ações, a qual deve agora ser considerada. Assim, o caráter estatal da sociedade de economia mista não deve estar vinculado à titularidade da metade mais um do capital votante, como no Decreto-lei nº 200, de 1967, e sim ao *controle estatal estável*"[245].

O doutrinador ainda observa que o anteprojeto conceitua a figura das empresas estatais referindo-se a dois aspectos: o do controle e o das atividades exercidas. Segundo ele: "O mais importante é o do controle, direto e indireto, por entidade ou entidades estatais (art. 15, *caput*). Este se caracteriza pela titularidade de direitos que lhe assegurem, de modo permanente, preponderância nas deliberações ou o poder de eleger a maioria

[245] Uma lei de normas gerais para a organização administrativa brasileira: o regime jurídico comum das entidades estatais de direito privado e as empresas estatais. In: MODESTO, Paulo (coord.). *Nova organização administrativa brasileira*. Belo Horizonte: Fórum, 2009, p. 64.

dos administradores (§ 1º). É o conceito de controle da lei das sociedades anônimas"[246].

Evidentemente, o anteprojeto não tem força normativa. Entretanto, demonstra que houve a identificação, por seus autores, de um aspecto primordial para se definir se uma empresa é estatal ou se ela não integra a Administração Pública, ainda que seja composta por um ou mais sócios estatais. Esse aspecto identificado como elemento que distingue as hipóteses é justamente o controle interno da sociedade, do modo propugnado nesta obra.

3.2.3.5. O critério adotado pelo Decreto nº 8.945

O Decreto nº 8.945 adotou solução que guarda pertinência com a concepção aqui propugnada, ainda que de modo mais singelo.

De acordo com o Decreto nº 8.945, sociedade privada é a entidade dotada de personalidade jurídica de direito privado, com patrimônio próprio e cuja maioria do capital votante não pertença direta ou indiretamente à União, a Estado, ao Distrito Federal ou a Município (artigo 2º, inciso VI). Note-se que o dispositivo emprega a expressão "maioria do capital *votante*". Ou seja, não é a simples titularidade da maioria do capital que deve ser verificada. O que importa é verificar de quem é a maioria da titularidade do capital *votante*. Ao adotar o critério da titularidade da maioria do capital "votante", o Decreto reflete preocupação com o exercício do controle e não apenas com a titularidade das ações.

A solução é adequada, mas sob um certo ângulo é incompleta, já que o voto não é o único instrumento para o exercício do poder de controle.

3.2.3.6. Síntese: a adoção do critério da preponderância do poder de controle

Em vista do exposto, conclui-se que, para a configuração de uma empresa privada com participação estatal, o essencial não é que o sócio estatal seja minoritário em termos de propriedade acionária, e sim que a preponderância do poder de controle não esteja com ele de modo permanente – o

[246] Uma lei de normas gerais para a organização administrativa brasileira: o regime jurídico comum das entidades estatais de direito privado e as empresas estatais, p. 64-65.

que, segundo o Decreto nº 8.945, guarda relação com a titularidade do capital *votante*.

Essa possibilidade deriva da constatação de que o poder de controle não é relacionado exclusivamente com a participação acionária dos sócios. A quantidade de ações não necessariamente confere ao sócio o poder de controle sobre a empresa. Assim, se o sócio privado tiver preponderância no exercício do controle interno (por exemplo, pela titularidade da maioria do capital efetivamente votante), ou se houver paridade absoluta[247], estará caracterizada uma empresa privada com participação estatal.

Fala-se aqui em "preponderância" no exercício do poder de controle porque o Estado, ainda que minoritário, poderá integrar o bloco de controle e, nesse sentido, também exercerá poder de controle interno na sociedade.

Além disso, para a identificação de uma empresa privada com participação estatal, mencionou-se que o Estado não deve possuir "de modo permanente" a preponderância no exercício do poder de controle interno. Com a menção à questão da permanência, procura-se tratar de situações em que o Estado, de modo transitório, possa adquirir de algum modo essa preponderância. Caso se trate de uma situação passageira, não permanente, não estará necessariamente descaracterizada a empresa privada com participação estatal[248]. Entretanto, caberá definir se o Estado passará a ter tal preponderância de modo permanente ou não – o que poderá resultar, eventualmente, na própria estatização da empresa[249].

A identificação do poder de controle numa empresa privada com participação estatal será realizada por meio dos critérios previstos no artigo 116 da Lei nº 6.404 – os quais inclusive foram acolhidos pelo anteprojeto de lei da nova organização administrativa. Assim, entende-se por controlador

[247] A paridade absoluta será uma situação de difícil verificação prática e de evidentes dificuldades para sua operacionalização, ante os potenciais conflitos, que seriam de complexa resolução.

[248] A questão da permanência é prevista pelo artigo 116 da Lei nº 6.404 ao definir o poder de controle (caracterizado como aquele exercido "de modo permanente", atendendo a certos requisitos).

[249] No direito português, conforme demonstrado acima, também se considera que existe influência dominante apenas em situações dotadas de perenidade. O Decreto-lei nº 113/2013 fixou o prazo mínimo de um ano para que seja caracterizada a influência dominante. Embora proporcione maior objetividade, a regra pode criar certas dificuldades concretas. No Brasil, como a legislação não estabelece nenhum tipo de prazo, não é possível prever algo nesse sentido.

aquele que é titular de direitos de sócio que lhe assegurem, de modo permanente, a maioria de votos nas deliberações e o poder de eleger a maioria dos administradores, e que utiliza efetivamente os seus poderes para dirigir as atividades sociais[250].

Portanto, caberá ao particular o domínio do poder de controle da empresa privada com participação estatal. O sócio não estatal disporá do poder de eleger a maioria dos administradores e de exercer a maioria dos votos nas tomadas de decisão.

3.2.4. UTILIZAÇÃO DE MECANISMOS PRIVADOS E BUSCA DE LUCRO

Aplicam-se à empresa privada com participação estatal todos os mecanismos privados de promoção da eficiência. A empresa deverá empregar as soluções mais eficientes e se voltará à obtenção de lucro. Isso significa que a empresa estará orientada a proporcionar a maior rentabilidade possível para os recursos econômicos nela invertidos.

O desempenho das atividades da empresa privada com participação estatal se dará sob regime de direito privado. Não se aplicarão os princípios próprios do direito público.

O regime jurídico das empresas privadas com participação estatal será tratado com maior detalhamento no Capítulo 6 do presente estudo.

3.2.5. PROTEÇÃO AOS INTERESSES DO SÓCIO ESTATAL

Apesar de ser orientada à busca do lucro e de ser controlada pelo sócio privado, as sociedades modeladas na forma de empresa privada com participação estatal exigirão a adoção de providências destinadas a proteger os interesses que conduziram o sócio estatal a nela investir.

Não poderia ser diferente. Os recursos públicos são escassos. A decisão pela inversão de valores estatais numa empresa privada necessariamente

[250] Artigo 116 da Lei nº 6.404: "Art. 116. Entende-se por acionista controlador a pessoa, natural ou jurídica, ou o grupo de pessoas vinculadas por acordo de voto, ou sob controle comum, que: a) é titular de direitos de sócio que lhe assegurem, de modo permanente, a maioria dos votos nas deliberações da assembléia-geral e o poder de eleger a maioria dos administradores da companhia; e b) usa efetivamente seu poder para dirigir as atividades sociais e orientar o funcionamento dos órgãos da companhia".

tem o efeito econômico de excluir outras possíveis utilizações igualmente relevantes e consagradoras de interesses públicos. Assim, é imprescindível que o sócio estatal disponha de mecanismos para garantir que a empresa privada com participação estatal utilize bem os recursos nela investidos pelo Estado.

Os mecanismos aplicáveis para a proteção dos interesses que justificaram o aporte de capital de origem pública serão objeto da terceira parte desta tese. Por ora, cabe a menção nesse contexto à possibilidade de utilização de acordos de acionistas, ações que conferem determinados poderes especiais ao sócio estatal (*golden shares*), dentre outros. Poderá haver, por exemplo, a indicação de alguns administradores pelo sócio estatal, a garantia de que certas deliberações somente poderão ser tomadas mediante a observância de um quórum mínimo, e assim por diante.

Tais mecanismos conferirão ao ente administrativo a qualidade de sócio estratégico, tornando-o mais ativo em comparação com o que ocorre, por exemplo, nas situações em que o Estado fomenta alguma atividade mediante a concessão de um financiamento em condições mais facilitadas. Caberá ao sócio estatal efetivamente exercer os poderes que lhe foram conferidos. Com isso, a um só tempo contribuirá para o desenvolvimento dos negócios desempenhados pela empresa de que é sócio (ainda que sem preponderância no exercício do poder de controle) e protegerá os recursos estatais nela investidos.

Assim, apesar de existir a preponderância do sócio privado, que normalmente será o detentor da maior parcela do capital social, poderá haver a configuração de um "grupo de controle" entre os sócios majoritários privados e o sócio estatal.

Contudo, duas importantes observações devem ser feitas para que se compreenda adequadamente a questão.

A primeira é que os mecanismos de controle societário conferidos ao ente estatal deverão ser adaptados à realidade da empresa. Uma grande empresa, constituída sob a forma de sociedade por ações, poderá comportar a adoção de mecanismos mais complexos, como os acordos de acionistas e as *golden shares*. Entretanto, salvo previsões legais específicas que possam impor uma ou outra forma jurídica, não há uma regra geral quanto ao tipo societário que a empresa privada com participação estatal deverá apresentar. É plenamente possível que uma empresa com participação estatal seja uma sociedade limitada ou adote qualquer outra forma jurídica mais simplificada do que a da sociedade por ações. Também suas dimensões em termos econômicos poderão não justificar determinados mecanismos societários altamente complexos[251]. Nesse sentido, os mecanismos de proteção dos interesses estatais deverão ser adaptáveis à situação concreta da empresa. Não há uma forma jurídica definida e obrigatória a ser adotada para a proteção dos objetivos buscados com a inversão de capital público numa empresa privada com participação estatal.

Isso não significa, contudo, a adoção de mecanismos ineficientes de influência estatal. Os instrumentos adotados devem ser capazes de garantir os interesses coletivos que justificaram o investimento estatal. A questão é que a adaptabilidade aqui propugnada será necessária até mesmo para não comprometer o próprio funcionamento da empresa, o que, em última análise, frustraria o investimento público realizado.

A segunda observação consiste na identificação de que os mecanismos destinados à proteção dos recursos estatais empregados na sociedade não poderão conferir ao sócio estatal o poder de transformar a empresa privada em uma *longa manus* da estrutura governamental.

A empresa privada com participação estatal não integra a Administração Pública. Não é um ente estatal, embora disponha de capitais de origem pública e sejam conferidos determinados poderes (de sócio) ao ente estatal que a integra. Não é dado ao sócio estatal valer-se de seus poderes inerentes à condição de sócio para comprometer o objeto da empresa – que consiste numa atividade desenvolvida com intuito lucrativo, ainda que o seu desenvolvimento compreenda interesses coletivos que justificaram o investimento estatal. É inadmissível, portanto, que ocorra uma espécie de "autarquização" das empresas privadas com participação estatal, ou ainda uma "administrativização do espaço privado"[252]. Isso equivaleria a contra-

[251] É evidente que a decisão de se investir recursos estatais numa empresa privada envolve custos diretos e indiretos ao ente estatal envolvido. O exercício das prerrogativas de sócio demanda uma atuação mais ativa e uma fiscalização ininterrupta. Assim, essa solução não será adequada se os benefícios almejados não justificarem os custos envolvidos.

[252] Sobre a "administrativização do espaço privado" em virtude da atividade de fomento, José Vicente Santos de Mendonça ensina que um dos riscos da atividade de fomento "é o risco da *compressão das liberdades individuais*, de certa *administrativização do espaço privado* por meio da ajuda pública. O risco de 'dominar ali onde ajuda' resulta particularmente tentador para a Administração Pública, não por alguma inclinação especial de seus integrantes, mas porque todas as organizações burocráticas tendem a impor sua mundivisão assim que conseguem espaço" (Uma teoria do fomento público: critérios em prol de um fomento público

riar a sistemática adotada pelo próprio Estado quando da sua constituição, o que violaria o *princípio do respeito à forma jurídica adotada*[253].

O Estado dispõe de uma série de mecanismos de intervenção no domínio econômico. Para o desempenho de atividades econômicas que demandem o controle absoluto do Estado (e nas hipóteses em que esse desempenho é cabível nos termos da Constituição Federal), caberá a constituição de uma empresa pública. Se o Estado entender necessária a preponderância do controle estatal, com a integração também de recursos privados, o instrumento adequado será a sociedade de economia mista. O ordenamento confere ao Estado, portanto, uma liberdade de escolha das formas jurídicas de intervenção no domínio econômico, o que apresenta relevância quanto ao uso dos seus poderes de sócio.

Essa correlação entre a liberdade de escolha das formas jurídicas e o exercício das prerrogativas de sócio detidas pelo Estado é feita por Paulo Otero. Segundo ele:

> Em princípio, optando o Estado por uma forma de intervenção económica através da criação ou da participação no capital de sociedades comerciais, isto é, afinal, mediante a utilização de organizações empresariais de direito privado, o Estado também só poderá influir na gestão de tais entidades através dos instrumentos normais decorrentes de sua posição como sócio acionista[254].

Assim, eventual pretensão do Estado acionista de transformar a empresa privada com participação estatal num mero instrumento de realização de atividades administrativas configuraria a adoção de uma forma jurídica incompatível com o propósito almejado. Poderia inclusive configurar um desvio de finalidade, com abuso de poder, uma vez que o ente estatal estaria iludindo o sócio privado a investir recursos numa atividade que, depois, passaria a ser um apenso da Administração. Não é para esta finalidade que o ordenamento jurídico consagra a possibilidade de participação do Estado como sócio de empresas privadas. Se a pretensão do ente estatal

democrático, eficiente e não-paternalista. *Revista dos Tribunais – RT*, ano 98, n. 890, p. 80-140, dez. 2009, p. 119).

[253] Essa "autarquização", a rigor, é indevida inclusive no caso das empresas estatais, conforme amplamente demonstrado no Capítulo 1.

[254] *Vinculação e liberdade de conformação jurídica do sector empresarial do Estado*, p. 270.

for esta, deverá constituir outro tipo de ente que não uma sociedade nos moldes de uma empresa privada que não integra a estrutura do Estado.

3.2.6. A NÃO INTEGRAÇÃO NA ADMINISTRAÇÃO PÚBLICA

Afirmou-se acima que a empresa privada com participação estatal não integra a Administração Pública. A assertiva merece maiores explicações, uma vez que apresenta consequências práticas diretas.

3.2.6.1. A configuração das empresas estatais

Para se compreender adequadamente o papel das empresas privadas com participação estatal, é necessário comparar a sua situação com a das empresas estatais.

As empresas estatais, ainda que sejam pessoas jurídicas de direito privado, são essencialmente instrumentos para a ação personalizada do poder público. São veículos para a ação do Estado, tanto é que integram a Administração Pública indireta. O fato de elas adotarem uma forma jurídica de direito privado não tem o condão de as parificar totalmente com as sociedades privadas em geral.

A personalidade de direito privado é conferida às empresas estatais como uma técnica jurídica destinada a melhor desenvolver os objetivos que justificaram a sua criação. Trata-se de um *meio* criado para não comprometer os fins buscados com a constituição da empresa estatal. Mas os objetivos de tais empresas continuam transcendendo os interesses meramente privados.

Tanto as empresas públicas como as sociedades de economia mista se submetem aos princípios da legalidade, impessoalidade, moralidade, publicidade e eficiência (artigo 37, *caput*), ainda que de modo adaptado à sua atuação. A admissão em emprego nessas pessoas dependerá, tal como ocorre na Administração direta e nas autarquias, de concurso de provas ou de provas e títulos (artigo 37, inciso II). A proibição de acumulação de emprego, cargo ou função abrange essas empresas (artigo 37, inciso XVII). A regra geral será a realização de licitações públicas para a contratação de obras, serviços, compras e alienações (artigo 37, inciso XXI). Seus atos são fiscalizados pelo Poder Legislativo (artigo 49, inciso X), cabendo ao Senado Federal dispor sobre limites globais e condições de operação de crédito externo e interno delas na qualidade de entidades controladas pelo Poder Público (artigo 52, inciso VII). As empresas públicas e sociedades de economia mista integrantes da Administração Pública federal são sujeitas à fiscalização contábil, financeira, orçamentária, operacional e patrimonial pelo Congresso Nacional, inclusive quanto à aplicação das subvenções e renúncia de receitas (artigo 70). O Tribunal de Contas, como auxiliar do Poder Legislativo no exercício do controle externo, julga as contas das empresas estatais, aprecia a legalidade dos atos de admissão de pessoal e realiza inspeções e auditorias (artigo 71, incisos II, III e IV). O mesmo se aplica no âmbito dos Estados, Distrito Federal e Municípios (artigo 75). Além disso, a concessão de qualquer vantagem ou aumento de remuneração, a criação de cargos ou a alteração da estrutura de carreiras, bem como a admissão de pessoal a qualquer título pelas empresas estatais só podem ocorrer se houver prévia dotação orçamentária suficiente para atender às projeções de despesa de pessoal e aos acréscimos dela decorrentes (artigo 169, § 1º, inciso I).

Logo, embora as empresas estatais basicamente se conformem à disciplina do direito privado, principalmente no que se refere às suas relações com terceiros, não são regidas exclusivamente pelos preceitos atinentes ao direito privado. Sofrem também uma forte ingerência de princípios e normas de direito público. Afinal, *integram a Administração Pública indireta*, sendo instrumentos de que se vale o Estado para o desempenho de atividades que transcendem os interesses essencialmente privados.

3.2.6.2. A existência de um empreendimento privado

Já a empresa privada com participação estatal desempenha um *empreendimento privado* – apesar de haver algum interesse estatal na sua atuação. A forma jurídica adotada volta-se especificamente para a finalidade de se desempenhar um empreendimento privado. Mesmo nos casos em que a empresa privada com participação estatal preste um serviço público, para ela a atividade desempenhada será um empreendimento privado, como ocorre, por exemplo, com qualquer empresa privada que seja concessionária de um serviço público.

Se a simples participação de um ente estatal comprometesse a configuração privada da sociedade e a submetesse, ainda que parcialmente, ao regime jurídico de direito público, a própria constituição da empresa estaria frustrada. Outra forma jurídica – possivelmente a de uma empresa estatal, integrante da Administração – deveria ser adotada.

O fato é que, se as contratações da empresa privada com participação estatal fossem submetidas a licitação, se os seus empregados somente pudessem ser contratados mediante a realização de concursos públicos, se a criação de cargos dependesse de lei e se houvesse a adoção das demais decorrências da incidência do regime de direito público, seria mais lógico que fosse constituída uma empresa estatal. Não faz sentido prever a participação estatal em empresas privadas como uma modalidade específica de intervenção do Estado na economia se ela se equiparasse em tudo às empresas estatais.

Na realidade, não há lógica na aplicação do regime de direito público às empresas privadas com participação estatal. Esse tipo de associação empresarial do poder público com particulares somente faz sentido se for submetida ao regime de direito privado.

3.2.6.3. Atuação do sócio estatal segundo o modelo privado

Na empresa privada com participação estatal, a entidade administrativa que a integra assumirá uma posição jurídica equivalente à de um sujeito privado. Serão assegurados a ela todos os direitos, poderes e deveres previstos para qualquer sócio privado, sem nenhuma diferença essencial em relação ao que ocorre em qualquer relacionamento societário em empresas privadas.

A entidade da Administração não poderá exercer os seus poderes de sócio para conduzir a empresa à realização de funções administrativas públicas. A empresa privada com participação estatal é uma entidade privada que não integra a Administração Pública. O sócio estatal deve compreender adequadamente essa circunstância e observar tais parâmetros. Caberá a ele submeter-se a todos os limites que se aplicam a qualquer sócio privado de um empreendimento desse tipo.

Isso significa que o sócio público não dispõe de prerrogativas públicas no âmbito interno da empresa privada. Existirá uma *paridade no vínculo associativo* entre os sócios, o que significa a ausência de poderes jurídicos diferenciados do sócio público em face do sócio privado.

Os poderes de que dispõe a entidade da Administração no âmbito interno da empresa são aqueles que a condição de sócio lhe conferiu na definição da modelagem concreta utilizada. Como será examinado de forma mais aprofundada, tais poderes são passíveis de definição em acordo de acionistas, pela instituição de *golden shares*, e por outros mecanismos de controle acionário. Mas eles decorrem da posição de sócio detida pelo ente estatal, e não pelo simples fato de o ente em questão integrar a Administração Pública. Tanto é que esses mecanismos de exercício do controle societário podem ser utilizados de modo geral em qualquer empresa privada que não conte com nenhuma participação estatal.

3.2.6.4. O compartilhamento do poder de controle para proteção do capital público

O compartilhamento do poder de controle que pode ocorrer nas empresas privadas com participação estatal deve ser compreendido no contexto do que se expôs até aqui.

Conforme mencionado, o sócio público não terá preponderância no exercício do poder de controle. Apesar disso, a seriedade de que se reveste a participação do sócio estatal, com o emprego de recursos de origem estatal, pode demandar que haja um compartilhamento do poder de controle.

O compartilhamento do poder de controle não será um instrumento para que o sócio público oriente a empresa privada ao desempenho de funções administrativas. Trata-se de uma sistemática instituída para assegurar a proteção do investimento estatal que foi realizado mediante o aporte de capital na sociedade.

Pode-se dizer que há uma verdadeira função social no compartilhamento do poder de controle. A integração do sócio estatal no grupo de controle serve para proteger a destinação dos recursos estatais aportados na sociedade, que foram integrados à empresa justamente porque se avaliou que o empreendimento proporcionaria benefícios coletivos diretos ou indiretos. Mas o sócio estatal participa da companhia na condição interna de um agente econômico privado. Assim, mesmo integrando o grupo de controle, deverá observar a finalidade para a qual foi constituída a empresa, que é o desenvolvimento de um empreendimento privado. O ente administrativo que integra a empresa terá de respeitar os interesses da companhia, dos demais sócios e dos seus empregados, agindo segundo os cânones da lealdade, da transparência e da boa-fé.

Se o Estado pretender o desenvolvimento de funções administrativas típicas de entidades que integram a Administração, deverá se valer dos instrumentos próprios e adequados para isso – como a constituição de empresas públicas ou sociedades de economia mista, dependendo do caso. Utilizar a empresa privada com participação estatal para esse propósito seria um desvio de finalidade. A condição de cotitular do poder de controle atribuída ao sócio estatal é conferida fundamentalmente para permitir que o ente estatal tenha uma atuação assecuratória das finalidades que justificaram o investimento público. Isso significa que o ente administrativo que integra a sociedade deverá exigir a consecução da função social envolvida no empreendimento, *mas considerando a empresa como uma entidade privada, e não como um membro integrante da Administração Pública.*

3.3. A JURIDICIDADE DAS EMPRESAS PRIVADAS COM PARTICIPAÇÃO ESTATAL

Caracterizadas as empresas privadas com participação estatal, cabe examinar a sua compatibilidade com o ordenamento jurídico.

3.3.1. ELEMENTOS APONTADOS PELA DOUTRINA

A participação do Estado como sócio de empresas privadas há muito tempo encontra reconhecimento na doutrina, ainda que normalmente por meio de breves menções e sem uma análise mais detalhada. Alguns escritos se destacam por terem tratado do tema – já há algumas décadas – com considerações mais analíticas. Isso mostra que o assunto, apesar de ter chamado maior atenção nos últimos anos com a identificação de suas potencialidades, está longe de ser uma temática absolutamente inovadora.

Uma importante menção ao assunto pode ser encontrada no *Tratado de direito administrativo* de Themístocles Brandão Cavalcanti.

O doutrinador classificava as sociedades de economia mista (antes do Decreto-Lei nº 200) em duas modalidades: "as de participação majoritária do Estado e as minoritárias"[255]. Segundo ele, nas primeiras, o Estado, por possuir a maioria do capital, goza de uma preponderância financeira e administrativa bem acentuada – ainda que os sócios privados também devam participar da administração da companhia. Já em relação às segundas, em que o Estado é sócio minoritário, "a participação financeira do

[255] *Tratado de direito administrativo*, vol. II, p. 314.

Estado é secundária em relação à do particular, constitui, antes, um mero auxílio financeiro às atividades puramente privadas"[256].

E o doutrinador prosseguia assim na sua análise:

A outra forma de intervenção, ou melhor, de participação preconizada por alguns é a 'participação minoritária'. Nesta, o Estado participa com a minoria das ações; deixa, por isso mesmo, de ter a preponderância na administração e na designação ou eleição dos órgãos diretores.

Desta forma o Estado não sòmente contribui para a vida e desenvolvimento da emprêsa com o seu auxílio financeiro mas ainda tem a possibilidade de exercer maior contrôle do que se ficasse inteiramente estranho à organização da emprêsa. É o que se pode chamar de contrôle interno, porque ele se realiza legalmente pelos associados[257].

Note-se que, apesar de classificar as empresas privadas com participação estatal minoritária como sociedades de economia mista, Themístocles Brandão Cavalcanti o fazia em um sentido bastante amplo, apenas para ressaltar que havia uma integração de capital público e privado em tais empresas[258]. Não afirmava que elas integravam a Administração Pública[259].

Além disso, Themístocles Brandão Cavalcanti já ressaltava quatro pontos muito relevantes à sistemática da participação do Estado como sócio de empresas privadas: (i) que a participação estatal podia ter objetivo financeiro, de auxílio à empresa integrada pelo Estado; (ii) que a preponderância do controle da empresa continuava em mãos da iniciativa privada; (iii) que a participação acionária do Estado podia atribuir-lhe a possibilidade de integrar a administração e de designar membros aos órgãos diretores da companhia; e (iv) que essas possibilidades permitiam ao Estado um controle muito mais próximo do que ocorreria se ele não fosse acionista da companhia (uma noção compatível com a ideia de diminuição da assimetria informacional entre controlador e controlado).

Na mesma época, entendia-se, de modo geral, que não havia nenhuma vedação à constituição de sociedades com capital misto em que o Estado não seria o sócio controlador. No Capítulo 2, fizemos menção a esse enten-

[256] *Tratado de direito administrativo*, vol. II, p. 314.

[257] *Tratado de direito administrativo*, vol. II, p. 316.

[258] Na época nem sequer havia sido editado o Decreto-lei nº 200, de 1967.

[259] Reitere-se que, na época, nem sequer existia um conceito legal de sociedade de economia mista, o que somente veio a ocorrer com a edição do Decreto-lei nº 200, de 1967.

dimento, retratado, por exemplo, na compreensão de Arno Schilling de que essas seriam as "autênticas" sociedades de economia mista[260].

Já posteriormente à edição do Decreto-lei nº 200, coube a Sérgio de Andréa Ferreira, em estudo clássico sobre "o direito administrativo das empresas governamentais brasileiras", publicado em 1979, a tarefa de desenvolver o tema da participação do Estado como sócio de empresas privadas[261].

Segundo ele: "A participação do Poder Público, mediante a aquisição de ações de empresas privadas, pode constituir mera *participação acionária* ou *financeira*, representativa de simples investimento ou garantia especial de negócios jurídicos, do que é exemplo a tomada de ações por bancos de desenvolvimento federais, regionais e estaduais, de empresas beneficiárias de financiamentos seus"[262].

Entretanto, para o doutrinador, a participação acionária do Estado não precisava ter apenas essa função de garantia conexa a financiamentos públicos. Podia ter "até mesmo, cunho interventivo". Como fundamento, mencionava a legislação da época que autorizava subsidiárias da Petrobras a participar do capital de outras sociedades.

Sérgio de Andréa Ferreira classificava então a participação estatal em empresas privadas em duas modalidades: (i) participação *acionária ou financeira*, na qual o Estado ou ente estatal pretende realizar mero investimento ou detém ações em garantia de um financiamento público realizado em

[260] Sociedades de economia mista, p. 42-43.

[261] Antes disso, Arnoldo Wald, em dois importantes estudos, já mencionava a participação estatal em empresas privadas. Segundo ele, "a técnica da emprêsa mista de preferência com participação minoritária é das mais fecundas para o incentivo da produção" (As sociedades de economia mista e as empresas públicas no direito comparado. *Revista Forense*, Rio de Janeiro, v. 152, mar./abr. 1954, p. 514). Com a edição do Decreto-lei nº 200, o doutrinador esclareceu que as empresas privadas com participação estatal não integram a Administração Pública por não se enquadrarem no conceito normativo de sociedades de economia mista: "Quando a participação é minoritária, a aplicação do critério do Decreto-Lei nº 200 nos leva à conclusão de não considerar a sociedade na qual ocorre a participação como sendo de economia mista" (As sociedades de economia mista e a nova lei das sociedades anônimas, p. 105). É verdade que o doutrinador adotou o critério da propriedade acionária majoritária para qualificar as sociedades de economia mista. De todo modo, a questão relevante neste ponto diz respeito à admissão da participação estatal em empresas privadas, que não integram a estrutura do Estado.

[262] O direito administrativo das empresas governamentais brasileiras. *Revista de Direito Administrativo*, Rio de Janeiro, n. 136, p. 1-33, abr./jun. 1979, p. 19.

benefício da sociedade; e (ii) participação *interventiva* no domínio econômico, em que a empresa participada se tornaria um ente de cooperação do Estado, com o que ocorria a descentralização de certas atividades[263].

Em ambas as situações, o doutrinador ressaltava que não ocorria a transmudação da empresa em sociedade de economia mista integrante da Administração Pública indireta. A sociedade cujo capital era detido em parte pelo Estado ou por uma empresa governamental continuava sendo uma empresa privada. Nas palavras do doutrinador:

> Com efeito, se a entidade criada, ou de que venha a participar a sociedade de economia mista, não preencher os requisitos e pressupostos caracterizadores dessa espécie, teremos simples *participação acionária* ou *financeira* daquela primeira em entidade particular (que continua como tal), ou, no máximo, o surgimento de um *ente de colaboração*, participante do processo de *descentralização por cooperação*, processo pelo qual surgem os *entes paradministrativos*, isto é, próximos, mas fora da AP. Muitos desses entes são, em verdade, empresas que passaram ao controle do Poder Público, por compra ou desapropriação, mas que não reuniram os requisitos necessários à sua caracterização como *empresas paraestatais*. É o caso das *subsidiárias paradministrativas* como as do Grupo Eletrobrás[264].

Quando sociedades de economia mista participavam do capital de outras empresas, essa participação, segundo Sérgio de Andréa Ferreira, podia dar origem a três situações diversas, que classificava da seguinte forma em seu estudo: (i) *subsidiárias administrativas mistas*, que eram sociedades de economia mista criadas por outras sociedades de economia mista ou mesmo por empresas públicas, tornando-se "empresas paraestatais de segundo grau"; (ii) *sociedades com participação de pessoas administrativas* (ou empresas de participação), caracterizadas pela participação "majoritária ou minoritária" de empresas paraestatais; e (iii) *sociedades de cooperação*, resultado da descentralização por cooperação, que tinham a natureza de entes paradministrativos. Nos dois últimos casos (sociedades de participação e sociedades de cooperação), as empresas com participação estatal não integram a Administração Pública e, quando prestam serviços públi-

[263] O direito administrativo das empresas governamentais brasileiras, p. 19.

[264] O direito administrativo das empresas governamentais brasileiras, p. 19.

cos, segundo o doutrinador, "o fazem como concessionárias, empresas não-administrativas ou particulares que são"[265].

Não se tratando de sociedades de economia mista, a criação das empresas de participação e de cooperação não dependia de autorização legal. O doutrinador ressaltava, entretanto, que a *participação* estatal nessas sociedades dependia de autorização legal, "pois que, do contrário, a entidade da Administração Indireta estaria agindo indevidamente. Mas trata-se, agora, de *autorização* de *participação* e não, para *criação* de *sociedade mista*". Essa autorização legal, contudo, não precisava ser específica para cada participação. Segundo Sérgio de Andréa Ferreira, "pode ser genérica, como a constante do § 1º, 2º e últimas partes, e § 2º do art. 237, da Lei nº 6.404/76"[266].

Portanto, Sérgio de Andréa Ferreira já demonstrava, inclusive com menções a vários casos concretos relacionados à Petrobras, à Eletrobras e à Portobras, (i) que a participação acionária do Estado poderia ter diferentes objetivos (basicamente, a obtenção de uma garantia, a intervenção na economia e a descentralização de certas atividades de uma sociedade de economia mista para uma empresa privada); (ii) que as empresas com participação estatal continuavam sendo sociedades privadas, não integrantes da Administração Pública; (iii) que era necessária uma autorização legal para a participação do Estado, a qual não precisava ser específica para cada situação; e (iv) que a participação do Estado nessas empresas privadas poderia inclusive ser majoritária, e não necessariamente minoritária. Quanto a esse último aspecto, o doutrinador não tratava do poder de controle nas empresas, mas é possível que seu entendimento já derivasse da evolução doutrinária no sentido de que o poder de controle não se relaciona exclusivamente com a participação acionária – e, assim, o Estado, mesmo sendo sócio majoritário, poderia não ter a preponderância do controle.

3.3.2. OS QUESTIONAMENTOS DOUTRINÁRIOS E SUA SUPERAÇÃO

Não era pacífico, contudo, o entendimento pela juridicidade da participação estatal em empresas privadas.

Um grande crítico dessa sistemática, durante muito tempo, foi Marçal Justen Filho. Segundo ele, a participação estatal em empresas privadas

[265] O direito administrativo das empresas governamentais brasileiras, p. 20.

[266] O direito administrativo das empresas governamentais brasileiras, p. 20.

seria uma situação anômala "porque há a aplicação de recursos públicos para o desempenho de atividade que não configura função pública, e não se subordina ao regime de direito administrativo". Partindo do entendimento de que nenhuma entidade da Administração Pública indireta dispõe de recursos disponíveis ou sobejantes, concluía o doutrinador:

> Então, as participações minoritárias em empreendimentos privados encontram obstáculo nos princípios da eficácia e da isonomia.
>
> A eficácia é infringida porque recursos que poderiam ser utilizados para satisfazer carências insuportáveis da população brasileira são aplicados em empreendimentos lucrativos de outra ordem.
>
> Por outro lado, é muito problemático justificar em face do princípio da isonomia a participação estatal minoritária numa sociedade privada. Ao escolher certos empreendimentos privados para aplicar recursos estatais, o Estado produz uma discriminação insuportável entre os cidadãos e as empresas privadas.
>
> Ou seja, deve-se reconhecer um risco intenso de caracterização de inconstitucionalidade na participação minoritária da Administração Pública em empreendimentos privados. Essa alternativa somente se justificará em situações excepcionais, segundo o princípio da proporcionalidade.[267]

Entretanto, em edições mais recentes de seu *Curso de direito administrativo*, Marçal Justen Filho alterou seu entendimento. Segundo ele, em muitos casos, a obtenção dos resultados pretendidos pelo Estado no sentido do desenvolvimento econômico depende da atuação privada, seja na captação de recursos, seja no emprego da experiência do setor privado, para o que a atuação mediante empresas seria adequada. Ao mesmo tempo, a atividade estatal de fomento pode não ser suficiente, especialmente quando os riscos são relevantes e falta investimento de capitais privados. Nesses casos, o Estado tem interesse em participar do empreendimento, mas com algum poder de direcionamento (por exemplo, de veto quanto a certas soluções). Assim, conclui Marçal Justen Filho:

> Por isso, o Estado brasileiro vem desenvolvendo um modelo interventivo diferenciado. A partir da experiência no setor de petróleo e de energia elétrica, vai-se difundindo a solução de participação estatal minoritária em

[267] *Curso de direito administrativo*. 4.ed. São Paulo: Saraiva, 2009, p. 222.

empresas privadas. Geralmente, opta-se por uma sociedade anônima, cujo capital votante se encontra na titularidade de uma entidade privada. Uma participação minoritária é atribuída a uma empresa estatal. Surge, então, uma sociedade de propósito específico (SPE), que é o instrumento para o Estado fomentar atividades consideradas como relevantes para a economia nacional. Há um acordo de acionistas assegurando ao sócio estatal a indicação de parte dos administradores e a ele assegurando poderes jurídicos diferenciados. Certas decisões dependem de quórum diferenciado, o que permite ao sócio estatal impedir práticas reputadas incompatíveis com os interesses coletivos[268].

De fato, a participação estatal em empresas privadas sem preponderância do Estado no seu controle é uma alternativa viável. As objeções levantadas no posicionamento anterior de Marçal Justen Filho representam preocupações com o modelo, mas não propriamente o questionamento da sua juridicidade.

A objeção de que os recursos públicos, em razão de sua escassez, deveriam ser aplicados primordialmente em empreendimentos destituídos de intuito lucrativo não se sustenta. O ordenamento coloca à disposição da Administração Pública uma série de ferramentas pelas quais se podem desenvolver funções buscadas pelo poder público. O objetivo de lucro perseguido por empresas privadas consiste apenas no móvel da sua atuação. É perfeitamente possível que seja compatibilizado com outros interesses. Tanto é que as concessões de serviço público se assentam justamente no conflito entre os objetivos buscados pelo Estado e o intuito lucrativo do concessionário – e mesmo assim se trata de uma sistemática viável e amplamente difundida[269].

O simples fato de haver o emprego de recursos de origem pública em uma empresa privada também não tem nada de irregular. É possível por meio de um financiamento público, por medidas de fomento, e inclusive

[268] *Curso de direito administrativo*. 9.ed. São Paulo: RT, 2013, p. 318-319.

[269] Há muito tempo, Georges Vedel e Pierre Delvolvé já demonstraram que a concessão foi idealizada sobre duas ideias antitéticas: de um lado, há a prestação de um serviço de interesse público, que deve funcionar no interesse geral e sob as regras e o controle da Administração Pública como poder concedente; de outro lado, existe a prestação de uma atividade por uma empresa capitalista, na qualidade de concessionário, que objetiva extrair o máximo de lucro possível (*Droit administratif*. Paris: PUF, 1984, p. 1139).

como arranjo concessório (veja-se, por exemplo, o caso das concessões subsidiadas pré-existentes à instituição do modelo das parcerias público--privadas, bem como as concessões patrocinadas – artigo 2º, § 1º, da Lei nº 11.079). A diferença é que a empresa privada que conta com participação estatal tem como um de seus sócios um ente que integra a Administração Pública, o qual exerce determinados poderes no interior dessa sociedade justamente por deter a qualidade de sócio.

Também não pode ser aceita a alegação de que a participação estatal em uma empresa privada seria ofensiva à isonomia. É inequívoco que há um risco de ofensa não somente à isonomia, mas também aos princípios da moralidade, da probidade e da impessoalidade na sistemática aqui tratada. Entretanto, o mesmo risco existirá, em tese, em qualquer atuação administrativa, ainda que em razão de outras circunstâncias (por exemplo, uma licitação pode ser indevidamente discriminatória se for baseada em critérios de julgamento direcionados a objetivos incompatíveis com o ordenamento). A escolha da pessoa privada a quem o Estado irá se associar de fato poderá ser ofensiva à isonomia, dependendo dos critérios que servirem de fundamento para essa seleção. Mas isso não significa que qualquer escolha seja anti-isonômica. Consequentemente, não há um questionamento do modelo propriamente dito.

A empresa privada com participação estatal, assim, é um mecanismo pelo qual o Estado terá maior integração com os negócios da sociedade e, ao mesmo tempo, disporá de melhores condições de fiscalização, diminuindo a assimetria informacional que existiria se o Estado não integrasse a empresa. Nesse sentido, Paulo Otero menciona (i) a participação acionista pública "testemunha" ou de "presença", possibilitando que o Estado esteja presente na gestão de tais empresas exercendo uma função de fiscalização interna, e (ii) a participação acionista pública "promotora" ou "de fomento", tendo como finalidade o financiamento parcial ou o apoio a projetos de elevado risco ou de discutível rentabilidade imediata[270]. Trata--se de situações que se mostram plenamente compatíveis com o ordenamento jurídico brasileiro.

[270] *Vinculação e liberdade de conformação jurídica do sector empresarial do Estado*, p. 208-209.

3.3.3. A MATRIZ CONSTITUCIONAL DAS EMPRESAS PRIVADAS COM PARTICIPAÇÃO ESTATAL

O direito positivo brasileiro não utiliza a expressão "empresa privada com participação estatal" como categoria. Entretanto, a possibilidade de o Estado integrar o quadro societário de empresas privadas encontra fundamento expresso na Constituição Federal.

O inciso XX do artigo 37 da Constituição Federal estabelece que "depende de autorização legislativa, em cada caso, a criação de subsidiárias das entidades mencionadas no inciso anterior [empresas públicas e sociedades de economia mista], *assim como a participação de qualquer delas em empresa privada*".

A parte final do dispositivo contempla justamente a participação estatal em empresas que não integram a Administração Pública. Aí está a matriz constitucional das empresas privadas com participação estatal. A Constituição admite a participação de empresas estatais como sócias de empresas privadas, para tanto exigindo que a decisão seja precedida de autorização legislativa.

Note-se que a Constituição admite expressamente apenas a participação de empresas públicas, sociedades de economia mista e suas subsidiárias e controladas como sócias de empresas privadas. A rigor, não se prevê expressamente a possibilidade de o próprio Estado integrar o capital de uma empresa privada.

De todo modo, entendemos que se pode admitir a participação do próprio Estado como sócio de empresas privadas. Não há nenhuma vedação nesse sentido. Pelo contrário, há diversas previsões, ainda que infraconstitucionais, que admitem essa possibilidade. Mesmo assim, é mais comum que as empresas estatais sejam acionistas de empresas privadas. Isso acontece porque as empresas estatais são mais vocacionadas a esse tipo de arranjo societário, inclusive porque a sua qualificação como empresas permite maior agilidade na atuação em âmbito econômico.

Esclareça-se que as empresas privadas com participação estatal não se confundem com as subsidiárias de empresas públicas e sociedades de economia mista.

Na realidade, a expressão "sociedade subsidiária" é mais vulgar do que jurídica propriamente[271]. A Lei nº 6.404 alude apenas à "subsidiária inte-

[271] JUSTEN FILHO, Marçal. *Comentários à lei de licitações e contratos administrativos*. 15.ed., p. 37.

gral" no artigo 251, para designar as sociedades anônimas cujas ações são de titularidade de uma única sociedade. Nos demais dispositivos, a lei do anonimato utiliza a expressão "sociedade controlada". Há ainda uma dificuldade adicional, que consiste no fato de que o sentido de uma mesma expressão por vezes é diferente em cada diploma legal em que ela é empregada[272].

As subsidiárias das empresas públicas e sociedades de economia mista sujeitam-se ao mesmo regime jurídico de suas controladoras. Integram a Administração Pública indireta e estão sujeitas a todos os princípios e condicionantes correspondentes[273]. A menção a elas consta da primeira parte do inciso XX do artigo 37 da Constituição Federal ("subsidiárias das entidades mencionadas no inciso anterior"). Já as empresas privadas com participação estatal não integram a Administração Pública indireta. A segunda parte do inciso XX do artigo 37 é que faz menção a elas ("participação de qualquer delas em empresa privada").

3.3.4. A PREVISÃO NA LEI Nº 4.320

Muito antes da Constituição Federal de 1988, entretanto, já havia previsão legal expressa sobre a possibilidade de participação do Estado em empresas privadas.

A Lei nº 4.320, de 1964, veiculou normas gerais de direito financeiro, aplicáveis ao âmbito da Administração Pública direta. O diploma já contemplava a possibilidade de haver a destinação de recursos públicos com vistas à participação estatal em empresas privadas. O § 5º do artigo 12, ao classificar as inversões financeiras, estabelece a possibilidade de haver a aplicação de recursos públicos para a aquisição de títulos representativos do capital de empresas de qualquer espécie já constituídas (inciso II) ou que visem a objetivos comerciais ou financeiros, inclusive operações bancárias ou de seguros (inciso III)[274].

[272] SUNDFELD, Carlos Ari; SOUZA, Rodrigo Pagani de; PINTO, Henrique Motta. *Empresas semiestatais*, p. 77-93.

[273] JUSTEN FILHO, Marçal. *Comentários à lei de licitações e contratos administrativos*. 15.ed., p. 37; SUNDFELD, Carlos Ari; SOUZA, Rodrigo Pagani de; PINTO, Henrique Motta. *Empresas semiestatais*, p. 79.

[274] Redação do dispositivo: "§ 5º Classificam-se como Inversões Financeiras as dotações destinadas a: I - aquisição de imóveis, ou de bens de capital já em utilização; II - aquisição de títulos representativos do capital de emprêsas ou entidades de qualquer espécie, já consti-

Os artigos 19 e 21 da Lei nº 4.320, entretanto, vedam a concessão de ajudas financeiras a empresas de fins lucrativos – salvo quando se tratar de subvenções autorizadas em lei especial – e auxílios para investimento que se incorporem ao patrimônio das empresas privadas de fins lucrativos[275].

Logo, há duas situações que recebem tratamentos distintos pela Lei nº 4.320. Por um lado, admite-se expressamente a aplicação de recursos públicos na aquisição de participações societárias pelo Estado em empresas privadas. Por outro, veda-se a pura e simples outorga de benefícios financeiros a empresas privadas com fins lucrativos, proscrevendo-se a aplicação desses benefícios ao custeio de despesas correntes e à transferência de capital.

A Lei nº 4.320, portanto, já prevê há mais de cinquenta anos a possibilidade de o Estado aplicar seus recursos para a aquisição de participações societárias em empresas privadas.

3.3.5. A PREVISÃO NA LEI Nº 13.303 (ESTATUTO JURÍDICO DAS EMPRESAS ESTATAIS) E NO DECRETO Nº 8.945

O § 7º do artigo 1º da Lei nº 13.303 prevê expressamente a possibilidade de a empresa pública, a sociedade de economia mista e suas subsidiárias participarem do capital de sociedades empresariais de que não tenham o controle acionário.

Trata-se justamente da participação no capital de empresas privadas que não integram a estrutura da Administração Pública.

O dispositivo legal estabelece que, nesse caso, as empresas privadas com participação estatal deverão adotar, no dever de fiscalizar, práticas de governança e controle proporcionais à relevância, à materialidade e aos riscos do negócio do qual são partícipes.

tuídas, quando a operação não importe aumento do capital; III - constituição ou aumento do capital de entidades ou emprêsas que visem a objetivos comerciais ou financeiros, inclusive operações bancárias ou de seguros".

[275] Artigo 19 da Lei nº 4.320: "A Lei de Orçamento não consignará ajuda financeira, a qualquer título, a emprêsa de fins lucrativos, salvo quando se tratar de subvenções cuja concessão tenha sido expressamente autorizada em lei especial". Artigo 21 do mesmo diploma legal: "Art. 21. A Lei de Orçamento não consignará auxílio para investimentos que se devam incorporar ao patrimônio das emprêsas privadas de fins lucrativos".

O disciplinamento do tema foi ainda mais detalhado pelo Decreto nº 8.945, que regulamenta a Lei nº 13.303. Além de tratar das práticas de governança e controle aplicáveis às empresas privadas com participação estatal, o Decreto ainda estabeleceu algumas regras que devem ser observadas para que as empresas estatais possam participar do capital de empresas que não integram a Administração (artigo 8º).

3.3.6. A LIBERDADE DE ESCOLHA DA FORMA JURÍDICA EMPRESARIAL PELO ESTADO

Na realidade, a Constituição permite à Administração Pública uma relativa *liberdade de escolha* da forma jurídica empresarial que pretende adotar. Essa afirmação demanda uma maior digressão.

3.3.6.1. A liberdade de escolha das formas de organização e de atuação

Um problema fundamental consiste em saber até que ponto se estende a liberdade da Administração em optar por uma forma específica de atuação e de organização da sua atividade. A importância desse questionamento é evidente. Cada forma específica pela qual a Administração se organiza e desempenha suas atividades apresenta certas características – em termos de flexibilidade, de intensidade de controle etc. – e sujeita-se a determinados condicionamentos. Uma empresa pública, por exemplo, terá maior controle por parte do Estado e se sujeitará a condicionamentos de direito público mais intensos em comparação com uma empresa privada.

A doutrina alemã tem sido favorável ao reconhecimento de uma "liberdade de escolha" das formas jurídicas por parte da Administração. Segundo a doutrina majoritária tradicional, "a Administração tem uma dupla liberdade de escolha, podendo escolher quer as formas de organização, quer as formas de actuação do Direito Privado"[276]. Assim, sendo aplicáveis tanto normas de direito público quanto de direito privado, deveria caber à Administração a liberdade de escolha (*Wahlfreiheit*) quanto às formas de organização e de atuação.

[276] ESTORNINHO, Maria João. *A fuga para o direito privado*: contributo para o estudo da atividade de direito privado da Administração Pública, p. 190.

Entretanto, a doutrina alemã também chama a atenção para a ausência de regulação unitária da utilização de formas jurídico-privadas. Por vezes, a liberdade de escolha só é admitida segundo determinadas circunstâncias, outras vezes é proibida, algumas vezes é imposta e em outras ainda há uma "cláusula de subsidiariedade", ou seja, uma exigência de demonstração de que os fins não podem ser melhor perseguidos por meio de outra forma.

Segundo Maria João Estorninho: "A explicação doutrinal que tem sido apresentada para justificar tal liberdade é a ideia de a criação de pessoas jurídicas de direito privado e a participação em sociedades jurídico-privadas pertencer ao âmbito da liberdade de organização ('pflichtgemaessen Organisationsermessen') das próprias entidades públicas"[277].

O mesmo entendimento tem sido tradicionalmente adotado pela doutrina alemã no que se refere ao problema da escolha das formas de atuação. Admite-se a existência de uma "liberdade de escolha das formas" (*Freiheit der Formenwahl*), ou seja, a possibilidade de a Administração optar entre o direito público e o direito privado "sempre que a lei a isso não se oponha através da imposição da necessidade de adopção de certas formas de actuação"[278]. Logo, não seria necessário haver fundamento legal expresso; a Administração poderia exercer uma opção livre por formas de atuação previstas no direito privado. A ideia de "liberdade de escolha" implicaria o reconhecimento de uma espécie de "arte administrativa" (*Verwaltungskunst*) para escolher a forma mais apropriada à situação concreta[279].

Entretanto, o dogma da liberdade de escolha das formas jurídicas aos poucos começou a ser questionado pela doutrina alemã.

Apontou-se que a configuração de uma liberdade ou obrigatoriedade de forma depende de dois tipos de interesses fundamentais: (i) a necessidade de se assegurar a proteção do particular (*Schutzauftrag*) e (ii) a necessidade de permitir à Administração o cumprimento eficiente de suas tarefas (*Bewirkungsauftrag*).

Assim, a liberdade de escolha das formas jurídicas pela Administração geraria insegurança jurídica e possibilitaria à Administração decidir quais

[277] *A fuga para o direito privado*: contributo para o estudo da actividade de direito privado da Administração Pública, p. 191.

[278] *A fuga para o direito privado*: contributo para o estudo da actividade de direito privado da Administração Pública, p. 191.

[279] *Apud* ESTORNINHO, Maria João. *A fuga para o direito privado*: contributo para o estudo da actividade de direito privado da Administração Pública, p. 192.

as vinculações jurídicas que lhe serão aplicáveis, o que seria contrário ao Estado de direito.

Não cabe aqui aprofundar as críticas da doutrina alemã à liberdade de escolha das formas jurídicas. Basta a ideia de que se aponta que, em maior ou menor grau, a decisão estaria sujeita a condicionamentos e, portanto, não seria inteiramente livre[280].

Para Maria João Estorninho, a questão deve ser enfrentada sob o ângulo da competência das pessoas públicas e do princípio da especialidade. A competência é um corolário do princípio da legalidade, na sua vertente "legalidade-fundamento". Isso significa que as pessoas públicas exercem suas competências, destinadas à realização dos fins que lhe são acometi-

[280] Maria João Estorninho faz uma análise aprofundada da questão. Segundo relata, Dirk Ehlers sustenta que há dois problemas: a liberdade de escolha (i) causa insegurança jurídica perante os administrados, que não sabem de que forma a Administração vai se servir no caso, e (ii) possibilita à Administração escolher as regras jurídicas que vão reger a sua atuação (uma vez que a escolha por determinada forma jurídica determinará o regime jurídico a ela aplicável). Em relação a esse segundo problema, a Administração poderia, então, decidir quais as vinculações jurídicas aplicáveis, qual o regime de responsabilidade, qual o direito material aplicável, entre outros aspectos. Para Friedrich Zezschwitz, isso seria contrário ao princípio do estado de direito segundo o qual é necessária autorização legal para os atos que provocam alteração no estatuto dos deveres da Administração Pública. Rolf Stober aceita a liberdade de escolha da Administração, mas sustenta ser necessário aplicar-lhe algumas limitações. Segundo ele, a atuação de direito privado da Administração não é necessariamente desfavorável ao particular, mas o princípio da liberdade de escolha é sujeito a limites, no que se enquadra a proibição do "uso indevido" (*Missbrauch*). Hans Peter Bull sustenta que o correto é que a Administração aplique o direito público, a não ser que a lei determine ou admita o contrário. Logo, não haveria propriamente uma liberdade de escolha. Dirk Ehlers é mais rigoroso e defende que somente há liberdade de escolha quando a lei a prevê. Christian Pestalozza entende que qualquer atuação jurídico-privada por parte da Administração deve ultrapassar uma "dupla barreira jurídica de colisão": o fato de a Administração poder deixar o seu âmbito de direito especial (primeira barreira) não significa que lhe seja aberta automaticamente a porta para o terreno das atuações de direito privado (segunda barreira). O doutrinador chama a atenção para o fato de que os problemas surgem não a propósito da "admissibilidade da escolha" ou do "processo de escolha", mas apenas por ocasião do "exercício da escolha". Ou seja, o relevante é saber se a forma adotada era apropriada, pouco importando que houvesse ou não alguma liberdade efetiva de escolha. Para René Rhinow, a adoção de formas de direito privado depende de uma demonstração acerca de sua necessidade. Portanto, a Administração estaria obrigada a fundamentar a utilização adotada (ESTORNINHO, Maria João. *A fuga para o direito privado*: contributo para o estudo da actividade de direito privado da Administração Pública, p. 191-200).

dos, ainda que por meio de formas jurídico-privadas[281]. Já em relação ao princípio da especialidade das pessoas coletivas, ele assegura a ligação entre a legalidade administrativa e a autonomia privada. Pode-se, então, adotar mecanismos de direito privado sem que isso ofenda as finalidades que orientam a pessoa pública.

No mesmo sentido, José Manuel Sérvulo Correia menciona que a utilização de institutos de direito privado pela Administração não significa que os fundamentos deles lhe sejam também a ela dirigidos na sua qualidade específica de portadora de interesses coletivos. "É preciso, isso sim, que as virtualidades técnico-jurídicas desses institutos também possam ser postas ao serviço das atribuições da pessoa colectiva pública e que as situações jurídicas emergentes do seu emprego não se choquem com os princípios a que inescapavelmente se encontram sujeitas as pessoas colectivas públicas enquanto tais"[282]. Ou seja, instrumentos de direito privado podem ser adotados pela Administração, inclusive porque o direito a mune dos meios técnicos necessários à consecução dos seus fins, mas o seu emprego não poderá contrariar os princípios que se aplicam a ela.

Assim, o problema essencial não é o de limitar em abstrato as escolhas da Administração orientadas aos mecanismos de direito privado, e sim fazer com que o exercício dos poderes administrativos não viole os fins estabelecidos pelo ordenamento e os realize da maneira mais eficiente possível. Segundo José Manuel Sérvulo Correia, a fixação normativa de um "acervo de fins" provoca um "afrouxamento da vinculação", que "é qualitativo e não apenas quantitativo, pois que gera liberdade no momento da escolha do fim. Uma liberdade severamente limitada, é certo. Mas ainda e sempre uma liberdade"[283]. E acrescentamos nós: a escolha deve privilegiar aquele meio capaz de satisfazer mais eficientemente os fins atribuídos pelo ordenamento.

Disso, conclui-se que a Administração pode dispor de uma margem de liberdade na definição dos meios para o atingimento dos seus fins. Essa liberdade estará condicionada aos quadrantes do próprio ordenamento e, portanto, é sujeita a determinadas vinculações jurídico-públicas. Estando diante de uma situação em que o ordenamento lhe confere certa liberdade,

[281] ESTORNINHO, Maria João. *A fuga para o direito privado*: contributo para o estudo da actividade de direito privado da Administração Pública, p. 200.

[282] *Legalidade e autonomia contratual nos contratos administrativos*, p. 529.

[283] *Legalidade e autonomia contratual nos contratos administrativos*, p. 530.

caberá à Administração optar pelo meio jurídico que melhor proporcione a consecução dos fins buscados. Em se tratando de um meio submetido primordialmente ao direito privado (como a participação acionária em uma empresa privada, objeto deste estudo), o simples fato de se servir de uma forma privada não transformará a Administração em um sujeito de direito privado nem fará com que ela se liberte de suas responsabilidades específicas. Não se tratará, portanto, de uma "troca arbitrária" de formas jurídicas[284].

3.3.6.2. A consagração constitucional da liberdade de escolha derivada da autorização legal

Essas considerações são relevantes para se compreender a importância da decisão tomada pela Administração na participação do Estado em empresas privadas.

Nesse sentido, como ensina Maria João Estorninho: "Na questão da liberdade de escolha das formas de organização jurídico-privadas trata-se, por exemplo, de saber se é admissível que uma entidade pública decida participar no capital de uma sociedade privada ou decida criar uma entidade jurídico-privada, dotada de autonomia, para desempenhar algumas das suas tarefas ou ainda, decida sofrer ela própria uma metamorfose e transformar-se em entidade de natureza jurídico-privada"[285].

A mesma correlação entre liberdade de escolha das formas jurídicas é notada por Paulo Otero na atuação empresarial do Estado. Segundo ele, "é precisamente no âmbito das formas de organização jurídico-públicas do sector empresarial do Estado que se equaciona o problema do espaço de liberdade do legislador e da Administração na escolha da forma de actuação"[286]. Assim, segundo ele, deve-se verificar se a Constituição confere margem de liberdade ao legislador para a definição da forma jurídica de atuação empresarial pelo Estado. Caso exista essa liberdade, haverá

[284] SÉRVULO CORREIA, José Manuel. *Legalidade e autonomia contratual nos contratos administrativos*, p. 504.

[285] *A fuga para o direito privado*: contributo para o estudo da actividade de direito privado da Administração Pública, p. 189.

[286] *Vinculação e liberdade de conformação jurídica do sector empresarial do Estado*, p. 272.

um segundo nível de análise, que consistirá em verificar em que medida a legislação confere liberdade de escolhas à própria Administração[287].

Em nosso ordenamento, a Constituição consagra a liberdade da Administração em definir a forma de atuação empresarial.

De fato, o artigo 37, incisos XIX e XX, da Constituição, condiciona a criação de uma empresa estatal e a participação do Estado em empresas privadas à prévia existência de uma autorização legal – que nem mesmo precisa ser específica para cada empresa que venha a ser constituída, conforme trataremos em capítulo específico. Sendo assim, na presença de autorização legal que permita a criação de uma empresa estatal ou a participação do ente como sócio de uma empresa privada, haverá liberdade da Administração em optar dentre as soluções cabíveis.

A questão é que cada arranjo possível apresenta características intrínsecas, tal como reiteradamente exposto.

As empresas públicas permitem maior controle por parte da Administração, uma vez que não estará envolvido nenhum capital privado. As sociedades de economia mista permitem a reunião de capitais públicos e privados, com a preponderância do controle societário pelo Estado, mas os interesses dos sócios privados devem ser levados em consideração na gestão da companhia. Em ambos os casos, as empresas integrarão a Administração Pública indireta, o que provoca a incidência de uma série de condicionamentos de direito público, ainda que adaptados ao formato empresarial.

Já as empresas privadas com participação estatal permitem a reunião de capitais públicos e privados, mas com a preponderância do controle societário pelo sócio privado, e não pelo sócio estatal. A empresa, por não integrar a estrutura estatal, não precisa observar uma série de condicionamentos, tais como a realização de licitações e de concursos públicos.

[287] "a) Por um lado, deve averiguar-se da eventual liberdade do legislador em relação à Constituição, isto é, saber se o texto constitucional não comporta imposições ou limitações à escolha do Direito Privado por entidades públicas – podendo falar-se a este propósito em 'reserva constitucional de Direito Administrativo' – ou à escolha do Direito Administrativo por parte de entidades privadas – falando-se aqui em 'reserva constitucional de Direito Privado'; b) Por outro lado, caso exista uma liberdade constitucional do legislador na escolha das formas de actuação das entidades integrantes do sector empresarial do Estado, sempre importa determinar se, perante o silêncio da lei, a Administração goza, por sua vez, de uma liberdade de escolha da forma jurídica de actuação, podendo arbitrariamente optar por pautar a sua conduta pelo Direito Privado ou pelo Direito Público" (OTERO, Paulo. *Vinculação e liberdade de conformação jurídica do sector empresarial do Estado*, p. 264).

Tampouco se submete ao Tribunal de Contas, ao contrário do que ocorre com as empresas estatais[288].

Assim, havendo autorização legal para a constituição de empresa pública, sociedade de economia mista ou empresa com participação estatal, haverá liberdade para que a Administração opte pela forma jurídica que melhor atenda aos objetivos buscados. A Administração deverá ponderar quais são as características necessárias ao caso concreto em termos de composição do capital, intensidade do controle societário, flexibilidade de atuação, assunção de riscos empresariais, dentre outros fatores. A Constituição Federal, em nosso entender, não consagra uma preferência por nenhuma das formas em questão.

Além disso, caberá à Administração um "segundo grau" de decisão, quanto a certas características da forma jurídica que adotar. Isso ocorre porque a lei que autoriza a criação de uma empresa estatal ou a participação do Estado em uma empresa privada muitas vezes não estabelece todas as minúcias da empresa a ser constituída. Assim, a Administração terá autonomia para definir o percentual de sua participação no capital, a forma como se dará o controle societário, as condições mínimas em eventual acordo de acionistas, os poderes atribuídos a eventuais ações de cunho especial, e assim por diante. Por exemplo, a constituição de uma empresa de que o Estado detenha 49% das ações e possa indicar parte dos diretores terá um efeito muito diverso da criação de outra empresa na qual o Estado tenha uma participação de 10% no capital e disponha de poderes muito mais limitados no interior da sociedade.

Nesse sentido é que se afirma aqui que o Texto Constitucional assegura a liberdade de escolha das formas empresariais pela Administração. Havendo autorização legal para a constituição tanto de empresas estatais quanto para a participação destas em empresas privadas, caberá à Administração exercer uma escolha composta de dois graus de decisão. Primeiro, deverá definir a forma jurídica adotada e, em seguida, fará um juízo "de segundo grau" para definir os aspectos concretos da empresa em termos de controle societário, participação do Estado na composição acionária, poderes conservados em mãos do Estado, dentre outros fatores[289].

[288] O regime jurídico das empresas privadas com participação estatal será tratado no Capítulo 6.

[289] Esse duplo grau de opções administrativas é observado por Pedro Costa Gonçalves, por ocasião de comentários à lei portuguesa que trata do regime jurídico da atividade empre-

A decisão tomada pela Administração deverá ponderar as características de cada formatação possível e a sua compatibilidade com os objetivos buscados. Embora não haja nenhuma exigência expressa, diferentemente do que ocorre no direito português, por exemplo, a opção adotada deve estar fundamentada em ponderações técnicas e econômicas produzidas em um procedimento administrativo. O essencial é que a decisão tomada seja pautada por critérios racionais[290].

3.4. A IDENTIFICAÇÃO DE UMA "TÉCNICA ACIONÁRIA"

Conforme demonstrado, as empresas privadas com participação estatal são um mecanismo de parceria entre o poder público e a iniciativa privada. Dentro da relativa liberdade na escolha de formas jurídicas estabelecida pelo ordenamento, o Estado pode se valer da constituição de empresas privadas em que ele seja um sócio sem preponderância no exercício do poder de controle.

Nesse sentido, a participação estatal em empresas privadas consiste num veículo de que se vale o Estado para intervir na economia.

Entretanto, apesar de as empresas privadas com participação estatal serem fundamentalmente empresas privadas, o sócio estatal, ao se associar a um arranjo nesses termos, não deixa de exercer uma função administrativa. Essa concepção nos leva a aprofundar o estudo da questão, sob o ângulo do que denominamos de "técnica acionária", conforme será visto no capítulo seguinte.

sarial local. Segundo ele, "a constituição *ex novo* de sociedades comerciais participadas ou a aquisição de participações em sociedades comerciais existentes surge como resultado de um procedimento complexo, que inclui duas fases: a *primeira*, com a intervenção do órgão deliberativo da entidade pública participante a aprovar a produção daquele efeito e com o procedimento de seleção do sócio privado ou da sociedade; a *segunda*, com a prática dos atos que efetivam a produção do resultado pretendido mediante a celebração do contrato de sociedade (constituição da sociedade ou aquisição da participação)" (*Regime jurídico da atividade empresarial local*, p. 261).

[290] Trataremos em outro capítulo, mais detalhadamente, da necessidade de um procedimento administrativo prévio à decisão.

CAPÍTULO 4
A TÉCNICA ACIONÁRIA: IDENTIFICAÇÃO, OBJETIVOS E CONTROLE

4.1. A IDENTIFICAÇÃO DA TÉCNICA ACIONÁRIA

A participação do Estado como sócio de empresas privadas, conforme mencionado anteriormente, consiste no emprego do que pode ser denominado de "técnica acionária" como mecanismo de intervenção estatal na economia.

A técnica acionária difere de outras possíveis técnicas de intervenção do Estado na economia. Representa o emprego do apoio institucional do Estado a um empreendimento que será executado pela empresa privada de que ele é sócio, com vistas à realização de atividades que o Estado reputa relevantes por uma série de motivos. O Estado utiliza esse apoio, que se materializa nas empresas privadas com participação estatal, como mecanismo orientador de certas condutas consideradas desejáveis.

A afirmação demanda uma reflexão mais detida sobre o apoio institucional do Estado a atividades econômicas privadas, bem como acerca dos seus objetivos e dos seus parâmetros de controle.

4.1.1. A VARIABILIDADE DE FORMAS DE APOIO INSTITUCIONAL DO ESTADO

A constituição de uma sociedade que reúna o Estado e uma pessoa privada apresenta uma peculiaridade marcante, relacionada à identificação de um apoio institucional à empresa e às atividades que ela desempenhará.

Quando o Estado se torna sócio de um particular, está aplicando recursos de origem pública em auxílio ao empreendimento que será desenvolvido. Entretanto, a associação a um particular não é a única alternativa que viabiliza o emprego de recursos de origem estatal em um negócio privado. A destinação de recursos, ainda que pela via da renúncia de receita, poderia ocorrer por meio de diversos outros mecanismos: subvenções, concessão de isenções tributárias, financiamentos a juros baixos, celebração de um contrato de parceria público-privada nas modalidades de concessão patrocinada ou administrativa, dentre outras possibilidades[291].

A associação do Estado na condição de sócio de uma empresa privada apresenta matizes diversos e de efeitos mais complexos do que um simples aporte de capital. O que caracteriza a reunião do ente estatal com um particular em uma empresa privada é a concessão de um apoio institucional por parte do Estado ao empreendimento, na qualidade de sócio.

A associação do Estado na qualidade de sócio possui um peso diferenciado em relação ao simples emprego de recursos públicos como subvenção ou financiamento. O apoio institucional do Estado significa uma sinalização ao público de que aquele sujeito com quem o Estado se associou, bem como a atividade que justificou tal associação, *merecem o apoio do poder público a ponto de um ente estatal se tornar sócio do empreendimento.*

É evidente que qualquer forma de apoio estatal apresenta um caráter de institucionalidade – uma vez que se trata do Estado, enquanto instituição, a dar a sua chancela a uma pessoa ou atividade.

A simples concessão de um financiamento público por meio de um banco estatal de fomento consiste indiretamente na afirmação de que a atividade desempenhada pelo mutuário é reconhecida como relevante pelo Estado, a ponto de este viabilizar recursos públicos em condições normalmente mais facilitadas do que as encontradas no mercado de crédito. Mas nessa situação, o Estado não estará se associando aos resultados do empreendimento realizado, nem terá em princípio qualquer participação na definição das estratégias comerciais.

Em outros casos, o apoio concedido pelo Estado apresenta natureza mais declaratória, e não propriamente constitutiva de uma qualificação jurídica específica. Certas medidas tradicionalmente apontadas como de

[291] Segundo Joaquim Vergés, para cada forma de medida direta via empresa estatal há uma alternativa ortodoxa (*Empresas públicas*: como funcionan, comparativamente a las privadas – eficiência, eficacia y control. Madrid: Instituto de Estudios Fiscales, 2008, p. 43-50).

fomento têm esse efeito de consistir no reconhecimento oficial da relevância de uma atividade ou pessoa. Pode-se mencionar como exemplo disso as medidas de "fomento honorífico", em que o Estado confere uma honraria a um determinado sujeito ou instituição como reconhecimento da relevância da sua atuação. A atribuição da honraria provoca um destaque ao sujeito que a recebeu, diante da "tendencia humana hacia la diferenciación y distinción"[292]. Eventualmente, essa distinção poderá até mesmo reverter em benefícios econômicos indiretos ao sujeito, como derivação da honraria que lhe foi concedida pelo Estado e que o distingue dos demais. Mas não haverá nesse caso um apoio institucional (muito menos permanente) do Estado ao beneficiado para o que ele venha a fazer depois da honraria recebida. Ou seja, desse reconhecimento estatal de distinção não decorre uma derivação jurídica plenamente definida nem mensurável.

Por vezes, o ordenamento prevê situações às quais se conferem decorrências jurídicas determinadas em função do reconhecimento da relevância não só da atividade, mas também do sujeito que a desempenha. Um exemplo é o das entidades do terceiro setor. Se o Estado reconhece uma entidade como Organização da Sociedade Civil, a atribuição desse título significa em certa medida a concessão de um apoio institucional por parte do Estado, que, assim, confere certas vantagens à instituição fomentada[293].

[292] GARRIDO FALLA, Fernando. *Tratado de derecho administrativo*. vol. 2. 12.ed. Madri: Tecnos, 2006, p. 383.

[293] A Lei nº 13.019, de 2015, estabelece o novo marco regulatório do terceiro setor e institui a figura da "organização da sociedade civil", definida pelo artigo 2º, inciso I, nos seguintes termos: "Art. 2º Para os fins desta Lei, considera-se: I - organização da sociedade civil: a) entidade privada sem fins lucrativos que não distribua entre os seus sócios ou associados, conselheiros, diretores, empregados, doadores ou terceiros eventuais resultados, sobras, excedentes operacionais, brutos ou líquidos, dividendos, isenções de qualquer natureza, participações ou parcelas do seu patrimônio, auferidos mediante o exercício de suas atividades, e que os aplique integralmente na consecução do respectivo objeto social, de forma imediata ou por meio da constituição de fundo patrimonial ou fundo de reserva; b) as sociedades cooperativas previstas na Lei no 9.867, de 10 de novembro de 1999; as integradas por pessoas em situação de risco ou vulnerabilidade pessoal ou social; as alcançadas por programas e ações de combate à pobreza e de geração de trabalho e renda; as voltadas para fomento, educação e capacitação de trabalhadores rurais ou capacitação de agentes de assistência técnica e extensão rural; e as capacitadas para execução de atividades ou de projetos de interesse público e de cunho social. c) as organizações religiosas que se dediquem a atividades ou a projetos de interesse público e de cunho social distintas das destinadas a fins exclusivamente religiosos" (redação conferida pela Lei nº 13.204, de 2015). Com a qualificação de uma entidade como OSC, podem ser firmadas parcerias com a Administração Pública (artigo 2º, inciso III), mediante

Em outros casos, o reconhecimento estatal de um sujeito privado é apenas uma decorrência de uma relação jurídica travada com o próprio Estado. É o ocorre com as contratações públicas para a aquisição de bens e a execução de obras ou serviços. O contratado, sob certo ângulo, foi reconhecido pelo próprio poder público como apto a satisfazer as necessidades do Estado com aquela contratação. A experiência derivada da contratação inclusive se integrará ao portfólio da empresa, e poderá ser levada em consideração por outros entes, públicos ou privados, em futuras contratações. O Estado poderá até mesmo ter de elaborar um atestado de capacidade técnica indicando formalmente que recebeu o objeto contratado em conformidade com as exigências que foram formuladas, sendo que tal documento poderá ser apresentado pela empresa em outras licitações e ao público em geral.

O fato é que, de certo modo, qualquer relacionamento jurídico com o Estado pode ter um efeito positivo em favor da pessoa privada, o qual será mais ou menos intenso dependendo de cada situação. Em certa medida, esse efeito obtido pelo particular consiste no reconhecimento institucional pelo Estado de que aquela pessoa desempenha adequadamente uma determinada atividade ou de que tal atuação é considerada de extrema relevância pelo Estado. Pode-se obter inclusive benefícios econômicos derivados desse reconhecimento estatal, embora eles não sejam mensuráveis com precisão.

Apesar de todas essas situações configurarem, em maior ou menor grau, uma espécie de apoio oficial por parte do Estado, em nenhuma delas o poder público se associa aos resultados da atividade realizada. Vale dizer, não assume os riscos do empreendimento.

4.1.2. A PARTICIPAÇÃO SOCIETÁRIA COMO MECANISMO DE APOIO INSTITUCIONAL DO ESTADO

O apoio institucional do Estado ganha nuances diversas quando um ente estatal se associa a uma pessoa privada *na qualidade de sócio*.

Ao se tornar sócio de uma pessoa privada, o Estado reconhece formalmente que aquela pessoa apresenta determinadas qualidades que justifi-

instrumentos diversos (termo de colaboração, termo de fomento ou acordo de cooperação). Trata-se de medidas de fomento.

caram essa associação e que as atividades a serem realizadas pela empresa são consideradas relevantes pelo Estado, tanto é que se decidiu por integrar o empreendimento como sócio.

Esse apoio institucional do Estado na qualidade de sócio é muito mais intenso do que outras formas de reconhecimento ou de distinção. O apoio do ente estatal como sócio de um particular significa que o Estado (i) reconhece que a atividade é relevante a ponto de se associar a ela, inclusive assumindo os riscos inerentes ao empreendimento, e (ii) empreenderá seus esforços para que as atividades desempenhadas pela sociedade de que participa atinjam os melhores resultados possíveis, inclusive assumindo os riscos do negócio. Trata-se de uma sinalização ao mercado em geral (i) de que o sócio privado possui qualidades que o Estado reputa relevantes, as quais possivelmente outros particulares não detêm, e (ii) que a atividade a ser desempenhada é de interesse do Estado, que assim optou por incentivá-la, associando-se a ela, e não a outras possíveis atividades eventualmente concorrentes.

Um exemplo pode esclarecer o que se afirma aqui. Suponha-se que a União pretenda incentivar o desenvolvimento tecnológico do país por meio do apoio à pesquisa de novas tecnologias na área de saúde. Imagine-se ainda que existam dois ou mais grupos de pesquisa desenvolvendo tecnologias destinadas à criação de uma vacina que previna o desenvolvimento de uma doença incurável. Evidentemente, é do interesse do Estado incentivar as pesquisas e o desenvolvimento de tecnologias que permitam a criação dessa vacina. Afinal, a vacina será um produto inovador, que contribuirá para a dignidade humana da população e potencialmente reduzirá os custos do próprio Estado com o tratamento dos enfermos. Assim, com base na Lei nº 10.973, de 2004, que dispõe sobre incentivos à inovação e à pesquisa científica e tecnológica e autoriza a União, no artigo 5º, a participar minoritariamente do capital de empresa privada de propósito específico que vise ao desenvolvimento de produtos ou processos inovadores, a União verifica o estágio de cada pesquisa, examina os resultados até o momento obtidos, as potencialidades de cada linha de investigação, dentre outros fatores, e decide constituir uma empresa privada com um desses grupos de pesquisa. Torna-se, assim, sócio desse grupo privado, constituindo uma empresa privada, não integrante da Administração Pública, que terá por propósito específico o desenvolvimento de uma determinada vacina, com a expectativa de atingir esse objetivo em um par de anos. Caso seja obtido o resultado, a vacina será utilizada pelo poder público no Brasil a custos mais reduzidos e poderá ser comercializada em outros países, com o que a União pretende inclusive obter a recuperação dos investimentos realizados. É evidente que a escolha desse grupo privado pela União, em detrimento dos demais que também estavam desenvolvendo suas pesquisas com o mesmo objetivo, tem uma representação muito forte. Mais do que aportar capital a essa empresa, a União, ao se associar àquele grupo privado, está sinalizando (i) que aquela pesquisa específica, *mais do que todas as outras*, merecia o apoio institucional do Estado, e (ou) (ii) que o grupo privado contemplado, *mais do que os outros*, tinha as qualidades necessárias para chegar ao resultado esperado.

Esse exemplo demonstra claramente que o apoio institucional do Estado apresenta qualidades específicas quando se dá por meio da sua participação como sócio de uma empresa privada. Na qualidade de sócio, o Estado possui um interesse institucional no empreendimento realizado. Ainda que o interesse do Estado possa ser diferente em relação às pretensões de qualquer sócio privado, uma vez que voltado à consecução de finalidades públicas, o fato é que o seu apoio institucional, na qualidade de sócio, representa uma sinalização de que há um interesse direto do poder público no sucesso daquela empresa e daquela atividade.

Não se trata de afirmar a existência de uma *affectio societatis* entre o Estado e a pessoa privada à qual ele se associou. O conceito de *affectio societatis*, além de impreciso, é incapaz de servir de fundamento para uma decisão estatal, ainda mais dessa relevância[294]. De todo modo, é inegável que a integração do Estado a um empreendimento, na qualidade de sócio, possui uma relevância especial, que diferencia esse apoio institucional de outros possíveis apoios do Estado – por exemplo, a entidades do terceiro setor e aos particulares beneficiados por qualquer medida de fomento honorífico.

A circunstância de o Estado não deter a preponderância do controle da empresa privada de que ele é sócio, sob certo ângulo, até mesmo reforça o

[294] Trataremos da problemática relacionada à *affectio societatis* no capítulo que versará sobre a escolha do sócio privado pelo Estado. Por ora, adiantamos que a noção de *affectio societatis* é deveras imprecisa. Sua invocação normalmente não tem nada a contribuir para a compreensão do fenômeno societário, o que tem levado a moderna doutrina comercialista a superar esse conceito. Especificamente em relação à atuação do Estado, justamente pelo caráter impreciso do conceito de *affectio societatis*, não se trata de uma noção segura a servir de fundamento para qualquer decisão da Administração Pública.

apoio oficial ao empreendimento. Significa que o Estado confia na viabilidade do empreendimento e no alcance dos objetivos buscados a ponto de se associar a ele e deixar que o sócio privado tenha preponderância na condução dos negócios.

Portanto, o apoio institucional do Estado por meio de sua integração como sócio de uma empresa privada apresenta uma relevância estratégica. Essa associação configura uma espécie de reconhecimento oficial das qualidades do empreendimento e do sócio privado, num grau mais elevado do que ocorre por meio de outras medidas de apoio estatal.

4.1.3. O CARÁTER ÚNICO DO APOIO INSTITUCIONAL DO ESTADO

Outro fator relevante é que o apoio institucional do Estado é único.

Nenhum grupo econômico, por mais poderoso que seja, terá condições de agregar a um empreendimento o apoio que o Estado é capaz de proporcionar. Somente o Estado possui legitimidade institucional para a consecução de certos fins, e apenas ele detém poderes para a execução de certas tarefas (regula a economia, edita regras de observância obrigatória, entre outras). Assim, ao se associar a um empreendimento, o Estado está acedendo a ele todo o seu peso institucional, que é diverso daquele que pode ser proporcionado por qualquer outra instituição.

4.1.4. O APOIO INSTITUCIONAL DO ESTADO COMO EQUIVALENTE A UM BEM IMATERIAL DE VALOR ECONÔMICO

Em certo sentido, o apoio institucional do Estado por meio de sua associação a uma empresa privada equivale a um bem imaterial, que pode ser funcionalizado a certas finalidades.

Como demonstrou Floriano de Azevedo Marques Neto em brilhante tese sobre os bens públicos, nos dias atuais, verifica-se de um lado a "desmaterialização" da riqueza e da propriedade e, de outro, a sua "funcionalização"[295].

[295] A "funcionalização" da propriedade já foi referida no Capítulo 2, ao se tratar da celebração de acordos de acionistas nas sociedades de economia mista. Aqui, cabe nova menção ao tema, mas sob ângulo diverso.

A "desmaterialização da propriedade" pode ser entendida como sendo o deslocamento de importância dos bens materiais para os bens intangíveis. Consequentemente, há um processo de "desmaterialização da riqueza", na medida em que os ativos intangíveis passam a ter uma importância econômica muito maior do que a dos bens materiais. Esse fenômeno não decorre apenas da imaterialidade ditada pela tecnologia, e sim como efeito de um predomínio do uso em detrimento da comutação. Como ensina o doutrinador: "Os bens, hoje mais do que nunca, valem muito mais pela utilidade que franqueiam à coletividade, do que pelo incremento patrimonial que conferem ao seu titular"[296].

Esse processo de desmaterialização da riqueza é verificado tanto na economia quanto no direito. Na economia, ele se manifesta, por exemplo, nos métodos hodiernos de avaliação de empresas. Certos ativos imateriais alocados em uma empresa para gerar riqueza são mais valorados do que o valor patrimonial desses bens (ou seja, quantifica-se a utilidade desses ativos no processo produtivo). Assim, não há apenas um aumento do valor dos bens intangíveis, mas também uma modificação da forma de valoração. No direito, um exemplo de valoração das utilidades é a inclusão, no rol dos direitos reais, do uso, da concessão de uso especial para fins de moradia, e da concessão de direito real de uso (artigo 1.225, incisos V, XI e XII, do Código Civil).

Já a "funcionalização da propriedade", ainda segundo Floriano de Azevedo Marques Neto, é manifestada na crescente atenção do direito à finalidade a ser cumprida pelo emprego dos bens, sendo a mais evidente a sua adstrição à função social[297]. Afinal, sendo valorada a potencialidade dos bens em produzir riqueza, a decorrência mais direta é justamente a preocupação com o seu uso.

A esses vetores, somam-se ainda as transformações no papel do Estado contemporâneo, que assume diversas tarefas, mas possui bens escassos. Disso deriva a necessidade de o poder público recorrer a mecanismos mais eficientes de intervenção, o que implica a busca por meios alternativos de financiamento dessas tarefas. Assim, torna-se imperativo o que Floriano de

[296] *Bens públicos*: função social e exploração econômica; o regime jurídico das utilidades públicas, p. 389.

[297] *Bens públicos*: função social e exploração econômica; o regime jurídico das utilidades públicas, p. 389.

Azevedo Marques Neto denomina de "rentabilização dos bens públicos"[298], que não é propriamente o aproveitamento econômico do bem, mas a sua gestão eficiente com vistas à geração de riquezas.

Em relação ao apoio institucional do Estado, aplica-se um raciocínio muito semelhante.

Em primeiro lugar, o apoio institucional do Estado inegavelmente apresenta um *conteúdo econômico*. O simples fato de um ente estatal ingressar em um empreendimento na qualidade de sócio incorpora ao negócio o apoio do Estado, adicionando valor ao empreendimento. Em outras palavras, o ingresso do Estado como sócio revela o reconhecimento oficial da importância da empresa e do empreendimento e representa uma sinalização de que ele será apoiado pelo Estado devido à sua relevância e às suas características intrínsecas. Agrega-se o peso institucional do Estado à empresa privada e, em certa medida, também ao seu sócio privado – que foi digno de receber o apoio estatal[299].

Em segundo lugar, o apoio institucional do Estado tem a potencialidade de *gerar riqueza ao empreendimento*. Não se trata aqui da vantagem econômica decorrente do simples aporte de capital público à sociedade empresária. O potencial aqui tratado deriva do reconhecimento, por terceiros, de que aquela empresa desempenhará uma atividade relevante a ponto de o Estado se associar a ela. Vários benefícios podem ser obtidos a partir disso (*v.g.*, investidores privados podem ser interessar pelo empreendimento e, assim, poderão eventualmente aportar mais recursos, que contribuirão para o atingimento das finalidades buscadas com a constituição da empresa). O apoio institucional do Estado, portanto, apesar de não ser propriamente um bem material, possui um valor intrínseco que se adiciona à mera quantidade de capital público aportado, funcionando como um "empurrão" (*nudge*[300]) para o empreendimento pretendido. Pode valer

[298] *Bens públicos*: função social e exploração econômica; o regime jurídico das utilidades públicas, p. 389.

[299] Note-se que não se está tratando aqui da concessão de benefícios ou privilégios às empresas com participação estatal. O que se afirma é que a simples participação do Estado na empresa já confere a ela um diferencial, possivelmente muito relevante, que a distinguirá de outros atores do mercado.

[300] *Nudge*, em inglês, significa um "empurrão", ou seja, um apoio para que algo seja realizado. Como demonstram os estudiosos que se filiam à corrente da *behavior economics*, são cada vez mais frequentes as técnicas do Estado que se utilizam do *nudge*, ou seja, da atuação do Estado como apoiador e catalizador de certos objetivos no domínio econômico. Sobre o assunto,

muito mais pela sua utilidade à empresa e ao empreendimento apoiado do que pelo incremento patrimonial que o Estado proporciona pelo aporte de capital à empresa privada da qual ele é sócio.

Em terceiro lugar, essa funcionalização do apoio do Estado por meio de sua associação a uma empresa privada *possibilita uma rentabilização.* Justamente por se tratar de um apoio de ordem institucional com a potencialidade de gerar riqueza ao empreendimento, possibilita outros mecanismos de financiamento, que poderão inclusive reduzir a necessidade de recursos públicos. Não é demais afirmar, nesse sentido, que o apoio institucional do Estado na qualidade de sócio potencializa os recursos públicos aportados ao empreendimento. Num contexto de escassez, trata-se de uma possibilidade que deve ser valorizada pelo Estado em suas intervenções no setor econômico[301].

4.1.5. A SUBSIDIARIEDADE E O CARÁTER FINITO DO APOIO INSTITUCIONAL DO ESTADO

O exposto até aqui evidentemente não significa que o Estado deverá sempre se associar aos empreendimentos que apoia. Muito menos equivale a afirmar que o Estado passará a ser um "especulador" ou um "gestor de ativos societários".

Em primeiro lugar, deve ser observada a subsidiariedade da intervenção estatal na ordem econômica, propugnada pelo artigo 173 da Constituição Federal. Isso significa que o Estado deve se valer preferencialmente de instrumentos menos intrusivos no campo econômico, e sempre observando a livre iniciativa assegurada pela carta constitucional.

Em segundo lugar, deve-se observar o caráter finito dos recursos públicos e a infinidade de necessidades públicas que demandam atendimento,

confira-se: THALER, Richard H.; SUNSTEIN, Cass R. *Nudge*: improving decisions about health, wealth, and happiness. New Haven and London: Yale, 2008, *passim*.

[301] Um exemplo pode esclarecer essa afirmação. Imagine-se que o Estado pretenda apoiar uma empresa por meio de uma dentre duas modalidades: ou disponibiliza uma linha de crédito por meio de um banco de fomento, eventualmente a fundo perdido, ou insere-se como sócio do empreendimento, aportando capital. Nesse segundo cenário (ingresso do Estado como sócio), é factível imaginar que o Estado poderá aplicar uma quantidade menor de recursos, uma vez que a sua própria integração como sócio chamará a atenção do mercado, que, assim, terá interesse em investir também no negócio.

o que impede que o Estado aporte capital e apoio a toda e qualquer atividade que repute relevante.

Há ainda uma circunstância relacionada à "vulgarização" do apoio institucional do Estado. Quanto mais difundido for o apoio por meio da participação em empresas privadas, em um certo sentido haverá uma diminuição da relevância desse apoio perante o mercado.

O raciocínio aqui é muito simples. Suponha-se que o Estado apoie somente um empreendimento, tornando-se sócio de uma empresa privada. A relevância desse apoio perante o mercado será um fator de distinção relevante. Entretanto, se o Estado se torna sócio de todos os empreendimentos voltados ao mesmo objeto, o caráter distintivo que havia na primeira situação deixará de existir – ainda que o apoio institucional continue sendo relevante.

Mesmo assim, é necessário reconhecer que a possibilidade de o Estado se tornar sócio de uma empresa privada consiste num poder marcante de intervenção no domínio econômico e, por si só, proporciona algumas vantagens ao empreendimento.

É claro que o apoio institucional proporcionado pelo Estado possui uma relevância diferente em cada situação, inclusive em termos econômicos.

Por exemplo, no caso de uma empresa constituída para o desenvolvimento de novas tecnologias, em que há um grande risco de não serem obtidos os resultados almejados, o apoio institucional do Estado na qualidade de sócio tende a ser mais relevante. O Estado estará imbuído de um propósito de fomento a uma atividade que não apresenta nenhuma perspectiva concreta de rentabilidade em um curto espaço de tempo, mas que é de flagrante interesse coletivo. Nessa situação, o apoio do Estado pode ser relevante como confirmação da importância da atividade e contribuirá para a obtenção de outras vantagens, como a viabilização de recursos privados.

Já no caso da concessão de uma atividade até então desempenhada pelo Estado (como ocorreu com a recente concessão de grandes aeroportos no Brasil), a associação de um ente estatal (no caso, a Infraero) como sócio das concessionárias tem por objetivo central proporcionar uma garantia ao próprio Estado na condução das atividades realizadas. O caráter de apoio institucional do Estado não parece ser o mais relevante no arranjo societário que foi constituído. Mesmo nesse caso, entretanto, a presença da Infraero como sócia das empresas não deixa de configurar um apoio institucional do Estado ao empreendimento, cujos moldes – concessão de aeroportos – até então eram inéditos no Brasil com as proporções verificadas.

4.1.6. CONCLUSÃO: A TÉCNICA ACIONÁRIA COMO MECANISMO DE APOIO INSTITUCIONAL DO ESTADO

Nesse sentido é que se deve compreender a técnica acionária de que estamos a tratar. A técnica acionária (que está presente em todos os arranjos em que se constitui uma empresa privada com participação estatal) representa o emprego do apoio institucional do Estado como mecanismo indutor de certas condutas buscadas pelo poder público. Em função do apoio institucional que somente o Estado é capaz de conferir na condição de sócio, e que não se resume a um mero aporte de capital, o particular que a ele se associa deve reconhecer certos poderes ao ente estatal no interior da empresa privada, de forma que o Estado, em maior ou menor grau, tenha influência na atuação daquela sociedade.

O Estado, por sua vez, "troca" esse apoio e os recursos empregados na sociedade por mecanismos intrassocietários destinados a proteger os interesses públicos que são, ao mesmo tempo, a justificativa e a finalidade buscada com a constituição da empresa privada com participação estatal[302].

Em síntese, pode-se afirmar que a técnica acionária representa um modo de intervenção estatal na economia por meio da qual o Estado, utilizando-se de sua capacidade de realizar um apoio institucional a determinados empreendimentos, associa-se a eles com o objetivo de induzir certas

[302] Nesse sentido, Carlos Ari Sundfeld, Rodrigo Pagani de Souza e Henrique Motta Pinto afirmam o seguinte: "No mundo empresarial privado, os sócios minoritários podem ser estratégicos na medida em que aportem à empresa investida não apenas uma porção relevante de capital (ainda que minoritária), mas também uma experiência singular, um *know how* valioso, um ativo essencial, uma oportunidade de negócios, uma reputação extraordinária – enfim, algo que sirva de legítimo substrato a justificar um acordo por força do qual lhes seja reconhecido algum tipo de compartilhamento do controle. O mesmo vale para as empresas estatais; estas podem – autorizadas por lei – aportar a empresas não estatais, na qualidade de suas acionistas minoritárias, diversos benefícios singulares, sendo razoável reconhecer que, justamente pelos benefícios aportados, seja-lhes reconhecida alguma forma de compartilhamento do controle das empresas investidas" (Empresas semiestatais, p. 81). Portanto, os doutrinadores reconhecem que a associação do Estado a uma empresa privada não só proporciona oportunidades singulares a essa empresa, como também serve de substrato para se assegurar ao sócio estatal algum poder interno à sociedade empresária.

condutas que sejam vantajosas aos objetivos de interesse coletivo buscados com a associação. Dessa forma, além de empregar capital público, o Estado presta um apoio institucional ao empreendimento. Esse apoio tem uma importância marcante perante o mercado, uma vez que consiste no reconhecimento oficial da relevância da atividade e da pessoa com quem o Estado se associou.

As empresas privadas com participação estatal são, desse modo, o veículo utilizado para o emprego do apoio institucional do Estado por meio da técnica acionária.

4.2. OBJETIVOS BUSCADOS COM O EMPREGO DA TÉCNICA ACIONÁRIA

A técnica acionária permite a formação de empresas com diversas configurações, em que o Estado poderá deter maior ou menor influência dependendo de sua participação no capital e dos poderes que forem previstos nos atos constitutivos e em eventuais outros instrumentos – afinal, o controle interno não é uma decorrência necessária da propriedade acionária, conforme demonstrado no Capítulo 3.

Na verdade, as razões que embasam a participação do Estado determinam a forma como se dará a sua integração na empresa e como será o seu relacionamento com os sócios privados.

Assim, convém aprofundar o exame dos objetivos que podem ser buscados pelo Estado por meio de sua participação como sócio de empresas privadas.

4.2.1. A VARIEDADE DE OBJETIVOS

A técnica acionária pode ser aplicada pelo Estado para a consecução de uma série de objetivos. Basicamente, sempre que o apoio institucional do Estado, na qualidade de sócio, for relevante para a consecução de objetivos de interesse público que justifiquem uma atuação estatal, a técnica acionária será útil[303].

[303] A afirmação, evidentemente, deve ser lida de maneira ponderada. Trata-se aqui apenas da *utilidade* da constituição de empresas privadas com participação estatal. A utilização da técnica acionária deve ser compatível com o ordenamento e deverá atender aos requisitos

A doutrina já se dedicou a examinar os objetivos que justificam a associação empresarial do Estado a particulares, ainda que o fazendo com base em critérios bastante diferenciados.

Para o doutrinador uruguaio Ignacio Aragone Rivoir, existem três grupos de razões que orientam o Estado a atuar como sócio de empresas privadas: (i) razões político-estratégicas, (ii) razões operativas, e (iii) razões instrumentais[304].

Como razões político-estratégicas, o doutrinador aponta que a presença do Estado como sócio poderia (i) manter a presença estatal em concessões que implicam a gestão de recursos estratégicos ou escassos por parte do concessionário (como água, gás etc.), (ii) manter a presença estatal em concessões cuja aplicação em sua versão tradicional é questionada por setores influentes da comunidade, (iii) reduzir o "risco político" de determinados projetos de concessão (a presença do Estado seria um compromisso estatal com o empreendimento), (iv) dinamizar o mercado de capitais (*v.g.*, com posterior transferência da participação estatal a investidores ou ao mercado em geral – "capitalismo popular"), e (v) obter apoio de determinados "*stakeholders*" aos projetos (*v.g.*, com posterior transferência de ações aos trabalhadores).

As razões operativas, segundo o doutrinador uruguaio, consistiriam em o Estado assegurar-se que seria beneficiado com a transferência de *know how* correspondente à gestão do projeto, de modo que poderia continuar envolvido com a atividade uma vez concluída a concessão, até mesmo sem a presença do seu sócio privado.

Já as razões instrumentais teriam o objetivo de agilizar o processo de incorporação do setor privado na gestão de um projeto de infraestruturas. É o que ocorreria, por exemplo, com a constituição de uma sociedade de propósito específico de direito privado, com capital integralmente público, para a exploração de um serviço concedido, sendo que, num segundo

aplicáveis a cada situação. Assim, por exemplo, será necessária autorização legal para que uma empresa estatal passe a integrar o quadro acionário de uma empresa privada. Ainda que o mecanismo em questão possa ser útil às finalidades buscadas pela empresa estatal, somente poderá ser colocado em prática se houver autorização legal, na forma do artigo 37, inciso XX, da Constituição Federal.

304 *Participación accionaria del Estado en sociedades concesionarias*: tendencias, problemas y desafios. Apresentação realizada no III Congresso Iberoamericano de Regulación Económica – ASIER. São Paulo, 26.7.2008. Disponível em: <www.direitodoestado.com.br>, acesso em 30.4.2012.

momento, essa sociedade realizaria um procedimento competitivo para a adjudicação de parte do capital acionário dessa sociedade veículo, ou para que houvesse a integração de um grupo privado a essa concessionária por meio da ampliação do seu capital.

Paulo Otero, conforme já mencionado no Capítulo 3, aponta dois objetivos que poderiam ser buscados pelo Estado ao se associar a um particular em uma empresa privada.

O primeiro deles consiste no que o doutrinador denomina de participação acionária pública "testemunha" ou de simples "presença", que busca apenas possibilitar que o Estado esteja presente na gestão de tais empresas, exercendo uma função de "fiscalização interna", de modo a assegurar a relevância pública da atividade empresarial desenvolvida[305].

O segundo objetivo seria o de uma participação pública acionária "promotora ou de fomento", tendo como finalidade o financiamento parcial ou o apoio a projetos de discutível rentabilidade imediata ou de elevado risco, mas que correspondem à realização de interesses de relevância ou utilidade pública (como, por exemplo, o desenvolvimento industrial de certa região)[306].

Alexandre Santos de Aragão propõe outra classificação.

Segundo ele, os objetivos buscados pelo Estado na qualidade de sócio de empresas privadas consistem em (i) fomentar determinados setores da atividade econômica, (ii) realizar de forma mais eficiente certas atividades-fim das sociedades de economia mista, (iii) direcionar as atividades de uma empresa privada (eventualmente uma concessionária de serviços públicos) por meio de eventual titularidade de *golden shares* ou da celebração de acordos de acionistas, e (iv) ter maior fiscalização sobre as atividades e contabilidade de concessionárias privadas de serviços públicos, reduzindo a assimetria informacional que existe em relação ao Estado, uma vez que, como sócio, terá maior acesso direto a esses dados do que como um regulador externo[307].

[305] *Vinculação e liberdade de conformação jurídica o sector empresarial do Estado*, p. 208-209.

[306] *Vinculação e liberdade de conformação jurídica o sector empresarial do Estado*, p. 209.

[307] Inicialmente, Alexandre Santos de Aragão mencionava apenas os três primeiros objetivos (Empresa público-privada, p. 49). O quarto objetivo foi incluído no seu *Curso de direito administrativo* (2012, p. 136).

Pedro Costa Gonçalves ainda aponta objetivos específicos da participação das entidades locais em empresas privadas[308].

Todas essas classificações não deixam de estar corretas. Cada doutrinador direciona suas atenções para certos aspectos das empresas privadas com participação estatal e, assim, realiza sua classificação de acordo com determinados critérios.

A divergência de visões, na realidade, confirma que a técnica acionária do Estado pode ser utilizada para uma série de objetivos bastante diversificados, o que é possível justamente em função da maleabilidade existente na configuração dessas empresas. O sócio estatal poderá ter uma atuação mais ou menos intensa, com poderes que podem variar bastante de uma situação para outra. Além disso, é impossível prever todos os objetivos que podem ser buscados por meio da técnica acionária, uma vez que as atividades econômicas são dinâmicas – e essa dinamicidade deve caracterizar também a intervenção do Estado nesse domínio.

Embora não seja possível prever de modo exauriente todos os objetivos que podem ser buscados por meio do emprego da técnica acionária pelo Estado[309], cabe fazer uma classificação abrangente, de modo não só a demonstrar a relevância e a utilidade prática da atuação do Estado como sócio de empresas privadas, mas também para que se compreenda melhor como será a atuação do sócio estatal nessas empresas.

Assim, propõe-se que a participação do Estado como sócio de empresas privadas pode apresentar os seguintes objetivos: (i) dinamização e diversificação de atividades realizadas por empresas estatais, (ii) participação do

[308] Não se trata de uma classificação, mas apenas da cogitação de certos exemplos de objetivos que podem ser buscados com as participações empresariais locais. Segundo ele: "esta pode revelar-se uma via – talvez, a única via – para a participação pública local em atividades económicas de uma forma articulada com a prossecução do interesse público local: pode tratar-se, por exemplo, de uma participação determinada pelo interesse em manter uma indústria de fabricação de produtos típicos de uma região (*v.g.*, queijo, tapetes, bordados) ou pelo interesse de participar numa empresa de fomento do turismo local ou em sociedades de realização e de organização de eventos culturais, que gerem equipamentos de utilização pública (parques aquáticos) ou que desenvolvem atividades no domínio da saúde (*v.g.*, estabelecimento termal), ou da exploração de recursos geológicos etc." (*Regime jurídico da atividade empresarial local*, p. 261).

[309] Qualquer classificação que pretendesse exaurir os objetivos possíveis seria incompleta e, portanto, sem êxito.

Estado na gestão de atividades que dependam de uma outorga estatal; e (iii) auxílio a uma determinada atividade privada ou a um agente econômico.

Cada um desses objetivos gerais pode apresentar finalidades específicas. Por exemplo, se o Estado se associa à realização de uma atividade que dependa de uma outorga estatal, essa associação pode buscar (i) a redução de riscos do empreendimento, (ii) a transferência de *know how* do setor privado para o Estado, (iii) a redução de assimetrias informacionais, dentre outras finalidades. Além disso, em cada caso poderão ser instituídos mecanismos específicos de que poderá se valer o sócio estatal no interior da empresa privada.

Nos tópicos seguintes, passa-se a examinar os três objetivos gerais aqui arrolados, mencionando a legislação pertinente e determinadas situações concretas que demonstrarão a variedade de contextos que justificam a participação estatal em empresas privadas. O objetivo é permitir uma compreensão abrangente do fenômeno da técnica acionária.

4.2.2. DINAMIZAÇÃO E DIVERSIFICAÇÃO DE ATIVIDADES REALIZADAS POR EMPRESAS ESTATAIS

4.2.2.1. A formação de grupos societários como uma prática de mercado

Como demonstramos no Capítulo 1, as empresas estatais são um importante instrumento utilizado pelo Estado para o desempenho de atividades econômicas. A previsão das empresas públicas e sociedades de economia mista como pessoas jurídicas de direito privado, ainda que integrem a Administração Pública, representa o reconhecimento de que o regime de direito privado é o mais adequado para a consecução de atividades econômicas.

Mas não se trata apenas da possibilidade de utilizar mecanismos de direito privado. As empresas estatais desempenham atividades econômicas (em sentido amplo) essencialmente em forma de empresa. Ainda que haja a incidência de certos condicionamentos que se aplicam às empresas públicas e sociedades de economia mista – como os princípios gerais da Administração Pública –, essas limitações passam pelo filtro da figura da empresa.

Um importante instrumento utilizado pelas empresas privadas para a exploração de atividades econômicas consiste na formação de grupos. Certas empresas, seja por precisarem de maior quantidade de capital, seja por não deterem determinado *know how*, associam-se a outras para a realização de empreendimentos específicos. Podem, dessa forma, constituir sociedades com objetos determinados, de que sejam sócias, mas que tenham um funcionamento separado, possivelmente mais adaptado àquela nova atividade[310].

O artigo 2º, § 3º, da Lei nº 6.404, estabelece que "A companhia pode ter por objeto participar de outras sociedades; ainda que não prevista no estatuto, a participação é facultada como meio de realizar o objeto social, ou para beneficiar-se de incentivos fiscais". Além disso, os artigos 265 a 277 da mesma lei contemplam a figura do grupo de sociedades, no qual as empresas se obrigam "a combinar recursos ou esforços para a realização dos respectivos objetos, ou a participar de atividades ou empreendimentos comuns" (artigo 265).

Se as empresas privadas podem se valer da constituição de outras empresas para a consecução de objetos específicos, também as empresas estatais podem adotar esse expediente. Caso uma empresa estatal precise se associar a um particular para o desempenho de determinada atividade, o modelo adotado poderá ser o da constituição de uma empresa privada com participação estatal, ou seja, de uma sociedade essencialmente privada, não integrante da Administração Pública, que terá como sócios a empresa estatal e um ou mais grupos privados. Dessa forma, a empresa reunirá capital e experiência dos seus sócios para a consecução de certas atividades – normalmente, empreendimentos com objeto mais delimitado, que têm relação com a atividade explorada pela empresa estatal.

Trata-se, portanto, de um arranjo societário que reúne capital e *know how* públicos e privados[311]. Ambos os sócios reúnem suas qualidades no

310 Sobre o assunto, confiram-se: GUERRA, Sérgio. Neoempreendedorismo estatal e os consórcios com empresas do setor privado. In: MARSHALL, Carla; GOMES, José Maria Machado (coord.). *Direito empresarial público*. vol. 2. Rio de Janeiro: Lumen Juris, 2004, p. 47-104. RODRIGUES, Bruno Leal. Formas de associação de empresas estatais: acordo de acionistas, formação de consórcios e participação em outras empresas. In: *Direito administrativo empresarial*. Rio de Janeiro: Lumen Juris, 2006.

311 A sistemática é similar à formação de consórcios e *joint ventures* entre empresas estatais, mas com a formação de uma empresa privada. Sobre o assunto: GUERRA, Sérgio. Neoempreendedorismo estatal e os consórcios com empresas do setor privado. In: MARSHALL, Carla; GOMES, José Maria Machado (coord.). *Direito empresarial público*. vol. 2. Rio de Janeiro: Lumen Juris, 2004, p. 47-104.

âmbito dessa empresa, constituindo uma verdadeira parceria público-privada de natureza societária. A empresa estatal poderá ter assegurados determinados poderes no âmbito da empresa privada de que é acionista (como a possibilidade de indicação de certos diretores e o direito de veto a certas deliberações). A atividade desempenhada será essencialmente privada, mas de interesse da empresa estatal, que poderá diversificar as suas participações no mercado e inclusive poderá auferir lucros com tal empreendimento.

Além disso, as empresas privadas com participação estatal podem ser o produto de privatizações parciais. O Estado aliena parte de suas ações à iniciativa privada, promovendo uma redução monitorada da sua participação acionária[312].

Nem se diga que a consecução de atividades das empresas estatais por meio de participações em empresas privadas seria uma burla às figuras das empresas públicas ou sociedades de economia mista, ou uma espécie de "fuga" indevida das vestes estatais como meio de escapar a certos controles. O ordenamento prevê que a atuação do Estado no domínio econômico pode se dar por meio de empresas públicas, sociedades de economia mista, ou empresas privadas de que o Estado participe (Constituição Federal, artigo 37, inciso XX). Cada um desses arranjos apresenta determinadas características e será o mais apropriado para cada tipo de situação.

Em certos casos, uma empresa estatal não terá capital nem *know how* necessários para a atuação em determinado tipo de atividade, ainda que ela se relacione à sua área de atuação. Diante dessa situação, apresenta-se um leque de soluções para viabilizar a atuação da empresa estatal. Uma possibilidade seria o ingresso de um sócio estratégico no rol de acionistas de uma sociedade de economia mista, com a celebração de um acordo de acionistas que garantisse a participação desse novo sócio em certas decisões estratégicas da empresa. Entretanto, em outras situações, a solução será constituir uma sociedade em que a empresa estatal não tenha preponderância no exercício do controle, mas possa ser uma acionista relevante, com determinados poderes no interior da companhia. Nessa situação, possivelmente haverá maior segurança ao acionista privado do que ocorreria numa sociedade de economia mista. Por outro lado, poderia haver certos

312 TRAVASSOS, Fernando C. As vantagens de uma empresa público-privada. *Jornal Valor Econômico*, 21.8.2007.

instrumentos que garantissem determinados direitos mínimos à empresa estatal – como um acordo de acionistas ou a previsão de ações de classe especial. Cada solução apresentará suas características específicas, que deverão ser levadas em conta no exercício da relativa liberdade de escolha das formas jurídico-empresariais de atuação assegurada pelo ordenamento.

Além disso, as leis que autorizam a criação de uma empresa estatal, bem como os seus estatutos, normalmente já contemplam a possibilidade de que tais empresas tenham participações em empresas privadas. Trata-se de uma possibilidade de negócio que é plenamente compatível com a atuação das empresas estatais, além de uma prática normal de mercado, consonante com as práticas econômicas, inclusive de empresas controladas pelo Estado.

Na verdade, seria até mesmo contraditório que as empresas estatais não pudessem se valer de participações em empresas privadas. Trata-se de uma prática tipicamente empresarial que permite bons resultados, inclusive com o emprego de menor quantidade de recursos públicos. Se a posição da estatal como acionista minoritária não impede a consecução das finalidades buscadas, não há por que vedar essa prática.

4.2.2.2. As participações da Petrobras

Um dos exemplos mais claros da potencialidade da utilização da participação acionária em empresas privadas é representado pela Petrobras.

A Petrobras, por meio de suas subsidiárias, participa de um grande número de empresas privadas. A Lei nº 9.478 ("Lei do Petróleo") estabelece no artigo 64 que a Petrobras, para o cumprimento de suas atividades, poderá constituir subsidiárias, "as quais poderão associar-se, majoritária ou minoritariamente, a outras empresas". Além disso, o artigo 65 prevê o dever de a Petrobras constituir uma subsidiária "com atribuições específicas de operar e construir seus dutos, terminais marítimos e embarcações para transporte de petróleo, seus derivados e gás natural, ficando facultado a essa subsidiária associar-se, majoritária ou minoritariamente, a outras empresas"[313].

[313] Com base nessas previsões, o artigo 14 do Estatuto da Petrobras estabelece o seguinte: "Art. 14º - Para o estrito cumprimento de atividades vinculadas ao seu objeto, a Petrobras poderá, na conformidade da autorização conferida pela Lei nº 9.478, de 1997, constituir subsidiárias, bem como associar-se, majoritária e/ou minoritariamente a outras empresas".

Portanto, em vez de a própria Petrobras desempenhar todas as atividades relacionadas à sua área de atuação, ela constitui empresas subsidiárias que podem integrar o quadro de acionistas de empresas privadas, de forma majoritária ou minoritária. As principais subsidiárias da Petrobras são a Petrobras Distribuidora S.A., a Petrobras Transporte S.A. – Transpetro, a Petrobras Biocombustível S.A., a Petrobras Gás S.A. – Gaspetro e a Liquigás Distribuidora S.A.. Além disso, admite-se que a própria Petrobras tenha participações diretas, inclusive minoritárias, em empresas privadas, como ocorre, por exemplo, em sociedade anônima privada constituída com o propósito de construir sondas de exploração para águas profundas na camada do pré-sal[314].

Evidentemente, não constitui objeto deste estudo relacionar todas as participações diretas ou indiretas da Petrobras em empresas privadas. Além de tais situações serem muito numerosas, a dinamicidade dos negócios faria com que uma exposição exaustiva desses casos rapidamente se tornasse desatualizada.

O que se pretende ressaltar é que as empresas privadas nas quais a Petrobras, direta ou indiretamente possui participação, sem predominância no poder de controle, enquadram-se no conceito de empresa privada com participação estatal objeto deste trabalho.

A atuação da Petrobras no setor petroquímico é um exemplo muito rico da utilização desse expediente. Até 2012, a Petrobras atuava nesse setor por meio da Petrobras Química S.A. – Petroquisa, que possuía participação em cerca de noventa empresas, o que representava aproximadamente um terço do setor. Em 2012, a Petroquisa foi incorporada à Petrobras, que continuou possuindo participações em diversas empresas. Uma das

[314] Um exemplo recente diz respeito à Sete Brasil Participações S.A.. Trata-se de empresa privada que tem como sócios a Petrobras (com 5% de participação) e o Fundo de Investimentos em Participações Sondas – FIP Sondas (com 95% das ações da companhia). O FIP Sondas tem diversos quotistas, entre eles a própria Petrobras. A Sete Brasil, portanto, é uma empresa privada com participação estatal nos termos definidos neste estudo. Trata-se de uma sociedade anônima de capital fechado, com participação da Petrobras, que, por meio de suas controladas, viabiliza a construção de ativos para a exploração de petróleo e gás na camada do pré-sal. A empresa participa de licitações da própria Petrobras, em disputa com outros competidores. A integração da Petrobras no empreendimento é bastante relevante. Afinal, a presença da estatal serve como um fator de mitigação de riscos (ainda não se tem nenhuma certeza sobre o retorno que a exploração dos campos do pré-sal proporcionará), e também como uma fonte adicional de receita para a própria Petrobras.

mais conhecidas é a participação da Petrobras na Braskem, que é uma das empresas mais importantes do setor, tendo adquirido diversas empresas no Brasil e no exterior. A Braskem é uma empresa privada na qual a Petrobras tem uma participação relevante, de 47% do capital votante e 36,1% do capital total, havendo ainda participações do BNDESPAR e do mercado (em dados de dezembro de 2013)[315].

As relações da Petrobras com o sócio majoritário da Braskem são regidas por acordo de acionistas firmado entre a companhia e a Odebrecht, que prevê certos poderes a tais acionistas[316].

Para os fins do presente estudo, a Braskem pode ser considerada uma empresa privada com participação estatal, uma vez que não integra a Administração Pública, mas possui uma participação relevante de um ente estatal (a Petrobras) no seu quadro de acionistas, com certos poderes previstos em acordo de acionistas.

4.2.2.3. As participações da Eletrobras

A Eletrobras também possui participações relevantes em uma série de sociedades privadas, seja diretamente, seja por meio de suas subsidiárias.

Em 2012, foi editada a Lei nº 12.688, produto da conversão da Medida Provisória nº 559, do mesmo ano, que conferiu ao § 1º do artigo 15 da Lei nº 3.890-A, de 1961, a seguinte redação: "A Eletrobras, diretamente ou por meio de suas subsidiárias ou controladas, poder-se-á associar, com ou sem aporte de recursos, para constituição de consórcios empresariais ou participação em sociedades, com ou sem poder de controle, no Brasil ou no exterior, que se destinem direta ou indiretamente à exploração da produção, transmissão ou distribuição de energia elétrica".

Na realidade, o § 1º do artigo 15 da Lei nº 3.890-A vem sofrendo sucessivas alterações desde 1998. Em sua redação atual, ele amplia as possibilidades de a Eletrobras participar como sócia minoritária de empresas privadas sem poder de controle. Antes, essa sistemática era possível em relação a empresas que explorassem a *produção* e a *transmissão* de energia elétrica,

[315] Dados disponíveis em: *http://www.braskem-ri.com.br/estrutura-societaria*, acesso em 29.2.2016.

[316] É possível consultar o texto do acordo de acionistas na internet. Entretanto, como se trata de um assunto privado da companhia, não se procurou saber se o texto sofreu modificações ou se existem outros instrumentos dispondo sobre o assunto.

apenas. Agora, foi autorizada também para participação em empresas de *distribuição* de energia.

Conforme informações constantes do *site* da Eletrobras, além de controlar uma série de empresas, a companhia possui participação minoritária, mas relevante, em diversas outras, sendo quatro sociedades de propósito específico (Inambari, Mangue Seco 2, Tumarin e Norte Energia[317]) e dezessete empresas coligadas que possuem ações negociadas em bolsa[318].

Certas empresas que contam com a participação da Eletrobras são precisamente exemplos de empresas privadas com participação estatal[319]. São constituídas com um propósito específico, mais ou menos amplo dependendo de cada situação concreta, tendo a Eletrobras uma participação relevante, ainda que sem preponderância no exercício do poder de controle.

4.2.2.4. As participações da VALEC

A experiência bastante difundida nos setores elétrico e de petróleo passou mais recentemente a contar com previsões normativas para outros campos da atividade econômica exercida pelo Estado. Começa-se a verificar uma difusão de sociedades com participações de empresas estatais, que, apesar de relevantes, não possuem preponderância no controle acionário.

Nesse sentido, a Lei nº 12.058, de 2009, incluiu o inciso IX ao artigo 9º da Lei nº 11.772, que prevê a possibilidade de a empresa pública VALEC – Engenharia, Construções e Ferrovias S.A. "participar minoritariamente do capital de empresas que tenham por objeto construir e operar a EF 232, de que trata o item 3.2.2 - Relação Descritiva das Ferrovias do Plano Nacional de Viação, do Anexo da Lei nº 5.917, de 10 de setembro de 1973, com as alterações introduzidas por esta Lei".

[317] A Eletrobras possui as seguintes participações em ações ordinárias dessas Sociedades de Propósito Específico: Inambari (29,4%), Mangue Seco 2 (48,99%), Tumarin (50%) e Norte Energia (15%) – dados de dezembro de 2013.

[318] A Eletrobras possui participação relevante nas seguintes empresas: AES Tietê, CEB, CEEE D, CEEE GT, CELESC, CELGPAR, CELPA, CELPE, CEMAR, CEMAT, CESP, CGEEP, COELCE, COPEL, CTEEP, EMAE e ENERGISA – dados de dezembro de 2013.

[319] Algumas delas poderão ser sociedades de economia mista, caso integrem, por exemplo, a Administração indireta de algum dos estados da Federação, ainda que com participação minoritária da Eletrobras.

Assim, previu-se a possibilidade de a VALEC, empresa pública integrante da Administração Pública federal, participar como sócia minoritária das empresas que tenham por objeto a construção e operação da Estrada de Ferro nº 232, que interliga os estados de Pernambuco e Piauí, fazendo parte da Transnordestina (EF 116). Essas sociedades, que vierem a construir e operar tal estrada de ferro, serão empresas privadas com participação estatal segundo o conceito proposto neste estudo.

4.2.2.5. As participações da SABESP

No Estado de São Paulo, em 7 de dezembro de 2007, foi editada a Lei Complementar Estadual nº 1.025, a qual, dentre outras providências, introduziu o § 7º ao artigo 1º da Lei Complementar Estadual nº 119, que trata da atuação da Companhia de Saneamento Básico do Estado de São Paulo – SABESP. O dispositivo prevê que "Para o estrito cumprimento das atividades de seu objeto social fica a SABESP autorizada a participar do bloco de controle ou do capital de outras empresas, bem como a constituir subsidiárias, as quais poderão associar-se, majoritária ou minoritariamente, a outras empresas". Portanto, previu-se a possibilidade de a SABESP, que é uma sociedade de economia mista, vincular-se a empresas privadas na qualidade de sócia. A empresa deverá ter um objeto compatível com as atividades que a SABESP é autorizada a desenvolver.

Após essa alteração legislativa, a SABESP se associou a alguns grupos privados no âmbito das seguintes empresas: Sesamm (com participação da SABESP em 36%), Águas de Andradina (com participação de 30%), Saneaqua Mairinque (com participação de 30%), Aquapolo Ambiental (com participação de 49%), Águas de Castilho (com participação de 30%) e Attend Ambiental (com participação de 45%).

Em todos esses casos, a SABESP busca participar de atividades específicas por meio de sua associação a grupos privados que proporcionariam mais recursos e melhores conhecimentos para a consecução dos objetivos pretendidos. Para tanto, houve a constituição de empresas privadas, que não integram a Administração Pública, mas com participação relevante da SABESP. Trata-se, precisamente, de empresas privadas com participação estatal segundo a conceituação adotada neste trabalho.

4.2.3. PARTICIPAÇÃO DO ESTADO NA GESTÃO DE ATIVIDADES QUE DEPENDAM DE UMA OUTORGA ESTATAL

4.2.3.1. A participação do Estado em sociedades concessionárias

Outro objetivo geral buscado pelo Estado por meio da utilização da técnica acionária consiste na participação estatal como sócio de empresas que têm por objeto o desenvolvimento de atividades outorgadas pelo próprio Estado.

Nessas situações, a técnica acionária pode apresentar uma série de objetivos específicos.

Em primeiro lugar, a participação do Estado como sócio de empresa que detenha uma outorga estatal busca proporcionar maior suporte a um empreendimento arriscado ou de rentabilidade imediata duvidosa. Um ente estatal torna-se sócio da empresa que receberá uma outorga do próprio Estado de modo a conferir um apoio institucional àquela atividade. Esse apoio gerará uma maior segurança do empreendimento perante o mercado, o que terá efeitos positivos – como, por exemplo, a facilitação de crédito.

Em segundo lugar, a participação do Estado poderá ter como objetivo a redução da assimetria informacional entre o Estado e o ente privado. Em vez de o Estado apenas regular aquela atividade, um ente estatal será sócio da empresa, o que lhe permitirá gozar de todas as prerrogativas que essa posição jurídica lhe proporcione – como participar de deliberações, ter acesso a dados contábeis, examinar as estratégias empresariais, e assim por diante.

Note-se que a redução da assimetria informacional não apenas proporciona um melhor controle da atividade, mas também pode superar certas dificuldades em termos de estratégias empresariais. A ausência de informação pelo regulador tende a torná-lo mais cético em relação a projetos de maior risco. Assim, se um ente estatal torna-se sócio da empresa privada, participando de discussões e da definição de estratégias comerciais, terá maior nível de informação e, tendencialmente, não será tão cético quanto às potencialidades de negócio.

Em terceiro lugar, com a sua participação como sócio de empresa que detenha uma outorga estatal, o Estado estará envolvido mais diretamente com o empreendimento, o que lhe permitirá uma participação mais ativa nas decisões, bem como a aquisição de conhecimentos e *know how* que não possui, o que o capacitará para empreendimentos futuros. Existem razões estratégicas, portanto, que podem servir de fundamento para a integração do Estado como sócio de uma empresa privada que detenha (ou venha a deter) uma outorga estatal para a exploração de certa atividade.

4.2.3.2. A participação do Estado nas sociedades de propósito específico das parcerias público-privadas

A Lei 11.079, de 2004, que instituiu as concessões patrocinadas e administrativas, contemplou a possibilidade de a Administração Pública ser titular da minoria do capital votante das concessionárias que são parceiras privadas em uma PPP.

É o que se depreende da interpretação *a contrario sensu* do artigo 9º, § 4º, da Lei. Esse dispositivo prevê que "Fica vedado à Administração Pública ser titular da maioria do capital votante" das sociedades de propósito específico constituídas para serem as parceiras privadas em uma PPP.

Assim, o sócio estatal pode deter uma parcela do capital do parceiro privado e poderá inclusive compor o seu grupo de controle por meio de mecanismos como acordos de acionistas e *golden shares*, a fim de garantir determinados resultados. Entretanto, o sócio estatal não poderá ser o acionista majoritário nem poderá deter preponderância no exercício do poder de controle interno.

Nesse sentido, Maurício Portugal Ribeiro e Lucas Navarro Prado advertem que "por uma interpretação teleológica da Lei de PPP, não se pode admitir que a Administração Pública passe a gerir sistematicamente a concessionária, por se tratar de absoluto descompasso com o espírito de uma PPP. Seria um desvirtuamento completo do instituto. Desde 1995, com o advento das Leis 8.987 e 9.074, restou claro que a Administração Pública não poderia mais tratar o concessionário como um mero terceirizado, o que soia acontecer com as concessionárias entre as décadas de 30 e 80 do século passado"[320].

No caso de constituição de uma SPE em que haja um sócio estatal, haverá, portanto, uma parceria público-privada no próprio interior da sociedade. O sócio estatal, ao ingressar no empreendimento na qualidade

[320] *Comentários à lei de PPP – parceria público-privada*: fundamentos econômico-jurídicos. São Paulo: Malheiros, 2007, p. 251.

de sócio, assumirá os riscos inerentes à atividade, possivelmente para proporcionar maior segurança ao ente privado. Com isso, poderão ser previstos mecanismos societários de divisão dos riscos e dos lucros entre o Estado e o sócio privado[321].

Segundo Henrique Bastos Rocha, a participação do parceiro público no capital da SPE é uma excelente opção para a estruturação jurídica de uma PPP. Isso porque uma das características da PPP consiste justamente na divisão de riscos e resultados, o que coincide com os objetivos de uma sociedade comercial. Assim, conforme sustenta o doutrinador: "Estabelecer no contrato de parceria uma série de regras ainda não experimentadas na prática para reger as relações entre o parceiro público e o parceiro privado pode mostrar-se menos eficiente que atribuir ao parceiro público participação acionária na SPE, ficando os contratantes sujeitos às normas de direito societário já vigentes em nossa legislação para reger suas relações"[322].

Portanto, a constituição de uma SPE entre o Estado e o sócio privado para a consecução de uma parceria público-privada poderia proporcionar maior segurança ao parceiro privado não só pela associação do Estado ao empreendimento, mas também com o estabelecimento de relações entre os parceiros que serão regidas pelo direito societário[323].

A sociedade de propósito específico com participação estatal que figura como concessionária em um contrato de PPP insere-se justamente no conceito de empresa privada com participação estatal.

4.2.3.3. As concessões de aeroportos

O modelo utilizado para as concessões dos aeroportos de Guarulhos, Brasília e Campinas[324], e posteriormente dos aeroportos do Galeão e de Confins[325],

[321] ARAGÃO, Alexandre Santos de. As parcerias público-privadas no direito positivo brasileiro. *Revista Forense* n. 385, Rio de Janeiro, mai./jun. 2006.

[322] A sociedade de propósito específico nas parcerias público-privadas. In: GARCIA, Flávio Amaral (coord.). *Revista de Direito da Associação dos Procuradores do Novo Estado do Rio de Janeiro.* Vol. XVII – Parcerias Público-Privadas. Rio de Janeiro: Lumen Juris, 2006, p. 279.

[323] Sobre o assunto: FORGIONI, Paula A.. PPPs e participação minoritária do Estado-acionista: o direito societário e sua instrumentalidade para o direito administrativo. *Revista de Direito Público da Economia - RDPE* Belo Horizonte, n. 16, ano 4. out./dez. 2006 Disponível em: <http://bid.editoraforum.com.br/bid/PDI0006.aspx?pdiCntd=38664>. Acesso em: 2.2.2012.

[324] Objeto do Leilão nº 02/2011, da ANAC.

[325] Objeto do Leilão nº 01/2013, da ANAC.

entre outros, foi o da constituição de empresas privadas com participação estatal que figuram como concessionárias de tais aeroportos[326].

Em grande parte dos casos, os editais dos leilões previam que as concessionárias dos aeroportos seriam empresas privadas em que 51% do capital seria subscrito pelo grupo privado que venceu a licitação, e 49% do capital seria subscrito pela Infraero. Assim, há uma relação societária entre o acionista privado (que é uma sociedade de propósito específico composta pelas empresas que participaram do consórcio que venceu a licitação) e a Infraero. A Infraero, empresa estatal, passa a ser sócia minoritária da concessionária de cada aeroporto e, ainda de acordo com os editais das licitações, firma um acordo de acionistas com o acionista privado para reger as suas relações intrassocietárias no âmbito da empresa concessionária. O acordo de acionistas é um dos anexos dos editais, e a ele aderem os consórcios no momento em que decidem participar dos certames.

Os acordos de acionistas celebrados entre a Infraero e os acionistas privados de cada concessionária de aeroporto contêm previsões destinadas a garantir que o acionista privado sempre tenha a titularidade da maioria das ações da companhia e possua preponderância na eleição do maior número de administradores. Entretanto, a Infraero, na qualidade de sócia, tem o direito de eleger ao menos um membro do Conselho de Administração, bem como tem o direito de veto em relação a um certo rol de matérias, previstas expressamente nas minutas dos acordos de acionistas.

No caso das concessões de aeroportos, a participação da Infraero como sócia minoritária das concessionárias tem os objetivos de (i) proporcionar maior segurança a esses empreendimentos, até então inéditos no Brasil com essa proporção, (ii) fazer com que a Infraero adquira maior experiência na realização da operação dos aeroportos por meio de contrato de concessão, absorvendo conhecimentos empregados pelo acionista privado, que é composto por um operador portuário cuja experiência deve atender aos requisitos mínimos do edital, (iii) garantir uma participação mais próxima da Infraero em relação às decisões empresariais, de modo a obter a consecução de determinados interesses do ente estatal, bem como (iv) reduzir a assimetria informacional que poderia existir entre o Estado e a conces-

[326] Sobre o assunto, confira-se: GARCIA, Flávio Amaral; FREITAS, Rafael Véras de. Concessão de aeroportos: desafios e perspectivas. *Revista Brasileira de Direito Público – RBDP*, Belo Horizonte, ano 10, n. 36, p. 9-35, jan./mar. 2012.

sionária, o que proporciona um melhor controle e maior possibilidade de examinar as potencialidades do empreendimento[327].

A participação da Infraero como sócia minoritária das concessionárias de aeroportos ainda poderá gerar algumas perplexidades em termos concorrenciais. Um dos objetivos dessas concessões era justamente o de proporcionar uma maior concorrência entre os aeroportos – que poderiam utilizar como mecanismo de competitividade a fixação de tarifas aeroportuárias mais baixas e a prestação de serviços de melhor qualidade. Na medida em que a Infraero é sócia de todas as concessionárias, isso significa que ela será acionista de empresas que concorrem diretamente entre si. Nessa situação, e considerando que a Infraero pode decidir por reduzir a sua participação acionária nas concessionárias, é possível que a empresa estatal acabe por privilegiar uma das concessionárias (possivelmente aquela que lhe proporcione melhores resultados) em detrimento das demais. Há, portanto, o risco de que haja certos conflitos objetivos de interesse, os quais acabarão por ter efeitos concorrenciais.

Outro desvio em razão de conflito de interesses poderá ocorrer em relação à própria União, que, na regulação do setor, poderá privilegiar a concessionária cujos resultados proporcionarão maiores retornos à Infraero.

A sistemática adotada, portanto, não é isenta de críticas. De todo modo, esses possíveis conflitos objetivos de interesse envolvendo a União e a Infraero não conduzem à inviabilidade do modelo das concessões de aeroportos mediante a constituição de empresas privadas com participação estatal. É necessário que haja certo controle da atuação da Infraero, e maior transparência.

4.2.3.4. A exploração do Porto Sul na Bahia

Há previsão de utilização do mecanismo das empresas privadas com participação estatal também na exploração de atividades portuárias.

[327] Nesse sentido, o item 5.8 da minuta de acordo de acionistas prevista no edital das concessões dos aeroportos do Galeão e de Confins estabelece o seguinte: "5.8. A Concessionária deverá manter auditoria interna, vinculada ao Conselho de Administração". Como a Infraero indicará ao menos um membro para o Conselho de Administração, por menor que seja sua participação acionária, isso lhe permitirá um maior acesso aos documentos contábeis da concessionária.

A Lei Estadual nº 12.623, de 2012, do Estado da Bahia, autoriza aquele Estado a participar direta ou indiretamente do capital da sociedade privada que terá como objeto a construção, operação e exploração das instalações do Porto Sul, em Ilhéus-BA[328]. Portanto, em vez de haver uma concessão sem a atuação de nenhum ente estatal, optou-se por uma sistemática em que a concessão será outorgada a uma sociedade de propósito específico na qual o Estado da Bahia, seja diretamente, seja por meio de um integrante de sua Administração indireta, será sócio minoritário[329].

A seleção do sócio privado do empreendimento será feita mediante licitação, na forma do Decreto Estadual nº 14.452, de 2013[330]. No certame, deverá ser verificada a experiência do futuro acionista privado, bem como sua proposta comercial de exploração do empreendimento.

O instrumento convocatório do certame estabelecerá o conteúdo mínimo do acordo de acionistas que deverá ser celebrado no ato de constituição da sociedade de propósito específico[331].

Além disso, o estatuto social da sociedade de propósito específico deverá garantir determinados instrumentos para que o Estado participe das deliberações societárias, inclusive por meio de sua representação no Conselho de Administração da SPE[332], bem como deverá prever a titularidade de ações de classe especial (*golden shares*) pelo sócio estatal, nos

[328] Artigo 2º da Lei Estadual nº 12.623, de 2012: "Art. 2º - Fica o Estado da Bahia autorizado a participar do capital social de sociedade privada que terá como objeto social construir, operar e explorar as instalações do Porto Sul de que trata o art. 1º desta Lei, conforme autorização a ser oportunamente solicitada à entidade federal competente, nos termos da legislação aplicável, dentre outras atividades inerentes, acessórias, complementares ou associadas ao empreendimento".

[329] Artigo 24, § 2º, do Decreto Estadual nº 14.452, de 2013: "§ 2º A participação do Estado na SPE não poderá alcançar a maioria do capital da sociedade, seja em razão da concessão de direito real de uso do imóvel indicado no caput deste artigo, seja por qualquer outra forma de integralização do seu capital social".

[330] O critério de julgamento, de acordo com o artigo 1º, parágrafo único, do Decreto Estadual nº 14.452, será "o atendimento de elevados montantes de cargas, a diversidade destas, além de outros aspectos que poderão ser definidos em edital, ajustando-se os investimentos às correspondentes necessidades da demanda".

[331] Artigo 8º, inciso XI, do Decreto Estadual nº 14.452, de 2013.

[332] Artigo 20 do Decreto Estadual nº 14.452, de 2013: "Art. 20º. O edital indicará aspectos mínimos a serem contemplados nos instrumentos societários da SPE para a consecução do interesse público tutelado pelo Estado. Parágrafo único. O Estatuto Social da SPE deverá assegurar ao Governo do Estado da Bahia sua representação no Conselho de Administração da SPE".

termos a serem definidos pelo ato convocatório do certame[333]. Essas *golden shares* deverão garantir ao sócio estatal o direito de veto em relação a uma série de matérias, de modo a lhe proporcionar um maior controle interno da companhia, ainda que sem preponderância e sem a titularidade da maioria das ações[334].

Assim, no caso do Porto Sul, o Estado pretende participar diretamente do empreendimento de modo a deter um controle sobre determinado rol de matérias, acerca das quais terá direito de veto, bem como sobre certas opções empresariais discutidas pelo Conselho de Administração. A forma jurídica adotada foi a de uma empresa privada com participação estatal, optando-se pela conjugação de um acordo de acionistas com a previsão de ações de classe especial em favor do Estado. Assim, o Estado, ainda que minoritário, poderá influir nas decisões da sociedade de propósito específico, terá maior proximidade com o empreendimento, mas a empresa não integrará a Administração Pública, o que lhe permite maior maleabilidade.

4.2.3.5. *Os consórcios para exploração do pré-sal*

Cabe ainda fazer uma referência à sistemática de exploração dos campos do pré-sal, que envolve a participação de empresas estatais em um consórcio compulsório com os licitantes vencedores[335]. Ainda que não haja a

[333] Artigo 21 do Decreto Estadual nº 14.452, de 2013: "Art. 21º. Sem prejuízo do disposto no artigo anterior deverá constar do Estatuto Social da SPE a titularidade do Estado de ações de classe especial (golden share), nos termos a ser definido no Edital de Seleção e seus anexos".

[334] Artigo 22 do Decreto Estadual nº 14.452, de 2013: "Art. 22º. As ações de classe especial (golden share) conferirão adicionalmente, ao Estado da Bahia, o direito de veto em relação às seguintes matérias, que deverão ser obrigatoriamente submetidas à Assembléia Geral de acionistas, além de outras a serem definidas no Edital: I - procedimentos para inclusão de novos acionistas na SPE, observados os critérios de viabilidade técnica e econômico-financeira; II - procedimentos para a prestação de serviços pela SPE para terceiros, observadas a legislação vigente, as limitações de capacidades do terminal e a movimentação de cargas dos acionistas; III - interrupção injustificada do atendimento a cargas de terceiros; IV - plano de expansão e modernização do TUP e da ZAL, quando for o caso; V - alienação de ativos reversíveis ao Estado ao final da cessão de direito real de uso da área do TUP e da ZAL, nos termos definidos na minuta de acordo de acionista e respeitada a legislação aplicável; VI - encerramento das atividades e do terminal portuário e da ZAL, quando for o caso; VII - alteração da denominação da SPE; VIII - redução do objeto social da SPE; IX - modificação dos direitos relativos à ação de classe especial; X - liquidação da SPE.

[335] O modelo dos consórcios compulsórios vem sofrendo duras críticas e pode ser alterado.

formação de uma sociedade propriamente dita, optou-se pela aplicação de uma lógica muito similar à das empresas privadas com participação estatal.

Para se compreender o funcionamento dos consórcios que explorarão os campos do pré-sal, é necessário examinar como funcionará o regime de partilha de produção[336].

Há alguns anos, foi anunciada a descoberta de petróleo, gás natural e outros hidrocarbonetos fluidos na camada do pré-sal. A exploração dessas riquezas envolverá altos custos para a avaliação, prospecção, desenvolvimento e, em caso de descoberta comercial, para a produção. Em vez de aplicar o regime de concessão à iniciativa privada previsto na Lei nº 9.478, a União optou por uma sistemática diferenciada, consistente no regime de partilha da produção, previsto na Lei nº 12.351.

A partilha de produção é o regime de exploração e produção de petróleo, gás natural e outros hidrocarbonetos fluidos em que o contratado exerce, por sua conta e risco, as atividades de exploração, avaliação, desenvolvimento e produção e, em caso de descoberta comercial, adquire o direito de se apropriar de um volume de produção que deverá cobrir (i) os custos necessários ("custo em óleo" ou *cost oil*), (ii) os royal-

[336] Sobre o assunto, confiram-se: BERCOVICI, Gilberto. *Direito Econômico do petróleo e dos recursos naturais.* São Paulo: Quartier Latin, 2011; CASELLI, Bruno Conde. O pré-sal e as mudanças da regulação da indústria do petróleo e gás natural no Brasil: uma visão institucional. *Revista Brasileira de Direito Público – RBDP*, Belo Horizonte, ano 9, n. 35, p. 111-140, out./dez. 2011; LOUREIRO, Gustavo Kaercher. O arranjo institucional da indústria do petróleo no âmbito dos contratos de partilha de produção. *Revista Brasileira de Direito Público – RBDP*, Belo Horizonte, ano 11, n. 41, p. 203-241, abr./jun. 2013; MENDONÇA, José Vicente Santos de; PRISCO, Alex Vasconcellos. PPSA, a estatal endógena do pré-sal: cinco controvérsias e um quadro geral. *Revista de Direito Público da Economia – RDPE*, Belo Horizonte, ano 10, n. 39, p. 99-123, jul./set. 2012; MOREIRA, João Batista Gomes. Regime jurídico do pré-sal. *Fórum Administrativo – FA*, Belo Horizonte, ano 11, n. 129, p. 14-19, nov. 2011; PIRES, Adriano. A regulação do setor de petróleo e gás no Brasil. *In*: LANDAU, Helena (coord.). *Regulação jurídica do setor elétrico.* Tomo II. Rio de Janeiro: Lumen Juris, 2011; PRISCO, Alex Vasconcelos. Atuação da Empresa Brasileira de Administração de Petróleo e Gás Natural S.A. – Pré-Sal Petróleo S.A. (PPSA): gestão e risco no regime jurídico-regulatório dos consórcios constituídos no âmbito do sistema de partilha de produção. *Revista de Direito Público da Economia – RDPE.* Belo Horizonte, ano 9, n. 34, p. 9-44, abr./jun. 2011; SIQUEIRA, Mariana de; NÓBREGA, Marcos. A ANP e a possível mitigação de sua função regulatória no contexto da camada do pré-sal. *Revista de Direito Público da Economia – RDPE.* Belo Horizonte, ano 9, n. 35, p. 67-80, jul./set. 2011; SOUTO, Marcos Juruena Vilela. Propostas legislativas de novo marco regulatório do pré-sal. In: ARAGÃO, Alexandre Santos de. *Direito do Petróleo e de outras fontes de energia.* Lumen Juris: Rio de Janeiro, 2011.

ties devidos, bem como (iii) uma parcela do chamado "excedente em óleo" (*profit oil*). Esse excedente em óleo corresponde à parcela da produção que é repartida entre o contratado e a União, segundo os critérios definidos em contrato, e é o resultado da diferença entre o volume total da produção e as parcelas do custo em óleo, dos royalties e da parcela devida ao proprietário da terra quando o bloco se localizar em terra. Em outras palavras, no regime de partilha da produção, quanto menor for o custo incorrido nas atividades necessárias à exploração (custo em óleo), maior o excedente, que será repartido entre o contratado e a União. Sendo maior o excedente em óleo, maiores as vantagens proporcionadas à União com a exploração.

Diante disso, verificou-se a existência de dois interesses da União.

O primeiro interesse consiste em maximizar o excedente em óleo por meio da redução e fiscalização dos custos para a exploração. Isso significa que era necessário haver algum controle dos custos incorridos pelo contratado, uma vez que a existência de custos inflados reduziria o excedente em óleo.

O segundo interesse da União consiste na sua participação mais direta na atividade de exploração, cujos resultados ainda são incertos. Por razões estratégicas, a União não deseja ficar alheia às operações nem atuar como mera reguladora e fiscalizadora das atividades do contratado. É seu objetivo atuar de forma mais próxima, inclusive para promover um apoio institucional aos empreendimentos em questão, que são inegavelmente de elevado risco.

Para atender a esses dois interesses, a Lei nº 12.351 previu que o contratado, caso não seja a própria Petrobras, será um consórcio integrado pelo vencedor da licitação, mas com participação compulsória da Petrobras (na qualidade de operadora) e da PPSA (como gestora).

Portanto, os consórcios que explorarão os campos de pré-sal serão integrados compulsoriamente por duas empresas estatais. A Petrobras será a operadora, com uma participação mínima de 30% no consórcio, integralizando nele a parcela proporcional de capital e assumindo os riscos correspondentes. Na qualidade de sociedade de economia mista controlada pela União, com amplo *know how* na exploração e produção de petróleo, gás natural e outros hidrocarbonetos fluidos, a Petrobras garantirá uma participação mais próxima da União na exploração das riquezas do pré-sal. Por meio de sua participação nos consórcios, a Petrobras investirá grande quantidade de recursos, bem como dará um apoio institucional importante, possivelmente mitigador de certos riscos.

Já a PPSA integrará o consórcio, mas sem integralizar nenhuma parcela do capital e sem assumir os riscos nem os custos e investimentos necessários. O papel da PPSA será o de representar e defender os interesses econômicos da União[337].

Isso significa que a exploração do pré-sal se dará por meio de consórcios integrados pelos licitantes em sociedade com duas empresas estatais. Não haverá exatamente a formação de uma empresa privada com participação estatal, mas a atuação dos consórcios será muito similar à de uma sociedade comercial de capital misto. Os consórcios terão a forma prevista no artigo 279 da Lei nº 6.404, e a administração de cada um deles caberá a um comitê operacional.

A PPSA, ainda que sem integralizar nenhuma parcela do capital do consórcio e sem assumir os riscos da atividade, indicará metade dos integrantes do comitê operacional, inclusive o seu presidente, que terá voto de qualidade. Os demais consorciados indicarão os demais integrantes do comitê[338].

Caberá ao comitê operacional a prática de uma série de decisões e definições de grande relevância para a atuação do consórcio. Ele definirá os planos de exploração, o plano de avaliação de descoberta, declarará a comercialidade de cada jazida, analisará e aprovará os orçamentos do con-

[337] O modelo que envolve a participação de empresa estatal no comitê operacional da companhia exploradora de petróleo não é inédito. Na Noruega, a Petoro utiliza essa sistemática, mas na qualidade de investidora, o que não ocorre com a PPSA. Nesse sentido, segundo Adriano Pires: "Outra função da Pré-Sal S.A. é a de participar dos comitês operacionais dos campos de petróleo, com poder de veto. Muitos afirmam que isso teria sido copiado da estatal norueguesa Petoro, o que não é verdade. Na Noruega a estatal participa dos comitês operacionais, porque a Petoro é investidora e, portanto, entra no risco do negócio. No Brasil, a Pré-Sal S.A. nada investirá e apenas exercerá uma ingerência política na administração dos campos. O governo brasileiro abandona o modelo de controle da produção e fiscalização do campo por meio de uma agência reguladora e passa agora a ter essas funções exercidas por uma estatal com critérios pouco transparentes" (A regulação do setor de petróleo e gás no Brasil. *In*: LANDAU, Helena (coord.). *Regulação jurídica do setor elétrico*. Tomo II. Rio de Janeiro: Lumen Juris, 2011, p. 9-10).

[338] Embora se preveja que a PPSA não assuma os riscos da atividade, deve-se entender que a PPSA responde pelas suas decisões e por sua atuação no âmbito do comitê operacional. Trata-se de uma questão de responsabilidade civil, que não é afastada pela previsão legal de que ela não os riscos da atividade.

sórcio, supervisionará as operações e aprovará a contabilização dos custos realizados, dentre outras atribuições.

O edital do leilão do campo de Libra, realizado pela Agência Nacional do Petróleo, previa como anexos o contrato de consórcio e as regras do consórcio – instrumentos aos quais os licitantes, portanto, deveriam aderir. Algumas previsões merecem destaque.

Estabeleceu-se que o comitê operacional deveria examinar e aprovar as despesas reconhecidas como custo em óleo, de acordo com o Anexo VII ("Procedimentos para Apuração do Custo e do Excedente em Óleo"). O objetivo é que haja um controle rigoroso dos custos e da observância das regras de conteúdo local mínimo[339], de modo a que o excedente em óleo seja o maior possível. Como a PPSA indica metade dos membros do comitê operacional, inclusive o seu presidente, que tem voto de qualidade, e na medida em que a PPSA representa os interesses da União no consórcio, conclui-se que a atuação dessa empresa estatal terá como um de seus objetivos a verificação dos custos incorridos pelo consórcio, o que será feito em princípio de modo eficiente porque a integração da PPSA ao empreendimento na qualidade de consorciada reduz a assimetria informacional que existiria caso a PPSA fosse apenas um ente regulador.

Além disso, as regras que regem os consórcios preveem que cada consorciado tem direito a voto, sendo que os percentuais de votos que devem ser atingidos variam de acordo com cada matéria[340]. Como a PPSA tem a metade dos votos e a Petrobras, sendo titular de no mínimo 30% do capital do consórcio, terá no mínimo 15% dos votos, isso significa que ambas as estatais, somadas, responderão por pelo menos 65% dos votos do comitê operacional. Trata-se, portanto, de uma participação estatal bastante representativa. Certas deliberações somente serão aprovadas se tiverem os votos das estatais.

Não cabe aqui examinar ainda mais detalhadamente os contratos de partilha nem questionar as opções adotadas pelo Estado – que, evidentemente, refletem uma forte interferência na exploração do pré-sal.

[339] A questão do conteúdo local mínimo vem sendo objeto de severas críticas e pode ser revista.

[340] O item 1.21 das regras do consórcio anexas ao edital do campo de Libra estabelece percentuais mínimos de 91%, 82,5% e 32,5% para que certas deliberações sejam tomadas (trata-se, respectivamente, das deliberações denominadas de "D1", "D2" e "D3"). Há ainda uma forma específica para a votação das deliberações "D4", que são as deliberações sobre a Declaração de Comercialidade, em que, de modo geral, o operador (isto é, a Petrobras) tem um peso maior.

Para os efeitos do presente estudo, cabe constatar que a formação de consórcios integrados compulsoriamente pela Petrobras e pela PPSA tem como objetivos centrais (i) promover um apoio estatal bastante significativo aos empreendimentos, que são de alto risco, (ii) agregar a experiência da Petrobras na produção de petróleo, gás natural e outros hidrocarbonetos fluidos, (iii) garantir que o Estado, por meio da PPSA e da Petrobras, participe ativamente das decisões do consórcio, inclusive representando, juntas, no mínimo 65% dos votos, (iv) maximizar os resultados do consórcio de modo a garantir maior receita à União, e (v) reduzir a assimetria informacional que poderia haver se o Estado fosse apenas o regulador, o que possibilita um controle mais efetivo das contas e das despesas do consórcio, de modo a maximizar o excedente em óleo, bem como uma conferência mais adequada dos requisitos de conteúdo local mínimo que deve ser atendido nas contratações realizadas pelo consórcio.

Ainda que os consórcios exploradores do pré-sal não devam se converter em sociedades, sua operação será muito próxima à de uma empresa. Trata-se de uma situação bastante semelhante à das empresas privadas com participação estatal. Não deixa de ser, num certo sentido, a adoção de uma sistemática de intervenção semelhante à da técnica acionária, uma vez que os seus objetivos são idênticos aos que movem o Estado a constituir empresas privadas com participação.

Simultaneamente, contudo, a participação estatal no âmbito dos consórcios, da forma como foi concebida, permite que o Estado, por meio da Petrobras e da PPSA, seja decisivo nas deliberações e tenha o poder de condução do negócio. Sob esse ângulo, os consórcios para a exploração do pré-sal acabam se assemelhando às sociedades de economia mista "desvirtuadas" de que tratamos no Capítulo 2 ao examinar o histórico da constituição dessas companhias no Brasil.

4.2.4. PARTICIPAÇÃO DO ESTADO COMO MECANISMO DE AUXÍLIO A UMA ATIVIDADE OU UM AGENTE ECONÔMICO

4.2.4.1. Incentivo a atividades de interesse estatal

A constituição de empresas privadas com participação estatal pode ter por objetivo o incentivo a determinadas atividades que o Estado reputa serem relevantes, fundamentalmente pelas externalidades positivas que geram – como a criação de postos de trabalho, o desenvolvimento de certas regiões, dentre outras.

Com essa visão, Santamaría Pastor defende a existência de um "accionariado promotor"[341].

Nesse contexto, o Estado, normalmente por meio de uma empresa estatal, poderá se tornar sócio de uma empresa privada, agregando recursos e um apoio institucional que serão relevantes para o empreendimento. Esse tipo de operação pode estar atrelada a um financiamento estatal, mas não necessariamente. O Estado pode estar interessado apenas em se associar à atividade, operando como uma espécie de catalisador, de modo que, posteriormente, retire-se da sociedade levando consigo o capital investido. Dada a variedade de situações, não há como relacionar de modo exaustivo todas as configurações possíveis.

4.2.4.2. A atuação do BNDESPAR

O exemplo mais característico da utilização da técnica acionária como mecanismo de incentivo consiste na atuação do BNDES Participações S.A. – BNDESPAR. O BNDESPAR é um braço do BNDES que adquire participações preferencialmente minoritárias em empresas privadas como forma de incentivar as atividades por elas desempenhadas[342]. Por meio dessas participações, o BNDESPAR busca (i) fomentar empresas que reúnam condições de eficiência econômica, tecnológica e de gestão, (ii) apoiar o desenvolvimento de novos empreendimentos geradores de novas tecnologias e (iii) fortalecer o mercado de capitais[343].

[341] *Principios de derecho administrativo*. vol. I, Madrid: Centro de Estudios de Derecho Administrativo, 1998, p. 603. No mesmo sentido: ARIÑO ORTIZ, Gaspar. Principios de derecho publico económico, p. 497.

[342] O Estatuto do BNDESPAR prevê as modalidades operacionais de atuação da instituição com vistas à consecução de seus objetivos. Dentre elas, está justamente a participação preferencialmente minoritária no capital de empresas incentivadas pelo BNDESPAR. O artigo 5º, inciso I, do Estatuto, prevê o seguinte: "Art. 5º. O apoio financeiro de que trata o artigo anterior consistirá fundamentalmente nas seguintes formas de colaboração: I - subscrição e integralização de valores mobiliários e, em se tratando de ações, preferencialmente em proporções minoritárias".

[343] O artigo 4º do Estatuto do BNDESPAR estabelece o seguinte: "Art. 4º. A BNDESPAR tem por objeto social: I - realizar operações visando a capitalização de empreendimentos controlados por grupos privados, observados os planos e políticas do BANCO NACIONAL DE

Assim, quando pretende fomentar determinada atividade, o BNDESPAR pode se tornar sócio de uma empresa privada que a promova. Nesse caso, poderá ser celebrado um acordo de acionistas que garanta certos poderes ao BNDESPAR, sendo que, na forma do artigo 2º, parágrafo único, do Decreto nº 1.091, de 1994, com a redação conferida pelo Decreto nº 7.160, de 2010, será desnecessária prévia anuência por parte do Ministério da Fazenda[344-345].

DESENVOLVIMENTO ECONÔMICO E SOCIAL - BNDES; II - apoiar empresas que reúnam condições de eficiência econômica, tecnológica e de gestão e, ainda, que apresentem perspectivas adequadas de retorno para o investimento, em condições e prazos compatíveis com o risco e a natureza de sua atividade; III - apoiar o desenvolvimento de novos empreendimentos, em cujas atividades se incorporem novas tecnologias; IV - contribuir para o fortalecimento do mercado de capitais, por intermédio do acréscimo de oferta de valores mobiliários e da democratização da propriedade do capital de empresas, e V - administrar carteira de valores mobiliários, próprios e de terceiros".

[344] O BNDES também se utiliza de fundos para investimento em empresas jovens. Um exemplo disso é o Fundo Criatec, que é um fundo de "capital semente" criado por inciativa do BNDES e mantido por um consórcio de gestores formado por Antera Gestão de Recursos S.A. e Inseed Investimentos Ltda.. Trata-se de um fundo de investimentos de capital semente destinado à aplicação em empresas emergentes inovadoras. Tem como objetivo obter ganho de capital por meio de investimento de longo prazo em empresas em estágio inicial (inclusive estágio zero), com perfil inovador e que projetem um elevado retorno. Os investidores do Fundo Criatec são o BNDES, com 80 milhões de reais, e o BNB - Banco do Nordeste do Brasil, com 20 milhões de reais.

[345] Uma importante participação recente do BNDES diz respeito à sua atuação como sócio da Estruturadora Brasileira de Projetos S.A. – EBP. A EBP é uma empresa privada que tem como sócios o BNDES e outros oito bancos (Banco do Brasil, Bradesco, Santander, Itaú BBA, Banco do Espírito Santo, Banco Votorantin, Citibank e HSBC (conforme apresentação feita ao TCU disponível em < http://portal2.tcu.gov.br/portal/page/portal/TCU/comunidades/regulacao/Estruturadora%20Brasileira%20de%20Projetos.pdf>). Todos esses sócios têm participações iguais e direito a um voto nas deliberações sociais. Trata-se, portanto, de uma empresa privada com participação estatal segundo definição proposta neste estudo. O objetivo da EBP consiste em desenvolver projetos sustentáveis de concessões e parcerias público-privadas. A empresa firmou um convênio de cooperação técnica com o próprio BNDES, renovado em 2013 (cujo inteiro teor está disponível em < http://www.ebpbrasil.com/ebp/web/conteudo_pti.asp?idioma=0&conta=45&tipo=25412>), e é frequentemente autorizada a desenvolver projetos de concessões e PPP ao poder público. Foi a EBP que desenvolveu os projetos das recentes concessões dos aeroportos de Brasília, Guarulhos e Viracopos (conforme Portaria nº 1.537, de 12.8.2011, da Superintendência de Regulação Econômica e Acompanhamento de Mercado da Secretaria de Aviação Civil), dos aeroportos do Galeão e Confins (conforme autorização concedida pela Portaria nº 9, de 29 de janeiro de 2013, da Secretaria de Aviação Civil), da PPP

4.2.4.3. O desenvolvimento de projetos científicos e tecnológicos (Lei nº 10.973 e Decreto nº 5.563)

Outra situação que envolve o emprego da técnica acionária como mecanismo de incentivo é prevista na Lei nº 10.973, de 2004, que dispõe sobre incentivos à inovação e à pesquisa científica e tecnológica no ambiente produtivo. O artigo 5º da lei, com a redação conferida pela Lei nº 13.243, de 2016, autoriza a União e os demais entes federativos e suas entidades a "participar minoritariamente do capital social de empresas, com o propósito de desenvolver produtos ou processos inovadores".

Portanto, os arranjos empresariais com a participação estatal poderão ser uma técnica de fomento. Adotando a técnica acionária nesses casos, o Estado conferirá apoio institucional e algum apoio financeiro para o desenvolvimento de projetos inovadores ou de atividades que geram externalidades positivas.

Evidentemente, o emprego da técnica acionária com o objetivo de fomento gera efeitos de ordem concorrencial. É necessário que o Estado adote mecanismos de transparência para objetivar as escolhas realizadas. Afinal, a técnica acionária não deixa de ser uma atividade pública e, principalmente quando voltada ao incentivo de determinados agentes ou atividades econômicas, deverá observar os condicionamentos de ordem pública, inclusive o princípio da isonomia.

4.2.4.4. A contenção de crises econômicas

A técnica acionária também pode ter por objetivo a contenção de crises econômicas.

A constituição de empresas de capital misto como forma de contenção de crises econômicas, na realidade, está na origem do emprego da técnica acionária[346]. O Estado se tornava sócio de determinadas empresas privadas justamente para salvá-las de uma situação econômica periclitante, que podia gerar efeitos nocivos em cadeia. Trata-se, portanto, de

do Estádio do Mineirão e de uma série de outros empreendimentos (alguns ainda com projeto em elaboração no setor portuário, de saneamento, de concessão de rodovias, entre outros).

[346] Conforme demonstra Sabino Cassese, diversas sociedades de economia mista foram constituídas, em vários países – em especial na Itália – justamente como técnica de *salvataggio* (Azionariato di Stato, p. 775-778).

um mecanismo de intervenção anticíclica na economia, em que o Estado, tornando-se sócio de determinadas empresas, procura evitar ou minimizar os efeitos de uma crise econômica.

Também nos casos de intervenção para contenção de crises econômicas, há efeitos de ordem concorrencial na associação do Estado a empreendimentos privados. Isso porque o insucesso de determinadas atividades, na realidade, é uma situação natural de mercado. Diversos fatores, como a ineficiência do agente econômico, podem conduzir a uma situação de crise. Assim, a mera existência de uma crise em determinado setor ou atividade não torna justificável a associação do Estado como forma de intervenção na economia. Uma intervenção desmesurada poderá inclusive ocasionar prejuízos a outros agentes econômicos, que possivelmente foram mais eficientes ainda que sem dispor de nenhum auxílio estatal.

Um dos mais recentes casos em que se utilizou a técnica acionária como mecanismo de contenção de crises econômicas se deu na crise de 2008 nos Estados Unidos. Uma das medidas adotadas pelo governo norte-americano foi a aquisição, pelo Estado, de ações de instituições financeiras que estavam em dificuldades, mas sem a adquirir o controle dessas instituições. O *Emergency Economic Stabilization Act*, de 2008, autorizou o governo daquele país a adquirir títulos "podres" – os *troubled assets*, assim denominados devido ao alto índice de inadimplência – em troca de ações das instituições financeiras que detinham esses títulos[347].

Assim, em vez de o Estado emprestar recursos às instituições financeiras em dificuldade, ele optou pela aquisição de títulos podres dessas instituições, em troca de ações dessas empresas e da observância de certas condições impostas pelo Estado – por exemplo, redução da remuneração

[347] A Seção nº 113 do *Emergency Economic Stabilization Act of 2008* previu o seguinte: "(d) Conditions on purchase authority for warrants and debt instruments: (1) In general. The Secretary may not purchase, or make any commitment to purchase, any troubled asset under the authority of this Act, unless the Secretary receives from the financial institution from which such assets are to be purchased— (A) in the case of a financial institution, the securities of which are traded on a national securities exchange, a warrant giving the right to the Secretary to receive nonvoting common stock or preferred stock in such financial institution, or voting stock with respect to which, the Secretary agrees not to exercise voting power, as the Secretary determines appropriate; or (B) in the case of any financial institution other than one described in subparagraph (A), a warrant for common or preferred stock, or a senior debt instrument from such financial institution, as described in paragraph (2)(C)".

devida aos principais executivos dessas companhias, conforme previsto na Seção nº 111 do *Emergency Economic Stabilization Act* de 2008[348].

Portanto, a sistemática utilizada pelo Estado norte-americano para conter os efeitos da crise financeira de 2008 consistiu na utilização da técnica acionária. O Estado tornava-se sócio de empresas em dificuldades, viabilizando recursos. Em contrapartida, as companhias adotavam certos compromissos perante o ente estatal com vistas a sair de sua situação de crise.

[348] Seção nº 111 do *Emergency Economic Stabilization Act of 2008*: "Executive compensation and corporate governance: (a) Applicability: Any financial institution that sells troubled assets to the Secretary under this Act shall be subject to the executive compensation requirements of subsections (b) and (c) and the provisions under the Internal Revenue Code of 1986, as provided under the amendment by section 302, as applicable. (b) Direct purchases: (1) In general: Where the Secretary determines that the purposes of this Act are best met through direct purchases of troubled assets from an individual financial institution where no bidding process or market prices are available, and the Secretary receives a meaningful equity or debt position in the financial institution as a result of the transaction, the Secretary shall require that the financial institution meet appropriate standards for executive compensation and corporate governance. The standards required under this subsection shall be effective for the duration of the period that the Secretary holds an equity or debt position in the financial institution. (2) Criteria: The standards required under this subsection shall include — (A) limits on compensation that exclude incentives for senior executive officers of a financial institution to take unnecessary and excessive risks that threaten the value of the financial institution during the period that the Secretary holds an equity or debt position in the financial institution; (B) a provision for the recovery by the financial institution of any bonus or incentive compensation paid to a senior executive officer based on statements of earnings, gains, or other criteria that are later proven to be materially inaccurate; and (C) a prohibition on the financial institution making any golden parachute payment to its senior executive officer during the period that the Secretary holds an equity or debt position in the financial institution. (3) Definition: For purposes of this section, the term *senior executive officer* means an individual who is one of the top 5 highly paid executives of a public company, whose compensation is required to be disclosed pursuant to the Securities Exchange Act of 1934, and any regulations issued thereunder, and non-public company counterparts. (c) Auction purchases: Where the Secretary determines that the purposes of this Act are best met through auction purchases of troubled assets, and only where such purchases per financial institution in the aggregate exceed $300,000,000 (including direct purchases), the Secretary shall prohibit, for such financial institution, any new employment contract with a senior executive officer that provides a golden parachute in the event of an involuntary termination, bankruptcy filing, insolvency, or receivership. The Secretary shall issue guidance to carry out this paragraph not later than 2 months after the date of enactment of this Act, and such guidance shall be effective upon issuance. (d) Sunset: The provisions of subsection (c) shall apply only to arrangements entered into during the period during which the authorities under section 101(a) are in effect, as determined under section 120".

No Brasil, a Lei nº 11.908, de 2009, produto da conversão da Medida Provisória nº 443, de 2008, previu em seu artigo 2º a possibilidade de o Banco do Brasil e a Caixa Econômica Federal, diretamente ou por meio de suas subsidiárias, adquirirem "participação em instituições financeiras, públicas ou privadas, sediadas no Brasil, incluindo empresas dos ramos securitário, previdenciário, de capitalização e demais ramos descritos nos arts. 17 e 18 da Lei nº 4.595, de 31 de dezembro de 1964, além dos ramos de atividades complementares às do setor financeiro, *com ou sem o controle do capital social*, observado o disposto no inciso X do *caput* do art. 10 daquela Lei". Essa autorização vigoraria apenas pelo período de doze meses, mas foi prorrogada pelo Decreto nº 7.509, de 2011.

Essa previsão não estabelece que as participações do Banco do Brasil e da Caixa Econômica Federal devam ter por objetivo a contenção de crises econômicas. Em tese, as instituições podem se valer da técnica acionária para a diversificação de suas atividades. Entretanto, a contenção de crises econômicas é certamente um dos objetivos que podem levar o Banco do Brasil e a Caixa Econômica Federal a se valer dessa sistemática. Elas podem adquirir participações em instituições financeiras que estejam em dificuldade justamente para evitar os efeitos nocivos da perda de credibilidade no mercado financeiro. Em troca da aquisição dessas participações, poderão exigir determinadas medidas – como a redução de gastos desnecessários – de modo a melhorar a situação das instituições em dificuldade.

4.3. PARÂMETROS PARA A UTILIZAÇÃO DA TÉCNICA ACIONÁRIA

O emprego da técnica acionária como apoio institucional do Estado deve ponderar uma série de fatores.

4.3.1. OS EFEITOS CONCORRENCIAIS E A ISONOMIA

Um fator a ser ponderado pelo Estado na decisão de associar-se a uma empresa privada diz respeito aos efeitos de ordem concorrencial, o que tem implicações sobre o princípio da isonomia.

Conforme demonstrado, se o Estado decide apoiar determinado empreendimento, é porque reconhece a sua relevância a ponto de empreender recursos e esforços próprios na consecução dos melhores resultados possíveis. Assim, o Estado sinaliza ao mercado que (i) a pessoa privada com quem se associou possui qualidades que são relevantes (das quais possivelmente nenhum outro ator no mercado disporá), e (ii) que a atividade a ser desempenhada é de interesse do Estado, que assim optou por apoiá-la e a ela se associar. Em um certo sentido, portanto, a técnica acionária é *discriminatória*, ainda que informada pelo princípio da isonomia. O apoio a um sujeito e a uma atividade significa a ausência de apoio, ao menos nas mesmas condições, a outros sujeitos e a outras atividades que em tese também poderiam ser reputadas como de interesse coletivo.

Retome-se o exemplo exposto acima, a respeito da constituição de uma empresa com um grupo privado que estava desenvolvendo determinada vacina para a prevenção de uma doença grave. A associação do Estado ao grupo privado que estava desenvolvendo essa tecnologia, ao mesmo tempo em que configura um apoio institucional a esse grupo, representa uma preferência em relação a todos aqueles que também se interessavam em se associar ao Estado, mas foram preteridos. Estes inclusive poderão ter suas atividades dificultadas – *v.g.*, em termos de obtenção de financiamentos – em função de o Estado ter sinalizado ao mercado que as pesquisas que estavam sendo realizadas pelo outro grupo privado eram as que mereciam um apoio institucional por parte do Estado.

O mesmo pode ocorrer em relação a atividades comerciais exploradas em regime concorrencial. A associação do Estado a uma empresa específica poderá representar um revés aos seus concorrentes, que não receberam o mesmo apoio.

Portanto, a constituição de uma empresa privada com participação estatal pode ter um efeito anticoncorrencial, uma vez que o apoio do Estado tem um caráter essencialmente discriminatório. O efeito decorrente disso poderá ser a concentração do mercado em torno da empresa integrada pelo Estado, em prejuízo das demais. O apoio do Estado, nesse sentido, terá o efeito de falsear a concorrência, ao privilegiar uma empresa em detrimento das demais[349].

[349] A propósito dos efeitos anticoncorrenciais do fomento, José Vicente Santos Mendonça faz a seguinte advertência: "Muito próximo à paralisia é o risco da introdução de distorções no mercado, à conta de algum *falseamento das condições de concorrência*. Não é fomento público constitucionalmente admissível aquele que desorganiza o mercado e falseia *injustificadamente* as condições de concorrência" (Uma teoria do fomento público: critérios em prol de um fomento público democrático, eficiente e não-paternalista, p. 117).

O efeito anticoncorrencial da atuação do Estado como sócio de empresas privadas foi enfrentado na União Europeia.

O artigo 107º do Tratado sobre o Funcionamento da União Europeia estabelece uma regra geral de que os auxílios de Estado que falseiem ou ameacem falsear a concorrência são incompatíveis com o mercado comum quando afetem as trocas comerciais entre os Estados-Membros[350]. O objetivo é possibilitar a efetiva integração econômica entre os países.

Diante disso, surgiram questionamentos acerca da participação do Estado como sócio de determinadas empresas. O ingresso do Estado como sócio de empresas privadas poderia ser configurado como uma espécie de auxílio de Estado, o que poderia falsear a concorrência. Assim, todo ingresso de um Estado-membro como sócio de uma empresa privada poderia ter de ser previamente notificado aos órgãos competentes da União Europeia, na forma do artigo 108, item 3, do Tratado sobre o Funcionamento da União Europeia, para que fosse examinado.

Houve três julgados muito relevantes da Comissão Europeia sobre essa questão, ainda no ano de 1982. A partir deles, foram fixadas balizas que servem de parâmetro até hoje[351].

O caso *Balamundi* tratou de situação em que o governo belga havia apoiado a sobrevivência da empresa Balamundi por meio de uma série de medidas financeiras que se instrumentalizaram pelo ingresso do Estado como sócio do grupo empresarial. Para a Comissão, a situação financeira extrema da empresa parecia excluir toda possibilidade de que ela acudisse ao mercado de capital não subvencionado, pelo que as medidas adotadas pelo Governo belga consistiam em um auxílio estatal de salvamento não notificado – e, portanto, incompatível com o mercado comum.

Na decisão *Intermills*, a Comissão Europeia tratou de outro caso também relacionado ao governo belga. A empresa Intermills estava em dificuldades financeiras e, para resolver a situação, o governo belga traçou um plano de

[350] O artigo 107º, item 1, dispõe o seguinte: "Salvo disposição em contrário dos Tratados, são incompatíveis com o mercado interno, na medida em que afetem as trocas comerciais entre os Estados-Membros, os auxílios concedidos pelos Estados ou provenientes de recursos estatais, independentemente da forma que assumam, que falseiem ou ameacem falsear a concorrência, favorecendo certas empresas ou certas produções".

[351] Para uma análise mais detalhada dos três casos, consulte-se: RODRÍGEZ MIGUEZ, José Antonio. *La participación en el capital social como modalidad de ayuda pública a las empresas*. Santiago de Compostela: Xunta de Galicia, 2002, p. 87-88.

recuperação que englobava, dentre outras medidas, o ingresso do Estado no capital da sociedade matriz, vinculado a um aporte de capital que era garantido justamente pela participação acionária. Para a Comissão, a situação financeira da Intermills e as suas perdas eram tão significativas que excluíam toda a possibilidade de a empresa acudir ao mercado de capital privado. Assim concluiu que a situação configurou uma ajuda de Estado. Considerou que os empréstimos eram compatíveis com as regras da União Europeia, mas não a tomada de participação no capital da empresa.

O terceiro caso ficou conhecido como decisão *Leeuwarder*. A empresa holandesa que atuava no setor papeleiro precisava de um considerável aporte de capital para atualizar suas instalações. Entretanto, esse objetivo era impossibilitado pela difícil situação financeira da empresa, pela saturação do setor em que atuava, e pela insuficiência de margem de autofinanciamento (*cash flow*). Assim, a estruturação da operação foi realizada por meio do aporte de recursos públicos, pelo qual uma *holding* pública adquiriu determinada participação na empresa. A Comissão Europeia, justamente pela impossibilidade de a empresa levantar os recursos no mercado de crédito, considerou a operação como sendo um auxílio de Estado e, desse modo, considerou-a ilegal e incompatível com o mercado comum.

O paralelismo entre os três casos é notável, por considerarem que o ingresso do Estado como sócio de empresas privadas configurava uma "ajuda de salvamento" e, assim, tinha o poder de falsear a concorrência, prejudicando a integração econômica dos países europeus. As dificuldades de análise desse tipo de situação inclusive levaram a Comissão Europeia a editar uma Comunicação, já em 1984[352], que tratava da participação do Estado no capital de empresas privadas sob o ângulo dos auxílios de Estado. Nessa Comunicação, a Comissão previu quatro situações em que os poderes públicos poderiam ser induzidos a ingressar no capital de empresas e, na sequência, seguindo a "fórmula de semáforo"[353], expunha as hipóteses em que (i) não se configurava auxílio de Estado, (ii) configurava-se auxílio de Estado, e (iii) enunciava algumas presunções de auxílio de Estado que transferia o ônus da prova de sua não existência ao Estado.

[352] Bol. CE, 9, 1984, p. 93 a 96.

[353] A fórmula de semáforo consiste em relacionar (i) situações que certamente se enquadram em uma determinada configuração, (ii) situações que não se enquadram na configuração tratada, e (iii) situações que, em princípio, enquadram-se na configuração, mas, dependendo do que for examinado, poderão ser desqualificadas.

Desde então, diversos outros casos de participação do Estado no capital de empresas privadas foram examinados sob o prisma de que se tratava de um auxílio de Estado, com potenciais efeitos de falseamento da concorrência e de prejuízo aos intercâmbios comerciais comunitários[354].

No Brasil, não há jurisprudência sobre situações semelhantes. Entretanto, a utilização da técnica acionária pode conduzir a situações idênticas, em que o Estado, ao ingressar no capital de determinada empresa, gere efeitos possivelmente anticoncorrenciais. Isso ocorre porque a técnica acionária se vale do apoio institucional do Estado, que é essencialmente discriminatório.

Muitas vezes, contudo, a concentração de mercado pode ser justamente o efeito buscado pela política econômica vigente para determinado setor.

É o que ocorre, por exemplo, com a chamada política do "campeão nacional", em que o Estado entende ser política e economicamente mais interessante ao país possuir apenas uma empresa forte em determinado setor (*v.g.*, de aviação). Nesse caso, o objetivo é melhor alcançado por uma ou poucas grandes empresas do que com o mercado atomizado. Trata-se de uma situação em que a concentração de mercado é até mesmo desejada pelo Estado, o que não é necessariamente incompatível com o ordenamento[355].

A associação do Estado a uma empresa privada pode ser um veículo utilizado para a consecução da política do "campeão nacional". Em vez de o Estado pretender que haja um mercado atomizado, poderá optar pela concentração em torno de uma ou poucas empresas que contem com sua participação na condição de sócio.

Não constitui objeto do presente estudo realizar um exame sobre possíveis distorções concorrenciais causadas pelo ingresso do Estado como sócio de empresas privadas – o que teria um conteúdo muito mais afeto à economia do que ao direito. Basta aqui a noção de que a utilização da técnica acionária pelo Estado, na constituição de empresas privadas com participação estatal, pode afetar os mecanismos de mercado e provocar modificações relevantes em termos concorrenciais – o que deverá ser objeto de ponderação pelo ente estatal em cada caso concreto.

[354] RODRÍGEZ MIGUEZ, José Antonio. *La participación en el capital social como modalidad de ayuda pública a las empresas*, p. 477-495.

[355] Argumentos dessa natureza foram expostos no julgamento do CADE para o conhecido caso AMBEV (Processo Administrativo nº 08012.005846/99-12, Rel. Conselheira Hebe Teixeira Romano Pereira, *DOU* 7.4.2000).

4.3.2. O RISCO DE PARALISIA

Outro risco da utilização da técnica acionária pelo Estado consiste na paralisia do setor privado.

A atuação do Estado como sócio de empresas privadas não substitui a iniciativa privada. Se o Estado utiliza a técnica acionária de modo desmesurado, poderá desestimular a competitividade empresarial ao funcionar como uma espécie de seguro público de empreendimentos fracassados.

Assim, a Administração deve ser muito cautelosa ao se associar a empresas de modo geral. Além do efeito anticoncorrencial, há uma propensão a que as empresas privadas dependam demais do seu sócio estatal e, assim, não consigam atuar bem no mercado sem o apoio institucional do Estado.

Além disso, o apoio institucional empregado pelo Estado na utilização da técnica acionária pode servir de freio para outros atores do mercado, que possivelmente pretendiam desenvolver aquela atividade. A concorrência com uma empresa que conta com o próprio Estado como sócio relevante pode ser altamente desestimuladora e arriscada. Trata-se de mais um fator que deve ser ponderado pelo Estado ao constituir empresas privadas com participação estatal.

4.3.3. O PRINCÍPIO DA TRANSPARÊNCIA E A RELATIVA LIBERDADE DE ESCOLHA DAS FORMAS JURÍDICAS DE INTERVENÇÃO

Uma das maiores dificuldades na operacionalização da técnica acionária diz respeito à aplicação do princípio da transparência.

Por se tratar de uma atividade essencialmente discriminatória e que envolve o emprego de recursos públicos para sua consecução, a técnica acionária tem no princípio da transparência um importante vetor. Em regra, as escolhas feitas pela Administração devem ser tomadas de forma transparente e motivada. É inaceitável que o Estado escolha se associar a um empreendimento, ao qual aportará significativa quantidade de capital, sem parâmetros mínimos de controle. A própria escolha do seu sócio privado deve ser tomada de forma transparente.

Mas a transparência não deverá incidir apenas sobre a decisão de constituição de uma empresa privada com participação estatal. A técnica acionária envolve diversos níveis (ou graus) de decisão, e sobre todos eles deve incidir o princípio da transparência.

Por outro lado, há algumas dificuldades que não podem ser ignoradas no que se refere à aplicação do princípio da transparência sobre a técnica acionária.

Em primeiro lugar, o ambiente empresarial não se sujeita ao princípio da transparência da mesma forma que ele é aplicável à Administração Pública. É da essência do mundo dos negócios que certas informações e estratégias empresariais sejam sigilosas, sob pena de perderem todo o efeito desejado.

As empresas privadas com participação estatal, segundo a conceituação estabelecida neste estudo, são sociedades essencialmente privadas, que não integram a Administração Pública, nem mesmo indireta. Assim, sua atuação se dá como a de qualquer outra empresa privada, inclusive no que se refere à manutenção de certos segredos empresariais. Seria contraditório se tais empresas, ao mesmo tempo em que atuassem em competição no mercado, tivessem de revelar informações que poderiam ser utilizadas por seus concorrentes.

Isso significa que o princípio da transparência, embora seja um vetor aplicável a toda atividade administrativa, não poderá manietar a atuação da empresa privada com participação estatal. Em razão disso, o princípio da transparência deverá incidir sobre o sócio estatal de modo compatível com a natureza da atividade desenvolvida pela empresa. Certas deliberações, por exemplo, não poderão ser reveladas, ainda que o sócio estatal delas participe.

Em segundo lugar, o próprio ente estatal que decide se associar a um parceiro privado pode ter objetivos estratégicos, que não devem ser revelados. É o que ocorre, por exemplo, se uma empresa estatal tem por objetivo ampliar a sua atuação em um novo empreendimento e, para isso, decide se tornar sócia de uma sociedade de propósito específico privada – constituindo, portanto, uma empresa privada com participação estatal. Ainda que a empresa estatal se sujeite aos princípios que regem a Administração Pública, é possível que a sua decisão e a escolha do sócio privado não devam ser revelados antes da concretização da operação, sob pena de inviabilizá-la[356].

Já em outros casos, não haverá nenhuma dificuldade na aplicação do princípio da transparência sobre a técnica acionária. É o que ocorre, por exemplo, na constituição de empresas privadas com participação estatal

[356] A "filtragem" da aplicação dos princípios da Administração Pública pela figura da empresa foi tratada no Capítulo 1. As peculiaridades da escolha do sócio privado serão examinadas mais detidamente no Capítulo 5.

para o desempenho de atividades outorgadas pelo Estado. Nesses casos, a opção pela constituição desse tipo de sociedade e a definição de suas características básicas podem ser estabelecidas com transparência – *v.g.*, num edital de licitação, como ocorreu nas concessões de aeroportos.

Em razão desses aspectos, nota-se que a aplicação do princípio da transparência sobre as opções estatais que envolvem o emprego da técnica acionária deve ser adaptada a cada situação concreta. A adoção da técnica acionária como forma de intervenção estatal no domínio econômico envolve certas nuances na aplicação dos princípios que regem a Administração Pública. É da natureza desse tipo de intervenção. Caso não seja possível admitir essas nuances, a técnica acionária poderá não ser a forma mais adequada de intervenção – partindo-se do entendimento defendido nesta tese de que a Constituição assegura certa margem de liberdade ao Estado na definição de sua forma de atuação empresarial.

4.3.4. A QUESTÃO DA PROCEDIMENTALIZAÇÃO

Um importante mecanismo para conferir transparência à utilização da técnica acionária pelo Estado consiste na procedimentalização das decisões administrativas.

Como demonstrado no Capítulo 3, nas situações em que existe autorização legal para a constituição de uma empresa estatal e para a participação do Estado em uma empresa privada, haverá certa liberdade da Administração para definir o mecanismo empresarial mais adequado à consecução das finalidades almejadas. Além disso, cada decisão envolverá outros graus de definição. Assim, por exemplo, se o Estado decidir pela participação como sócio de uma empresa privada, deverá ainda estabelecer os mecanismos societários suficientes para assegurar os objetivos buscados[357].

Evidentemente, não há parâmetros muito precisos para toda essa sequência de tomada de decisões. Normalmente, a lei que autoriza o ingresso do ente estatal como sócio de uma empresa privada somente prevê que o Estado será minoritário ou que não terá poder de controle sobre a

[357] Em termos concretos, deverá ser definida qual será a participação acionária do Estado na empresa, se haverá um acordo de acionistas ou a previsão de *golden shares* ou outros mecanismos tendentes ao mesmo resultado, quais serão os poderes garantidos ao sócio estatal – poderes de veto de determinadas matérias, indicação de certo número de diretores e conselheiros, e assim por diante.

empresa. Todas as decisões deverão ser tomadas pela Administração à luz das peculiaridades e dos objetivos buscados no caso concreto, sem a existência de condicionamentos legais muito claros ou precisos.

Contudo, o reconhecimento de certa margem de discricionariedade para a Administração na utilização da técnica acionária não significa que haja plena liberdade decisória. Caberá à Administração proceder a uma análise detalhada dos fatores relacionados à decisão, o que deverá ser feito de forma motivada e procedimentalizada.

É verdade que não há nenhuma exigência legal expressa no sentido de que as decisões sejam tomadas mediante o desenvolvimento de um procedimento administrativo. Entretanto, pode-se afirmar que existe um ônus argumentativo que caberá à Administração em virtude da necessidade de motivação dos atos administrativos. Ainda que aplicado de forma adaptada a cada situação, é necessário que haja certa procedimentalização nas decisões tomadas pelo ente estatal.

Em Portugal, há uma solução interessante para a questão.

A recente Lei que trata do regime jurídico da atividade empresarial local e das participações locais (Lei nº 50, de 31 de agosto de 2012) exige, no artigo 53º, item 2, que a deliberação relativa à constituição de uma empresa participada por uma autoridade local seja antecedida pelo cumprimento dos procedimentos previstos na lei, devendo ser realizados estudos técnicos que demonstrem a racionalidade da decisão tomada[358].

[358] O artigo 53º, item 2, da Lei, estabelece o seguinte: "Artigo 53º - Aquisição de participações locais (...) 2 – A deliberação de aquisição de participações locais deve ser antecedida pelo cumprimento dos procedimentos previstos na lei, aplicando-se com as devidas adaptações, o disposto no artigo 32º". O artigo 32º contém a seguinte previsão: "Viabilidade econômico-financeira e racionalidade económica. 1 – A deliberação de constituição das empresas locais ou de aquisição de participações que confiram uma influência dominante, nos termos da presente lei, deve ser sempre precedida dos necessários estudos técnicos, nomeadamente do plano do projeto, na ótica do investimento, da exploração e do financiamento, demonstrando-se a viabilidade e sustentabilidade económica e financeira das unidades, através da identificação dos ganhos de qualidade, e a racionalidade acrescentada decorrente do desenvolvimento da atividade através de uma entidade empresarial, sob pena de nulidade. 2 – Os estudos previstos no número anterior devem incluir ainda a justificação das necessidades que se pretende satisfazer com a empresa local, a demonstração da existência de procura atual ou futura, a avaliação dos efeitos da atividade da empresa sobre as contas e a estrutura organizacional e os recursos humanos da entidade pública participante, assim como a ponderação do benefício social resultante para o conjunto dos cidadãos. (...) 5 – Os estudos referidos nos nºs 1 e 2, bem como os projetos de estatutos e todos os demais elementos de instrução existentes,

A exigência de um procedimento prévio com a realização de estudos técnicos que demonstrem a racionalidade da decisão se aplica tanto à constituição *ex novo* de uma empresa privada com participação estatal, como também à aquisição pelo Estado de ações de uma empresa já existente. A Administração deverá demonstrar as necessidades que pretende satisfazer com a participação em uma empresa privada, avaliando inclusive os efeitos que a atividade da empresa terão sobre as contas públicas e à estrutura organizacional do Estado.

A importância e a complexidade desse procedimento prévio é assim descrita por Pedro Costa Gonçalves:

A aplicação do disposto no artigo 32º no âmbito do procedimento de deliberação de aquisição de participações locais conduz à exigência de estudos técnicos, nomeadamente do plano do projeto, na ótica do investimento, da exploração e do financiamento, que demonstrem a viabilidade e sustentabilidade económica e financeira das sociedades comerciais participadas (...). Esses estudos devem incluir ainda a justificação das necessidades que se pretende satisfazer com a participação local, a avaliação dos efeitos da atividade da sociedade participada sobre as contas e a estrutura organizacional e os recursos humanos da entidade pública participante, assim como a ponderação do benefício social resultante para o conjunto de cidadãos; a demonstração da existência de procura atual ou futura parece-nos exigível apenas no cenário da constituição de uma nova sociedade comercial e já não no da aquisição de participações em sociedades existentes e em atividade[359].

Realizados os estudos técnicos, bem como elaborados os projetos de estatutos da sociedade comercial participada, a proposta de constituição é submetida à apreciação e deliberação pelo órgão deliberativo da entidade pública participante, sob proposta do respectivo órgão consultivo, na forma do artigo 53, item 1, da Lei nº 50 de 2012.

acompanham as propostas de constituição e participação em empresas locais, devendo ser objeto da apreciação e deliberação previstas no nº 1 do artigo 22º. 7 – A cominação prevista no nº 1 aplica-se, ainda, a todos os atos ou contratos, de natureza instrumental, acessória ou conexa à constituição de empresas locais ou de aquisição de participações sociais, dos quais decorram efeitos de natureza económica ou financeira".

[359] *Regime jurídico da atividade empresarial local.* Coimbra: Almedina, 2012, p. 263-264.

A decisão pela constituição de uma empresa participada ou pelo ingresso do Estado em uma empresa já existente, então, deve ser fundamentada, levando em consideração, também por expressa previsão legal, "os pressupostos justificativos do relevante interesse público local" (artigo 53º, item 1). Deverá ser demonstrado que a empresa participada perseguirá fins de relevante interesse público e que o seu objeto social se compreende no âmbito de atribuições da entidade pública participante.

Além disso, a Administração deverá demonstrar que a decisão tomada é a que *melhor* permite o prosseguimento dos objetivos de interesse público buscados. Ou seja, "a fundamentação da melhor prossecução do interesse público reclama a demonstração da vantagem comparativa da participação em relação à não participação", sendo que "essa demonstração há de suportar-se nos estudos técnicos elaborados"[360]. Isso significa que devem ser ponderadas as alternativas à constituição de uma empresa participada, a fim de se demonstrar qual a decisão mais eficiente para a consecução dos objetivos buscados pela Administração.

Caso a decisão pela constituição de uma empresa participada não seja embasada em estudos técnicos fundamentados, entende-se que será nula, dando ensejo inclusive a uma responsabilização financeira dos envolvidos[361].

Todo esse leque de exigências procedimentais constante da legislação portuguesa pode ser alvo de críticas. Seria possivelmente um excesso do legislador. Além disso, reconhece-se, por exemplo, que a aquisição de uma participação simbólica em uma empresa privada com fins de relevante interesse público não precisaria atender a todo esse procedimento. Entretanto, as previsões legais impõem maior seriedade nas decisões relativas à constituição de empresas com participação estatal.

Nessa toada, Pedro Costa Gonçalves constata a existência de um sentido de certa forma didático nas exigências legais. Segundo ele, embora se reconheça alguma razão às críticas, deve-se compreender que "o obje-

[360] GONÇALVES, Pedro Costa. *Regime jurídico da atividade empresarial local*, p. 265.

[361] Conforme Pedro Costa Gonçalves: "As deliberações que aprovam a constituição de uma sociedade comercial participada ou a aquisição de participações locais sem os estudos técnicos ou com base em estudos técnicos notoriamente não fundamentados são *nulas* e pode haver lugar a efetivação de *responsabilidade financeira*" (*Regime jurídico da atividade empresarial local*, p. 264).

tivo da Lei consistiu precisamente em evitar 'decisões fáceis' e, sobretudo, irrefletidas, também no domínio da aquisição de participações locais"[362].

No Brasil, não existe nenhuma regulamentação geral com o detalhamento da legislação portuguesa acerca do procedimento a ser adotado nas decisões pela constituição de uma empresa privada com participação estatal. Notadamente, há regras procedimentais de decisão em relação aos entes estatais em geral. Nesse sentido, uma empresa pública ou sociedade de economia mista que pretenda integrar o quadro acionário de uma empresa privada deverá observar os seus estatutos, que contêm regras gerais sobre deliberações societárias, com a fixação de competências, quóruns mínimos de aprovação, entre outras matérias. O mesmo se verifica, por exemplo, no estatuto do BNDESPAR, que contempla regras gerais de decisão que, por decorrência lógica, serão aplicadas às decisões de integrar o capital de empresas privadas.

Há ainda outras regras específicas, que se aplicam a determinadas situações.

Nesse sentido, o artigo 2º do Decreto nº 1.091, de 1994, estabelece que a realização de acordos de acionistas e a renúncia a direitos neles contidos, pelas empresas públicas, sociedades de economia mista e suas subsidiárias, controladas direta ou indiretamente pela União, deve ser precedida de anuência pelo Ministério da Fazenda – com as exceções das empresas relacionadas no seu parágrafo único. Trata-se, portanto, de um mecanismo de procedimentalização, uma vez que a anuência prévia pelo Ministério deverá seguir os ritos apropriados – por exemplo, com a precedência de pareceres jurídicos e análises técnicas.

Outro exemplo consiste na previsão do § 1º do artigo 2º da Lei nº 11.908, de 2009. Esse dispositivo estabelece que, na aquisição de participações em instituições financeiras, o Banco do Brasil e a Caixa Econômica deverão contratar empresas avaliadoras especializadas, cujos dirigentes não possuam interesses nas empresas sujeitas à avaliação[363]. Tal previsão, por-

[362] *Regime jurídico da atividade empresarial local*, p. 264.

[363] Redação do § 1º do art. 2º da Lei nº 11.908, de 2009: "§ 1º Para a aquisição prevista no caput deste artigo, o Banco do Brasil S.A. e a Caixa Econômica Federal contratarão empresas avaliadoras especializadas, cujos dirigentes não possuam interesses nas empresas sujeitas à avaliação, observada a Lei nº 8.666, de 21 de junho de 1993, dispensado o procedimento licitatório em casos de justificada urgência".

tanto, contempla um requisito específico, que tem implicações de ordem procedimental.

Portanto, a ausência de regras mais abrangentes no ordenamento nacional que imponham ao poder público a ponderação das alternativas possíveis e a necessidade de realização de estudos técnicos prévios e fundamentados não significa que as decisões envolvidas na técnica acionária possam ser tomadas de forma irrefletida. Mesmo diante da ausência de regras procedimentais mais precisas, o Estado deve sempre fundamentar a sua decisão de se tornar sócio de uma empresa privada. A decisão deverá ser tomada de forma procedimentalizada, observando-se os requisitos formais e as competências existentes em cada situação.

Além disso, qualquer decisão deverá ser precedida de dados técnicos que demonstrem a pertinência da participação acionária pretendida e a sua aderência aos fins buscados pelo Estado – ainda que os procedimentos devam ser realizados em conformidade com as peculiaridades de cada caso[364].

O fato é que a associação do Estado ou de um ente estatal a uma empresa privada deve ser devidamente fundamentada em elementos pertinentes à decisão, ainda que não haja um procedimento legal genérico para esse tipo de situação. Além disso, a decisão será submetida aos órgãos de controle, o que também impõe a necessidade de ser ponderada e embasada em elementos técnicos concretos.

4.3.5. A QUESTÃO DA RESPONSABILIDADE FISCAL

Por fim, a adoção da técnica acionária de intervenção envolve aspectos de responsabilidade fiscal. Isso porque a integração de um ente estatal na qualidade de sócio implica em regra a integralização de capital, com a utilização de recursos provenientes do Estado.

[364] Por exemplo, uma empresa estatal que atue num mercado altamente competitivo, ainda que precise fundamentar sua decisão (inclusive perante seus acionistas, o que demanda a observância dos estatutos), não poderá ser obrigada a realizar um procedimento aberto ao público em geral (o que englobaria inclusive os seus concorrentes). Já em outras hipóteses, a realização de um procedimento transparente será a sistemática adequada (imagine-se o caso em que a União pretende se associar a uma empresa privada para fomentar uma atividade relacionada à pesquisa e ao desenvolvimento de novas tecnologias, em que possivelmente não haverá um mercado competitivo em operação).

O artigo 26 da Lei Complementar nº 101 estabelece que a destinação de recursos para cobrir as necessidades ou déficits de pessoas jurídicas deve atender a três requisitos: (i) ser autorizada por lei específica, (ii) atender às condições estabelecidas na lei de diretrizes orçamentárias e (iii) estar prevista no orçamento ou em seus créditos adicionais. Tais requisitos se aplicam a toda a Administração Pública indireta, inclusive fundações públicas e empresas estatais, e exceto a instituições financeiras e ao Banco Central do Brasil, "no exercício de suas atribuições precípuas", conforme estabelece o § 1º.

Note-se que esses requisitos devem ser observados também na participação em constituição ou aumento de capital, conforme estabelece o § 2º do artigo 26 da Lei[365]. Assim, se o Estado pretende constituir uma empresa privada com participação estatal ou promover um aumento de capital, os requisitos do *caput* do artigo 26 da Lei de Responsabilidade Fiscal deverão ser observados.

No caso de constituição de uma empresa privada com participação estatal, a própria lei que autoriza a sua criação já poderá prever o aporte de capital pelo ente estatal, sendo desnecessária lei superveniente.

A exceção fica por conta das empresas estatais "no exercício de suas atribuições específicas", que não precisarão observar os requisitos estabelecidos pelo *caput* do artigo 26 da Lei de Responsabilidade Fiscal, o que confere maior maleabilidade na sua atuação como sócias de empresas privadas.

A Lei de Responsabilidade Fiscal ainda prevê, no artigo 28, que, salvo lei específica, não poderão ser utilizados recursos públicos para socorrer instituições do Sistema Financeiro Nacional – ainda que o § 2º permita expressamente a concessão de operações de redesconto e de empréstimo pelo Banco Central do Brasil.

Essas previsões, na realidade, não vedam a possibilidade de haver a concessão de ajuda pelo Banco do Brasil ou pela Caixa Econômica Federal, por meio da qual essas instituições passem a ser acionistas da instituição financeira beneficiada, uma vez que essa operação é prevista em lei específica (artigo 2º da Lei nº 11.908, de 2009), ainda que por um prazo determinado, estabelecido no § 4º do artigo 2º.

[365] Artigo 26, § 2º, da Lei Complementar nº 101, de 2000: "§ 2º Compreende-se incluída a concessão de empréstimos, financiamentos e refinanciamentos, inclusive as respectivas prorrogações e a composição de dívidas, a concessão de subvenções *e a participação em constituição ou aumento de capital*".

4.4. A TÉCNICA ACIONÁRIA COMO FUNÇÃO PÚBLICA

Ao longo deste capítulo, procuramos demonstrar que a técnica acionária corresponde a uma função pública. Trata-se de um modo de intervenção estatal na economia, em que empresas estatais atuam como sócias de empresas privadas para a consecução de certos objetivos de relevância para o Estado.

De um lado, portanto, há a técnica acionária, função pública; de outro, as atividades exploradas pela empresa privada com participação estatal, que não são funções públicas, e sim atividades econômicas que, por diversas razões, envolvem um engajamento empresarial por parte do Estado.

Assim, caracterizada a técnica acionária, podemos prosseguir com o estudo da escolha do sócio privado, que será objeto do capítulo seguinte.

CAPÍTULO 5
A SELEÇÃO DO SÓCIO PRIVADO

5.1. COLOCAÇÃO DO PROBLEMA

Neste capítulo, pretende-se verificar se o ente estatal que busca constituir uma empresa privada com um sócio privado tem o dever de realizar um procedimento pautado por critérios objetivos para a seleção do seu sócio, ou se a escolha do parceiro privado será livre.

A questão é de evidente interesse prático e depende – como se verá – da correta compreensão do que representam não somente as empresas privadas com participação estatal, mas a própria técnica acionária do Estado enquanto mecanismo vocacionado a uma série de objetivos diversos.

Não se pretende saber se o ente estatal deve realizar propriamente uma licitação. O procedimento licitatório é apenas uma das formas de que pode se valer o Estado para a seleção de um particular, a fim de que este obtenha certo título ou se estabeleça determinada relação jurídica. A licitação não é a única sistemática de seleção de um particular para as diversas pretensões que o Estado pode deter. É plenamente possível que se realizem outros procedimentos de seleção, também caracterizados pela objetividade e pela isonomia.

A doutrina produzida até o momento não apresenta nenhum consenso. Parte dos doutrinadores sustenta a inviabilidade de um procedimento de escolha objetivo. Outros, em sentido oposto, defendem que deveria haver um procedimento licitatório em qualquer caso.

Como pretendemos demonstrar, a doutrina que se dedicou a estudar o tema não desenvolveu o assunto em toda a sua complexidade. Assim, pretendemos inicialmente examinar os fundamentos invocados pela doutrina para a adoção de um e outro entendimento. Em seguida, apontaremos os motivos pelos quais esses fundamentos nos parecem insuficientes. Ao final, exporemos nosso entendimento sobre a questão.

5.2. O ENTENDIMENTO DA DOUTRINA

Existem posicionamentos doutrinários que apontam tanto a inviabilidade de realização de qualquer procedimento público de seleção de sócios, como também a obrigatoriedade intransigente de realização de licitação voltada a esse objetivo.

Convém explicar em maiores detalhes cada um desses posicionamentos e os motivos invocados por aqueles que os defendem.

5.2.1. A ALEGADA IMPOSSIBILIDADE DE REALIZAÇÃO DE UM PROCEDIMENTO SELETIVO PÚBLICO

A parcela da doutrina que aponta a inviabilidade absoluta de realização de um procedimento formal para a escolha do particular sustenta que a seleção do sócio privado não poderia se pautar por critérios objetivos.

São dois os fundamentos invocados: (i) a necessidade de haver *affectio societatis* entre o sócio estatal e o sócio privado, o que não seria passível de aferição segundo parâmetros objetivos, e (ii) a ideia de que os contratos de direito privado da Administração – no que se enquadrariam os atos constitutivos de uma empresa privada com participação estatal – não seriam sujeitos a licitação.

5.2.1.1. O fundamento da **affectio societatis** *como elemento não aferível objetivamente*

O primeiro motivo invocado como justificativa para eximir o ente estatal de realizar um procedimento objetivo de seleção do seu sócio deriva da noção de *affectio societatis*.

Parte-se da concepção de que o ente estatal, ao pretender constituir uma empresa privada com participação estatal, busca, com vistas ao sucesso e à eficiência de suas atividades, um sócio estratégico dotado não só de recursos econômicos, mas também de *expertise* para integrar a sociedade. Esse parceiro não seria selecionado anonimamente pela Administração. O Estado estaria em busca não de um executor de obras ou serviços, e sim de um sócio com o qual dividirá obrigações e os eventuais lucros do empreendimento. Isso envolveria um processo de negociação normalmente longo, flexível e complexo, que seria "incompatível com modelos estanques e procedimentalizados de seleção"[366].

Um dos doutrinadores que defende com bastante ênfase a inviabilidade de competição baseada na ideia de *affectio societatis* é Alexandre Santos de Aragão. Segundo ele: "Em sendo a *affectio societatis* essencial para a constituição da Sociedade de Propósito Específico, e constituindo esta uma relação de afinidade entre as partes para a realização de um objetivo comum, torna-se evidente que não há como submeter esse tipo de vínculo à prévia licitação, já que não há como indicar elementos objetivos para a escolha a ser procedida"[367].

A mesma concepção também foi defendida por Marcos Juruena Villela Souto. O doutrinador via semelhanças entre a formação de empresas privadas com participação estatal e a celebração de convênios que diferenciariam essas duas figuras dos contratos administrativos. Enquanto no contrato administrativo estariam envolvidos interesses contrapostos, na constituição de uma empresa de capital público e privado, tal como num convênio, haveria uma soma de esforços convergindo para um mesmo objetivo. E assim prosseguia o doutrinador: "Esta é a natureza da vinculação entre dois parceiros que formam uma sociedade, orientada essa relação por uma noção também conhecida do direito comercial de *affectio societatis*. A confiança legítima, a identidade de objetivos e de propósitos, não são licitáveis"[368].

De acordo com essa concepção, ao se constituir uma empresa privada com participação estatal, não estaria em jogo apenas o maior aporte de recursos financeiros em favor da sociedade. Estariam em discussão também aspectos relacionados ao capital, questões políticas, estratégias comerciais do ente estatal, bem como características relacionadas ao sócio privado, como o seu *know how*, os parceiros que ele integra ao negócio, a sua expe-

[366] ARAGÃO, Empresa público-privada, p. 59.

[367] Empresa público-privada, p. 59.

[368] *Direito administrativo em debate*. Rio de Janeiro: Lumen Juris, 2004, p. 156.

riência, eventual domínio de tecnologias que são consideradas essenciais pelo Estado para a formação da empresa, dentre outros fatores. Assim, não haveria "nenhum padrão de objetividade que possa ser traçado para essa competição"[369]. A licitação, por ser um procedimento objetivo de seleção, exige que o Estado saiba antecipadamente o que colocar em competição – o que seria incompatível com a celeridade e a flexibilidade que caracterizariam as negociações realizadas para a escolha de um parceiro comercial.

Ainda nas palavras de Marcos Juruena Villela Souto: "É a afinidade na associação que definirá a escolha do melhor parceiro, e não a licitação, que não representa o único meio de se atingir a moralidade e a eficiência nas contratações"[370]. Por falta de homogeneidade de bens e parâmetros objetivos de aferição, a escolha de um sócio privado, tal como a seleção de um parceiro para a formação de um consórcio com uma sociedade de economia mista, por exemplo, seria uma típica hipótese de inexigibilidade de licitação. A afinidade – alçada ao patamar de *affectio societatis* segundo os doutrinadores dessa corrente – não seria mensurável segundo parâmetros rígidos de julgamento.

Luís Roberto Barroso também defende posicionamento semelhante ao tratar da formação de associações ou consórcios integrados por uma empresa estatal em conjunto com entes privados. Segundo ele, "a união de esforços e objetivos idênticos, a confiança e a lealdade recíprocas não são licitáveis"[371]. Assim, "ocorreria uma espécie de inexigibilidade de licitação, já que há inviabilidade de se aferir, com os critérios objetivos inerentes à licitação, a proposta que melhor se adequará, ou terá maior afinidade com o que se pretende em face das diretrizes traçadas"[372].

É verdade que os doutrinadores que fundamentam a impossibilidade de seleção objetiva do sócio privado na noção de *affectio societatis* ressalvam a necessidade de se observar motivadamente os princípios da Administração Pública. Alexandre Santos de Aragão adverte que a seleção deve ser "transparente, racional economicamente e motivada"[373]. Marcos Juruena Villela Souto ainda ressaltava que a licitação "não representa o único meio

[369] *Direito administrativo em debate*, p. 156.

[370] SOUTO, Marcos Juruena Villela. *Licitações – contratos administrativos*. Rio de Janeiro: Adcoas Esplanada, 1999, p. 369.

[371] *Temas de direito constitucional*. Rio de Janeiro: Renovar, 2002, p. 418.

[372] *Temas de direito constitucional*, p. 417.

[373] Empresa público-privada, p. 59.

de se atingir a moralidade e a eficiência nas contratações". Logo, a ausência de realização de um procedimento licitatório, segundo essa corrente, não implicaria por si só uma ofensa à moralidade, inclusive porque a Constituição e a Lei contemplam as figuras de dispensa e inexigibilidade de licitação.

5.2.1.2. O fundamento na figura do "contrato de direito privado da Administração"

O segundo fundamento apontado por parcela da doutrina como motivo apto a afastar a necessidade de um procedimento seletivo para a escolha do sócio privado é apoiado na figura do *contrato de direito privado da Administração.*

Essa corrente parte da ideia de que a Administração pode firmar contratos de direito privado, os quais se diferenciam dos contratos administrativos por não serem regidos pelo direito público e por não conterem cláusulas exorbitantes. Segundo esses doutrinadores, os contratos privados da Administração não precisam ser precedidos de licitação justamente devido ao seu caráter privado, que os diferencia dos contratos administrativos. Como o contrato firmado para a constituição de uma empresa privada com participação estatal seria um contrato de direito privado, o qual não precisa de licitação, a constituição desse tipo de sociedade não dependeria de um procedimento público de seleção do sócio privado.

É esse o entendimento defendido por Antonio Carlos Cintra do Amaral. Segundo ele, a Lei nº 8.666, ao regulamentar o artigo 37, inciso XXI, da Constituição Federal, estabeleceu normas gerais para licitações apenas de obras, serviços, compras, alienações e locações. Ao elenco constitucional, a lei teria acrescentado apenas as locações. Assim, segundo o doutrinador, "os demais contratos celebrados pelo Poder Público não são considerados, pelo Direito brasileiro, contratos administrativos. Não se exige, para sua celebração, a realização de prévia licitação"[374].

Esse entendimento se aplicaria, segundo o doutrinador, à formação de consórcios entre empresas estatais e empresas privadas – e, consequentemente, às sociedades de propósito específico derivadas desses consórcios, que, na terminologia adotada neste estudo, podem ser empresas privadas

[374] Formação de consórcio – escolha de parceiro por empresa estadual – desnecessidade de licitação. *Revista Eletrônica de Direito Administrativo Econômico – REDAE*, Salvador, Instituto Brasileiro de Direito Público, n. 11, ago./out. 2007, p. 4. Disponível em *www.direitodoestado.com.br*. Acesso em 21.4.2013.

com participação estatal. Nas palavras de Antonio Carlos Cintra do Amaral: "O contrato de sociedade é tipicamente um contrato civil ou comercial. Não é um contrato administrativo, mesmo quando uma das partes seja uma empresa estatal. (...) no Direito brasileiro são contratos administrativos os contratos celebrados pelo Poder Público para realização de obras públicas, obtenção de serviços a serem prestados, compras, alienações e concessões ou permissões. Somente esses"[375]. E prossegue: "Ao constituir uma nova pessoa jurídica, o Poder Público não está contratando com um construtor, um prestador de serviços, um vendedor, um comprador ou um concessionário ou permissionário. Está contratando com um sócio, embora a sociedade por eles constituída vá celebrar, por sua vez, um outro contrato, este administrativo, qual seja o de concessão de serviço público"[376].

Esse entendimento, que em nossa opinião parte de um equívoco de premissa, conforme será tratado abaixo, é visto com ressalvas por parte da doutrina. Alexandre Santos de Aragão, que também defende a inviabilidade de licitação conforme mencionado acima, aponta que os contratos de direito privado da Administração devem ser precedidos de licitação quando houver critérios objetivos de seleção. Entretanto, o doutrinador afirma que o entendimento baseado na figura do contrato privado da Administração, embora não integralmente correto, reforça a inexigibilidade de licitação para a escolha do sócio privado ao destacar "a natureza eminentemente privada-comercial do contrato de constituição de sociedade comercial e a discricionariedade porventura existente na sua celebração"[377].

5.2.2. A ALEGADA OBRIGATORIEDADE DE REALIZAÇÃO DE LICITAÇÃO PARA A ESCOLHA DO SÓCIO PRIVADO

Em sentido diametralmente oposto, outra parcela da doutrina sustenta a obrigatoriedade irrestrita de realização de licitação para a escolha do sócio privado pelo ente estatal.

[375] Formação de consórcio – escolha de parceiro por empresa estadual – desnecessidade de licitação, p. 7.

[376] Formação de consórcio – escolha de parceiro por empresa estadual – desnecessidade de licitação, p. 8.

[377] Empresa público-privada, p. 66.

É o entendimento de Celso Antônio Bandeira de Mello[378].

O doutrinador inicia sua exposição sobre o tema ressaltando a necessidade de a Administração Pública observar os princípios da isonomia, legalidade, impessoalidade, probidade e moralidade, os quais impedem que os administradores públicos, a seu bel-prazer, entreguem a quem desejem os negócios a serem travados com particulares. Invoca também o princípio da boa administração, que obriga o Estado a buscar sempre a proposta mais vantajosa. Assim, segundo o doutrinador, a licitação será sempre a regra geral para qualquer contratação. Ainda que a Constituição ressalve a possibilidade de serem previstas exceções à realização de procedimentos licitatórios, aí não se concedeu nenhum aval para que a lei exima de licitação os casos que bem entenda.

Com base nesses fundamentos, Celso Antônio Bandeira de Mello entende que "salta aos olhos a grosseira inconstitucionalidade que se constituiria na associação, sem procedimento licitatório prévio, de empresa estatal com empresa privada – vício, este, cuja escandalosa evidência se exponenciaria ao máximo se dita associação se destinasse a constituir empresa de propósitos específicos"[379] (no caso tratado pelo doutrinador, para receber uma concessão de serviço público). Segundo ele, "se para simples fornecimento de bens é exigida licitação, com muito maior razão haver-se-á de exigi-la para um tipo de contrato que estabelece entre as partes um vínculo ainda muito mais estreito e comprometedor, como ocorre no contrato de sociedade"[380].

Assim, o doutrinador conclui que "empresa estatal nunca poderia, sem prévio certame licitatório, escolher livremente empresa privada para com ela associar-se em vista da constituição de empresa de propósitos especí-

[378] Empresa estatal – associação com empresa privada sem licitação para constituírem sociedade de propósitos específicos que disputará licitação de concessão de serviço público – invalidade – inconstitucionalidade do art. 32 e §§ da Lei 9.074/95. *Revista Trimestral de Direito Público – RTDP* n. 48, p. 147-153.

[379] Empresa estatal – associação com empresa privada sem licitação para constituírem sociedade de propósitos específicos que disputará licitação de concessão de serviço público – invalidade – inconstitucionalidade do art. 32 e §§ da Lei 9.074/95, p. 153.

[380] Empresa estatal – associação com empresa privada sem licitação para constituírem sociedade de propósitos específicos que disputará licitação de concessão de serviço público – invalidade – inconstitucionalidade do art. 32 e §§ da Lei 9.074/95, p. 152.

ficos". Fazê-lo "corresponderia a ofender o princípio da igualdade, com sérios riscos para o princípio da moralidade"[381].

5.3. CRÍTICA AOS POSICIONAMENTOS DA DOUTRINA

Entendemos que os posicionamentos defendidos pela doutrina, orientados tanto à inviabilidade de seleção objetiva quanto à obrigatoriedade absoluta de licitação para a escolha do sócio privado de uma empresa com participação estatal, são equivocados. Embora partam em alguma medida de certos pressupostos que nos parecem corretos, chegam a conclusões que definitivamente não podem ser generalizadas.

5.3.1. REJEIÇÃO DO FUNDAMENTO BASEADO NA *AFFECTIO SOCIETATIS*

Sob certo ângulo, a corrente doutrinária que se baseia na noção de *affectio societatis* tem razão ao sustentar que *em determinadas hipóteses* será inviável instituir um procedimento competitivo de seleção de um sócio privado. Entretanto, parece-nos um equívoco concluir *de forma generalizada* pela inviabilidade de escolha segundo parâmetros objetivos, ainda mais com fundamento na noção imprecisa e equívoca de *affectio societatis*.

A ideia de *affectio societatis* como fundamento geral para se defender a impossibilidade de seleção objetiva do sócio privado de uma empresa com participação estatal deve ser rejeitada. Na realidade, a própria noção de *affectio societatis* é criticável justamente devido à sua imprecisão – o que faz com que sua aplicação acrítica e desmedida se revele incompatível com a

[381] Empresa estatal – associação com empresa privada sem licitação para constituírem sociedade de propósitos específicos que disputará licitação de concessão de serviço público – invalidade – inconstitucionalidade do art. 32 e §§ da Lei 9.074/95, p. 153. Note-se que Celso Antônio Bandeira de Mello trata no texto de uma situação específica, em que a Sociedade de Propósito Específico participaria de uma licitação para a concessão de um serviço público. Em função disso, ele sustenta que a escolha livre de um sócio privado pela empresa estatal equivaleria a proporcionar ao particular um negócio que ele não obteria sozinho. Seria, assim, uma vantagem indevida. O doutrinador chega a defender inclusive a inconstitucionalidade do artigo 32 e seus parágrafos, da Lei nº 9.074, que preveem a possibilidade de a empresa estatal firmar pré-contratos com um particular, com dispensa de licitação, a fim de participar de licitação, sendo que os contratos definitivos são assinados posteriormente, submetendo-se somente então à apreciação dos órgãos de controle.

evolução da ciência jurídica. Além disso, a ideia de *affectio societatis*, ainda que fosse aceitável na prática do direito societário atual, é absolutamente despropositada para servir de critério seguro para a prática da técnica acionária pelo Estado. A invocação do conceito – impreciso, vazio e altamente subjetivo – de *affectio societatis* nos parece incompatível com os princípios que regem a Administração Pública.

5.3.1.1. A origem da expressão affectio societatis

Há tempos, a doutrina que se dedica ao estudo do direito comercial aponta que o conceito jurídico de *affectio societatis* está ultrapassado.

A origem da expressão *affectio societatis* encontra-se no direito romano, em texto de Ulpiano (Dig., L. 17, Tít. II, 31), no qual se afirmava o seguinte: "*Ut sit pro socio actio, societatem intercedere oportet; nec enim sufficit, rem esse communem, nisi societas intercedat. Communiter autem res agi potest etiam citra societatem, ut puta quum non* ***affectione societatis*** *incidimus in communionem, ut evenit in re duobus legata, item si a duobus simul empta res sit, aut si hereditas vel donatio communiter nobis obvenit, aut si a duobus separatim emimus partes eorum, non socii futuri*"[382].

Naquele contexto, a *affectio societatis* (*affectione societatis*) não era apontada como elemento próprio e exclusivo da sociedade, e sim como um dado que distinguia a sociedade da comunhão ou condomínio. A noção de *affectio societatis*, portanto, não surgiu como elemento constitutivo da sociedade, e sim como apenas um dos traços que a diferenciavam da comunhão, em especial do *consortio inter frates*, que era comunhão involuntária entre herdeiros que se formava com a morte do *pater familias*. Não significava que a *affectio*, enquanto estado de ânimo continuado, inexistisse em outros institutos – tal como realmente se verifica. Basta pensar, por exemplo, na *affectio tenendi* como intenção de deter uma coisa, ou na *affectio maritalis*, que significava o consentimento para a constituição do casamento – ambas situações caracterizadas por um estado de ânimo continuado.

[382] Tradução: para que haja a *actio pro socio*, é preciso que haja sociedade; porque não basta que uma coisa seja comum, se não houve sociedade. Mas pode fazer-se em comum alguma coisa também fora da sociedade, como, por exemplo, quando concorremos em comunhão **não por afeição de sociedade**, como sucede com a coisa legada a duas pessoas, e também se uma coisa foi comprada por dois simultaneamente, ou se nos coube em comum uma herança, ou uma doação, ou se de dois compramos separadamente as suas partes, não para ser sócios.

Segundo Erasmo Valladão Azevedo e Novaes França e Marcelo Vieira von Adamek, a noção de *affectio societatis* e a sua previsão como elemento constitutivo e caracterizador do contrato de sociedade são praticamente ignoradas nos sistemas jurídicos mais modernos, tratando-se de um conceito desprezado pelas obras de direito societário mais conhecidas da Itália, Espanha e Portugal. É uma noção praticamente abandonada também na Alemanha e na Suíça[383]. Segundo eles, apenas na França ainda se encontram maiores referências à *affectio societatis* – e ainda assim mais por força da jurisprudência – para distinguir as sociedades de outras figuras. Mesmo na França, contudo, ressalva-se o caráter ambíguo da noção de *affectio societatis*, invocando-se o conceito sem a "amplitude de autêntica panaceia com que amiúde desponta em julgados de nossos tribunais"[384].

5.3.1.2. A evolução do conceito de affectio societatis *no Brasil*

No Brasil, a noção de *affectio societatis* continua sendo empregada por parte da doutrina, que enxerga nela (i) um elemento constitutivo do contrato de sociedade, supostamente distinto do consentimento que se verifica em outros tipos de contratos, (ii) um dado diferenciador da sociedade em relação a outros institutos, bem como (iii) uma noção que legitima a transposição de soluções das sociedades de pessoas a certas sociedades ditas de capitais[385]. A jurisprudência também emprega a noção de *affectio societatis* com frequência, e sem qualquer sistematicidade, para adotar soluções para casos que envolvem matérias diversas, como os de retirada e exclusão de sócio[386].

[383] *Affectio societatis*: um conceito jurídico superado no moderno direito societário pelo conceito de fim social. In: FRANÇA, Erasmo Valladão Azevedo e Novaes (coord.). *Direito societário contemporâneo I*. São Paulo: Quartier Latin, 2009, p. 135-136.
[384] *Affectio societatis*: um conceito jurídico superado no moderno direito societário pelo conceito de fim social, p. 136.
[385] Segundo Fábio Ulhoa Coelho, sociedades de pessoas são aquelas "em que os sócios têm direito de vetar o ingresso de estranho no quadro associativo" (*Manual de direito comercial*. 21.ed., São Paulo: Saraiva, 2009, p. 122). Já as sociedades de capitais são as sociedades "em relação às quais vige o princípio da livre circulabilidade da participação societária" (cit., p. 122).
[386] O STJ, por exemplo, decidiu o seguinte em caso recente: "DIREITO SOCIETÁRIO E EMPRESARIAL. SOCIEDADE ANÔNIMA DE CAPITAL FECHADO EM QUE PREPONDERA A *AFFECTIO SOCIETATIS*. DISSOLUÇÃO PARCIAL. EXCLUSÃO DE ACIONISTAS. CONFIGURAÇÃO DE JUSTA CAUSA. POSSIBILIDADE. APLICAÇÃO DO DIREITO À

Entretanto, a doutrina que vem se dedicando a estudar o tema tem conferido cada vez menor importância ao conceito de *affectio societatis*, reconhecendo-se que se trata de noção equívoca. A expressão, na realidade, é destituída de conteúdo, uma vez que o elemento voluntário existe em qualquer espécie de contrato. Ademais, traduzida literalmente, acaba por definir a sociedade pelo "ânimo de constituir uma sociedade", caracterizando verdadeiro círculo vicioso que em nada contribui para a compreensão dos arranjos societários.

Até mesmo a distinção entre controle e propriedade acionária conduz ao questionamento da noção de *affectio societatis*[387].

Para tentar escapar da aplicação de uma noção verdadeiramente vazia de conteúdo, alguns doutrinadores procuraram um elemento objetivo que caracterizasse a *affectio societatis*, chegando-se à ideia de que ela seria uma colaboração *voluntária e ativa, interessada e igualitária*[388]. Os caracteres "voluntário" e "ativo" diferenciariam a sociedade de situações involuntá-

ESPÉCIE. ART. 257 DO RISTJ E SÚMULA 456 DO STF. 1. O instituto da dissolução parcial erigiu-se baseado nas sociedades contratuais e personalistas, como alternativa à dissolução total e, portanto, como medida mais consentânea ao princípio da preservação da sociedade e sua função social, contudo a complexa realidade das relações negociais hodiernas potencializa a extensão do referido instituto às sociedades "circunstancialmente" anônimas, ou seja, àquelas que, em virtude de cláusulas estatutárias restritivas à livre circulação das ações, ostentam caráter familiar ou fechado, onde as qualidades pessoais dos sócios adquirem relevância para o desenvolvimento das atividades sociais ("affectio societatis"). (Precedente: EREsp 111.294/PR, Segunda Seção, Rel. Ministro Castro Filho, DJ 10/09/2007). (...) 5. Caracterizada a sociedade anônima como fechada e personalista, o que tem o condão de propiciar a sua dissolução parcial - fenômeno até recentemente vinculado às sociedades de pessoas -, é de se entender também pela possibilidade de aplicação das regras atinentes à exclusão de sócios das sociedades regidas pelo Código Civil, máxime diante da previsão contida no art. 1.089 do CC: 'A sociedade anônima rege-se por lei especial, aplicando-se-lhe, nos casos omissos, as disposições deste Código.' (...) 7. Recurso especial provido, restaurando-se integralmente a sentença, inclusive quanto aos ônus sucumbenciais" (REsp nº 917.531/RS, Rel. Min. Luis Felipe Salomão, 4ª T., j. 17.11.2011, DJe 01.02.2012). Ou seja, adotou-se a noção de *affectio societatis* como fundamento de decisão a respeito da exclusão de sócio.

[387] "Estamos diante de uma personalização da empresa, subtraindo-a a qualquer vínculo de natureza real com os detentores do capital societário, e aproximando-a, até a confusão, de uma espécie de fundação lucrativa. É a instituição-empresa, dissolvendo completamente a *affectio societatis* original" (COMPARATO, Fábio Konder. *O poder de controle na sociedade anônima*, p. 73).

[388] Cf. FRANÇA, Erasmo Valladão Azevedo e Novaes; ADAMEK, Marcelo Vieira von. "Affectio societatis": um conceito jurídico superado no moderno direito societário pelo conceito de "fim social", p. 138.

rias e de sujeição, bem como de contratos com cláusula de participação nos lucros (mútuo, comissão, entre outros). O caráter "igualitário" diferenciaria a sociedade dos contratos de trabalho.

Todavia, essas concepções não são satisfatórias. Um acionista que nem mesmo comparece às deliberações sociais e tampouco tem conhecimento dos negócios não pode ser qualificado como colaborador ativo – e nem por isso deixará de ser sócio de uma companhia. Da mesma forma, nem sempre existe um caráter igualitário entre os sócios, seja nos aportes iniciais, seja durante a vida da empresa – o que se verifica com a existência de sócios controladores e sócios que não integram o controle, títulos sociais que conferem preferências a certos sócios, dentre outras situações de dessemelhanças que evidentemente não significam que inexista um contrato de sociedade.

Também já se tentou sustentar que a *affectio societatis* seria composta de dois elementos: a *união entre os sócios* e a *aceitação de áleas comuns* – o que também foi objeto de críticas por não se tratar de algo exclusivo de arranjos societários[389].

A questão é que o conceito de *affectio societatis*, por ser meramente descritivo, não fornece nenhum instrumento útil para lidar com as questões que se relacionam ao vínculo que une o sócio à sociedade.

5.3.1.3. Críticas à noção de affectio societatis

Várias são as críticas à noção de *affectio societatis.*

A primeira delas é a de que se trata de um conceito equívoco e abstruso. Utiliza-se a obscura expressão latina para se fazer referência ao consenso exigido dos sócios para a constituição de uma sociedade, ao elemento constitutivo e essencial do contrato de sociedade, e ainda se emprega a expressão quando se trata dos deveres do sócio. No entanto, a expressão *affectio societatis*, em sua origem romana, era invocada apenas para se estabelecer uma diferenciação – dentre outras possíveis – entre sociedade e comunhão, e ainda assim sem a pretensão de que se tratasse de uma caracte-

[389] Cf. FRANÇA, Erasmo Valladão Azevedo e Novaes; ADAMEK, Marcelo Vieira von. "Affectio societatis": um conceito jurídico superado no moderno direito societário pelo conceito de "fim social", p. 139.

rística exclusiva das sociedades, supostamente inexistente em qualquer outro tipo de contrato. Não se trata de uma noção que propicie segurança a fim de que dela se possam extrair determinadas decorrências jurídicas[390].

A segunda crítica é a de que a *affectio societatis* não representa uma especial forma de consentimento, necessariamente diversa daquele necessário para a celebração de qualquer outro tipo de contrato que não o de sociedade. Indica-se que, na realidade, não há um caráter peculiar do consentimento que caracterize o contrato de sociedade. Todo e qualquer contrato depende de um *animus contrahende*. Do contrário, existiriam tantos tipos de consentimento quantos diversos forem os negócios jurídicos – o que, evidentemente, seria um paradoxo e retiraria qualquer significação especial em relação à *affectio societatis*[391].

A terceira crítica é a de que a *affectio societatis* não representa um elemento verdadeiramente constitutivo do contrato de sociedade. Ainda que o contrato de sociedade seja plurilateral e, por decorrência, possua como um de seus traços distintivos a comunhão de escopo, a *affectio societatis* não deixa de ser uma simples manifestação do consentimento exigido para a celebração de qualquer contrato. Não se trata de uma duplicação de um mesmo elemento, ou seja, não é algo que se coloque ao lado e em separado do consentimento em geral[392].

A quarta crítica é a de que a *affectio societatis* não é elemento que, caso desapareça ao longo da execução do contrato de sociedade, possa determinar a sua automática extinção. Na realidade, a *affectio societatis* não é um elemento essencial à manutenção da sociedade – como não o é, em regra, para qualquer outro contrato em que não se admita o arrependimento. Como ensina Alfredo de Assis Gonçalves Neto, a *affectio societatis* não é pres-

[390] FRANÇA, Erasmo Valladão Azevedo e Novaes; ADAMEK, Marcelo Vieira von. "Affectio societatis": um conceito jurídico superado no moderno direito societário pelo conceito de "fim social", p. 139.

[391] De fato, em que se diferenciaria a *affectio societatis* da *affectio maritalis*, por exemplo? Em ambos os casos, demanda-se um consentimento (seja entre sócios, seja entre nubentes). Entretanto, não há nenhum caráter especial do consentimento na *affectio societatis* que diferencie essa figura de qualquer outra. O propósito dos sócios é que se mostra específico (constituir e manter uma sociedade), mas não se trata de nenhuma característica específica da *affectio*. Trata-se apenas do objetivo buscado entre os contratantes.

[392] "Ora, a *affectio societatis* assim interpretada em nada diferencia, em nosso entender, a sociedade (pelo menos a regulada no Código Civil) da comunhão" (COMPARATO, Fábio Konder. *O poder de controle na sociedade anônima*, p. 157).

suposto nem mesmo para a manutenção da sociedade, afinal: "Se o fosse, os sócios em maioria poderiam alijar os detentores da minoria do capital a qualquer tempo, impedindo-os de participar dos bons negócios que se descortinassem para o futuro"[393]. A verdade é que, se o desaparecimento da *affectio societatis* fosse justificativa por si só para a extinção do vínculo societário, ter-se-ia de admitir que (i) a exclusão de sócio não dependeria de falta grave – o que contraria os artigos 1.030 e 1.085 do Código Civil, e que (ii) o direito de retirada não poderia ter condicionantes – o que seria incompatível com os artigos 1.029 e 1.077 do Código Civil, e o artigo 137 da Lei nº 6.404.

A quinta crítica é a de que a *affectio societatis* não é elemento de determinação da extensão dos deveres dos sócios. É equivocado, assim, sustentar que os deveres de boa-fé e de respeito seriam mais intensos à medida que fosse maior a *affectio societatis*.

Por tudo isso, Erasmo Valladão Azevedo e Novaes França e Marcelo Vieira von Adamek, escorados nas lições de Maurice Cozian, Alain Viandier e Herbert Wiedmann, apontam que a *affectio societatis* é mais um sentimento do que um conceito jurídico. Trata-se de uma espécie de "descrição sociológica" das sociedades, e não de uma noção segura da qual se possam extrair determinadas decorrências no âmbito dos arranjos societários[394].

5.3.1.4. A inaplicabilidade da noção de affectio societatis

Mas não se trata apenas de uma crítica teórica à ideia de *affectio societatis*. A doutrina vem apontando que as tradicionais aplicações outrora conferidas – ainda que de modo impreciso e equívoco – a essa noção estão sendo substituídas por outras ideias.

Uma das aplicações mais corriqueiras da noção de *affectio societatis* ocorria ao se enfrentar questões relacionadas à exclusão de sócio.

A exclusão de sócio é uma modalidade de extinção do vínculo societário por fato imputável ao sócio. Trata-se de uma medida excepcional, adotada como *ultima ratio*, e sujeita aos postulados da proporcionalidade e da razoabilidade, desde que atendidos os pressupostos materiais e proce-

[393] *Lições de direito societário*. 2.ed. São Paulo: Juarez de Freitas, 2004, p. 54.

[394] FRANÇA, Erasmo Valladão Azevedo e Novaes; ADAMEK, Marcelo Vieira von. "Affectio societatis": um conceito jurídico superado no moderno direito societário pelo conceito de "fim social", p. 144.

dimentais previstos na legislação (basicamente, nos artigos 1.030 e 1.085 do Código Civil). De modo geral, a doutrina aponta que as hipóteses de exclusão de sócio têm como elemento comum de justificação o não cumprimento ou a impossibilidade de o sócio cumprir com os seus deveres essenciais, o que pode inviabilizar ou colocar em risco a continuidade da própria atividade social.

No passado, formou-se o entendimento de que a quebra da *affectio societatis* seria apta a legitimar a medida de exclusão do sócio[395]. Tal entendimento, na realidade, já era altamente criticável por consistir numa justificativa intocável, incapaz de apreender as complexidades envolvidas em cada situação concreta. De todo modo, com o atual Código Civil, que tornou mais estritas as hipóteses de exclusão de sócio, a simples invocação da quebra da *affectio societatis* passou a ser insuficiente para justificar o afastamento compulsório do sócio. Caso a simples invocação da quebra da *affectio societatis* pudesse legitimar a exclusão do sócio, estaria instaurada uma absoluta insegurança jurídica entre os sócios, que, por mero capricho de seus pares, poderiam ser afastados da sociedade. Haveria, assim, uma verdadeira relação de subordinação da minoria em relação à maioria, o que ofende a própria essência da relação societária, que não é de sujeição – tanto é que há uma extensa regulação legal sobre, por exemplo, o exercício do poder de controle no interior das sociedades comerciais. A exclusão do sócio seria, por decorrência, um ato insindicável na via jurisdicional, uma vez que, ante a alegação da quebra de *affectio societatis*, o juiz não teria mais o que fazer a não ser, no máximo, verificar a observância de certos aspectos procedimentais e examinar se as consequências (inclusive patrimoniais) da exclusão foram respeitadas.

Bem por isso, a doutrina que se dedica a estudar a matéria não aceita a explicação de que a quebra da *affectio societatis* seja invocada como justificativa para a exclusão de sócio. Ela é, na realidade, uma *consequência* de um evento que a lei reconhece como sendo justa causa para essa exclusão. Nesse sentido, como sustenta Fabio Tokars: "Quando se alega que houve o rompimento da *affectio societatis*, não se está propriamente expondo uma justa causa, mas sim uma *eventual consequência de um ato originário, que pode ou não ser qualificado como justa causa*. (...) Acabamos por perceber que o *rom-*

[395] Cf. FRANÇA, Erasmo Valladão Azevedo e Novaes; ADAMEK, Marcelo Vieira von. "Affectio societatis": um conceito jurídico superado no moderno direito societário pelo conceito de "fim social", p. 152.

pimento da 'affectio societatis' não constitui justa causa para o afastamento de um determinado sócio, mas sim em eventual efeito de um ato originário, que pode ou não ser qualificado como justa causa"[396].

Portanto, já não se reconhece mais a quebra da *affectio societatis* como causa para a exclusão de sócio[397]. O que pode justificar a exclusão é a violação dos deveres de lealdade e de colaboração. A quebra da *affectio societatis* é, no máximo, uma consequência da violação desses deveres por parte do sócio – afora o fato de que tal noção é absolutamente imprecisa, conforme já demonstrado.

A quebra da *affectio societatis* também sempre foi invocada como elemento justificador da retirada de sócio.

A retirada de sócio corresponde ao direito de autodesvinculação, que pode ser exercido fundamentalmente nas hipóteses previstas nos artigos 1.029 e 1.077 do Código Civil.

Entretanto, a quebra da *affectio societatis* não é propriamente um fundamento que pode embasar o direito de retirada. A retirada do sócio pode ocorrer por uma justa causa reconhecida judicialmente, ou por efeito do descumprimento dos deveres de lealdade, boa-fé e colaboração pelos outros sócios, ou ainda em hipóteses de dissolução total não impositiva, quando os outros sócios desejarem prosseguir com o desempenho do objeto social. Assim, o ânimo de se associar ou de permanecer associado só é relevante quando a lei concede o direito de denúncia imotivada pelo sócio. Em outros casos, a quebra da *affectio societatis* não é fator determinante para a retirada do sócio. Do contrário, ter-se-ia de reconhecer um direito de retirada *ad nutum*, mesmo em sociedades por prazo determinado, bastando que se alegue o desaparecimento da afeição social – o que seria incompatível com o artigo 1.029 do Código Civil (que exige prova em juízo da existência de justa causa).

A *affectio societatis* normalmente era invocada também para justificar a aplicação excepcional, às sociedades ditas de capital, de certos institutos próprios das sociedades de pessoas.

Segundo se afirmava, em uma sociedade de pessoas, são relevantes os aspectos pessoais relacionados aos seus sócios, tratando-se, portanto, de contratos de sociedade *intuitu personae*. Já nas sociedades de capital, não

[396] *Sociedades limitadas*. São Paulo: LTr, 2007, p. 364.

[397] Ainda que a jurisprudência continue mencionando a quebra da *affectio societatis* em conjunto com a justa causa, conforme demonstra exemplificativamente o precedente citado acima.

estaria presente essa característica. Tratar-se-ia de sociedades *intuitu pecuniae*, em que as características pessoais dos sócios seriam irrelevantes e, assim, o fenômeno associativo não seria explicado da mesma forma. A decorrência desse entendimento era o de que, em uma sociedade de capital – mais precisamente em uma sociedade anônima fechada –, se fossem relevantes os aspectos pessoais dos sócios e se houvesse regras de reforço no relacionamento entre eles, estar-se-ia diante de uma sociedade anônima "de pessoas", atraindo-se a aplicação excepcional das regras próprias das sociedades de pessoas. A *affectio societatis* seria diferente nessas sociedades anônimas "de pessoas".

Entretanto, a invocação da ideia de *affectio societatis* como elemento justificador da aplicação de regras próprias das sociedades de pessoas em nada contribui para a compreensão do fenômeno. Nesse âmbito, a noção de *affectio societatis* parece ser empregada como um sinônimo imperfeito de *intuitu personae*[398]. Além disso, trata-se a toda evidência de uma noção meramente descritiva, e não propriamente instrumental, o que não auxilia o intérprete a solucionar os problemas concretos.

Na realidade, a aplicação de regras e institutos das sociedades de pessoas às sociedades de capital, além de excepcional, somente poderá ocorrer à luz de cada caso concreto, em que se verificará na prática se sobreleva ou não o elemento pessoal no vínculo entre os sócios. Seria equivocado, por exemplo, afirmar que em uma sociedade anônima fechada se verifica a presença de *affectio societatis* e, por causa disso, seria possível aplicar institutos típicos das sociedades de pessoas por inferência. Nesse caso, estar-se-ia tomando um dado meramente descritivo (além de impreciso) como fundamento para a aplicação de certa disciplina, quando o correto seria verificar até que ponto, naquela sociedade em concreto, sobrelevam os aspectos pessoais dos sócios[399].

[398] É o entendimento de Erasmo Valladão Azevedo e Novaes França e Marcelo Vieira von Adamek (*Affectio societatis*: um conceito jurídico superado no moderno direito societário pelo conceito de fim social, p. 158).

[399] "Vai daí que, ao afirmar que numa dada sociedade anônima fechada se evidencia a *affectio societatis* e, por isso, é possível ao sócio requerer a dissolução parcial no caso de desinteligência, o intérprete estará incorrendo apenas num vício de expressão, colocando um dado meramente descritivo como pressuposto para a aplicação de certa disciplina, quando o correto e mais preciso seria dizer que, em dada sociedade, sobrelevam as características pessoais dos sócios na relação jurídica societária e os correlatos deveres de lealdade e colaboração, os quais, se falharem, podem, em determinadas situações limítrofes e excepcionais, justificar a transpo-

Por tudo isso, verifica-se que a noção de *affectio societatis*, além de vazia de conteúdo e não caracterizadora do vínculo societário, não constitui parâmetro seguro que auxilie o intérprete na resolução de problemas concretos. Isso tem levado a doutrina mais atual a abandonar a noção, ou, quando menos, notar que a invocação da ideia de *affectio societatis* é inútil para uma série de situações às quais servia de parâmetro para o intérprete.

5.3.1.5. A affectio societatis *como noção incompatível com o exercício da técnica acionária pelo Estado*

Do caráter absolutamente impreciso da noção de *affectio societatis*, deriva a sua inaplicabilidade como parâmetro de atuação da Administração Pública.

Conforme demonstrado, a expressão *affectio societatis*, em sua origem no direito romano, não significava qualquer característica essencial ou indispensável à configuração de uma sociedade. Tampouco era um conceito que diferenciava a sociedade de qualquer outro arranjo contratual.

Ademais, a expressão *affectio societatis* é vazia de conteúdo. Define a sociedade em virtude da mera intenção dos sócios em se associar. Trata-se, portanto, de uma noção essencialmente descritiva, que em nada contribui para a compreensão do fenômeno societário. Não há nada no consenso em torno de uma sociedade que o diferencie do consenso necessário à celebração e ao prosseguimento de qualquer outra relação jurídica negocial. Tanto é que a doutrina comercialista vem aos poucos abandonando ou, quando menos, reduzindo o papel que se conferia à noção de *affectio societatis* como dado relevante para dela se extraírem determinadas consequências jurídicas.

Dada a ausência de conteúdo normativo e a absoluta imprecisão do conceito, a noção de *affectio societatis* revela-se imprestável para servir de parâmetro ao Estado na escolha de um sócio privado.

Os doutrinadores que invocam a necessidade de existência de *affectio societatis* entre o Estado e seu sócio privado sustentam a imprescindibilidade da confiança legítima e da identidade de objetivos e de propósitos entre os sócios. Entretanto, não existe identidade entre a noção de *affectio*

sição de instrumentos elaborados para outros tipos societários" (FRANÇA, Erasmo Valladão Azevedo e Novaes; ADAMEK, Marcelo Vieira von. "Affectio societatis": um conceito jurídico superado no moderno direito societário pelo conceito de "fim social", p. 159).

societatis e esses outros requisitos. Pode perfeitamente existir confiança legítima entre dois sujeitos e identidade de objetivos e propósitos entre eles sem que haja concomitantemente o ânimo de constituir uma sociedade empresária. Não se pode confundir, portanto, *affectio societatis* com confiança legítima ou identidade de objetivos e propósitos. Essas circunstâncias devem estar presentes na relação entre os sócios, mas isso não significa que se confundam com a noção – imprecisa e obscura – de *affectio societatis*. A invocação da ideia de *affectio societatis*, portanto, nada tem a contribuir para o estabelecimento de critérios aptos à seleção de um sócio privado pelo ente estatal.

A doutrina que invoca a *affectio societatis*, na realidade, parte de dois possíveis equívocos. Ou confunde *affectio societatis* com confiança legítima e identidade de propósitos, como se se tratasse da mesma coisa, ou entende a *affectio societatis* como o resultado justamente da existência dessas outras circunstâncias, das quais surgiria o propósito comum de se associar. Entretanto, ambas as concepções são equivocadas.

Confiança legítima e identidade de propósitos não se confundem com *affectio societatis*, tanto é que o ânimo de se associar e de permanecer associado não estará necessariamente presente quando houver identidade de propósitos. É possível haver uma comunhão de objetivos sem que dois ou mais sujeitos se associem. Além disso, a *affectio societatis* não é o resultado da existência de uma identidade de propósitos nem da confiança legítima. Dois sócios podem ter uma relação conflituosa, sem qualquer tipo de confiança recíproca, e ainda assim permanecer com ânimo associativo. Portanto, se a *affectio societatis* não se confunde com essas outras circunstâncias nem é o resultado delas, pouco importa se elas são ou não aferíveis segundo parâmetros objetivos. Não será em razão da subjetividade desses critérios que se tornará justificável a escolha livre de um sócio privado pelo ente estatal.

No máximo, poderia se dizer que comunhão de objetivos e confiança legítima são características desejáveis em uma relação societária do Estado com um particular – da mesma forma que em qualquer outra relação jurídica contratual, diga-se. Afinal, em qualquer relação desse tipo haverá o ânimo de que os resultados sejam satisfatórios para cada uma das partes. Não há nada, contudo, que especifique a relação societária, muito menos que justifique apenas por isso a possibilidade de uma escolha livre, sem nenhum critério objetivo, pelo ente estatal.

Em certo sentido, pode-se afirmar que a confiança recíproca e a identidade de objetivos e propósitos conduzem ao dever de atuação em conformidade com os postulados da lealdade e da boa-fé. Entretanto, isso ocorre em qualquer relação contratual, não só de índole societária (imagine-se, por exemplo, um contrato de parceria público-privada, em que não existirá em regra uma sociedade entre os parceiros, mas continuará havendo um vínculo de longa duração em que as partes deverão se comportar em conformidade com a boa-fé).

Em qualquer contrato, independentemente de sua natureza, a Administração e o particular deverão agir sempre de acordo com a boa-fé. Portanto, da simples existência de um dever do sócio privado de agir com boa-fé e lealdade não resulta, necessariamente, que a sua escolha deva ser livre por parte do ente estatal.

Ainda que se admitisse, por hipótese, que a confiança recíproca e a identidade de objetivos fossem dados relevantes para a escolha do sócio, isso não impediria a realização de um procedimento seletivo. Afinal, o ente estatal pode ter confiança em mais de um particular, sendo que todos eles poderão ter o propósito de se associar à Administração em um empreendimento – tendo, assim, um objetivo em comum com o do Estado. E mesmo que o ente estatal tivesse confiança em apenas um possível sócio, sua escolha deveria se pautar por critérios objetivos que eventualmente justificassem essa confiança.

Por fim, há um argumento de realidade que afasta o entendimento doutrinário aqui criticado.

Admitindo-se por hipótese que a *affectio societatis* (malgrado sua imprecisão conceitual) fosse imprescindível à constituição de uma empresa privada com participação estatal e que, portanto, ela devesse ser aferida pelo Estado, que assim não poderia estabelecer critérios objetivos de seleção, de fato seria absolutamente inviável a realização de uma licitação para a escolha do sócio privado. Entretanto, não é o que se verifica na prática. Já houve no Brasil alguns casos de licitações para a escolha de um sócio privado.

É o que ocorreu, por exemplo, nas concessões dos aeroportos de Guarulhos, Brasília, Viracopos e, mais recentemente, do Galeão e de Confins. Nesses casos, a ANAC realizou licitação para a escolha de um consórcio de empresas que, por sua vez, seria sócio da Infraero na sociedade de propósito específico constituída para operar cada um desses aeroportos. O poder público fixou na licitação os critérios de seleção que considerou relevantes para a escolha do sócio privado. Não houve qualquer dificuldade em se estabelecer critérios objetivos, que eram relacionados fundamentalmente à qualificação técnica e econômico-financeira dos interessados. A ANAC inclusive fixou no edital as condições mínimas de um acordo de acionistas que deveria ser firmado entre a INFRAERO e o consórcio vencedor do certame, instrumento que regerá a atuação da empresa privada que viesse a ser constituída entre as partes.

Não houve, no caso, nenhuma aferição de condições relacionadas à *affectio societatis*. A ANAC não examinou questões subjetivas, como as relacionadas à confiança recíproca e à identidade de objetivos. O poder público instituiu os critérios objetivos cujo atendimento considerava necessário, e os licitantes vencedores aderiram às sociedades de propósito específico que vieram a ser formadas, observando o acordo de acionistas cujos termos já estavam previstos em edital. Pode-se até dizer que houve um ânimo de associação: o Estado tinha a intenção de se associar por meio da Infraero ao consórcio que fosse vencedor do certame, e os licitantes demonstravam a sua intenção de se associar ao Estado pelo simples fato de participarem da licitação. Entretanto, a existência desse ânimo associativo recíproco se deu por meio de critérios objetivos de julgamento, o que demonstra que a noção de *affectio societatis* é de fato imprestável para se justificar a escolha livre do sócio privado[400].

Por tudo isso, conclui-se que a noção de *affectio societatis* é inservível como critério justificador da eventual escolha livre de um sócio privado pelo ente estatal. A expressão, além de imprecisa – o que por si só já torna problemática a sua aplicação pela Administração Pública, a qual deve se pautar pelo princípio da impessoalidade[401] –, não apresenta nenhuma relação com o cabimento ou não de um processo seletivo pautado por critérios objetivos.

[400] Situação semelhante deverá ocorrer no Porto Sul, em Ilhéus-BA, uma vez que a lei e o decreto estaduais que preveem a constituição de uma SPE entre o Estado da Bahia e o consórcio vencedor estabeleceram a necessidade de realização de um procedimento objetivo de escolha, baseado fundamentalmente na aferição dos critérios de qualificação dos proponentes (conforme demonstrado no Capítulo 4).

[401] Evidentemente, os princípios da Administração Pública se aplicam às empresas estatais de forma adaptada às atividades econômicas que exercem empresarialmente (conforme demonstrado no Capítulo 1). Mas isso não exclui a necessidade de se observarem tais princípios.

Em um ponto, contudo, os doutrinadores que invocam a *affectio societatis* têm razão. De fato, em certas situações, por uma série de motivos, haverá inviabilidade de competição na escolha do sócio privado. É possível, por exemplo, que apenas um particular seja detentor dos requisitos necessários ao empreendimento pretendido pelo Estado. Ou a própria realização de um procedimento público de seleção acabaria por inviabilizar o empreendimento (nos casos, por exemplo, em que o ente estatal atua em competição no mercado com outros entes privados, o que possivelmente demandaria procedimentos pré-negociais sem ampla publicidade). De todo modo, a inviabilidade de realização de um procedimento seletivo não decorrerá da existência de *affectio societatis* nem de circunstâncias relacionadas à confiança recíproca ou comunhão de objetivos. Decorrerá de outras questões, relacionadas mais diretamente à função exercida pelo Estado ao empregar a técnica acionária no caso concreto. A noção de *affectio societatis* nada tem a contribuir como parâmetro de escolha do sócio privado pelo ente estatal.

5.3.2. REJEIÇÃO DO FUNDAMENTO BASEADO NA FIGURA DO CONTRATO DE DIREITO PRIVADO DA ADMINISTRAÇÃO

A invocação da figura do contrato de direito privado da Administração igualmente é inservível para se defender a desnecessidade de realização de um procedimento objetivo para a escolha do sócio privado.

5.3.2.1. A dificuldade de distinção entre contratos administrativos e contratos de direito privado da Administração

Tradicionalmente, aponta-se que a Administração pode firmar contratos administrativos e contratos de direito privado[402]. A distinção é impor-

[402] Sobre o tema, confiram-se: DI PIETRO, Maria Sylvia. *Do direito privado na Administração Pública*. São Paulo: Atlas, 1989; ALMEIDA, Fernando Dias Menezes de. Contrato administrativo no Brasil: aspectos críticos da teoria e da prática. *Revista de Contratos Públicos – RCP*, Belo Horizonte, ano 1, n. 1, p. 125-139, mar./ago. 2012; ALMEIDA, Fernando Dias Menezes de. *Contrato administrativo*. São Paulo: Quartier Latin, 2012; BACELLAR FILHO, Romeu Felipe. O contrato administrativo no Brasil. *Revista do Advogado*, São Paulo, ano 29, n. 107, 2009; CARVALHAES NETO, Eduardo Hayden Contratos privados da administração pública: uma análise do regime jurídico aplicável. 2011. Tese (Doutorado) – Universidade de São Paulo, São Paulo, 2011; e MARTINS, Ricardo Marcondes. Contratos administrativos. *Revista*

tante nos países que possuem contencioso administrativo, nos quais os contratos de direito privado celebrados pela Administração são submetidos à justiça comum. Mesmo assim, é comum que se faça essa distinção no direito brasileiro.

Em regra, sustenta-se que os contratos administrativos são sujeitos ao regime jurídico de direito público, enquanto que os contratos de direito privado da Administração se submetem ao regime de direito comum, aplicando-se o direito privado em tudo aquilo que não for expressamente derrogado por normas de direito público[403].

Vários critérios são apontados para diferenciar as duas figuras.

De acordo com o critério *subjetivo*, no contrato administrativo a Administração age como poder público, com poder de império, o que não ocorreria nos contratos de direito privado.

Segundo o critério *objetivo*, os contratos administrativos têm por objeto a organização e o funcionamento dos serviços públicos. Já se a avença tiver por conteúdo a prestação de uma atividade privada, seria um contrato de direito privado da Administração.

A *finalidade pública* também é mencionada como critério diferenciador. O contrato administrativo seria voltado a uma finalidade pública, o que não ocorreria nos contratos de direito privado.

Outro critério diferenciador diria respeito às *formalidades* necessárias. O contrato administrativo deveria passar por maiores formalidades (como um procedimento licitatório, por exemplo), as quais não seriam exigidas nos contratos de direito privado.

Por fim, os contratos administrativos conteriam *cláusulas exorbitantes*, o que não ocorreria nos contratos de direito privado da Administração.

Na realidade, nenhum desses critérios pode ser aceito sem questionamentos. É problemático fazer qualquer uma dessas distinções. Tanto os contratos administrativos quanto os contratos de direito privado da Administração destinam-se direta ou indiretamente a finalidades que devem

Brasileira de Direito Público – RBDP. Belo Horizonte, ano 5. n. 18, jul./set. 2007. Disponível em: <http://bid.editoraforum.com.br/bid/PDI0006.aspx?pdiCntd=47239>. Acesso em 4.1.2012; MARRARA, Thiago. As cláusulas exorbitantes diante da contratualização administrativa. *Revista de Contratos Públicos – RCP*, Belo Horizonte, ano 3, n. 3, p. 237-255, mar./ago. 2013.

[403] DI PIETRO, Maria Sylvia Zanella. *Do direito privado na Administração Pública*. São Paulo: Atlas, 1989, p. 138.

ser buscadas pela Administração[404]. Além disso, a própria presença da Administração em alguma medida submete a avença a condicionamentos de direito público[405-406].

5.3.2.2. *O questionamento acerca da categorização*

Além da dificuldade em se distinguir os contratos administrativos dos contratos de direito privado da Administração, parcela da doutrina vem questionando a própria distinção. Sustenta-se que a distinção entre contratos administrativos e contratos de direito privado da Administração nem mesmo faria sentido. Haveria, na realidade, a aplicação de normas diversas dependendo de cada arranjo contratual, sendo inútil categorizá-los em dois blocos estanques[407].

[404] De acordo com Marçal Justen Filho: "A diferenciação não pode fundar-se no grau de vinculação entre a avença e a promoção dos direitos fundamentais, pois o contrato de direito privado também é uma via para tanto" (*Curso de direito administrativo*. 9.ed. São Paulo: RT, 2013, p. 585). Em nota, o doutrinador aponta inclusive que "esse critério poderia conduzir a que a Administração Pública fosse constrangida a se valer apenas de contratos administrativos propriamente ditos" (cit., p. 585, nota nº 70).

[405] Segundo Maria Sylvia Zanella Di Pietro, nos contratos administrativos, aplica-se o regime de direito público. Já aos contratos de direito privado, aplica-se o regime de direito privado, mas há a submissão parcial ao direito público em virtude da presença da Administração Pública, existindo, portanto, um regime híbrido. Em suas palavras: "O mesmo regime jurídico híbrido que se aplica com relação às pessoas jurídicas de direito privado instituídas pelo poder público, também está presente nos contratos firmados com base no direito privado, uma vez que, mesmo não contendo cláusulas de prerrogativa, a Administração sempre se submete parcialmente ao direito público, no que diz respeito à competência, aos motivos, à finalidade, à forma, aos procedimentos" (DI PIETRO, Maria Sylvia Zanella. *Do direito privado na Administração Pública*, p. 147).

[406] Segundo Diogo Freitas do Amaral, o direito privado, quando aplicado à atividade administrativa, "encontra-se sempre (ou talvez quase sempre) 'colorido' pela finalidade do interesse geral e reveste um certo particularismo; nunca é idêntico ao que se aplica nas relações entre particulares" (*Curso de direito administrativo*. vol. II, 2.ed Coimbra: Almedina, 2001, p. 516).

[407] De acordo com Fernando Dias Menezes de Almeida: "Tal resultado tem como desdobramento, por exemplo, a perda de sentido relevante na distinção entre contratos administrativos e contratos de Direito privado celebrados pela Administração, na medida em que a própria Lei nº 8.666/93, art. 62, §3º, afirma que se aplicam, no que couber, as normas nela contidas, referentes às prerrogativas especiais da Administração, aos contratos "cujo conteúdo seja regido, predominantemente, por norma de direito privado" — uma contradição em termos, pois, ou bem não cabem prerrogativas autoexecutórias da Administração, ou bem não se trata de contratos regidos "predominantemente" pelo Direito privado" (Contrato administrativo

Não cabe aqui aprofundar a discussão a respeito dos contratos de direito privado. O fato é que, aceitando-se ou não a categorização entre contratos administrativos e contratos de direito privado da Administração, é inegável que certos contratos firmados pela Administração de fato não se submetem integralmente às regras de direito público. Isso ocorre não em virtude da natureza ou do objeto da avença, mas porque os contratos relacionados a certos setores da economia são insuscetíveis de se submeter integralmente às regras de direito público[408]. Assim, o Estado precisa se submeter a contratações em que não poderá exercer uma série de prerrogativas, justamente porque são atinentes ao regime de direito público.

Portanto, não se questiona aqui a existência de contratos em que não incide integralmente o regime de direito público – ainda que não se possa extrair disso uma categorização rígida dos arranjos contratuais celebrados pelo Estado.

5.3.2.3. A realização de licitação para a celebração de um contrato de direito privado

Se a ausência de uma categorização rígida e precisa já recomenda cautela em sua invocação como fundamento para se realizar ou não licitação, há ainda outro problema. Parece-nos equivocado sustentar que, por não incidir integralmente o regime de direito público, seria descabida a realização de um certame licitatório prévio.

A aplicação do regime de direito privado não significa que deixará de ser obrigatória a realização de licitação como regra geral.

no Brasil: aspectos críticos da teoria e da prática. *Revista de Contratos Públicos – RCP*, Belo Horizonte, ano 1, n. 1, p. 125-139, mar./ago. 2012). Segundo Vitor Rhein Schirato, "a tentativa da doutrina de explicar a distinção dos regimes jurídicos dos diversos contratos celebrados pela Administração Pública a partir da apartação de contratos administrativos e contratos da Administração Pública nada mais é do que um exercício inútil, pois todos são contratos celebrados pela Administração Pública com mudanças de regimes jurídicos necessárias para o alcance de maior eficiência" (SCHIRATO, Vitor Rhein. Contratos administrativos e contratos da Administração Pública: pertinência da diferenciação?. *Revista de Contratos Públicos – RCP*, Belo Horizonte, ano 2, n. 2, p. 177-186, set. 2012/fev. 2013).

[408] É o que ocorre, por exemplo, nos contratos de seguro. Quando a Administração pretende segurar seus bens, deve recorrer necessariamente aos instrumentos disponíveis no mercado de seguros. A criação de um sistema de seguros próprio e exclusivo do Estado seria muito mais onerosa.

A maioria da doutrina sufraga a tese de Jean Lamarque, segundo quem a formação dos contratos de direito privado da Administração é em todos os pontos semelhante à dos contratos administrativos[409]. Nesse sentido, como ensina Maria Sylvia Zanella Di Pietro, qualquer contratação celebrada pela Administração Pública deve passar por certas formalidades, ainda que se trate de um contrato privado. Dentre essas formalidades, está a licitação[410]. Portanto, os contratos de direito privado da Administração, como regra geral, devem passar por uma licitação prévia, exatamente como ocorre com os contratos administrativos.

Assim, ainda que o contrato de sociedade seja uma avença de direito privado (partindo-se do pressuposto – questionável – de que tal categorização é possível), isso é irrelevante para o fim de se verificar se a escolha do sócio privado depende ou não de um procedimento licitatório prévio. Isso porque, em regra, os contratos de direito privado da Administração também devem ser licitados.

5.3.3. REJEIÇÃO DA TESE DA OBRIGATORIEDADE DE LICITAÇÃO

Também deve ser rejeitada a tese da obrigatoriedade irrestrita de licitação para a escolha do sócio privado.

A parcela da doutrina que defende a obrigatoriedade irrestrita de licitação parte de pressupostos corretos. Baseia-se na aplicação dos princípios da isonomia, legalidade, impessoalidade, moralidade, probidade e eficiência como fundamento para que se realize um procedimento licitatório prévio – o qual daria aplicação a esses princípios.

De fato, é inequívoco que tais princípios devem ser observados em qualquer contratação pública, inclusive para a constituição de uma empresa privada com participação estatal. Contudo, não se pode inferir daí que a escolha de um sócio privado pelo ente estatal deverá, *em qualquer caso*, ser precedida de um procedimento licitatório.

409 LAMARQUE, Jean. *Recherches sur l'application du droit privé aux services publics administratifs*. Paris: L.G.D.J., 1960, p. 21-34.

410 *Do direito privado na Administração Pública*. p. 138.

5.3.3.1. A aplicação dos princípios da Administração Pública por meio de outros procedimentos

Inicialmente, é necessário considerar que a licitação não é o único procedimento capaz de dar cumprimento aos princípios da isonomia, legalidade, impessoalidade, moralidade, probidade e eficiência. Outros procedimentos seletivos também são aptos à aplicação desses princípios, mesmo que não consistam em verdadeiros procedimentos licitatórios (com a publicação de um edital, o estabelecimento de um prazo para a apresentação de documentação e propostas, e assim por diante).

Em certas situações, podem ser realizados procedimentos mais simplificados de escolha, justificados em razão de certas peculiaridades.

É o caso, por exemplo, da previsão contida no artigo 32 da Lei nº 9.074, que permite à empresa estatal a realização de pré-contratos com empresas privadas para participarem em consórcio de uma licitação, de modo que os contratos definitivos sejam firmados caso o consórcio seja o vencedor do certame. Nesse caso, o tempo necessário à realização de uma licitação pela empresa estatal para a escolha do seu consorciado inviabilizaria a participação no certame. Isso não significa, contudo, que a escolha do consorciado possa ocorrer segundo critérios absolutamente livres e insindicáveis. O contrato firmado pela empresa estatal será submetido posteriormente aos órgãos de controle e, portanto, a escolha do consorciado privado deverá ter sido motivada e embasada em critérios que a empresa estatal considere relevantes e decisivos para o sucesso da empreitada[411].

Não seria desarrazoado que uma solução similar à do artigo 32 da Lei nº 9.074 fosse aplicada à escolha do sócio privado para a constituição de uma empresa privada com participação estatal.

Havendo a necessidade, por uma série de motivos, de constituição da empresa privada de forma célere, por exemplo, para que o objeto desse

[411] Artigo 32 da Lei nº 9.074, de 1995: "Art. 32. A empresa estatal que participe, na qualidade de licitante, de concorrência para concessão e permissão de serviço público, poderá, para compor sua proposta, colher preços de bens ou serviços fornecidos por terceiros e assinar pré-contratos com dispensa de licitação. § 1º Os pré-contratos conterão, obrigatoriamente, cláusula resolutiva de pleno direito, sem penalidades ou indenizações, no caso de outro licitante ser declarado vencedor. § 2º Declarada vencedora a proposta referida neste artigo, os contratos definitivos, firmados entre a empresa estatal e os fornecedores de bens e serviços, serão, obrigatoriamente, submetidos à apreciação dos competentes órgãos de controle externo e de fiscalização específica".

empreendimento faça algum sentido em termos econômicos, seria admissível que o ente estatal selecionasse o sócio privado sem a realização de licitação, mas de forma justificada, mediante a realização de um procedimento administrativo. Desse modo, a decisão poderia ser examinada pelos órgãos de controle, que apreciariam a motivação produzida no processo realizado.

Além da possibilidade de realização de um procedimento seletivo mais simplificado, é importante reconhecer que as próprias hipóteses de dispensa e inexigibilidade consistem na aplicação dos princípios que regem a Administração Pública. Isso porque, de modo geral, as contratações diretas devem ser precedidas de um processo administrativo, no qual se justificarão os critérios invocados para a dispensa ou a inexigibilidade. Assim, ainda que haja inviabilidade de competição, os princípios da Administração Pública são atendidos mesmo que não haja um procedimento licitatório prévio.

Algo semelhante pode se dar também na constituição de uma empresa privada com participação estatal. Em razão dos objetivos buscados pelo Estado no emprego da técnica acionária, poderá se verificar que apenas determinada pessoa privada terá condições (técnicas, econômicas etc.) de integrar a sociedade. Imagine-se, por exemplo, que apenas determinado sujeito dispõe de uma tecnologia que o Estado considera essencial para a realização de determinado empreendimento.

5.3.3.2. A aplicação dos princípios da Administração de modo adaptado às atividades desempenhadas pelo ente estatal

Afora o fato de que outros procedimentos podem dar aplicação aos princípios que regem a atividade administrativa, há ainda outro fator que conduz à rejeição da tese da obrigatoriedade de licitação para a escolha do sócio privado. Trata-se do fato de que a aplicação dos princípios da Administração Pública deve ser realizada de forma adaptada à atuação do ente estatal.

Conforme demonstrado no Capítulo 1, cada ente estatal deve observar os princípios que regem a Administração Pública levando em consideração o contexto da sua atuação. Uma empresa estatal que atue em concorrência com empresas privadas na exploração de uma atividade econômica, por exemplo, poderá ser dispensada de promover licitação em casos nos quais a realização do certame inviabilize a sua atividade, impossibilitando que ela concorra adequadamente com os demais atores naquele mercado. Esse tipo de situação não ocorrerá, por exemplo, no âmbito de uma empresa que não explora atividades econômicas em regime concorrencial[412].

Assim, não é possível que a escolha de um sócio privado se dê obrigatoriamente da mesma maneira por entes estatais que atuam segundo regimes diversos e desempenham atividades bastante diferentes entre si, em contextos peculiares.

Por esses motivos, deve ser rejeitado o entendimento de que um ente estatal *nunca* poderia, sem prévio certame licitatório, escolher um sócio privado para com ele constituir uma empresa privada. Em certos casos, dependendo dos objetivos buscados pelo ente estatal e do regime jurídico sobre ele incidente, será impossível submeter a escolha do sócio privado a um procedimento licitatório – o que não significa que a escolha possa ser absolutamente livre e refratária a qualquer pauta de controle.

5.4. PROPOSTA DE SISTEMATIZAÇÃO DA MATÉRIA

Rejeitados os entendimentos doutrinários acerca da escolha do sócio privado pelo ente estatal, cumpre-nos apresentar uma proposta de sistematização da matéria.

5.4.1. PRESSUPOSTOS APLICÁVEIS

A escolha do sócio privado pelo ente estatal deve observar certos pressupostos.

5.4.1.1. A técnica acionária voltada ao exercício de uma função administrativa: necessidade de procedimentalização

A problemática da escolha do sócio privado pelo ente estatal deve partir do entendimento acerca da técnica acionária do Estado.

[412] Essa questão já foi tratada no Capítulo 1, quando sustentamos que a aplicação dos princípios que regem a Administração Pública deve passar por uma "filtragem" quando empregados por uma empresa estatal, que, apesar de integrar a Administração indireta, é uma pessoa de direito privado que pode inclusive explorar atividade econômica em competição com empresas privadas. A realização de licitação para certas contratações (notadamente aquelas apontadas de forma imprecisa como atividades-fim) acabaria por inviabilizar a concorrência com as empresas privadas, que não se submetem às mesmas amarras.

A técnica acionária, pela qual o Estado compõe o quadro de sócios de empresas privadas que não integram a Administração Pública, é inegavelmente voltada ao desempenho de uma função de relevância pública. Ainda que o Estado esteja se valendo de um instrumento de direito privado (atuação empresarial exógena à Administração), para a exploração de uma atividade econômica normalmente privada, a técnica acionária é um mecanismo de que se vale o Estado para o desempenho de funções atribuídas pelo ordenamento à Administração Pública. Caso a atividade a ser realizada pela empresa privada com participação estatal não fosse dotada de nenhuma relevância pública, nem mesmo se justificaria a presença estatal no empreendimento[413].

É evidente que a relação de determinadas atividades com a função pública será mais evidente em certos casos do que em outros. Entretanto, sempre haverá algum interesse público envolvido, inclusive de natureza econômica, na atuação de uma empresa que conte com participação acionária estatal.

Estando envolvido algum interesse público na atividade a ser desempenhada pela empresa privada com participação estatal, a escolha do sócio privado deverá ser orientada pelos princípios gerais que orientam o exercício da função pública. Nesse sentido é a lição de Nuno Cunha Rodrigues: "Uma vez que a intervenção da Administração Pública no processo de constituição da empresa participada e na selecção dos sócios privados é feita no exercício da função administrativa (artigo 266º, nº 1, da CRP), os critérios adoptados e as decisões tomadas devem observar os preceitos e os princípios que regulam, em geral, a actividade administrativa"[414].

O fato é que a decisão sobre a criação de uma empresa privada com participação estatal (seja *ex novo*, seja por meio da aquisição de participações societárias pelo ente estatal) implica um procedimento decisório prévio de formação de vontade pela Administração, que, por se sujeitar ao direito administrativo, em regra deve ser procedimentalizado e será passível de

[413] Reitere-se que a empresa privada com participação estatal não desempenha necessariamente uma função pública. Ela pode desenvolver uma atividade privada *strictu sensu*. O que se afirma aqui é que as empresas privadas com participação estatal são um veículo de que se utiliza o Estado para a intervenção na economia. Os objetivos do Estado são relacionados ao interesse público, ainda que a atividade da empresa seja estritamente privada.

[414] RODRIGUES, Nuno Cunha. *"Golden shares"*: as empresas participadas e os privilégios do Estado enquanto accionista minoritário. Coimbra: Coimbra, 2004, p. 189.

controle. Nesse procedimento, deve haver justificativa adequada não apenas quanto à escolha do sócio privado, mas também com relação às demais condições de exercício da técnica acionária (justificação da constituição de uma empresa privada com participação estatal e previsão dos poderes do ente estatal no interior da empresa). A decisão, ao final, deverá ser orientada pelos princípios que regem a Administração Pública, tais como os da isonomia, legalidade, probidade, eficiência e impessoalidade, ainda que adaptados às peculiaridades do ente estatal envolvido e dos objetivos buscados[415].

5.4.1.2. A preocupação com a efetividade do emprego da técnica acionária

A observância dos princípios gerais da Administração Pública destina-se também a garantir que as atividades pretendidas pelo Estado sejam executadas adequadamente pela empresa privada com participação estatal.

Trata-se, em última instância, de aplicação do princípio da eficiência. Entende-se que a existência de um procedimento seletivo orientado pela impessoalidade e isonomia propiciará a escolha do sócio privado que melhor atuará no interior da empresa privada para o desempenho das atividades buscadas pelo Estado.

Assim, há uma exigência de salvaguarda do interesse que move a Administração no emprego da técnica acionária que impõe, como regra geral, um procedimento pré-contratual de natureza administrativa. Esse procedimento destinar-se-á (i) a assegurar a funcionalidade da empresa privada com participação estatal aos interesses buscados pelo Estado, (ii) a garantir a publicidade dos motivos e (iii) a possibilitar o controle pelos órgãos competentes, tanto na constituição *ex novo* de uma empresa privada com participação estatal quanto no ingresso *a posteriori* de recursos estatais em uma empresa privada previamente constituída. Em princípio, ao realizar um procedimento pré-contratual devidamente instruído e motivado, o Estado terá condições de selecionar o sócio privado mais apto à realização dos objetivos pretendidos com a empresa.

[415] No Capítulo 1, demonstrou-se, por exemplo, que os princípios que regem a Administração Pública são aplicáveis às empresas estatais de mofo "filtrado", ou seja, adaptado às peculiaridades do contexto em que se inserem tais empresas.

Perceba-se que pouco importa considerar que os instrumentos constitutivos de uma empresa privada com participação estatal são contratos de direito privado ou contratos administrativos. Em princípio, mesmo os contratos de direito privado da Administração devem ser firmados após o competente procedimento licitatório. Quanto ao procedimento de formação, não há diferenças entre os contratos administrativos e os contratos de direito privado firmados pela Administração. Incidem os mesmos princípios gerais que orientam o agir administrativo.

5.4.1.3. O valor econômico da associação do Estado a um particular

Ainda deve ser considerado que o ente estatal, ao se associar a um sócio privado, incorpora recursos de origem estatal ao empreendimento, bem como emprega todo o peso do Estado na empresa privada.

Em relação ao emprego de recursos pecuniários, é desnecessário fazer maiores digressões. O simples fato de o ente estatal empregar recursos do Estado na empresa constituída com um sócio privado demanda a observância dos princípios que regem a Administração Pública.

Entretanto, não se trata apenas do emprego de recursos estatais. Conforme tratado mais detalhadamente em Capítulo 4 desta tese, o Estado, ao estabelecer uma relação societária com uma pessoa privada que não integra a Administração, empresta maior confiabilidade ao negócio. Trata-se do apoio institucional do Estado. Os benefícios decorrentes dessa associação têm, evidentemente, um valor econômico considerável para o parceiro privado, ainda que difícil de ser mensurado objetivamente.

Ademais, os benefícios proporcionados pela associação do Estado a um empreendimento não podem ser estendidos indefinidamente a todo e qualquer interessado. Trata-se, sob certo ângulo, de um bem escasso[416].

[416] É evidente que a circunstância de o Estado se associar a uma pessoa privada para a constituição de uma empresa não impede que o Estado faça o mesmo com outras pessoas. A "confiabilidade" do Estado não é propriamente um bem escasso. De todo modo, o "peso" emprestado pelo Estado será de certa forma maior se ele se associar a um número menor de empresas de determinado setor. Um exemplo permite visualizar melhor o que se afirma. Suponha-se que o Estado tenha participação acionária relevante em apenas uma empresa de determinado setor (petroquímico, por exemplo). A única empresa da qual o Estado é sócio relevante tem justamente esse fator como um diferencial em relação a todos os seus concorrentes. Entretanto, se por alguma alteração na política econômica o Estado resolve possuir a mesma participação em todas as empresas desse setor, aquela única empresa que possuía o

Também por esses motivos, o ente estatal não pode selecionar o sócio privado sem qualquer critério. A associação do Estado a um particular envolve o emprego de recursos materiais e imateriais de origem estatal, o que somente pode ocorrer mediante a observância dos princípios que regem o funcionamento da Administração Pública. A constituição de empresas privadas com participação estatal não constitui mecanismo para beneficiar os amigos dos titulares da competência, devendo observar a impessoalidade que se espera do administrador.

5.4.1.4. O impacto perante o mercado

A associação do Estado a um sócio privado também pode gerar um impacto no mercado, com potenciais efeitos de ordem concorrencial. De fato, quando um ente estatal adere a determinada empresa, de certa forma sinaliza ao mercado o seu entendimento de que aquele empreendimento é relevante e merece atenção. Na hipótese de isso ocorrer em um mercado competitivo, a associação do Estado a um determinado negócio pode caracterizar um diferencial que justifique a sua procura por um universo maior de investidores, que assim deixarão de investir em outros *players*.

Os efeitos concorrenciais da associação do Estado a um sócio privado também justificam a realização de um procedimento pré-contratual para a escolha do sócio, pautado pelos princípios que regem a Administração Pública. Além de se fazer uma análise do impacto concorrencial dessa associação, deve-se considerar os benefícios que ela gera ao sócio privado que for escolhido, bem como os potenciais prejuízos que possa ocasionar aos seus concorrentes. Igualmente, deverão ser examinados os benefícios de ordem concorrencial proporcionados à empresa privada com participação estatal – *v.g.*, em termos do seu posicionamento no mercado.

Estado dentre seus acionistas deixará de ter esse diferencial em relação às suas concorrentes. Nessa hipótese, o "peso" emprestado pelo Estado àquela empresa fica de certa forma reduzido, ainda que a participação estatal continue sendo exatamente a mesma. Sobre esse assunto, verifique-se o Capítulo 4 deste livro.

5.4.1.5. *A variabilidade de funções que podem ser desempenhadas por meio da técnica acionária e seu impacto sobre o procedimento de escolha do sócio privado*

Mesmo reconhecendo-se que a escolha do sócio privado deve ser procedimentalizada e pautada por critérios pertinentes e motivados, não se pode desconsiderar o fato de que a técnica acionária é um mecanismo que se presta ao desempenho de uma série de funções diversas, sujeitas a condicionamentos públicos mais ou menos intensos dependendo do caso, conforme demonstrado no Capítulo 4. Essa circunstância gera implicações diretas sobre o procedimento de escolha do sócio privado.

A escolha de um sócio privado para a concessão de um aeroporto, *v.g.*, pode se dar por meio de um procedimento licitatório, no qual será examinada a qualificação técnica e econômica do interessado, dentre outras condições, segundo critérios objetivos de seleção. Já a escolha de um sócio para a constituição de uma sociedade de propósito específico por meio da qual uma empresa estatal introduza no mercado um novo produto, diferenciado em relação aos de seus concorrentes, dificilmente poderá ocorrer por meio de licitação, uma vez que revelaria o projeto comercial da empresa. Outras circunstâncias, como a urgência de constituição da empresa privada com participação estatal (por exemplo, para a participação em uma licitação), a inexistência comprovada de uma pluralidade de pessoas capacitadas ao empreendimento, dentre outros fatores, também podem levar à conclusão de que, no caso concreto, é inviável a realização de um procedimento licitatório para a escolha do sócio privado.

Segundo Paulo Otero, "a urgência ou a utilidade eficaz da medida referente à aquisição ou alienação de participações sociais, num sistema concorrencial de mercado, pode ser seriamente prejudicada por um prévio e demorado procedimento administrativo". Assim, segundo o doutrinador: "A urgência da situação poderá justificar uma solução extraordinária de dispensa de um acto administrativo de expressa permissão prévia, sem prejuízo da necessidade de uma posterior ratificação jurídico-pública da medida e de uma fundamentação da excepcionalidade"[417].

No mesmo sentido, Nuno Cunha Rodrigues sustenta que "a aquisição, por parte do ente público, de participações sociais em empresas que actuem num mercado concorrencial dificilmente se compadece com pro-

[417] *Vinculação e liberdade de conformação jurídica do sector empresarial do Estado*, p. 261.

longados procedimentos administrativos, existindo razões para, sem pôr em causa os princípios gerais da atividade administrativa, permitir à entidade pública concretizar essa aquisição, independentemente da realização de concurso público"[418].

Portanto, é problemática qualquer afirmação no sentido de que deverá haver um procedimento específico para a escolha do sócio privado.

Como a técnica acionária do Estado pode ser utilizada para uma série de funções distintas, que são submetidas a condicionamentos públicos mais ou menos intensos de acordo com cada caso, depreende-se daí que, em certas situações, será inviável realizar um procedimento público de seleção do sócio privado. Isso não significa que a escolha poderá se dar mediante critérios absolutamente livres. A escolha do sócio privado sempre deverá se pautar pelos princípios que regem a Administração Pública, ainda que a aplicação de tais princípios deva ocorrer de forma adaptada a cada situação concreta.

5.4.2. A SELEÇÃO DO SÓCIO PRIVADO E AS FUNÇÕES PRETENDIDAS COM A TÉCNICA ACIONÁRIA

O modo de seleção do sócio privado dependerá em grande medida da função que o Estado pretende exercer por meio da empresa privada com participação estatal que será constituída. Assim, é relevante examinar as questões que poderão surgir dependendo de cada objetivo buscado pelo ente estatal.

5.4.2.1. A função de fomento

Apesar de sua importância e de empregar grande quantidade de recursos públicos, a atividade de fomento desempenhada pelo Estado não desperta muita atenção na doutrina brasileira. Como bem observa Rafael Munhoz de Mello, é possível especular que isso ocorre "por conta da carga positiva que a acompanha"[419]. Como o fomento é fonte de incentivos e benefícios,

[418] *"Golden-shares"*: as empresas participadas e os privilégios do Estado enquanto accionista minoritário, p. 194.

[419] Atividade de fomento e o princípio da isonomia. *In*: SPARAPANI, Priscila; ADRI, Renata Porto (coord.). *Intervenção do Estado no domínio econômico e no domínio social*: homenagem ao Professor Celso Antônio Bandeira de Mello. Belo Horizonte: Fórum, 2010, p. 263. Consultem-se

jamais de limitações e sanções, isso parece afastar as preocupações acerca dos limites jurídicos para o seu exercício pela Administração Pública, como se dele não pudessem advir consequências negativas para a coletividade ou para indivíduos determinados.

Em decorrência dessa aparente apatia em face da atividade de fomento, ela parece de certa forma refratária a maiores controles. Entretanto, não é difícil perceber que a atividade de fomento é um campo fértil para que a Administração Pública pratique atos ao arrepio do princípio da isonomia. O mesmo ocorre na constituição de uma empresa privada com objetivo de fomentar determinada atividade.

O fomento é uma atividade marcada pela concessão de benefícios aos particulares que atuarem em conformidade com o desejo estatal. Entretanto, a concessão de vantagens a alguém pode eventualmente ser prejudicial aos que não se orientarem de acordo com os objetivos estatais.

Esse aspecto "negativo" da atividade de fomento é bem notado por Eros Roberto Grau. Para ele:

> A sedução à adesão ao comportamento sugerido é, todavia, extremamente vigorosa, dado que os agentes econômicos por ela não tangidos passam a ocupar posição desprivilegiada nos mercados. Seus concorrentes gozam, porque aderiram a esse comportamento, de uma situação de donatário de determinado bem (redução ou isenção de tributo, preferência à obtenção de crédito, subsídio, *v.g.*), o que lhes confere melhores condições de participação naqueles mesmos mercados[420].

Na realidade, a atividade de fomento é essencialmente discriminatória, já que pressupõe beneficiar somente alguns sujeitos concretos, e não necessariamente todos, nem da mesma forma[421]. Assim, é essencial que as discriminações ocorram segundo critérios compatíveis com o ordenamento jurídico, de modo que a atividade de fomento seja realizada em consonân-

também: MELLO, Célia Cunha. *O fomento da Administração Pública*. Belo Horizonte: Del Rey, 2003; e MENDONÇA, José Vicente Santos de. Uma teoria do fomento público: critérios em prol de um fomento público democrático, eficiente e não-paternalista. *Revista dos Tribunais – RT*, ano 98, n. 890, p. 80-140, dez. 2009.

[420] *A ordem econômica na Constituição de 1988*. 13.ed. São Paulo: Malheiros, 2008, p. 149.

[421] ARIÑO ORTIZ, Gaspar. *Principios de derecho público económico*. 3.ed. Granada: Comares, 2004, p. 350.

cia com o princípio da isonomia. Então, às pessoas que se enquadrarem na mesma situação, o Estado deverá conceder o mesmo tratamento.

Um sério risco à isonomia consistirá na eventual distribuição de benefícios e privilégios sem um critério racional que justifique o tratamento diferenciado. Os beneficiados seriam escolhidos segundo critérios não republicanos, por terem maior poder político ou então por simples razões de compadrio.

No caso da constituição de uma empresa privada com participação estatal para que se desenvolva alguma medida de fomento, igualmente há um grande risco de se fazer *tabula rasa* do princípio da isonomia. Assim, a escolha do sócio privado deve se dar de modo motivado, em um procedimento desenvolvido para esse fim. Caberá à Administração demonstrar que a associação especificamente àquele sujeito era a que melhor proporcionaria os objetivos buscados pelo Estado. Não se trata propriamente de realizar uma licitação, mas de desenvolver um procedimento transparente para a seleção do sócio privado.

É possível, contudo, que apenas um sujeito disponha dos requisitos necessários à associação com o Estado. Imagine-se a hipótese de o Estado pretender fomentar determinada tecnologia que somente uma empresa esteja desenvolvendo. Nesse caso, somente essa empresa será capaz de se associar com o ente estatal em uma empresa privada. Seria uma situação comparável à de "inexigibilidade de licitação". Mas ainda assim será necessário desenvolver um procedimento que demonstre essa circunstância e justifique os motivos pelos quais aquela determinada tecnologia, e não qualquer outra, merece ser beneficiada pela medida fomentadora[422].

Da mesma forma, a técnica acionária voltada à contenção de crises econômicas poderá não ser passível de uma seleção entre vários sujeitos, dadas as peculiaridades da constituição de uma empresa com participação estatal nessa situação.

Como alternativa, é possível cogitar de situação em que o Estado realize uma espécie de concurso entre os interessados que desejem se associar a um ente estatal para o desenvolvimento de certas atividades. É viável inclusive que os interessados apresentem propostas diversas (num Proce-

[422] Evidente que, nesse caso, poderá ser questionado o motivo pelo qual o Estado decidiu incentivar determinada tecnologia e não qualquer outra, até mesmo concorrente. Nessa situação, entretanto, não se estará questionando propriamente a escolha do sócio privado, e sim a própria decisão quanto à eleição da atividade a ser fomentada.

dimento de Manifestação de Interesse – PMI[423]) e que o concurso seja realizado. Nada impede que o ente estatal realize, assim, um procedimento público de seleção, de acordo com critérios objetivos estabelecidos em edital. De todo modo, não há nenhuma obrigatoriedade nesse sentido. O essencial é que as escolhas sejam tomadas de modo fundamentado.

5.4.2.2. A constituição de empresa privada com participação estatal para a dinamização e diversificação de atividades realizadas por empresas estatais

Diversa será a situação em que a empresa privada for constituída para a dinamização e a diversificação de atividades realizadas por empresas estatais.

Caso se trate de uma atividade a ser desempenhada em competição no mercado, a realização de um procedimento licitatório prévio e público para a escolha do sócio privado da empresa estatal poderá provocar a própria inviabilização da atividade. Os concorrentes terão conhecimento das pretensões da empresa estatal e, assim, poderão se antecipar a ela. Nesse caso, a empresa estatal deverá dispor de maleabilidade para a escolha do seu sócio privado, o que é um imperativo de sua atuação no setor econômico na qualidade de empresa, conforme demonstrado no Capítulo 1[424].

[423] Os Procedimentos de Manifestação de Interesse são realizados com fundamento no artigo 21 da Lei nº 8.987, e são regulamentados no plano federal pelo Decreto nº 8.428, de 2015. Há também farta legislação estadual que regulamente a figura, como ocorre nos Estados de São Paulo (Decreto nº 61.371, de 2015), do Rio de Janeiro (Decreto nº 45.294, de 2015), da Bahia (Decreto nº 16.522, de 2015), do Espírito Santo (Decreto nº 2.889-R) e de Minas Gerais (Decreto nº 44.565) Sobre o tema, confiram-se: RODRIGUES, Pedro Nuno. As propostas não solicitadas e o regime de contratação pública: reflexões a pretexto dos procedimentos de atribuição de usos privativos de recursos hídricos por iniciativa particular. *Revista de Direito Público e Regulação* nº 3. set./2009; VIEIRA, Livia Wanderley de Barros Maia; GAROFANO, Rafael Roque. Procedimentos de Manifestação de Interesse (PMI) e de Propostas Não Solicitadas (PNS): os riscos e os desafios da contratação na sequência de cooperação da iniciativa privada. *Revista Brasileira de Infraestrutura – RBINF*, Belo Horizonte, ano 1, n. 2, p. 183-211, jul./dez. 2012; HODGES, John T.; DELLACHA, Georgina. Unsolicited Infrastructure Proposals: how Some Countries Introduce Competition and Tranparency, Working Paper n. 1, 2007; e ASNER, Michael. Unsolicited Proposals: Turning problems into opportunities. Disponível em: <http://www.summitconnects.com/Articles_Columns/PDF_ Documents/200312_10.pdf>. Acesso em: 15.11.2011.

[424] O raciocínio que se aplica aqui é em todo similar ao das contratações estratégicas das empresas estatais. Sobre o assunto: MARQUES NETO, Floriano de Azevedo. As contratações estratégicas das estatais que competem no mercado. In: OSÓRIO, Fábio Medina; SOUTO,

Já se a atividade que vier a ser desempenhada pela empresa privada coom participação estatal não for realizada em regime de concorrência, em tese poderá ser viável a realização de um procedimento prévio e público de escolha do sócio privado.

5.4.2.3. *Realização de atividade sujeita a uma outorga estatal*

É possível que a empresa privada com participação estatal seja constituída para explorar determinada atividade que dependa de uma outorga do Estado. Nesse caso, uma empresa estatal se torna sócio da empresa privada, tendo assim melhores condições de orientar a atuação da concessionária, e menor assimetria informacional.

Nessa situação, em princípio deverá ser realizado um procedimento licitatório para a escolha do sócio privado, inclusive porque conjuntamente haverá uma delegação à empresa privada com participação estatal. Na licitação, deverão ser estabelecidos todos os requisitos que deverão ser atendidos pelos interessados. Ao final, será selecionado aquele que apresentou a melhor proposta e comprovou ser qualificado para o desempenho da atividade.

A hipótese já ocorreu com a concessão de aeroportos e está prevista para a constituição da sociedade de propósito específico que explorará o Porto Sul, em Ilhéus, no Estado da Bahia.

5.4.2.4. *Privatização ou desestatização*

Uma empresa privada com participação estatal pode ser constituída com o objetivo de privatização (desestatização). O poder público aliena parcela da participação societária que detém na empresa estatal, passando a ser um acionista sem preponderância no exercício do controle sobre a sociedade. Nesse caso, deixará de existir uma empresa estatal, integrante da Administração Pública, e passará a haver uma empresa privada com participação estatal.

Em situações como essa, em regra o Estado deverá realizar uma licitação para a escolha do sócio privado. Estará alienando bens públicos:

Marcus Juruena Villela (org.). *Direito administrativo:* estudos em homenagem a Diogo de Figueiredo Moreira Neto. Rio de Janeiro: Lumen Juris, 2006, p. 575-604.

ações representativas do capital da empresa estatal e o próprio controle da sociedade.

5.4.2.5. *Síntese*

Em síntese, entendemos que a doutrina já produzida sobre a escolha do sócio privado pelo Estado não observou o fenômeno em toda a sua variedade de situações.

Em certos casos, será possível e necessária a realização de licitação para a escolha do sócio privado. Os fundamentos baseados na *affectio societatis* e na desnecessidade de licitação para a celebração de contratos de direito privado da Administração não são suficientes para que se adote o entendimento de que a realização de licitação será sempre descabida.

Por outro lado, nem sempre será possível a realização de licitação. Por uma diversidade de razões, normalmente relacionadas com o dinamismo das atividades econômicas, é impossível que haja seleção do sócio privado por meio de um procedimento licitatório público.

Como regra geral, a Administração deverá observar os princípios que regem a sua atividade, de modo que a escolha do sócio privado seja compatível com a atuação da Administração Pública. A escolha deverá ser motivada, a fim de possibilitar o controle sobre o ato. Entretanto, a forma como incidem os princípios da Administração e o modo como se opera a seleção dependerão dos objetivos e do contexto em que se insere a formação da empresa privada com participação estatal. Além disso, poderá haver inviabilidade de competição nessa seleção caso apenas uma empresa privada atenda aos requisitos necessários à sua associação na empresa privada com participação estatal.

CAPÍTULO 6
REGIME JURÍDICO DAS EMPRESAS PRIVADAS COM PARTICIPAÇÃO ESTATAL

6.1. A DECISÃO ESTATAL DE INTEGRAR UMA EMPRESA PRIVADA COMO SÓCIO MINORITÁRIO

Examinada a questão da escolha do sócio privado pela Administração, é necessário aprofundar a análise do regime jurídico das empresas privadas com participação estatal.

Como será demonstrado, o regime jurídico das empresas que contam com participação estatal deve ser o mesmo que se aplica a qualquer outra empresa privada. Entretanto, há algumas peculiaridades derivadas da própria presença do Estado no quadro acionário que demandam maior atenção.

Em sua decisão de participar de uma sociedade privada que não integra a Administração Pública, o ente estatal deve observar alguns requisitos.

6.1.1. AUTORIZAÇÃO LEGISLATIVA

É indispensável que haja uma autorização legislativa para que o ente estatal integre uma empresa privada na qualidade de sócio.

O inciso XX do artigo 37 da Constituição Federal é muito claro ao prever que "depende de autorização legislativa, em cada caso", a participação de empresas públicas e sociedades de economia mista "em empresa privada". Assim, não há dúvidas quanto à necessidade de autorização prévia em lei para a constituição de uma empresa privada com participação estatal. Bem por isso, o artigo 8º, inciso I, do Decreto nº 8.945 estabeleceu que a participação de empresa estatal no capital de sociedade privada depende de "prévia autorização legal, que poderá constar apenas da lei de criação da empresa pública ou da sociedade de economia mista investidora".[425]

Na realidade, a exigência constitucional – repetida pelo Decreto nº 8.945 – de autorização por lei consubstancia um *controle político* na criação dessas empresas. A Constituição Federal não consagra uma intervenção estatal incondicionada e ilimitada no domínio econômico. Há a necessidade de o Estado prestar especial deferência ao direito de propriedade privada e à liberdade de iniciativa econômica do setor privado. Disso decorre que a constituição de empresas privadas com participação estatal, seja, *ex novo*, seja por meio do ingresso de um ente estatal em uma empresa já existente, deve se fundar no princípio da legalidade. A lei é o instrumento habilitador para a utilização da técnica acionária de intervenção no domínio econômico – ainda que a configuração concreta de cada arranjo societário dependa, evidentemente, de atos administrativos específicos.

A previsão constitucional de autorização em lei para a participação estatal em empresas privadas reflete uma preocupação do ordenamento em evitar o desmedido crescimento empresarial do Estado. Assim, para que o Estado atue diretamente na exploração de atividades econômicas por meio de sua integração a uma empresa privada, exige-se que haja um controle político prévio, por parte do Poder Legislativo. Não bastará que o ente da Administração pretenda a constituição de uma empresa privada que não integre a Administração Pública[426].

A exceção fica por conta do § 1º do artigo 8º do Decreto nº 8.945, que estabelece o seguinte: "A necessidade de autorização legal para participa-

[425]

[426] Em seu voto na ADI nº 1.649-1, o Ministro Carlos Ayres Brito ressaltou justamente esse aspecto. Segundo ele: "no art. 173, a nossa Lei das Leis permite que o Estado, em caráter excepcional, quebrante a força do parágrafo único do art. 170, empresarie atividades econômicas e assim concorra com os particulares, mas em casos excepcionais, quando presentes ou o relevante interesse coletivo ou o imperativo da segurança nacional. Logo, está lógico o porquê da exigência de lei específica para autorizar a criação de subsidiária, porque o Estado, ao criar uma subsidiária, está ocupando um espaço que não é dele, mas da iniciativa privada, um espaço estranho aos cometimentos estatais. Acho que está muito claro" (STF – ADI nº 1.649-1, Rel. Min. Maurício Corrêa, j. 24.3.2004).

ção em empresa privada não se aplica a operações de tesouraria, adjudicação de ações em garantia e participações autorizadas pelo Conselho de Administração em linha com o plano de negócios da empresa estatal". Até se poderia questionar a constitucionalidade desse dispositivo. Entretanto, como ele estabelece a desnecessidade de autorização legal para situações muito específicas, que não ofendem a preocupação do ordenamento em evitar o desmedido crescimento empresarial do Estado, entendemos que a previsão é compatível com a Constituição.

A lei não criará propriamente a empresa privada com participação estatal, mas apenas autorizará o ente estatal a integrar uma empresa na qualidade de sócio – sendo que essa empresa ainda será criada ou já será preexistente à decisão, quando então o ente estatal se integrará a ela aportando capital em troca de uma participação acionária.

Em muitos casos, a lei apenas conterá autorização para que o ente estatal possa ser acionista de empresa privada. Em outras situações, a lei autorizadora detalhará melhor como se dará a participação do Estado na empresa. Mas esse detalhamento não precisará obrigatoriamente ser previsto em lei. É comum que um decreto regulamentador ou outro ato infralegal (como o edital de uma licitação para a escolha do sócio privado, por exemplo) prevejam a necessidade de celebração de um acordo de acionistas, a existência de ações de classe especial, uma relação de matérias que dependerão de concordância expressa do sócio estatal para sua aprovação, entre outros temas. A Constituição Federal apenas exige que a lei *autorize* a participação de empresas estatais em empresas privadas.

Já houve discussão sobre o que significaria a expressão "em cada caso" prevista no inciso XX do artigo 37 da Constituição Federal. Discutia-se se a Constituição exigia uma autorização para cada participação estatal concreta em empresa privada (por exemplo, nominando especificadamente a empresa privada que poderia vir a ser integrada ou constituída), ou se bastava que a lei autorizasse determinada empresa estatal a integrar empresas privadas na qualidade de sócia.

A doutrina, contudo, acabou por adotar de modo geral a segunda alternativa, entendendo que a lei não precisaria autorizar a participação em cada empresa privada específica, bastando que houvesse uma autorização genérica.

Nesse sentido, Caio Tácito defendia que a "especificidade da autorização legislativa para a participação de capital público em empresa privada não importa, necessariamente, a indicação expressa da empresa na qual deva ser feito o investimento. A expressão constitucional 'em cada caso' poderá ser entendida como indicativa apenas de área ou atividade específica a ser contemplada"[427].

José Edwaldo Tavares Borba adota interpretação diferente, mas que também chega à conclusão de que não é necessária autorização legislativa para a constituição de cada empresa privada. Segundo ele, a expressão "em cada caso" refere-se à empresa estatal que se tornará sócia da empresa privada, e não à empresa que será integrada pela estatal[428-429].

Esse entendimento viria a se consolidar na jurisprudência. Em março de 2004, o Supremo Tribunal Federal fixou o entendimento de que a expressão "em cada caso" diz respeito ao ente estatal de que se está a tratar[430]. Foi essa a orientação adotada no julgamento da ADI nº 1.649, em que se questionava a constitucionalidade dos artigos 64 e 65 da Lei nº 9.478. Os dispositivos em questão, já mencionados em capítulos anteriores, autorizam a Petrobras a constituir subsidiárias que, por sua vez, podem se associar a outras empresas na condição de majoritárias ou minoritárias. A lei, portanto, não autoriza a participação da Petrobras ou suas subsidiárias em uma empresa privada em específico. Permite, isso sim, que as subsidiárias da Petrobras se associem a qualquer empresa privada, como sócias majoritárias ou minoritárias, fazendo apenas a exigência de que essas sociedades

[427] *Temas de direito público*: estudos e pareceres. vol. 2, p. 1298.

[428] Nas palavras do doutrinador: "Observe-se, no entanto, que, não obstante a Constituição Federal se refira à 'autorização legislativa, em cada caso', a expressão *cada caso* deve ser entendida como no *caso de cada entidade* que se proponha a criar subsidiárias ou a participar em sociedades" (BORBA, José Edwaldo Tavares. *Direito societário*, p. 450).

[429] Arnoldo Wald já adotava o mesmo entendimento antes da Constituição no que se refere à criação de subsidiárias de sociedades de economia mista, com base no artigo 237 da Lei nº 6.404. Em estudo publicado em 1977, ele observava que "os próprios autores do anteprojeto [da Lei nº 6.404] admitem que não há necessidade de autorização específica para a criação de cada subsidiária, bastando a autorização genérica para que a sociedade de economia mista possa participar de outras" (As sociedades de economia mista e a nova lei das sociedades anônimas, p. 108).

[430] Constou da ementa do acórdão o seguinte: "É dispensável a autorização legislativa para a criação de empresas subsidiárias, desde que haja previsão para esse fim na própria lei que instituiu a empresa de economia mista matriz, tendo em vista que a lei criadora é a própria medida autorizadora. Ação direta de inconstitucionalidade julgada improcedente" (STF – ADI nº 1.649, Relator Ministro Maurício Corrêa, j. 24.3.2004).

se destinem ao "estrito cumprimento de atividades" que se enquadrem no objeto social da Petrobras.

O entendimento que dispensa autorização legislativa para a constituição de cada empresa privada com participação estatal, apesar de sujeito a críticas[431], é o mais consentâneo com a realidade das operações de integração de capitais públicos e privados em uma empresa. Em certas situações, a criação de uma empresa privada com participação estatal se dá depois de intensas negociações por parte da empresa estatal, muitas vezes de natureza sigilosa para o mercado, como é natural no exercício das atividades econômicas. Caso houvesse a necessidade de aprovação de uma lei previamente à constituição de cada empresa privada com participação estatal, esse tipo de operação restaria inviabilizada em boa parte dos casos.

Assim, a autorização legislativa genérica para a participação de uma empresa estatal no capital de empresas privadas é suficiente para que haja um controle político na utilização da técnica acionária, sem inviabilizar esse tipo de operação. Tal solução inclusive foi a consagrada no artigo 8º, inciso I, do Decreto nº 8.945. O que ocorre é que, se a autorização legislativa for genérica, deve haver autorização do Conselho de Administração da empresa estatal para que ela participe de cada empresa privada (Decreto nº 8.945, artigo 8º, inciso III) – a não ser nas hipóteses de exercício, por empresa de participações, de direito de preferência e de prioridade para a manutenção de sua participação na sociedade da qual participa (Decreto nº 8.945, artigo 8º, § 4º).

6.1.2. NECESSIDADE DE JUSTIFICATIVA PARA A SOLUÇÃO ADOTADA

Mas não basta a autorização legislativa para legitimar a decisão do ente estatal de integrar uma empresa privada como sócio. O simples fato de haver autorização prévia em lei não significa que qualquer decisão de inte-

[431] Para Celso Antônio Bandeira de Mello, as empresas estatais "não podem criar subsidiárias nem participar do capital de empresas privadas sem autorização legislativa, expedida caso a caso, conforme, aliás, expressamente prescreve o art. 37, XX. Sem embargo, o STF, em aberta discrepância com tal preceito, deu-lhe, em exame preliminar, interpretação abusiva na ADIn 1.649-1-DF, sessão de 29.10.97, ao indeferir cautelar que postulava a suspensão dos arts. 64 e 65 da lei 9.478/97, os quais conferiam genérica permissão à Petrobras para constituir subsidiárias para operar no setor energético resultante da política nacional do petróleo" (*Curso de direito administrativo*, p. 190).

grar uma empresa privada seja cabível. É imprescindível que haja uma justificativa do ente estatal que evidencie a pertinência da solução no caso concreto em vista dos seus objetivos e dos seus propósitos.

Já se mencionou no Capítulo 4 a necessidade de procedimentalização da decisão que conduz ao emprego da técnica acionária, de modo que o ente estatal examine todas as alternativas pertinentes e, ao final, se for o caso, chegue à decisão de integrar uma empresa privada.

Evidentemente, o procedimento específico deverá ser compatível com cada situação concreta. Em certos casos, haverá negociações comerciais, muitas vezes de natureza sigilosa em face do mercado. Em outros casos, a constituição de uma empresa privada com participação estatal se dará após licitação para a escolha do sócio privado – sendo, então, uma decisão tomada previamente, na fase interna do certame. De todo modo, é necessário que o ente estatal efetivamente pondere as alternativas que o ordenamento lhe coloca à disposição e opte de maneira fundamentada por aquela que melhor se adaptar aos objetivos buscados.

Não há no Brasil uma exigência legal específica de procedimentalização para a constituição de uma empresa privada com participação estatal, salvo previsões específicas que foram examinadas no Capítulo 4. Mas isso não significa que a Administração possa tomar decisões descuidadas. É imprescindível a realização de estudos que demonstrem a racionalidade da opção adotada. A questão já foi tratada no Capítulo 4, com menção à legislação portuguesa sobre a atividade empresarial local, que expressamente prevê a realização de estudos técnicos, nomeadamente do plano do projeto, na ótica do investimento, da exploração e do financiamento, que demonstrem a viabilidade e a sustentabilidade econômica e financeira da constituição de uma empresa privada com participação estatal[432].

Há a necessidade, portanto, de demonstração da vantagem comparativa da constituição de uma empresa privada com participação estatal em

[432] Artigos 32 e 53 da Lei nº 50/2012 de Portugal. Sobre o assunto, v. Capítulo 4, bem como: GONÇALVES, Pedro Costa. *Regime jurídico da atividade empresarial local*, p. 259-261 e 263-265. Para o doutrinador português, a ausência de realização de estudos prévios torna nula a constituição de uma empresa privada com participação estatal: "As deliberações que aprovam a constituição de uma sociedade comercial participada ou a aquisição de participações locais sem os estudos técnicos ou com base em estudos técnicos notoriamente não fundamentados são *nulas* e pode haver lugar a efetivação de *responsabilidade financeira*" (cit., p. 264).

relação às outras modalidades colocadas à disposição da Administração pelo ordenamento.

Evidentemente, a demonstração dessas vantagens não é simples nem "matemática". A decisão de participar como sócio de uma empresa privada traduz uma competência discricionária. Há uma margem de relativa liberdade na escolha das formas jurídicas para que o ente administrativo adote a melhor solução no caso concreto. Mas a discricionariedade envolvida na decisão não conduz de modo algum à ausência de parâmetros. Na realidade, o reconhecimento da existência de uma margem de discricionariedade evidencia ainda mais a necessidade de um procedimento prévio, ainda que adaptado ao contexto de cada situação, uma vez que a competência discricionária amplia o ônus argumentativo do agente estatal. Há significativas decorrências da decisão, que implicará o aporte de recursos de origem pública em um ente privado. Isso faz com que todas as alternativas pertinentes sejam examinadas e ponderadas pelo sócio estatal. Além disso, todos os elementos de fato indispensáveis à tomada de decisão precisarão ser levantados no procedimento decisório.

O fato é que a autorização legislativa para que um ente estatal integre empresas privadas na condição de sócio não dispensa o ente administrativo de avaliar as demais alternativas que em tese são cabíveis. A simples existência de autorização prévia em lei jamais poderá ser tomada como justificativa para escolhas sem suporte na análise dos elementos de fato ou destituídas da imprescindível fundamentação.

Além disso, a decisão adotada pelo ente estatal não se limitará à escolha por participar ou não de uma empresa privada. Deverão ser fixadas também as condições para o aporte do capital, principalmente no que se refere ao modo como se dará a efetiva participação do ente administrativo na empresa privada. Essas condições também deverão ser previstas de modo fundamentado.

6.1.3. A PERTINÊNCIA COM O OBJETO DO ENTE ESTATAL ENVOLVIDO

É necessário que haja pertinência objetiva entre a atividade a ser desenvolvida pela empresa privada com participação estatal e o objeto do ente estatal que a integrará. Deve-se reputar vedada a aplicação de recursos do Estado em uma empresa privada cujo objeto não se enquadre no âmbito de atuação do ente estatal. Nesse sentido, o inciso II do artigo 8º do Decreto nº 8.945 estabelece a necessidade de haver "vinculação" entre a empresa privada e o objeto social da empresa estatal investidora.

Na realidade, a pertinência objetiva é uma decorrência direta dos motivos que levaram à criação do próprio ente administrativo. Se uma lei autorizou a criação de uma empresa estatal para o desempenho de determinadas finalidades dentro de um campo específico de intervenção econômica, tal empresa deve se limitar aos quadrantes legais. A sua integração como sócia de uma empresa privada que não guarde pertinência objetiva com a área de atuação da empresa estatal seria uma burla à própria lei que autorizou a criação da empresa estatal, bem como uma inobservância do seu objeto social. Esta não tem legitimidade para extrapolar o seu âmbito de intervenção previamente delimitado pela lei autorizativa da sua criação[433-434].

O requisito da pertinência objetiva (ou da vinculação com o objeto social da empresa estatal investidora), contudo, deve ser examinado com razoabilidade. Deve-se ter em mente que as atividades econômicas estão em constante evolução. É comum que a exploração de uma determinada atividade acabe envolvendo outros negócios acessórios, que, tomados isoladamente, não se enquadrariam no objeto social da empresa, mas que podem ser absolutamente imprescindíveis para a consecução do seu fim social. Isso ocorre porque a cadeia produtiva pode envolver atividades bastante distintas, com um maior ou menor nível de envolvimento direto[435].

[433] Por exemplo, o artigo 64 da Lei nº 9.478 autoriza a Petrobras a se associar majoritária ou minoritariamente a empresas privadas "para o estrito cumprimento de atividades de seu objeto social". Assim, é evidente que a Petrobras não poderá se associar a empresas que tenham por objeto atividades absolutamente alheias às suas finalidades (como, por exemplo, a exploração do serviço de telefonia).

[434] A pertinência objetiva entre o ente estatal e a empresa privada de que ele é sócio é um requisito também no direito português, estabelecido expressamente pelo artigo 52º da Lei nº 50/2012. O objeto social das sociedades comerciais participadas tem de se compreender "no âmbito das atribuições das entidades públicas participantes", de acordo com o dispositivo. Pedro Costa Gonçalves, assim, observa que "encontrar-se-á, por exemplo, afastada a aquisição de participações locais numa instituição de crédito ou numa empresa de aluguer de automóveis. Mas, pelo menos quanto aos municípios, o limite revela-se menos apertado do que aparenta, em razão do facto de às atribuições dos mesmos corresponder, em princípio, qualquer atividade que se ocupe da prossecução de interesses próprios da coletividade local" (*Regime jurídico da atividade empresarial local*, p. 262).

[435] Tome-se a Petrobras, novamente, como exemplo. A companhia não tem por objeto a exploração de terminais portuários. Entretanto, a Petrobras é titular de uma série de terminais

Isso se observa com especial relevância nas atividades exploradas em regime de concorrência, em que a atualização do sujeito é imprescindível para a sua manutenção no mercado como um ente competitivo. Nesse contexto, é perfeitamente possível imaginar que uma determinada atividade que inicialmente não se enquadre no âmbito de atuação de uma empresa estatal possa vir a tornar-se pertinente (e até mesmo imprescindível) à sua área de atuação[436].

Mas a evolução das atividades desempenhadas por um ente estatal não decorre apenas da competitividade no mercado e do próprio desenvolvimento das formas de exploração econômica dos negócios. Pode ser uma decorrência até mesmo de alterações legislativas que imponham novas obrigações ao agente econômico, de modo que ele precisará desenvolver determinadas atividades às quais não era obrigado anteriormente.

Tudo isso leva ao entendimento de que o requisito da pertinência objetiva entre a atividade da empresa privada com participação estatal e o âmbito de competência interventiva do ente estatal deve ser analisado com razoabilidade.

Deve-se observar, ainda, que há uma peculiaridade quanto aos entes estatais que têm por objeto a atividade de fomento. Um ente estatal que desempenha essencialmente uma atividade de fomento poderá integrar o capital de uma empresa privada ainda que o empreendimento a ser explorado não tenha nenhuma relação com a atividade do ente fomentador. Nesse caso, contudo, não haverá nenhuma ilegalidade, uma vez que as instituições de fomento têm por objeto justamente o incentivo de atividades econômicas reputadas de interesse coletivo. Assim, a participação societária é apenas uma forma mais ativa de garantir que os recursos investidos na empresa fomentada realmente serão empregados para as finalidades que justificaram o aporte de capital.

portuários justamente porque o transporte aquaviário de seus insumos é imprescindível para a sua atividade econômica principal. A exploração de terminais portuários pela própria Petrobras, portanto, é necessária e útil ao desenvolvimento de suas atividades-fim.

[436] Imagine-se, por exemplo, um banco estatal que precise desenvolver sistemas de tecnologia da informação mais sofisticados para a sua atuação. O desenvolvimento de tecnologias não é objeto de atuação de uma instituição financeira, mas a evolução e a competitividade do setor podem demandar que a empresa estatal se atualize e comece a fornecer soluções diferenciadas no mercado, as quais envolverão conhecimentos não detidos pela estatal. A solução poderá ser a constituição de uma empresa privada, na qual o parceiro público inclusive poderá adquirir o *know how* envolvido na atividade da empresa.

6.1.4. AUSÊNCIA DE SUBSIDIARIEDADE

Há doutrinadores que sustentam ser as empresas privadas com participação estatal uma alternativa subsidiária de intervenção estatal na economia. O Estado somente poderia participar do capital de empresas privadas como última solução, sendo preferível que houvesse a adoção de outras formas empresariais.

Nuno Cunha Rodrigues afirma que, como o interesse público é o fundamento da intervenção empresarial do Estado, a detenção de participações públicas deve permitir que o ente estatal comande as estruturas empresariais nas quais se insere. Esse desiderato, segundo o doutrinador, "será perseguido de forma superior quando o ente público-accionista dispõe de um *efectivo* poder de decisão empresarial alcançado através de uma posição acionista majoritária"[437]. A participação do Estado sem preponderância no poder de controle seria, portanto, "tendencialmente excepcional"[438], uma vez que não permitiria que os objetivos do Estado fossem alcançados de modo tão eficiente.

No mesmo sentido, Paulo Otero sustenta que, como a participação minoritária do Estado no capital de empresas privadas "se mostra insusceptível de impedir que estas prossigam interesses que não são compatíveis ou harmonizáveis com o interesse público", o princípio da prossecução do interesse público imporia "uma nítida regra de preferência pela participação maioritária do Estado em empresas de capitais mistos"[439].

Entretanto, não se pode concordar com a tese de que a participação estatal numa empresa privada seja uma solução meramente subsidiária.

Os doutrinadores partem do pressuposto de que o comando estatal necessariamente chegaria a melhores resultados para o Estado. Entretanto, a maior eficácia da atuação empresarial não é decorrência natural e necessária do maior controle exercido pelo Estado. O ordenamento contempla uma relativa liberdade de escolha na atuação empresarial do Estado. Cada sistemática possui certas características e se adaptará melhor aos objetivos buscados.

[437] *"Golden-shares"*: as empresas participadas e os privilégios do Estado enquanto acionista minoritário, p. 153.

[438] *"Golden-shares"*: as empresas participadas e os privilégios do Estado enquanto acionista minoritário, p. 153.

[439] *Vinculação e liberdade de conformação jurídica do sector empresarial do Estado*, p. 207-208.

Além disso, não é necessário que o Estado tenha preponderância no exercício do poder de controle de uma empresa para que os objetivos de interesse público sejam atendidos. Mesmo quando o Estado não esteja em situação de preponderância, poderá dispor de uma série de mecanismos destinados a garantir a consecução de determinados interesses – tais como ações de classe especial e a previsão de certos poderes no estatuto ou em acordos de acionistas.

Assim, o investimento do ente administrativo como sócio de uma empresa privada jamais poderia ser visto como uma solução anômala. Trata-se de uma alternativa expressamente contemplada pelo Texto Constitucional (artigo 37, inciso XX) como mecanismo de intervenção do Estado na economia. Dentro da relativa liberdade de escolha das formas jurídicas, cabe ao Estado adotar a solução que reputa ser mais adequada aos propósitos buscados e à sua estratégia de atuação no campo econômico. Cada alternativa envolve certas peculiaridades. Isso significa que, se o emprego da técnica acionária for o mais adequado, a solução poderá ser a constituição de uma empresa privada com participação estatal, ainda que outras soluções sejam também possíveis, embora menos eficientes.

É inegável que a aplicação de recursos de origem pública deve atender aos postulados de responsabilidade fiscal. Trata-se de uma decorrência da escassez de recursos públicos. Entretanto, o aporte de capital em uma sociedade privada pode ser a solução que represente maior economia ao orçamento do ente estatal. Em vez de se ter gastos com a constituição de uma nova empresa estatal, o ente administrativo será sócio numa empresa privada, que atuará sem a necessidade de observar uma série de preceitos de direito público que se aplicam às empresas estatais.

Enfim, por serem diversos os objetivos almejados pelo Estado por meio de uma empresa privada com participação estatal, e pelo fato de tal solução não ser necessariamente a que acarreta maiores gastos para a Administração, não se pode afirmar que a participação estatal em empresas privadas seja uma alternativa meramente subsidiária em relação a todas as outras formas de engajamento empresarial do Estado.

6.1.5. A AVALIAÇÃO DOS RISCOS DO EMPREENDIMENTO

A decisão do ente estatal de investir na empresa privada deve ser precedida de informações sobre a concepção do empreendimento, sobre a estimativa de custos e todas as projeções relevantes. Em termos concretos, deve haver um projeto que permita verificar a viabilidade do empreendimento, as perspectivas de recuperação do capital empregado, entre outros fatores.

Não se trata propriamente da elaboração de um projeto básico ou executivo – nos moldes do que exige a legislação que trata das licitações e contratos administrativos – e sim de uma concepção do investimento. Além disso, é evidente que cada caso concreto envolverá diversas peculiaridades, mas o fundamental é que haja informações suficientes para se formar uma convicção a respeito da viabilidade do empreendimento. Isso se aplica em benefício tanto do parceiro público quanto do privado, a fim de que possam decidir a respeito dos investimentos que ambos realizarão. E se um contrato administrativo (por exemplo, de parceria público-privada) estiver atrelado à constituição da sociedade, a existência de levantamentos prévios (elementos de projeto) será uma exigência legalmente estabelecida (artigo 18, inciso XV, da Lei nº 8.987, e artigo 5º, inciso XI, da Lei nº 11.079).

6.1.6. AUSÊNCIA DE CUNHO EXAUSTIVO NOS ELEMENTOS APONTADOS

O elenco aqui exposto de requisitos que devem ser observados para a validade da decisão estatal de integrar uma empresa privada na condição de sócio não é exaustivo. Há uma série de fatores que devem ser ponderados em vista das circunstâncias de cada situação concreta e dos objetivos buscados. O relevante é que haja uma decisão fundamentada, na qual as alternativas sejam devidamente ponderadas.

6.2. A PARTICIPAÇÃO EFETIVA DO ENTE ESTATAL NA EMPRESA PRIVADA

6.2.1. AS PROVIDÊNCIAS INICIAIS

Decidido que o ente estatal ingressará como sócio minoritário na empresa privada, caberá a ele adotar as providências concretas necessárias, que dependerão de cada caso.

Note-se que pode haver a formação de uma nova sociedade, mas também a aquisição de participação acionária em uma empresa previamente existente. Essa segunda hipótese demandará cautelas específicas, como a realização de uma auditoria para que o ente estatal verifique exatamente qual é a situação da empresa, evitando assim surpresas com vícios ocultos e outras dificuldades.

6.2.2. A FORMALIZAÇÃO DOS INSTRUMENTOS SOCIETÁRIOS QUE ASSEGUREM A SITUAÇÃO DO SÓCIO ESTATAL

Deverão ser formalizados os instrumentos societários que assegurem a situação do sócio estatal na empresa privada. Se houver um acordo de acionistas, ele deverá ser firmado e uma via será arquivada na sede da companhia para assegurar a sua plena eficácia perante terceiros. Ainda que não haja propriamente um acordo de acionistas, o instrumento eleito para a proteção do investimento público deverá ser formalizado.

Tais formalidades são importantes não apenas para assegurar a posição do ente estatal, mas também para delimitar corretamente os seus direitos internamente à companhia, evitando possíveis conflitos entre os sócios. Isso porque o instrumento tem eficácia positiva (assegurar direitos ao sócio estatal) e negativa (delimitar o âmbito de influência do ente da Administração).

6.2.3. A GESTÃO DA EMPRESA

Uma vez adquirida a participação no capital da empresa, caberá ao ente estatal exercer todos os deveres e poderes jurídicos que lhe forem correspondentes na qualidade de sócio.

Normalmente, isso envolverá a integralização do preço de emissão das ações subscritas ou adquiridas, a indicação de um ou mais membros para participarem dos órgãos de administração da sociedade, dentre outras providências.

Por outro lado, haverá uma série de prerrogativas do sócio estatal na gestão da companhia, que poderão estar contempladas basicamente em um acordo de acionistas e na existência de *golden shares* de titularidade do Estado.

Os poderes e deveres específicos variarão em cada caso, mas deverão ser exercidos pelo sócio estatal. Afinal, são um instrumento para assegurar a proteção do investimento público e a consecução das finalidades que justificaram a aplicação dos recursos. O dimensionamento dos poderes do sócio estatal, além disso, foi um fator determinante para a decisão de se constituir a empresa.

As prerrogativas atribuídas ao sócio estatal até mesmo poderão fazer com que ele seja reconhecido como um cotitular do poder de controle da empresa privada. Entretanto, essa cotitularidade do poder de controle não assegura ao sócio estatal nenhuma prerrogativa destinada a fazer com que ele oriente a empresa para o desempenho de função administrativa. Os poderes reconhecidos ao ente estatal no âmbito interno da sociedade relacionam-se unicamente com o desempenho da atividade econômica e com a defesa dos seus interesses *na qualidade de acionista* (e não de integrante da Administração Pública).

Por conseguinte, a cotitularidade do poder de controle não faz com que a pessoa política correspondente (União, Estado, Distrito Federal ou Município) controle indiretamente a empresa. A sociedade continua sendo uma pessoa jurídica de direito privado que, ao contrário das empresas públicas e sociedades de economia mista, não integra a Administração Pública. As prerrogativas de cunho societário reconhecidas ao ente estatal destinam-se a impedir que os seus interesses sejam ignorados.

Note-se, contudo, que, apesar de o sócio estatal deter certos poderes, seu relacionamento com os sócios se dá nos mesmos termos do que ocorre entre sócios em geral[440]. Ou seja, o sócio estatal não terá prerrogativas implícitas no interior da empresa somente pelo fato de integrar a Administração Pública. Os poderes do sócio estatal no âmbito intrassocietário serão apenas aqueles expressamente reconhecidos pela legislação societária, pelo estatuto e por eventuais acordos de acionistas ou ações de classe especial.

6.3. A NÃO INCIDÊNCIA DO REGIME DE DIREITO PÚBLICO

Apesar de ter como sócio um ente integrante da Administração Pública e de existirem recursos de origem pública no seu capital, a empresa privada que conte com um ente estatal em seu quadro de sócios não se subordina ao

[440] Segundo Pedro da Costa Gonçalves: "A entidade pública participante assume a condição de sócio da sociedade comercial participada, relacionando-se com esta nos mesmos termos gerais em que se processam, em geral, as relações entre sócios e sociedades comerciais" (*Regime jurídico da atividade empresarial local*, p. 267).

regime de direito público[441]. Nem sequer integra a Administração Pública, sendo que o sócio estatal não tem preponderância no seu controle[442]. A afirmação da ausência de subordinação ao regime público apresenta algumas decorrências.

6.3.1. AS CONTRATAÇÕES COM TERCEIROS

As contratações celebradas entre a empresa privada com participação estatal e terceiros serão relações jurídicas privadas não submetidas a procedimento licitatório prévio. Isso se aplica à aquisição de bens, à contratação de serviços, obras, alienações, e a qualquer outra relação jurídica similar.

O parágrafo único do artigo 1º da Lei nº 8.666 estabelece que a lei de licitações se aplica às "entidades controladas direta ou indiretamente" pela União, Estados, Distrito Federal e Municípios. Entretanto, a cláusula aberta empregada pelo dispositivo não abrange as empresas que tenham participação estatal mas não integram a Administração Pública. Isso porque, apesar de um ente estatal poder integrar o bloco de controle dessas empresas, o dispositivo procurou alcançar apenas as entidades que são controladas de forma preponderante pelo Estado (direta ou indiretamente) – o que não é o caso das empresas privadas com participação estatal. Ou seja, não basta que o Estado tenha certos poderes internos à empresa nem que integre o bloco de controle para atrair a aplicação da Lei nº 8.666[443].

[441] "As sociedades comerciais participadas são sociedades comerciais. Ficam pois sujeitas à 'lei comercial' – é irrelevante o silêncio da LAEL neste ponto, em contraste aliás com o que faz em relação às entidades participadas (cf. artigos 57º, 58º, nº 2, e 59º, nº 2). É na lei comercial que se encontra o regime jurídico geral aplicável a estas sociedades, mas a LAEL também acolhe normas especificamente aplicáveis às mesmas" (GONÇALVES, Pedro Costa. *Regime jurídico da atividade empresarial local*. p. 268).

[442] Segundo Bernardo Strobel Guimarães, "o primeiro ponto a ser assinalado é que a empresa mantém seu *status* de empresa privada, não se aplicando a ela quaisquer alterações derivadas da presença do capital estatal. A ausência de controle estatal repele a aplicação das regras e princípios da Constituição que regem as empresas que estão sob efetivo controle do Estado. A Constituição traz derrogações para as empresas estatais (públicas e economias mistas) e suas subsidiárias. Em ambos os casos, a nota definidora é a existência de efetivo controle por parte da Administração, que terá por efeito associar o ente empresarial à estrutura administrativa em termos de uma vinculação orgânica" (A participação de empresas estatais no capital de empresas controladas pela iniciativa privada, p. 388).

[443] Segundo Marçal Justen Filho: "Para os fins de aplicação da Lei nº 8.666, o relevante será a existência de controle (direto ou indireto) do Estado. Tanto pode tratar-se de uma subsidiária

Há quem entenda que o regime jurídico aplicável dependerá da atividade desempenhada pela empresa privada com participação estatal. Assim, se ela prestasse serviço público, seria aplicável o regime de direito público. Já se fosse exploradora de atividade econômica, sujeitar-se-ia ao regime de direito privado[444].

Entretanto, é evidente o desacerto dessa opinião. As empresas privadas com participação estatal não integram a Administração Pública e, portanto, seu regime jurídico é essencialmente o mesmo aplicável a toda sociedade comercial. A atividade que desempenha não tem influência no seu regime jurídico[445]. Além disso, a própria distinção entre serviços públicos e ativi-

integral como não. Somente não incidirá o regime da Lei nº 8.666 quando a participação estatal não for apta a atribuir ao Estado (ainda que indiretamente) o poder de controle. Ou seja, a incidência do regime licitatório se vincula à existência de controle, não à forma da entidade. É irrelevante discutir o conceito de 'sociedade subsidiária', eis que a solução jurídica se vincula à questão do controle. Se uma sociedade privada estiver sob controle do Estado, ainda que indireto, aplicar-se-á a disciplina licitatória prevista na Lei nº 8.666" (*Comentários à lei de licitações e contratos administrativos*. 15.ed., p. 37). Concordamos aqui com o posicionamento do doutrinador. Apenas esclarecemos que a noção de controle aqui adotada é a de preponderância no controle interno societário. O simples fato de o Estado deter poderes e integrar o bloco de controle de uma empresa privada não atrairá a aplicação da Lei nº 8.666 se o controle estatal não for preponderante.

[444] Ana Carolina Rodrigues e Felipe Taufik Daud entendem que o regime jurídico aplicável à empresa dependerá da atividade por ela exercida. Fundamentam seu entendimento no artigo 173, § 1º, da Constituição Federal, que prevê a distinção das empresas estatais entre prestadoras de serviços públicos e exploradoras de atividade econômica. Segundo eles: "à sociedade prestadora de serviços públicos cujo capital seja misto e o controle privado, incidirá o regime jurídico de direito público. Portanto, há necessidade de licitar conforme dispõe a Lei nº 8.666/93, há necessidade de contratar por meio de concursos públicos, há que se submeter ao respectivo órgão de fiscalização, não há submissão à falência (nos próprios termos do art. 2º, I, da Lei de Falências, Lei nº 11.101, de 2005). Enfim, aplica-se o regime de direito público incidente sobre as estatais e o regime das concessionárias, conforme disciplinado pela Lei nº 8.987, de 1995, especialmente arts. 6º e 31. Em lado oposto, a sociedade prestadora de atividade econômica em que o Estado direta ou indiretamente participe sem o exercício do poder de controle não está sujeita às regras de direito público. Incide sobre ela o regime de direito privado, havendo incidência apenas pontual e específica do regime de direito público. Não há necessidade de licitar conforme os termos da Lei nº 8.666, de 1993, não há necessidade de contratar por meio de concursos públicos, não há que se submeter ao respectivo órgão de fiscalização e há submissão à falência. Enfim, aplica-se a elas o regime de direito privado" (O Estado como acionista minoritário, p. 26).

[445] Caso prevalecesse o entendimento de Ana Carolina Rodrigues e Felipe Taufik Daud, uma concessionária de serviço público, ainda que não tivesse o Estado como sócio, deveria realizar licitações para a celebração de contratos e concursos públicos e contratações mediante con-

dades econômicas em sentido estrito como fundamento para se definir a flexibilidade admissível é questionável até mesmo para as empresas estatais[446]. Não faz o menor sentido que seja tomada em consideração para a definição do regime jurídico aplicável a empresas privadas, ainda que tenham participação estatal em seus quadros societários.

É evidente que a empresa deverá tomar cautelas necessárias para assegurar que as contratações realizadas lhe propiciem resultados satisfatórios. Mas isso será feito de acordo com mecanismos típicos da iniciativa privada, sem qualquer obrigação de se utilizar os procedimentos típicos dos entes que integram a Administração Pública.

Em certo sentido, as empresas privadas com participação estatal consistem na retomada da ideia de sociedade de economia mista minoritária, considerada por parcela da doutrina como as "autênticas" sociedades de economia mista, uma vez que efetivamente contemplavam a junção de interesses públicos e privados em ambiente societário[447].

Evidentemente, a inexistência de obrigação de se realizar processos licitatórios não leva a empresa privada com participação estatal à aplicação dispendiosa de recursos.

6.3.2. CONTRATAÇÃO DE PESSOAL

O mesmo se aplica à contratação de pessoal. As empresas privadas com participação estatal não precisarão realizar concurso público para a contratação de empregados. Terão liberdade para adotar os critérios e procedimentos que reputem adequados para a contratação dos profissionais que integrarão os seus quadros.

curso público. É evidente que tal entendimento, embasado equivocadamente no artigo 173, § 1º, da Constituição Federal, não pode ser acolhido. Até mesmo para as empresas estatais o ordenamento admite a realização de contratações sem licitação prévia em certas hipóteses, notadamente quando a realização de um certame acabaria comprometendo a agilidade da empresa face aos seus concorrentes no mercado. E quando a licitação é exigível, muitas vezes há um regulamento simplificado, mais adaptado às necessidades da empresa estatal. Assim, não há como se adotar um entendimento sob certo ângulo ainda mais restritivo, às empresas privadas com participação estatal, que nem mesmo integram a Administração.

[446] Esse assunto foi tratado no Capítulo 1 do presente estudo.

[447] A questão foi tratada no Capítulo 2.

Além disso, o regime jurídico das relações com os seus empregados será o do direito do trabalho, como ocorre com a generalidade da iniciativa privada. Não se aplica o regime estatutário.

6.3.3. POSSIBILIDADE DE COMPETIÇÃO EM FACE DO PODER PÚBLICO

Não há em princípio nenhuma vedação a que as empresas privadas com participação estatal atuem em competição com entes que integram a Administração Pública. Para esse fim, deve-se ignorar o fato de que elas contam com um sócio estatal.

Exemplo disso se verificará na concessão de aeroportos à iniciativa privada. Um dos objetivos declarados com essa iniciativa foi o de estimular a competição entre aeroportos por meio da disputa da preferência dos usuários – o que é possível com a criação de facilidades, redução de tarifas aeroportuárias, dentre outras medidas. A sociedade de propósito específico que ficará responsável pela gestão de um determinado aeroporto atuará em concorrência com outros aeroportos, inclusive aqueles não concedidos à iniciativa privada – que, por conseguinte, estarão sob a responsabilidade direta da Infraero, uma empresa pública integrante da Administração federal.

A Infraero, aliás, será ao mesmo tempo concorrente e acionista minoritária das sociedades de propósito específico que detêm as concessões dos aeroportos delegados à iniciativa privada – sociedades essas que nada mais são do que empresas privadas com participação estatal para os efeitos deste estudo.

Essa possibilidade de o ente estatal integrar uma empresa privada que concorre com ele mesmo poderia gerar algum tipo de perplexidade. No entanto, esse possível conflito objetivo de interesses deve ser resolvido por meio da previsão concreta das prerrogativas e deveres jurídicos do sócio estatal, que não poderão ser extrapolados nem mesmo sob a eventual invocação de poderes públicos ou interesses coletivos. No caso, os editais das licitações para a concessão de aeroportos previram uma minuta do acordo de acionistas que seria firmado entre o consórcio vencedor e a Infraero. Desse modo, tanto a Infraero quanto os interessados já sabiam de antemão quais seriam as prerrogativas de cada futuro sócio das empresas que seriam constituídas para a gestão dos aeroportos concedidos. Eventual extrapolação de poderes deverá ser rejeitada uma vez que configurará ofensa ao acordo de acionistas – e, indiretamente, ao próprio edital que contemplava tal instrumento como um de seus anexos. Poderia se enquadrar inclusive na conduta de abuso de direito de minoria[448].

6.3.4. AUSÊNCIA DE VANTAGENS EM FACE DO PODER PÚBLICO

O simples fato de haver participação estatal numa empresa privada não conferirá à sociedade qualquer vantagem perante o poder público. Na qualidade de pessoa jurídica de direito privado que não integra a Administração Pública, a empresa privada com participação estatal atuará em pé de igualdade com toda a iniciativa privada. Isso se aplica não apenas em relação a vantagens e benefícios, mas também no que diz respeito a encargos e restrições.

Não se está afirmando aqui que a empresa privada com participação estatal jamais poderá ser beneficiada por vantagens concedidas pelo Estado. É até admissível que haja a concessão de benefícios em seu favor. Mas isso não poderá ocorrer mediante a simples justificativa de que o ente estatal integra a sua estrutura acionária. Se fosse possível conceder algum benefício somente em virtude disso, o Estado estaria indiretamente beneficiando o parceiro privado em detrimento de qualquer outra empresa privada que, apesar de não deter participação estatal, poderia atender (eventualmente com mais eficiência) os requisitos que justificam a concessão de um benefício a elas.

Na realidade, a criação de um benefício estatal deve atender ao requisito da impessoalidade. Sua instituição decorre da identificação de uma situação que justifique o benefício, e não da pretensão de se beneficiar uma determinada pessoa em especial. É até possível que apenas uma pessoa seja beneficiada, mas isso se deverá ao fato de apenas ele atender aos requisitos que justificaram a vantagem criada.

A simples participação estatal na empresa privada não é um critério juridicamente admissível para justificar a concessão de um benefício a essa entidade. Outros critérios (sempre juridicamente admissíveis) poderão ser

[448] Sobre o tema, confira-se: ADAMEK, Marcelo Vieira Von. *Abuso de minoria em direito societário*: abuso das posições subjetivas minoritárias. São Paulo, 2010. Tese (doutorado) – Departamento de Direito Comercial da Faculdade de Direito da Universidade de São Paulo.

invocados e eventualmente apenas a empresa privada com participação estatal poderá observá-los. Mas o mero fato de haver participação estatal na sociedade não justifica que lhe sejam concedidos determinados benefícios.

Em texto sobre as "empresas semiestatais", Carlos Ari Sundfeld, Rodrigo Pagani de Souza e Henrique Motta Pinto sustentam que as empresas de que um ente estatal participe como sócio minoritário poderiam ser beneficiadas pela hipótese de dispensa de licitação prevista no artigo 24, inciso XXIII, da Lei nº 8.666.

O dispositivo prevê ser dispensável a licitação "na contratação realizada por empresa pública ou sociedade de economia mista com suas subsidiárias e controladas, para a aquisição ou alienação de bens, prestação ou obtenção de serviços, desde que o preço contratado seja compatível com o praticado no mercado".

Segundo os doutrinadores, deve-se fazer uma distinção entre subsidiárias e controladas, uma vez que a lei não conteria palavras inúteis. Assim, a única interpretação possível derivada da utilização dos dois termos pela norma seria a de que as subsidiárias são empresas estatais, e as controladas seriam empresas privadas em que a empresa estatal seria sócia minoritária, mas com uma posição relevante (empresas semiestatais). Partindo desse entendimento, os doutrinadores apontam que "a mesma razão que autoriza as empresas estatais a contratarem diretamente com suas subsidiárias, as autoriza a fazê-lo com as semiestatais. Reside no fato de que existe uma especial sinergia entre contratante e contratada quando, atuando em ramos afins ou complementares, essas entretêm este singular vínculo societário, com compartilhamento de controle"[449].

Em outras palavras, as empresas privadas com participação estatal (ou semiestatais, na denominação dos doutrinadores) proporcionariam benefícios singulares às empresas estatais que são suas sócias, da mesma forma que as empresas subsidiárias. Isso porque a empresa investidora colhe vantagens de interesse público a partir do negócio com a empresa investida. Essa sinergia justifica que as empresas privadas com participação estatal sejam contratadas pela sua sócia estatal com dispensa de licitação, fundada no artigo 24, inciso XXIII, da Lei nº 8.666. A rigor, ainda segundo os doutrinadores, a hipótese seria de inexigibilidade, e não de dispensa, uma vez

[449] Empresas semiestatais, p. 82.

que de nada adiantaria uma estatal associar-se a uma empresa privada se depois tivesse de tratá-la como uma empresa qualquer[450].

Entretanto, ousamos discordar desse entendimento, inclusive com base em tese já acolhida pelo Tribunal de Contas da União.[451]

A concepção segundo a qual a lei não contém palavras inúteis deve ser rejeitada. Por vezes, observa-se que as normas contemplam excessos linguísticos que precisam ser desprezados. Ainda que o intérprete procure algum sentido lógico na utilização de certas expressões, em certos casos isso não é possível. Nessas situações, deve-se privilegiar a coerência da norma com o ordenamento, concluindo-se que ela contém, sim, expressões inúteis. Assim, deve-se rejeitar a noção de que o inciso XXIII do artigo 24 da Lei nº 8.666 pretendia abranger duas situações distintas ao fazer uso das expressões "subsidiárias" e "controladas"[452].

Partindo-se dessa ideia, a interpretação mais adequada para o inciso XXIII do artigo 24 da Lei nº 8.666 é a de que o dispositivo pretende alcançar as empresas que integram a estrutura estatal e, portanto, sejam controladas de modo preponderante por uma empresa pública ou sociedade de economia mista. Assim, se uma empresa estatal constituiu outra empresa, subsidiária, que integra a Administração Pública, esta última poderá ser contratada pela primeira, com dispensa de licitação, observados os pre-

[450] Nas palavras dos doutrinadores: "bem consideradas as coisas, o caso não é de simples dispensa de licitação, mas de verdadeira inexigibilidade. Afinal, de que adiantaria uma estatal constituir subsidiárias ou associar-se com terceiros para constituir uma semiestatal, se a seguir tivesse de tratá-las como estranhas? É evidente que, nessas situações, a subsidiária ou a semiestatal têm uma relação especial, singular, com a entidade estatal, decorrente do vínculo societário qualificado e da vinculação de objetivos. É evidente, então, que a licitação não é exigível" (Empresas semiestatais, p. 86). Sua conclusão é a seguinte: "Faz sentido não licitar em ambos os casos [sociedades subsidiárias e controladas] porque, no fundo, neles o estado contrata com pessoa que lhe serve como instrumento de ação, realizando operações que só com essa pessoa são viáveis. Licitar seria correr o risco de alijar a empresa investida de possível contratação, em detrimento das operações de interesse público que só com ela o estado poderia vir a ter (Empresas semiestatais, p. 91).

[451] TCU – Acórdão nº 1220/2016-Plenário (Processo TC 003.330/2015-0), Rel. Ministro Bruno Dantas, j. 18.5.2016, unânime.

[452] Parece ser esse o entendimento de Marçal Justen Filho ao interpretar o inciso XXIII do artigo 24 da Lei nº 8.666. Para ele: "De modo geral, interpreta-se 'sociedade subsidiária' como sinônimo de 'sociedade controlada'. Aplicam-se os critérios da Lei das S.A. para identificar o conceito. Sob esse ângulo, não há como diferenciar sociedade controlada e subsidiária, o que conduziria a excesso linguístico na redação do dispositivo ora comentado" (*Comentários à lei de licitações e contratos administrativos*. 15.ed., p. 387).

ços de mercado. Já se a empresa estatal apenas integra o capital de uma empresa privada, ainda que com alguma participação no seu controle, esta última não poderá ser contratada diretamente com fundamento no inciso XXIII do artigo 24 da Lei nº 8.666. Atribuir um tratamento privilegiado a uma empresa privada, controlada preponderantemente pelo sócio privado, apenas pelo fato de uma estatal integrar o seu quadro de acionistas, seria ofensivo à isonomia.

Nesse sentido, Marçal Justen Filho afirma que "a participação estatal minoritária não transforma a empresa em integrante da Administração Pública. Trata-se de uma empresa privada como qualquer outra. Ora, como justificar, especialmente em face do princípio da isonomia, que essa empresa privada fosse privilegiada com contratação direta por parte da Administração? Isso significaria discriminar outras empresas que não tivessem o privilégio de contar, em seus quadros societários, com uma participação minoritária estatal"[453-454].

Note-se que a integração de uma empresa estatal como sócia de uma empresa privada não ocorre com o objetivo de viabilizar contratações diretas entre essas sociedades. A constituição de empresas privadas com participação estatal pode se prestar a uma série de objetivos diversos. Assim, deve-se afastar o argumento segundo o qual de nada adiantaria uma empresa estatal integrar o quadro de sócios de uma empresa privada se não pudesse atribuir a ela um tratamento diferenciado.

Há ainda o risco de se instituir um privilégio ao sócio privado, que, titular de parcela relevante, normalmente majoritária, do capital da empresa privada com participação estatal, seria o beneficiado pela contratação direta por parte de seu sócio estatal. Entretanto, a simples possibilidade em tese de haver um mau uso da prerrogativa da contratação direta não nos parece o fundamento essencial para rejeitar a aplicação do inciso XXIII

[453] *Comentários à lei de licitações e contratos administrativos*. 15.ed., p. 387.

[454] Em sentido semelhante, mas fundando-se mais no exercício do controle do que na integração da empresa à Administração Pública, é o entendimento de Bernardo Strobel Guimarães: "conferir tratamento privilegiado a uma empresa privada, sob controle efetivamente privado, implicaria quebrar o suposto de isonomia, que é uma das pedras de toque do regime licitatório, bem como concorrencial. Embora seja absolutamente lícito que empresas estatais para desenvolver seu objeto venham a firmar parcerias societárias com parceiros estratégicos, esse modo de atuação não pode servir para desnivelar as empresas privadas no que tange ao acesso ao mercado público" (A participação de empresas estatais no capital de empresas controladas pela iniciativa privada, p. 389).

do artigo 24 às empresas privadas que contam com um ente estatal como sócio. Afinal, a possibilidade de desvirtuamento existe em toda hipótese de contratação direta[455].

Portanto, a solução de ser inexigível a licitação para contratação da empresa privada com participação estatal em virtude da simples existência de participação estatal é incompatível com a natureza essencialmente privada da empresa, que não se subordina às características que são próprias dos entes que integram a Administração Pública. O fato de a empresa não integrar a Administração Pública torna impossível a consideração dos atributos dos seus sócios como um fator determinante da concessão de benefícios estatais[456].

Ressalve-se, por fim, que a empresa privada com participação estatal poderá ser contratada por inexigibilidade de licitação se o caso concreto se enquadrar em uma das hipóteses do artigo 25 da Lei nº 8.666. Entretanto, isso se dá exatamente da mesma forma que ocorre, em tese, com qualquer outra empresa privada que não tenha nenhum tipo de participação estatal.

6.3.5. NÃO REALIZAÇÃO DE "ATOS DE AUTORIDADE"

A empresa privada com participação estatal não pratica "atos de autoridade". Por ser uma empresa privada que não integra a Administração Pública, seus atos não têm as características de atos de autoridade. Logo, não são atacáveis por meio de mandado de segurança.

A empresa privada com participação estatal, portanto, não pode aplicar penalidades nos mesmos moldes do que ocorre numa relação jurídica entre a Administração Pública e um particular. Se um contratado seu descumprir

[455] Marçal Justen Filho aponta o risco de desvirtuamento da hipótese de contratação direta como fundamento para que o inciso XXIII do artigo 24 da Lei nº 8.666 não se aplique às empresas privadas: "Imagine-se que uma sociedade de economia mista, para aplicar recursos financeiros disponíveis, adquirisse participação societária irrisória em uma montadora de veículos. A interpretação ampliativa conduziria ao resultado despropositado de que aquele Estado poderia adquirir veículos automotores de um específico fabricante, sem necessidade de licitação. Ou seja, criar-se-ia vantagem para as entidades não estatais que nem sequer se cogita como constitucional em face das próprias sociedades de economia mista" (*Comentários à lei de licitações e contratos administrativos*. 15.ed., p. 387).

[456] O mesmo entendimento é adotado por Pedro Costa Gonçalves. Para ele, "a Lei não o estabelece, mas também não parece necessário –, a entidade pública participante não pode fazer adjudicações às sociedades comerciais participadas, sem observância das regras da contratação pública" (*Regime jurídico da atividade empresarial local*, p. 268).

alguma obrigação contratual, a empresa privada com participação estatal poderá cobrar as penalidades contratuais cabíveis sem qualquer mecanismo de autoexecutoriedade. Se o contratado se recusar a dar cumprimento às penalidades contratuais, restará à empresa o recurso ao Poder Judiciário.

Os atos da empresa privada com participação estatal não podem ser considerados atos administrativos. Não dispõem dos requisitos típicos dessa espécie de ato jurídico. Não são dotados de presunção de legitimidade ou veracidade. Não precisam ser precedidos de um processo administrativo prévio.

6.4. A NÃO INCIDÊNCIA DE MECANISMOS DE DIREITO PÚBLICO

Por haver um investimento de origem estatal na sociedade, é necessário que as empresas privadas com participação estatal estejam sujeitas a determinados mecanismos de controle. Mas esses mecanismos deverão ser os apropriados à natureza jurídica da empresa.

6.4.1. NÃO SUBMISSÃO AO CONTROLE EXTERNO DE DIREITO PÚBLICO E À PRESTAÇÃO DE CONTAS

Como a empresa privada com participação estatal não integra a Administração Pública, sua gestão e os eventos ocorridos no seu âmbito interno não se subordinam aos mecanismos de controle interno ou externo próprios da função pública.

Os órgãos de controle externo não dispõem de competência para tomar as contas da empresa privada com participação estatal. Não há nenhuma obrigação de que a empresa preste contas, nem mesmo ao tribunal de contas ao qual se vincule o seu sócio estatal.

O disposto no artigo 70, parágrafo único, da Constituição Federal, não serve de fundamento para impor a prestação de contas à corte de contas. Esse dispositivo prevê que prestará contas "qualquer pessoa física ou jurídica, pública ou privada, que utilize, arrecade, gerencie ou administre dinheiros, bens e valores públicos ou pelos quais a União responda, ou que, em nome desta, assuma obrigações de natureza pecuniária"[457].

[457] A redação atual foi conferida pela Emenda Constitucional nº 19, de 1998. Antes, o dispositivo não fazia nenhuma referência a pessoas privadas.

Poderia se argumentar que a empresa privada com participação estatal, ao receber um aporte de capital de origem pública, estaria gerenciando e administrando valores públicos. Entretanto, os recursos públicos aportados na empresa são transferidos a ela como integralização da participação acionária do ente estatal. Passam a integrar o patrimônio da empresa privada e, assim, adquirem natureza puramente privada, podendo ser utilizados no desenvolvimento de suas atividades econômicas.

Quando o sócio estatal adquire participação societária numa empresa privada, o patrimônio público será representado justamente pela participação societária, e não pelos bens e valores que foram transferidos à entidade a título de integralização do preço de emissão das ações subscritas ou adquiridas. A situação é semelhante àquela em que a Administração adquire o domínio de um bem privado. Ao pagar o preço pela aquisição do bem, o valor é transferido à pessoa privada, que não tem qualquer obrigação de prestar contas aos órgãos de controle do Estado. O valor que recebeu era público, mas passou a ser um bem privado tão logo se efetuou a operação. No caso em que um ente estatal adquire participação societária em uma empresa privada, o raciocínio é exatamente o mesmo.

Portanto, a empresa privada com participação estatal não administra ou gerencia bens, dinheiros ou valores públicos. Ela rege o seu próprio patrimônio. Parcela do seu capital teve origem pública, mas deixou de ser um valor público no momento em que foi praticada a operação. Nesse ato, há uma espécie de "desafetação" do patrimônio público que passou à titularidade da empresa privada[458]. Isso exclui a competência dos órgãos de controle sobre a empresa, torando inaplicável o parágrafo único do artigo 70 da Constituição Federal.

6.4.2. A SUBMISSÃO AO CONTROLE JURISDICIONAL TÍPICO DA ATIVIDADE ADMINISTRATIVA

As empresas privadas que contam com participação estatal, mas não integram a Administração Pública, em tese são sujeitas ao controle jurisdi-

[458] A situação é diversa, por exemplo, da que se verifica em uma entidade do terceiro setor, que recebe recursos públicos – segundo uma sistemática de fomento – e os utiliza para o desenvolvimento de suas atividades. Nesse caso, não há a "desafetação" dos recursos empregados na entidade. Ela, portanto, utiliza os recursos públicos recebidos. É esse o sentido de "utilização" que parece consentâneo com a redação do artigo 70 da Constituição Federal.

cional típico da atividade administrativa. Os atos praticados contra o seu patrimônio podem ser impugnados por meio de ação popular e de ação de improbidade administrativa.

O parágrafo único do artigo 1º da Lei nº 8.429 estabelece que estão sujeitos às penalidades da lei de improbidade administrativa os atos praticados contra o patrimônio de entidade "para cuja criação ou custeio o erário haja concorrido ou concorra com menos de cinquenta por cento do patrimônio ou da receita anual, limitando-se, nestes casos, a sanção patrimonial à repercussão do ilícito sobre a contribuição dos cofres públicos".

A dicção adotada pela lei de improbidade administrativa é muito similar à da lei que trata da ação popular. De fato, o parágrafo 2º do artigo 1º da Lei nº 4.717, de 1965, prevê o seguinte: "Em se tratando de instituições ou fundações, para cuja criação ou custeio o tesouro público concorra com menos de cinqüenta por cento do patrimônio ou da receita ânua, bem como de pessoas jurídicas ou entidades subvencionadas, as conseqüências patrimoniais da invalidez dos atos lesivos terão por limite a repercussão deles sobre a contribuição dos cofres públicos".

Ao preverem o cabimento de ação popular e de ação de improbidade administrativa em face de atos praticados contra o patrimônio de pessoas jurídicas ou entidades para cuja constituição houve o emprego de recursos públicos, ainda que em parcela inferior a 50%, as Leis nº 4.747 e 8.429 abrangem as empresas privadas com participação estatal.

É verdade que a preponderância no controle, e não o percentual de capital, é o fator que se reputa essencial neste estudo para a configuração de uma empresa privada com participação estatal. Entretanto, as situações mais comuns são aquelas em que o sócio estatal de fato contribui com menos da metade do capital social das empresas.

Note-se que não há uma contradição entre o cabimento de ação popular e de improbidade administrativa e o fato de os recursos da empresa privada com participação estatal serem de natureza privada. Isso porque tanto a Lei nº 4.717 quanto a Lei nº 8.429 preveem que as sanções patrimoniais serão limitadas à repercussão que os atos lesivos tiverem sobre a contribuição dos cofres públicos. Portanto, as ações popular e de improbidade administrativa não buscarão reparar um dano provocado propriamente à empresa privada. O objetivo dessas ações será reparar as repercussões que o ato lesivo à empresa privada tiver sobre o patrimônio do seu sócio estatal. Em decorrência disso, entendemos que caberá também a propositura de ação civil pública contra atos lesivos a uma empresa privada com participação estatal que tenham repercussões sobre os cofres públicos – ou seja, sobre o patrimônio do sócio estatal.

Portanto, como o objetivo do controle jurisdicional será a proteção do patrimônio público indiretamente atingido por um ato lesivo à empresa privada com participação estatal, justifica-se o cabimento de ação popular, ação de improbidade administrativa e ação civil pública.

Uma possível dificuldade será dimensionar qual foi o prejuízo causado ao patrimônio do sócio estatal em razão de algum ato lesivo à empresa privada.

É possível cogitar de situações em que apenas o patrimônio da empresa privada foi atingido, sem qualquer repercussão sobre seu sócio estatal. Nesse caso, não seria cabível a propositura de ação popular, ação de improbidade administrativa ou ação civil pública.

Entretanto, pelo simples fato de o ente estatal ser sócio da empresa privada, é muito provável que um ato lesivo a esta última acabe por gerar um prejuízo ao sócio estatal. Nesse caso, caberá a propositura de ação popular, ação civil pública ou ação de improbidade administrativa a fim de buscar a reparação do patrimônio do ente estatal prejudicado.

O prejuízo sofrido pelo sócio estatal não equivalerá necessariamente ao percentual detido por ele no patrimônio da empresa privada. Em tese, um ato que tenha atingido o patrimônio da empresa poderá ter repercussões diferentes sobre seus sócios. Assim, por exemplo, se uma empresa privada com participação estatal possui um patrimônio de $100 e o sócio estatal é titular de 30% de suas ações, eventual dano ao patrimônio da empresa no valor de $10 não repercutirá sobre o patrimônio do sócio estatal necessariamente no montante de $3. É possível que um dano à empresa privada apresente repercussões maiores ou menores sobre os seus sócios. As ações popular, de improbidade administrativa e civil pública se destinarão a reparar integralmente o dano experimentado pelo sócio estatal atingido pelo ilícito. É possível que esse dano seja inclusive maior do que o capital integralizado pelo sócio estatal – o que ocorrerá, por exemplo, em virtude dos efeitos derivados do dano provocado diretamente (perda de oportunidades de negócio, assunção de responsabilidades, entre outros fatores).

O cabimento de ações típicas do controle jurisdicional público, entretanto, deve ser examinado com cautela para que não conduza a situações esdrúxulas. Isso ocorre com especial evidência em relação às ações de improbidade. Isso porque a Lei nº 8.429 prevê uma série de hipóteses que são reputadas atos de improbidade que não podem se aplicar a empresas privadas, ou que somente seriam aplicáveis com determinadas adaptações.

Certos atos não podem ser praticados por uma empresa privada com participação estatal nem por seus representantes em virtude do objeto de atuação da empresa. É o caso, por exemplo, das condutas previstas no inciso VII ("conceder benefício administrativo ou fiscal sem a observância das formalidades legais ou regulamentares aplicáveis à espécie") e na primeira parte do inciso X do artigo 10 da Lei nº 8.429 ("agir negligentemente na arrecadação de tributo"). A empresa privada com participação estatal não concede benefícios fiscais ou administrativos nem arrecada tributos. Portanto, não haverá a aplicação dessas hipóteses a ela para fins de cabimento de ação de improbidade administrativa[459].

Há ainda aquelas hipóteses que não se aplicam às empresas privadas com participação estatal justamente por sua natureza privada de atuação, que demanda maior liberdade na consecução de seus objetivos negociais. É o caso, por exemplo, do inciso VIII do artigo 10 da Lei nº 8.429 (dispensar indevidamente a realização de processo licitatório), do inciso IX do mesmo artigo ("ordenar ou permitir a realização de despesas não autorizadas em lei ou regulamento"), entre outras. É da essência de uma empresa privada que ela tenha maior maleabilidade na utilização de seus recursos. Ela não precisa realizar licitações nem concursos públicos, suas despesas não precisarão ser autorizadas em lei ou regulamento. Logo, as hipóteses que se aplicam apenas à Administração Pública, por serem relacionadas à prática de controles incidentes sobre a estrutura estatal, não incidirão sobre as empresas privadas com participação do Estado.

Não é objeto deste estudo examinar uma a uma as hipóteses previstas na lei como sendo atos de improbidade administrativa para identificar aquelas que serão aplicáveis à atuação de uma empresa privada com participação estatal. Basta aqui a noção de que, apesar de os atos prejudiciais a tais empresas poderem ser objeto de ação de improbidade administrativa por terem repercussão sobre o patrimônio do sócio estatal, deverá haver razoabilidade no exame de cada caso concreto. Além de muitas hipóteses não serem aplicáveis a uma empresa privada, não se pode deixar de

[459] Note-se que a conduta descrita na norma consiste na arrecadação de tributos, e não no recolhimento. Não há dúvidas de que a empresa privada com participação estatal deverá recolher tributos, mas não caberá a ela a prática de atos de arrecadação tributária.

lado a circunstância de que uma empresa privada com participação estatal explora uma atividade econômica, o que envolve maiores liberdades e uma natural sujeição ao risco do negócio.

Ressalve-se que haverá casos em que as condutas praticadas pelo sócio estatal e pela própria empresa privada com participação estatal serão sujeitas a questionamentos jurisdicionais típicos da Administração Pública.

O sócio estatal sujeita-se naturalmente aos mecanismos jurisdicionais típicos do controle da Administração Pública. Assim, por exemplo, se a aquisição de participação societária na empresa privada for um mecanismo utilizado pelo ente estatal para desviar ilicitamente recursos públicos ou não atender os requisitos necessários (por exemplo, a existência de autorização legal e o desenvolvimento de um procedimento administrativo prévio), poderá ser cabível uma ação popular, uma ação civil pública ou uma ação de improbidade. O sócio privado ou eventualmente a própria empresa privada, caso já existente, poderão ser requeridos na ação como diretamente interessados. Mas isso ocorrerá não em virtude da presença de um sócio estatal na empresa, e sim porque o próprio aporte de capital *realizado pelo ente estatal* (em conluio ou não com a pessoa privada beneficiada) foi reputado irregular.

Além disso, há uma equiparação da empresa privada com participação estatal a qualquer empresa privada, que também poderá ser alvo de questionamentos judiciais. É o que ocorreria, por exemplo, numa eventual contratação administrativa realizada entre a Administração Pública e a empresa privada com participação estatal. Poderão ser cabíveis as ações popular, civil pública ou de improbidade administrativa caso se entenda que a licitação prévia ou a avença são irregulares.

Por fim, se a empresa privada com participação estatal passa a ser concessionária de um serviço público, os atos e omissões que praticar em tal qualidade eventualmente poderão ser questionados por meio da impetração de mandado de segurança, tal como ocorre nos casos em que uma concessionária de serviço público não apresenta qualquer sócio estatal.

Portanto, o fato de a empresa privada apresentar em seus quadros societários um ente que integra a Administração Pública submete-a a certos instrumentos de controle jurisdicional típicos da atividade administrativa. Como os atos que prejudicam o patrimônio das empresas privadas com participação estatal podem ter repercussões sobre o patrimônio público, serão cabíveis ações popular e de improbidade administrativa com a finalidade de proteger o sócio estatal. Essas hipóteses, ainda que não retirem a natureza privada das empresas, demandam que os atos por elas praticados observem determinadas cautelas. Em certa medida, isso pode provocar a redução de sua margem de liberdade em comparação com as empresas que não contem com nenhuma participação estatal.

Assim, para a proteção do sócio estatal e dos próprios gestores da empresa privada com participação estatal, é conveniente que sejam tomadas algumas cautelas com o propósito de tornar mais objetivos certos atos e procedimentos adotados pela empresa. Podem ser estabelecidas determinadas regras de governança corporativa, padrões de contratação, entre outras medidas, de modo que as condutas que se enquadrem nessas normas possam ser presumidas como regulares (ainda que tal presunção seja relativa). Na realidade, trata-se até mesmo de uma decorrência do caráter institucional das empresas, que costumam estabelecer determinados parâmetros de conduta para seus agentes. Evidentemente, esses parâmetros não deverão ser os mesmos que se aplicam à Administração Pública, mas algumas orientações devem ser previstas com clareza e objetividade[460].

6.5. A INCIDÊNCIA DE MECANISMOS DE CONTROLE DE DIREITO PRIVADO

Como demonstrado, não incidem sobre a empresa privada com participação estatal os mecanismos de controle típicos do direito público. Mas isso não significa a ausência de instrumentos de controle. O que ocorre é que os mecanismos adotados serão aqueles próprios do direito privado, adotados no âmbito da iniciativa privada.

[460] Conforme mencionado acima, as empresas privadas com participação estatal não são obrigadas a realizar licitações nem concursos públicos. Entretanto, nada impede (pelo contrário, é conveniente) que elas instituam determinados padrões de conduta para suas contratações (estabelecendo, por exemplo, que contratos acima de determinado montante deverão ser precedidos de um número mínimo de orçamentos junto aos possíveis concorrentes). Evidentemente, esses procedimentos não deverão engessar indevidamente a atuação das empresas, mas sua adoção ocorre com certa frequência no setor privado.

6.5.1. A "SEPARAÇÃO DE PODERES" NO INTERIOR DA EMPRESA

Conforme exposto quando da caracterização das empresas privadas com participação estatal, uma das grandes vantagens desse modelo consiste na instrumentalização dos interesses do sócio privado. Ele buscará os melhores resultados possíveis na condução do empreendimento, com o que se pretende haver regularidade e maior eficiência na gestão dos recursos públicos investidos na empresa.

Nesse ponto, é importante notar que o sócio privado investe recursos seus na empresa. O investidor privado, portanto, terá interesse na adoção de todas as precauções cabíveis para assegurar a melhor gestão possível da empresa. Na qualidade de sócio, disporá de poderes jurídicos para constatar e impedir a prática de atos reprováveis, inclusive aqueles que sejam imputáveis ao sócio estatal e seus agentes.

Segundo Alexandre Santos de Aragão, há uma espécie de "separação de poderes" no interior da empresa privada com participação estatal. Os poderes de um sócio são utilizados para controlar os poderes do outro[461].

Portanto, a inaplicabilidade dos mecanismos de controle próprios do direito público não significa ausência de controle. Estão ativos os mecanismos inerentes ao direito privado. Assim, por exemplo, em lugar de se utilizar um procedimento licitatório prévio às suas contratações, serão empregados os mecanismos típicos da iniciativa privada. O sócio privado tem interesse direto no sucesso do empreendimento.

6.5.2. A UTILIZAÇÃO DE MECANISMOS PRÓPRIOS DO DIREITO PRIVADO

É impossível arrolar todos os mecanismos de controle típicos do direito privado que poderão ser empregados pela empresa privada com participação estatal. Como se trata de uma pessoa jurídica de direito privado, que não integra a Administração Pública, ela poderá adotar os mecanismos que reputar mais eficientes, sem a necessidade de que eles sejam previstos em lei. Assim, a fluidez e a variação das soluções típicas da iniciativa privada impedem a elaboração de um rol exaustivo.

[461] Empresa público-privada, p. 41.

Poderão ser adotadas, por exemplo, técnicas de governança corporativa difundidas no mercado. Isso implicará a adoção de mecanismos de transparência, de contabilização adequada e outras práticas recomendadas às companhias abertas.

Outra técnica possível será a contratação de auditorias independentes permanentes e outros mecanismos similares. As normas que regem as sociedades privadas deverão ser observadas nesse âmbito.

Mas os mecanismos concretos de controle dependerão das peculiaridades de cada caso. Fatores diversos, como a dimensão da empresa, serão decisivos, uma vez que certos mecanismos de controle somente serão interessantes se os custos correspondentes forem razoáveis em vista dos objetivos pretendidos.

Mesmo assim, a Lei nº 13.303, que instituiu o estatuto jurídico das empresas estatais, e o Decreto nº 8.945, que a regulamentou, estabeleceram alguns requisitos para o exercício de práticas de governança e controle.

O princípio geral é o de que as práticas de governança e de controle nas empresas privadas com participação estatal devem ser proporcionais à relevância, à materialidade e aos riscos do negócio (artigo 1º, § 7º, da Lei nº 13.303, e artigo 9º, *caput*, do Decreto nº 8.945).

Nesse sentido, o dispositivo legal estabeleceu que as práticas de governança e controle devem levar em conta alguns dados, tais como: (i) os documentos e informações estratégicos do negócio e demais relatórios e informações produzidos por força de acordo de acionistas e de lei, (ii) o relatório de execução do orçamento e de realização de investimentos programados pela sociedade, inclusive quanto ao alinhamento dos custos orçados e dos realizados com os custos de mercado; (iii) o informe sobre execução da política de transações com partes relacionadas; (iv) a análise das condições de alavancagem financeira da sociedade; (v) a avaliação de inversões financeiras e de processos relevantes de alienação de bens móveis e imóveis da sociedade; (vi) o relatório de risco das contratações para execução de obras, fornecimento de bens e prestação de serviços relevantes para os interesses da empresa estatal investidora; (vii) o informe sobre execução de projetos relevantes para os interesses da investidora; (viii) o relatório de cumprimento, nos negócios da sociedade, de condicionantes socioambientais estabelecidas pelos órgãos ambientais; (ix) a avaliação das necessidades de novos aportes nas sociedade e dos possíveis riscos de redução da rentabilidade esperada do negócio; e (x) qualquer outro relatório, documento ou informação produzido pela sociedade empresarial investida considerado relevante para os fins buscados com a participação no capital da empresa privada.[462]

Todos esses instrumentos têm o objetivo de conferir maior coerência e objetividade nas decisões pela participação de empresas estatais no capital de empresas privadas que não integram a Administração Pública. Não se admite a tomada de decisões sem qualquer fundamento técnico ou econômico adequado. Qualquer participação no capital de empresas privadas – denominadas pela lei de "sociedades empresariais investidas" e pelo decreto designadas apenas como "sociedades privadas" – deverá decorrer de uma avaliação objetiva de riscos, de custos, de previsão orçamentária (inclusive para fins de futuros aportes) e de objetivos que se relacionem com aqueles que orientam a atuação da própria empresa estatal.

Obviamente, depois da decisão pela participação no capital de empresas privadas, deve continuar havendo um acompanhamento dos resultados obtidos e dos custos incorridos.

6.5.3. A TRANSPARÊNCIA EM FACE DO SÓCIO ESTATAL E A BOA-FÉ ENTRE OS SÓCIOS

É fundamental que a administração da empresa privada com participação estatal seja transparente em face do sócio estatal. Na qualidade de sócio, o ente administrativo terá o direito de conhecer os negócios da empresa. Trata-se de um pressuposto para que ele exerça os poderes que lhe forem assegurados no caso concreto – por exemplo, por um acordo de acionistas. Eventuais comportamentos omissos do sócio privado não legitimam o mesmo tipo de conduta por parte do parceiro público.

Um dos fatores positivos da empresa privada com participação estatal consiste justamente na redução da assimetria informacional entre os parceiros público e privado. Diferentemente do que ocorre em um contrato administrativo, no qual o ente público não tem acesso a uma série de informações pertinentes à atividade do contratado, na empresa privada com

[462] Note-se que tais regras se aplicam à participação de empresas públicas e sociedades de economia mista que tiverem, em conjunto com suas subsidiárias, no exercício social anterior, receita operacional bruta superior a R$90.000.000,00 (noventa milhões de reais), conforme previsto no artigo 1º, § 1º, da Lei nº 13.303. Contudo, nada impede que previsões semelhantes sejam aplicadas ainda que não haja obrigação nesse sentido. Afinal, trata-se de instrumentos destinados a melhorar a governança e o controle.

participação estatal essa assimetria é reduzida de modo significativo. Em regra, o sócio estatal poderá participar das discussões e deliberações tomadas no interior da empresa, bem como terá acesso a uma série de dados que dificilmente obteria do contratado numa contratação administrativa.

Há na realidade um dever de boa-fé entre os sócios. O parceiro privado deve dar abertura para que o parceiro público participe ativamente da empresa, e o parceiro público deverá exercer as suas prerrogativas de sócio nos termos do que lhe é facultado por tal qualidade, sem extrapolar os seus poderes e sem pretender transformar a empresa em um ente estatal promovedor de funções administrativas. Da mesma forma que o sócio privado não poderá abusar da sua qualidade de controlador, o sócio estatal não poderá abusar da sua posição de minoritário.

6.6. OS MECANISMOS DE CONTROLE NO NÍVEL DO SÓCIO ESTATAL

Apesar de os mecanismos de controle inerentes ao direito público não incidirem na empresa privada com participação estatal, tais instrumentos incidem no nível do sócio estatal.

6.6.1. A ATUAÇÃO DOS ÓRGÃOS EXTERNOS DE CONTROLE

Os órgãos externos de controle da Administração Pública não fiscalizam propriamente a empresa privada com participação estatal, mas exercerão sua atividade controladora diretamente sobre o sócio estatal, que integra a Administração Pública. Nesse âmbito, incidirão normalmente os mecanismos de controle típicos de direito público.

Assim, por exemplo, o sócio estatal poderá ser chamado a explicar o insucesso da empresa privada perante o tribunal de contas e outros sujeitos dotados de competência de controle[463]. Também deverá haver um controle com base nos instrumentos previstos nos incisos I a X do § 7º do artigo 1º da Lei nº 13.303 e nos incisos I a X do § 1º do artigo 9º do Decreto nº 8.945. Tais instrumentos se destinam justamente a que haja esse controle no âmbito da empresa estatal investidora.

[463] Evidentemente, não há nenhuma obrigação de sucesso por parte da empresa privada com participação estatal. É da essência das atividades econômicas a existência de certo grau de incerteza quanto aos resultados – o que não pode deixar de ser considerado pelos órgãos de controle.

6.6.2. DEVER DE DILIGÊNCIA DOS ADMINISTRADORES DA CONTROLADORA

O administrador de qualquer sociedade tem um dever de diligência relativamente à gestão das sociedades controladas. Se um ente estatal (portanto, integrante da Administração Pública) é cotitular do controle da empresa, esse dever apresenta uma relevância ainda mais evidente.

Em decorrência disso, o administrador do ente administrativo que integra o quadro societário da empresa privada deve adotar procedimentos de acompanhamento e fiscalização da atuação da sociedade. O fato de a empresa privada com participação estatal ser uma pessoa jurídica de direito privado e deter personalidade própria não permite uma atuação gerencial descompromissada. Assim, eventuais equívocos na gestão da sociedade controlada deverão ser identificados pelo ente que integra o seu controle.

6.6.3. O EXERCÍCIO EFETIVO DOS PODERES JURÍDICOS TITULARIZADOS PELO SÓCIO ESTATAL

Em regra, o sócio estatal será titular de poderes jurídicos relevantes no âmbito da empresa privada. Tais poderes são assegurados pela legislação (por exemplo, pela Lei nº 6.404), e a eles poderão ser adicionados aqueles previstos em outros instrumentos, como um acordo de acionistas (Lei nº 13.303, artigo 1º, § 7º, inciso I, e Decreto nº 8.945, artigo 9º, § 1º, inciso I).

Assim, o sócio estatal deve exigir informações permanentes, bem como a comunicação, pelos administradores, de qualquer irregularidade ou fato relevante. A ausência de informações adequadas e imediatas demandará a tomada das providências cabíveis, que poderão constituir-se inclusive na substituição de administradores indicados para os cargos de administração da empresa privada.

6.6.4. A CONSOLIDAÇÃO DAS DEMONSTRAÇÕES CONTÁBEIS E FINANCEIRAS

Nas sociedades anônimas, a legislação impõe a sistemática de consolidação de resultados nos casos de participações relevantes[464]. Nesses casos,

[464] O tema é disciplinado pela Lei nº 6.404. O artigo 248 estabelece que: "No balanço patrimonial da companhia, os investimentos em coligadas ou em controladas e em outras

os resultados da empresa privada com participação estatal serão incorporados nas demonstrações financeiras da empresa estatal que integra o seu quadro de acionistas. Isso torna ainda mais evidente a necessidade de avaliação da adequação da gestão empresarial da empresa – o que, de modo indireto, constituirá a correção da aplicação dos recursos aportados pelo ente administrativo na companhia.

6.7. NÃO INCIDÊNCIA DE MECANISMOS DE CONTROLE DAS EMPRESAS ESTATAIS

As considerações feitas até aqui conduzem ao entendimento pela não aplicação, às empresas privadas com participação estatal, da regulamentação específica adotada para o controle das empresas estatais.

Na atualidade, são basicamente quatro os decretos presidenciais que disciplinam o relacionamento entre a Administração Pública central e as empresas estatais. Nenhum deles se aplica às empresas privadas com participação estatal.

6.7.1. O DECRETO Nº 757, DE 1993

O Decreto nº 757, de 1993, disciplina a composição das diretorias e conselhos de administração, fiscal e curador das entidades estatais. Suas regras se aplicam às empresas públicas, sociedades de economia e suas subsidiárias e controladas, "bem assim em quaisquer empresas sob o controle direto ou indireto da União" (artigo 1º, *caput*). Não faz sentido que se apliquem às empresas privadas com participação estatal, por uma série de motivos.

Dentre as regras contidas no Decreto nº 757, está a determinação de que haverá seis cargos na diretoria e outros tantos no conselho de administração e no conselho fiscal. No conselho de administração, além do representante (ou dos representantes) dos acionistas minoritários, haverá a indicação de um membro pelo Ministro do Planejamento, sendo que os

sociedades que façam parte de um mesmo grupo ou estejam sob controle comum serão avaliados pelo método da equivalência patrimonial, de acordo com as seguintes normas: (...)". O artigo 249 prevê que "A companhia aberta que tiver mais de 30% (trinta por cento) do valor do seu patrimônio líquido representado por investimentos em sociedades controladas deverá elaborar e divulgar, juntamente com suas demonstrações financeiras, demonstrações consolidadas nos termos do artigo 250".

demais serão indicados pelos Ministros de Estado sob cuja supervisão estiver a sociedade. Além disso, um dos membros do conselho fiscal e respectivo suplente será indicado pelo Ministro da Fazenda "como representante do Tesouro Nacional" (artigo 1º, § 3º). Os nomes deverão ser submetidos à aprovação do Presidente da República.

O diploma destina-se a tratar das entidades que integram a Administração indireta, ainda que com personalidade de direito privado. Suas regras pressupõem a existência do controle direto ou indireto da União, que se vale da empresa estatal como uma extensão das suas atividades. Assim, as regras do Decreto nº 757 não se aplicam às empresas privadas com participação estatal que são objeto deste estudo. Tais empresas não desempenham atividades administrativas estatais e não são uma extensão do Estado. Não integram o aparato estatal.

Veja-se que o Decreto alude à indicação de representantes dos acionistas minoritários para integrarem o conselho de administração (artigo 1º, inciso II e § 1º). A disciplina se aplica, portanto, aos casos em que a União é a única controladora da sociedade, ainda que indiretamente por meio de empresa estatal. As regras em questão pressupõem que a União seja titular dos direitos de voto que assegurem a ela, direta ou indiretamente, o poder jurídico de determinar a estrutura organizacional e o funcionamento da empresa.

Toda essa disciplina é incompatível com as empresas de que um ente estatal participa como acionista minoritário sem poder de controle da companhia. Justamente por ser minoritário, o ente estatal não dispõe de poder para impor o número de membros da diretoria ou dos conselhos da companhia. Tais questões até podem ser decididas por consenso entre os parceiros público e privado, ou alguns aspectos poderão ser estabelecidos como condição para o ingresso do sócio estatal. Mas não há como o ente administrativo impor unilateralmente ao sócio privado uma determinada forma de organização interna.

A rigor, tampouco se aplica às empresas privadas com participação estatal a determinação de que caberá ao Presidente da República a nomeação de ocupantes de posições na sua estrutura administrativa da empresa. Se o sócio estatal tiver o direito de indicar representantes, perante a empresa privada quem fará a indicação será o ente administrativo. Se este deve indicar alguém que foi previamente nomeado pelo Presidente da República, trata-se de uma questão interna à Administração Pública. É até cabível que haja a observância de critérios políticos no âmbito da Administração Pública. Mas o fato é que o Decreto nº 757 não estabelece a necessidade de nomeação pelo Presidente da República porque se aplica apenas às empresas que integram o aparato estatal – o que não é o caso das empresas privadas com participação estatal.

Além disso, pela configuração jurídica dessas empresas, não há cabimento em que algum membro da sua estrutura administrativa seja qualificado como "representante do Tesouro Nacional". Haverá representantes dos acionistas, e não propriamente da Administração Pública.

6.7.2. O DECRETO Nº 1.091, DE 1994

O Decreto nº 1.091 estabelece alguns procedimentos que deverão ser observados pelas empresas públicas, sociedades de economia mista "e suas subsidiárias, controladas direta ou indiretamente pela União" (artigo 1º, *caput*). Exige que determinadas operações (como alienação de ações, abertura de capital, aumento de capital, emissão de debêntures, cisões, fusões, incorporações, permuta de ações, entre outras) sejam precedidas de decisão em assembleia geral de acionistas especialmente convocada para deliberar sobre tais temas.

Além disso, as entidades mencionadas no decreto somente poderão firmar acordos de acionistas ou renunciar a direitos neles previstos, ou ainda assumir compromissos de natureza societária referentes ao disposto no artigo 118 da Lei nº 6.404, "mediante prévia anuência do Ministério da Fazenda" (artigo 2º)[465].

O decreto ainda estabelece que o representante do acionista estatal deverá cumprir "os termos da instrução de voto emanada do Ministério da Fazenda" (artigo 3º). Boa parte das considerações feitas acima sobre o Decreto nº 757 se aplica também ao Decreto nº 1.091. Não há cabimento em subordinar às orientações do Ministro da Fazenda uma empresa privada com participação estatal, na qual o parceiro privado é titular da maioria das ações com direito a voto. O parceiro público que integra a empresa poderá

[465] Somente não se aplica o disposto no *caput* do artigo 2º à "BNDES Participações S.A. - BNDESPAR, ao BB - Banco de Investimento S.A., à BB Aliança Participações S.A., à BB Seguros Participações S.A., à CAIXA Participações S.A. - CAIXAPAR e ao Instituto de Resseguros do Brasil – IRB", conforme redação dada ao parágrafo único do artigo 2º pelo Decreto nº 7.160, de 2010.

seguir alguma orientação política. Mas isso diz respeito à organização jurídica do ente estatal que integra o quadro societário da empresa privada. As normas do Decreto nº 1.091 não se aplicam à organização da empresa privada (ainda que com participação estatal em seu quadro de sócios).

O mesmo se pode afirmar a respeito da exigência de que certas matérias só poderão ser deliberadas em assembleia geral. Isso somente deverá ser observado pela empresa privada com participação estatal se houver alguma norma que a alcance e determine algo nesse sentido. O fato é que o Decreto nº 1.091 não se aplica a essas empresas.

Note-se que não se trata aqui apenas de constatar que as empresas privadas nas quais o Estado é minoritário não são expressamente mencionadas no decreto. A questão é de ordem lógica. O Decreto nº 1.091 disciplina hipóteses de exercício *de função administrativa* no âmbito das empresas estatais controladas pelo poder público federal. Já a empresa privada com participação estatal desempenha uma atividade econômica com foco em resultados empresariais lucrativos – ainda que a sua atuação envolva algum interesse coletivo que tenha servido de base para que o Estado decidisse investir na empresa.

Assim, numa empresa privada com participação estatal, não precisarão ser observadas as exigências do Decreto nº 1.091, mas caberá ao sócio estatal exigir os direitos e garantias que lhe são assegurados pela legislação e pela própria condição de acionista da empresa. A inaplicabilidade do decreto não justifica que o sócio estatal esteja liberado para adotar práticas despropositadas.

6.7.3. O DECRETO Nº 3.735, DE 2001

O Decreto nº 3.735 prevê que compete ao Ministro de Estado do Planejamento examinar determinados "pleitos" de empresas estatais relativos a algumas matérias específicas[466]. O § 1º do artigo 1º do decreto escla-

[466] Os "pleitos" que as empresas estatais devem submeter ao Ministro do Planejamento são os seguintes: (i) quantitativo de pessoal próprio; (ii) programas de desligamento de empregados; (iii) revisão de planos de cargos e salários, inclusive alteração de valores pagos a título de remuneração de cargos comissionados ou de livre provimento; (iv) renovação de acordo ou convenção coletiva de trabalho; (v) participação de empregados nos lucros ou resultados, e (vi) contrato de gestão a que se refere o artigo 47 da Lei de Responsabilidade Fiscal (conforme dispõe o artigo 1º do Decreto nº 3.735).

rece que, para fins do decreto, consideram-se empresas estatais federais "as empresas públicas, sociedades de economia mista, suas subsidiárias e controladas e demais empresas em que a União, direta ou indiretamente, detenha a maioria do capital social com direito a voto".

O artigo 2º do Decreto nº 3.735 estabelece a necessidade de prévia manifestação do Departamento de Coordenação e Controle das Empresas Estatais quanto à decisão de uma série de temas, como aumento de capital, distribuição do lucro líquido do exercício, criação de empresa estatal ou assunção pela União ou por empresa estatal do controle acionário de empresa privada, emissão de debêntures, alteração de estatutos, entre outros.

Há ainda a determinação de encaminhamento de determinados dados da empresa estatal ao Departamento de Coordenação e Controle das Empresas Estatais (artigo 3º).

Como se vê, o Decreto nº 3.735 não se aplica às empresas privadas com participação estatal. Ao definir "empresa estatal", o decreto estabeleceu que somente se subordinam a ele as entidades nas quais a União detenha a maioria do capital social com direito a voto. Nas empresas privadas com participação estatal, a União não deterá, direta ou indiretamente, a maioria do capital votante. Elas não se enquadram, portanto, no âmbito de aplicação do Decreto nº 3.735.

Além disso, não haveria lógica em estabelecer que as operações mencionadas no decreto, quando pretendidas por uma empresa privada com participação estatal, somente poderiam ser praticadas se fossem previamente aprovadas por órgãos administrativos.

Portanto, o Decreto nº 3.735 destina-se a instituir determinadas regras de controle incidentes sobre empresas estatais, que integram o aparato da Administração Pública por serem uma extensão do Estado, o que não ocorre com as empresas privadas com participação estatal.

6.7.4. O DECRETO Nº 8.578, DE 2015

O artigo 8º do Anexo I do Decreto nº 8.578 estabelece que compete ao Departamento de Coordenação e Governança das Empresas Estatais se manifestar sobre uma série de matérias relativas às empresas estatais, inclusive a destinação de lucros e reservas (inciso IV, alínea *e*), e a remuneração dos administradores e conselheiros (inciso IV, alínea *h*).

Na realidade, o Decreto nº 8.578 substituiu os Decretos nº 8.189, de 2014, e nº 7.675, de 2012, que revisaram certos temas tratados pelo Decreto nº 3.735. Assim, o conceito de empresa estatal previsto neste último deve ser o mesmo que orienta a interpretação do Decreto nº 8.578.

Definitivamente, uma empresa privada com participação estatal não se subordina ao regime jurídico estabelecido pelo Decreto nº 8.578. Os assuntos tratados pelo decreto (como a destinação dos lucros e reservas, a remuneração dos administradores e conselheiros) deverão ser discutidos no âmbito interno da companhia. A Administração Pública central não poderá condicionar as deliberações da empresa à sua prévia manifestação.

TERCEIRA PARTE:
MECANISMOS SOCIETÁRIOS DE CONTROLE NAS EMPRESAS PRIVADAS COM PARTICIPAÇÃO ESTATAL

CAPÍTULO 7
OS ACORDOS DE ACIONISTAS NAS EMPRESAS PRIVADAS COM PARTICIPAÇÃO ESTATAL

7.1. O ACORDO DE ACIONISTAS

Nesta terceira parte do presente estudo, serão examinados dois instrumentos de que pode se valer o sócio estatal no âmbito das empresas privadas: os acordos de acionistas e as *golden shares.*

No presente capítulo, é relevante aprofundar o entendimento sobre a figura do acordo de acionistas, a fim de verificar as potencialidades e limites da sua utilização pelo Estado no âmbito das empresas privadas com participação estatal.

7.1.1. NOÇÃO GERAL

O acordo de acionistas é um mecanismo de natureza contratual utilizado com bastante frequência pelos acionistas de uma sociedade anônima com a finalidade de regular o seu relacionamento recíproco no que tange ao exercício dos direitos sociais.

É comum que uma sociedade agregue acionistas com os mais diversos interesses. Há acionistas empreendedores, diretamente interessados na condução do negócio, acionistas rendeiros, que procuram ações da companhia com o objetivo de investimento de longo prazo, e há acionistas especuladores, que apresentam um interesse mais momentâneo pelos negócios da companhia. Mesmo assim, é frequente que certos grupos de acionistas se reúnam em torno de alguns interesses em comum. Para tanto, firmam um instrumento contratual que trata da forma como se comportarão, na qualidade de sócios, em relação à sociedade.

Em geral, esses acordos de acionistas têm por objeto o exercício do direito de voto (acordos de voto), ou a limitação da circulação das ações pertencentes aos acordantes (acordos de bloqueio), dentro do exercício da autonomia da vontade que assiste aos sócios de uma empresa[467].

No Brasil, o acordo de acionistas é regulado fundamentalmente pelo artigo 118 da Lei nº 6.404, sendo que foram introduzidas alterações importantes pela Lei nº 10.303, de 2001. Contudo, a figura do acordo de acionistas já era utilizada muito antes da sua expressa previsão legal[468].

7.1.2. OS ACORDOS DE ACIONISTAS E SUA RELEVÂNCIA AOS NEGÓCIOS DA EMPRESA

Apesar de se tratar de um negócio celebrado entre sócios, a relevância do acordo de acionistas transcende os interesses particulares dos signatários para atingir a própria sociedade empresária[469]. Isso porque a regulação que os acionistas conferem ao exercício dos seus direitos no interior da companhia proporciona certa estabilidade à empresa, sejam esses acionistas detentores do poder de controle, sejam representantes de uma minoria que deseja se organizar em torno de um acordo.

Essa estabilidade é um fator importante para os investimentos na companhia, o que faz com que os acordos de acionistas transcendam, portanto, os interesses individuais dos sócios convenentes. Como se verá, essa característica dos acordos de acionistas é uma funcionalidade relevante no âmbito das empresas privadas com participação estatal.

[467] Fabio Konder Comparato ressalta o papel vivificador dos acordos de acionistas para o direito societário. Segundo ele: "A autonomia da vontade dos sujeitos de direito, superando lacunas legislativas e adaptando o instrumental societário às renovadas exigências da vida econômica, vem condenando, na prática, as generalizações apressadas de uma concepção puramente mecanicista ou institucional da sociedade anônima" (*O poder de controle na sociedade anônima*, p. 216).

[468] BERTOLDI, Marcelo M. *Acordo de acionistas*, p. 23.

[469] Observe-se que a companhia pode ser interveniente no acordo de acionistas.

Além disso, a forma como são exercidos os direitos de sócio pelos acionistas convenentes afeta diretamente o funcionamento da companhia. Afinal, a intenção dos signatários de um acordo de acionistas é justamente constituir um grupo que tenha maior influência nas votações, nas indicações de conselheiros, e nas demais atividades relacionadas à gestão da empresa. Também essas características do instrumento fazem com que a figura do acordo de acionistas adquira uma importância peculiar nas empresas com participação estatal.

Durante muito tempo, houve intensas controvérsias sobre a legalidade dos acordos entre sócios, especialmente no que se refere aos acordos de voto. Alegava-se (i) que os acordos de voto desconsideravam o caráter personalíssimo do direito de voto – que não poderia ser cedido nem mesmo temporariamente; e (ii) que a assembleia geral era o lugar em que deveria se formar o convencimento dos acionistas a respeito dos assuntos em debate – e, em decorrência disso, qualquer acordo prévio de voto esvaziaria a assembleia, tornando-a mera formalidade[470]. Segundo Fabio Konder Comparato, a ideia fundamental subjacente a essa interpretação era a analogia entre o direito de voto do acionista e o direito de voto do cidadão: "é a transposição para o direito mercantil dos princípios que informam o direito eleitoral"[471].

Na Itália, esses argumentos contrários aos acordos de voto prevaleceram por muito tempo, mas à época em que entrou em vigor o Código Civil de 1942 já se encontravam superados. Não mais se entendia haver qualquer proibição de acordos de voto quando a própria lei já reconhecia a validade de pactos semelhantes entre um acionista e um terceiro, como ocorre entre o credor pignoratício e o usufrutuário. Em relação ao argumento de esvaziamento da assembleia geral, acabou sendo afastado equiparando-se a situação com a do mandato outorgado a um representante para que este exerça o direito de voto de maneira previamente determinada[472].

[470] COMPARATO, Fabio Konder. *O poder de controle na sociedade anônima*, p. 219-225.

[471] *O poder de controle na sociedade anônima*, p. 220. Segundo o doutrinador, essa analogia é inadmissível: "As prerrogativas políticas do cidadão fundam-se, diretamente, nos atributos de sua personalidade (...). O direito de voto do acionista, ao contrário, não se funda em sua personalidade, mas numa 'fração de sua esfera patrimonial'. (...) No que se refere à supressão do debate em assembleia, o argumento torna-se nefelibata, quando se pensa no elevado grau de absenteísmo que costuma caracterizar as assembleias de grandes companhias de capital aberto" (cit., p. 220).

[472] BERTOLDI, Marcelo M. *Acordo de acionistas*, p. 14.

Na França, o Decreto-lei de 31 de agosto de 1937 dispunha ser nula qualquer disposição que tivesse por objeto excluir ou limitar o livre exercício do direito de voto nas sociedades comerciais. Entretanto, a jurisprudência evoluiu a ponto de afastar essa previsão, passando a ser dominante o entendimento oposto, sob o fundamento de que aquele que se compromete a votar num sentido predeterminado não se priva de tomar parte nas discussões, e sim está apenas exercendo seu direito de forma livre, ainda que antecipada[473].

Não cabe nos propósitos desta tese fazer um exame do direito comparado sobre o acordo de acionistas[474]. O fato é que se trata de um instrumento de larga utilização em diversos países.

7.2. O ACORDO DE ACIONISTAS NO DIREITO BRASILEIRO

7.2.1. DISCUSSÕES SOBRE A JURIDICIDADE DOS ACORDOS DE ACIONISTAS

No direito brasileiro, o acordo de acionistas ganhou disciplinamento legal somente com a Lei nº 6.404, que, no artigo 118, estabeleceu regras próprias para esse instrumento. Antes, os acordos de acionistas já eram utilizados, mas sem previsão legal expressa e de forma menos intensa, uma vez que a jurisprudência e a doutrina os viam com certas reservas – principalmente em relação aos acordos de voto[475].

Até então, muitos repudiavam os acordos de voto sob o entendimento de que os votos somente poderiam ser definidos após os debates e esclarecimentos prestados em assembleia. Se os acionistas já tivessem definido os seus votos antes desse momento, estaria subvertida a própria razão de ser da assembleia geral.

Esse era o entendimento, por exemplo, de Carlos Fulgêncio da Cunha Peixoto. Segundo ele, não se poderia dispor sobre o direito de voto por meio de uma convenção, sob pena de se violar a liberdade pessoal do acionista. Nessa situação "a assembléia passaria a ser uma farsa, uma vez que os

[473] BERTOLDI, Marcelo M. *Acordo de acionistas*, p. 18-19; CARVALHOSA, Modesto. *Acordo de acionistas*. 4.ed., p. 26-27.

[474] Para uma descrição do direito comparado, confiram-se: BERTOLDI, Marcelo M.. *Acordo de acionistas*, p. 17-23; CARVALHOSA, Modesto. *Acordo de acionistas*. 4.ed., p. 22-29.

[475] BERTOLDI, Marcelo M. *Acordo de acionistas*, p. 23.

assuntos já estariam, prévia e inapelavelmente, solucionados antes de sua instalação. Portanto, não adiantaria o comparecimento na assembléia, nem a discussão da matéria, dos demais acionistas, que, mesmo convencidos do erro, não poderiam voltar atrás, sem se sujeitarem às perdas e danos"[476].

Em sentido diverso, contudo, Trajano de Miranda Valverde sustentava, à luz da legislação societária anterior (Decreto-lei nº 2.627), que eram válidos os acordos destinados a regular o exercício do direito de voto, desde que seu objeto não contrariasse os interesses da sociedade nem resultasse na renúncia definitiva do direito de voto. Além disso, o doutrinador ressalvava a ilegalidade da cessão do direito de voto, uma vez que não se podia admitir que um acionista votasse com base em ações que não lhe pertenciam[477].

Contudo, apesar de se consolidar o entendimento no sentido da juridicidade dos acordos de acionistas, entendia-se ser inviável a sua execução específica. Tal compreensão decorria da ideia de que seria impossível cindir a propriedade da ação e o voto que cabe a ela. Assim, era praxe estipular uma cláusula penal para o caso de descumprimento do acordo, sem a possibilidade, portanto, de execução *in natura*[478].

Além disso, era entendimento predominante que o acordo não poderia prevalecer em face da sociedade ou de terceiros. A aplicabilidade dos acordos de acionistas, portanto, restringia-se aos seus signatários[479].

Com o desenvolvimento da economia brasileira, principalmente a partir da década de 1950, e a necessidade de se preverem mecanismos capazes de viabilizar o financiamento dos meios de produção, foi editada a Lei nº 6.404, de 1976.

Da sua Exposição de Motivos, constaram as seguintes considerações acerca do acordo de acionistas, que então passava a ser positivado:

O art. 118 regula o acordo de acionistas – modalidade contratual de prática intensa em todas as latitudes, mas que os códigos teimam em ignorar. Ocorre que essa figura jurídica é da maior importância para a vida comercial, e a ausência de disciplina legal é, certamente, a causa de grande número de abusos e malefícios que se lhe atribuem. Com efeito, como alternativa da 'holding' (solução buscada por acionistas que pretendem o controle preconstituído, mas que apresenta os inconvenientes da trans-

[476] *Sociedades por ações*. v. 2., p. 355.

[477] *Sociedade por ações*. v. 2. Rio de Janeiro: Forense, 1959, p. 60-63.

[478] BERTOLDI, Marcelo M. *Acordo de acionistas*, p. 26.

[479] BERTOLDI, Marcelo M. *Acordo de acionistas*, p. 27.

ferência definitiva das ações para outra sociedade) e ao acordo oculto e irresponsável (de eficácia duvidosa em grande número de casos), cumpre dar disciplina própria ao acordo de acionistas que, uma vez arquivado na sede da companhia e averbado nos registros ou nos títulos, é oponível a terceiros, e tem execução específica. Trazido, pois, à publicidade (§ 5º do art. 118), esses acordos representam ponto médio entre a 'holding' e o acordo oculto, com as vantagens legítimas que ambos podem apresentar e sem os inconvenientes para a companhia ou para os sócios, que também pode acarretar.

Portanto, a previsão legal expressa sobre o acordo de acionistas, além de ser um reflexo da adoção concreta desse mecanismo, teve os objetivos de (i) proporcionar maior segurança jurídica aos acionistas que se utilizam do mecanismo e de (ii) coibir eventuais abusos que a ausência de previsão normativa podia ensejar[480]. Além disso, não deixa de ser um reflexo da superação da ideia de indissociabilidade entre propriedade das ações e direitos políticos, bem como da visão da sociedade anônima como estrutura política regida pelo critério da prevalência da maioria[481].

Atualmente, como mencionado acima, o acordo de acionistas é contemplado pelo artigo 118 da Lei nº 6.404, com importantes alterações introduzidas pela Lei nº 10.303, de 2001[482].

[480] Calixto Salomão Filho, por exemplo, ressalta que a inserção do acordo de acionistas na estrutura societária brasileira tem como maior virtude "ajudar a disciplinar a instância de poder societário – fundamental dentro da realidade de excessiva concentração de poder das S.A. brasileiras. Fazendo parte da estrutura societária, essa realidade é domesticada e submetida aos ditames maiores da lei e do estatuto (...) De outro, a institucionalização e atribuição de caráter real ao acordo de acionistas não permitem aplicar disciplina que vá além do permitido ao próprio estatuto" (*O novo direito societário*. 4.ed. São Paulo: Malheiros, 2011, p. 140).

[481] ABREU FILHO, Carlos Toledo. *Comentários à lei de sociedades por ações*. v. 5. In: VIDIGAL, Geraldo de Camargo; MARTINS, Ives Gandra da Silva (coords.). São Paulo: Resenha Universitária, 1986, p. 254.

[482] "Art. 118. Os acordos de acionistas, sobre a compra e venda de suas ações, preferência para adquiri-las, exercício do direito a voto, ou do poder de controle deverão ser observados pela companhia quando arquivados na sua sede. § 1º As obrigações ou ônus decorrentes desses acordos somente serão oponíveis a terceiros, depois de averbados nos livros de registro e nos certificados das ações, se emitidos. § 2° Esses acordos não poderão ser invocados para eximir o acionista de responsabilidade no exercício do direito de voto (artigo 115) ou do poder de controle (artigos 116 e 117). § 3º Nas condições previstas no acordo, os acionistas podem promover a execução específica das obrigações assumidas. § 4º As ações averbadas

7.2.2. CONCEITO DE ACORDO DE ACIONISTAS

Segundo Modesto Carvalhosa, o acordo de acionistas é "um contrato submetido às normas comuns de validade e eficácia de todo negócio jurídico privado, concluído entre acionistas de uma mesma companhia, tendo por objeto a regulação do exercício dos direitos referentes às suas ações, tanto no que concerne ao controle como ao voto dos minoritários ou, ainda, à negociabilidade dessas ações"[483].

Fábio Ulhoa Coelho afirma que o acordo de acionistas é um instrumento criado pelo legislador com a função de estabilização de posições acionárias, sendo possível que os acionistas se valham desse instrumento para tratar de "quaisquer assuntos relativos aos interesses comuns que os unem, havendo, a rigor, um único tema excluído do campo da contratação válida: a venda de voto"[484].

José Edwaldo Tavares Borba também destaca que o acordo de acionistas tem natureza contratual, funcionando como um instrumento de composição de grupos. Entretanto, tem uma concepção mais restritiva sobre as matérias que podem ser protegidas caso sejam tratadas por esse tipo de instrumento. Isso porque, segundo ele, o legislador limitou "a três objeti-

nos termos deste artigo não poderão ser negociadas em bolsa ou no mercado de balcão. § 5º No relatório anual, os órgãos da administração da companhia aberta informarão à assembléia-geral as disposições sobre política de reinvestimento de lucros e distribuição de dividendos, constantes de acordos de acionistas arquivados na companhia. § 6º O acordo de acionistas cujo prazo for fixado em função de termo ou condição resolutiva somente pode ser denunciado segundo suas estipulações. § 7º O mandato outorgado nos termos de acordo de acionistas para proferir, em assembléia-geral ou especial, voto contra ou a favor de determinada deliberação, poderá prever prazo superior ao constante do § 1º do art. 126 desta Lei. § 8º O presidente da assembléia ou do órgão colegiado de deliberação da companhia não computará o voto proferido com infração de acordo de acionistas devidamente arquivado. § 9º O não comparecimento à assembléia ou às reuniões dos órgãos de administração da companhia, bem como as abstenções de voto de qualquer parte de acordo de acionistas ou de membros do conselho de administração eleitos nos termos de acordo de acionistas, assegura à parte prejudicada o direito de votar com as ações pertencentes ao acionista ausente ou omisso e, no caso de membro do conselho de administração, pelo conselheiro eleito com os votos da parte prejudicada. § 10. Os acionistas vinculados a acordo de acionistas deverão indicar, no ato de arquivamento, representante para comunicar-se com a companhia, para prestar ou receber informações, quando solicitadas. § 11. A companhia poderá solicitar aos membros do acordo esclarecimento sobre suas cláusulas".

[483] *Acordo de acionistas*. São Paulo: Saraiva, 2011, p. 21.

[484] *Curso de direito comercial*. v. 2. 5.ed. São Paulo: RT, 2002, p.315-316.

vos determinados: compra e venda de ações, preferência para adquiri-las e exercício do direito de voto. Não obstante possam ser celebrados acordos de acionistas com outras finalidades, somente os que consagrarem os objetivos previstos na Lei das Sociedades Anônimas gozarão da proteção por ela instituída"[485].

Já Celso Barbi Filho define o acordo de acionistas como "um contrato entre acionistas de uma mesma companhia, distinto de seus atos constitutivos, e que tem como objeto o exercício dos direitos decorrentes da titularidade das ações"[486]. Admite, portanto, que o objeto do acordo de acionistas não se limita necessariamente àqueles que são mencionados expressamente no artigo 118 da Lei nº 6.404.

O mesmo entendimento é adotado por Marcelo M. Bertoldi. Segundo ele, o acordo de acionistas já era utilizado no Brasil mesmo antes da edição da Lei nº 6.404, como um contrato atípico regulado pelo Código Civil. Assim, com o disciplinamento do acordo de acionistas na Lei nº 6.404, o legislador apenas identificou quais são aquelas hipóteses que geram efeitos jurídicos perante a sociedade e terceiros, o que não impede que esses contratos tratem de outras matérias. Distingue, dessa forma, os *acordos típicos*, que têm por objeto as matérias capituladas no artigo 118 da Lei nº 6.404, dos *acordos atípicos*, que não têm como objeto as matérias estampadas nesse dispositivo. Ambos, contudo, são plenamente válidos e eficazes, sujeitos às normas gerais relacionadas aos contratos. Apenas se diferenciam porque somente os acordos típicos apresentam oponibilidade em face da companhia e de terceiros[487].

De modo geral, portanto, os doutrinadores reconhecem que se trata de um instrumento pelo qual os acionistas dispõem sobre o exercício dos direitos que derivam da titularidade das ações. Contudo, há divergência quanto ao objeto dos acordos de acionistas. Alguns entendem que somente

[485] *Direito societário*. 8.ed. Rio de Janeiro: Renovar, 2003, p. 320.

[486] *Acordo de acionistas*. Belo Horizonte: Del Rey, 1993, p. 42.

[487] *Acordo de acionistas*, p. 30-31. No mesmo sentido é o entendimento de Fabio Konder Comparato. Segundo ele, a previsão legal explícita de dois objetos para os acordos de acionistas "não impede, porém, que se dê ao dispositivo legal a necessária interpretação abrangente, de modo a compreender no exercício de voto, como seu pressuposto ou pré-condição, também a obrigação de comparecimento ou não-comparecimento em assembleias, segundo estipulado" (*O poder de controle na sociedade anônima*, p. 219).

aqueles previstos no artigo 118 da Lei nº 6.404 podem ser dispostos pelos acordos parassociais, enquanto outros entendem que não há essa limitação.

O fato é que, na qualidade de contrato parassocial, ou seja, que gravita em torno da sociedade, o acordo de acionistas (i) guarda relação de dependência com a sociedade empresária, o que significa que somente existe em função da sociedade e tem por objeto assuntos relacionados com a sociedade e seu funcionamento; (ii) é firmado entre alguns ou todos os sócios da companhia; e (iii) produz vínculo obrigacional somente entre seus signatários, ainda que produza efeitos no âmbito da sociedade, uma vez que esta vê refletidos, em sua existência jurídico-patrimonial, os efeitos do pactuado individualmente por seus acionistas.

7.3. CLASSIFICAÇÃO E OBJETO DOS ACORDOS DE ACIONISTAS

7.3.1. CLASSIFICAÇÃO DOS ACORDOS DE ACIONISTAS EM FUNÇÃO DAS OBRIGAÇÕES QUE GERAM PARA AS PARTES

Sendo um contrato, o acordo de acionistas, no que se refere à distribuição da carga de obrigações entre as partes, pode ser classificado em (i) unilateral, (ii) bilateral ou (iii) plurilateral.

Contrato unilateral é aquele em que a carga de obrigações pesa somente sobre uma das partes – tal como ocorre, por exemplo, na doação. O acordo de acionistas unilateral, portanto tem a característica de criar obrigações tão-somente para um acionista ou um grupo de acionistas. Por decorrência, dos demais não poderá ser exigido o cumprimento de qualquer obrigação[488].

No acordo de acionistas bilateral, são atribuídas obrigações recíprocas, opostas e concorrentes, a cada uma das partes, sendo que cada qual poderá exigir da outra o que foi pactuado. Ocorre, portanto, uma "dependência recíproca de obrigações, de forma que o descumprimento de uma das par-

[488] BERTOLDI, Marcelo M.. *Acordo de acionistas*, p. 44. Modesto Carvalhosa aponta como exemplo de acordo unilateral aquele que se dá quando um acionista passa de majoritário a minoritário e os adquirentes do controle se obrigam a elegê-lo como administrador da companhia por determinado tempo ou garantem a ele a possibilidade de eleger um ou mais representantes para a administração (*Acordo de acionistas*, p. 51). Nos acordos de bloqueio também se verifica comumente a existência de encargo somente a uma das partes, que se compromete, por exemplo, a oferecer suas ações preferencialmente ao outro acordante.

tes quanto ao avençado no acordo leva à sua resolução tácita. Prevalece, então, o princípio da *exceptio non adimpleti contractus*"[489].

Já os contratos plurilaterais, diferentemente dos bilaterais, são aqueles em que cada parte adquire direitos e contrai obrigações com um objetivo comum, sem que haja contraposição de interesses, e sim confluência deles para uma mesma finalidade. Assim, cada signatário não se coloca frente ao outro, mas frente a todos os demais para a consecução de um objeto que é de interesse de todos eles[490].

7.3.2. ACORDO DE ACIONISTAS EM FAVOR DA COMPANHIA

O acordo de acionistas pode ser firmado para beneficiar a própria companhia, que assim se torna credora.

O acordo em que os acionistas assumem o compromisso de realizar determinados investimentos na companhia, segundo certo cronograma, é um exemplo de acordo de acionistas em favor da companhia. É estabelecida uma política de investimentos que os convenentes se obrigam a observar em favor de um terceiro, que é a própria sociedade. Ainda que cada acionista tenha um benefício próprio indireto, não se pode afirmar que a estipulação seja em benefício próprio; ela foi celebrada em benefício da sociedade.

Na estrutura tradicional de um contrato plurilateral, existem três sujeitos: o promissário, que contrata em próprio nome, mas em favor de terceiro; o beneficiário, que é beneficiado pela prestação assumida pelo promitente; e o promitente, que assume a realização de uma obrigação em favor do beneficiário. Nesses casos, tanto o promissário quanto o beneficiário podem exigir o cumprimento da obrigação assumida pelo promitente, na forma do artigo 436 do Código Civil.

[489] CARVALHOSA, Modesto. *Acordo de acionistas*, p. 45. Um exemplo de acordo de acionistas bilateral é aquele destinado a estabilizar o poder de controle entre dois grupos de acionistas, pelo qual cada grupo deve indicar certos membros para o conselho de administração e se compromete a votar no que for indicado pelo outro grupo.

[490] BERTOLDI, Marcelo M.. *Acordo de acionistas*, p. 45-46. Um exemplo de acordo de acionistas plurilateral é aquele no qual os acionistas se comprometem a obedecer a uma política de investimentos, aportando capital na companhia em ocasiões predeterminadas no instrumento. Nesse caso, há um objetivo comum, que é dotar a companhia de recursos suficientes para a consecução de uma finalidade (BARBI FILHO, Celso. *Acordo de acionistas*, p. 72).

Esse tipo de acordo em favor da companhia é de grande importância para as empresas privadas com participação estatal, como será demonstrado abaixo.

7.3.3. OBJETO DO ACORDO DE ACIONISTAS

Para uma parcela da doutrina, conforme visto acima, o acordo de acionistas pode ter vários temas como objeto, desde que se observem a lei societária e os limites gerais aplicáveis a qualquer contrato. Quando o artigo 118 da Lei nº 6.404 estabelece que os acordos de acionistas "sobre a compra e venda de suas ações, preferência para adquiri-las, exercício do direito a voto, ou do poder de controle deverão ser observados pela companhia quando arquivados na sua sede", determina que apenas os acordos arquivados na sede da companhia é que deverão ser por ela observados. Assim, a previsão diz respeito apenas aos efeitos do arquivamento do acordo na sede da companhia. Não significa que esses instrumentos não possam dispor sobre outros assuntos (acordos atípicos)[491].

De todo modo, tomando-se em conta as hipóteses expressamente mencionadas no artigo 118 da Lei nº 6.404, que são efetivamente as que ocorrem com maior frequência, a doutrina comumente classifica os acordos de acionista, quanto ao seu objeto, em *acordos de voto* e *acordos de bloqueio*. Os acordos de voto se subdividem em *acordos de comando* e *acordos de defesa*. Já os acordos de bloqueio podem ter vários objetos, dentre os quais se destacam o *pacto de inalienabilidade*, o *pacto de preferência*, o *pacto de prévio consentimento* e o *pacto de opção*.

Para se verificar a potencialidade da utilização dos acordos de acionistas no âmbito de empresas privadas com participação estatal, é necessário examinar mais detidamente essa classificação.

[491] A maioria da doutrina entende que o rol de temas contido no artigo 118 da Lei nº 6.404 não é taxativo. Nesse sentido: BERTOLDI, Marcelo M. *Acordo de acionistas*, p. 68-69; BULGARELLI, Waldírio. A regulação jurídica do acordo de acionistas no Brasil. *Revista de Direito Mercantil, Industrial, Econômico e Financeiro*, v. 123, jul./set. 2001; BARBI FILHO, Celso. *Acordo de acionistas*, p. 42; WALD, Arnoldo. O acordo de acionistas e o poder de controle do acionista majoritário. *Revista de Direito Mercantil, Industrial, Econômico e Financeiro*, v. 81, jan./mar. 1991.

7.3.3.1. Acordo de voto

Acordo de voto é o acordo de acionistas que tem por objeto a disciplina do exercício do direito de voto pelos acionistas convenentes. Por meio desse tipo de acordo, os acionistas signatários estabelecem um vínculo sobre o exercício do direito de voto em sede assemblear, obrigando-se a votar segundo uma orientação previamente estabelecida no próprio acordo ou em reunião prévia.

Durante muito tempo, houve discussão sobre a viabilidade de se celebrar acordos que tivessem por objeto o exercício do direito de voto, conforme mencionado acima. Entretanto, consolidou-se o entendimento de que os acordos de voto são válidos, desde que respeitados os requisitos de validade dos contratos em geral e as normas do direito societário. Eventual ilicitude deverá ser constatada em cada caso concreto.

De acordo com o artigo 115 da Lei nº 6.404, o direito de voto deve ser exercido no interesse social, sendo abusivo o voto que vier a ocasionar dano à companhia ou a outros acionistas. Evidentemente, o acordo de acionistas deve observar esse preceito, sendo assim inválidos os acordos que tenham por objeto voto que seja contrário aos interesses da sociedade[492].

Note-se, contudo, que o acordo de acionistas trata dos interesses dos seus signatários, que em certa medida podem se diferenciar dos interesses dos demais sócios. Afinal, se os interesses de que trata o acordo de acionistas fossem idênticos aos de todos os demais sócios, nem mesmo haveria a necessidade de discipliná-los por meio de um acordo parassocial. Isso não significa que os interesses estampados no acordo sejam potencialmente contrários aos interesses da sociedade. Somente quando a deliberação retratada no acordo for lesiva aos interesses da sociedade é que o acordo deverá ser considerado indevido.

[492] Não há consenso sobre o que seja o interesse da sociedade. Existe um embate sobre o assunto entre as teorias contratualista (cujo maior expoente é Pier Giusto Jaeger) e institucionalista (representada emblematicamente pelo pensamento de Walter Rathenau). Entretanto, a lei societária brasileira não fez opção por nenhuma delas. Há farta produção doutrinária sobre o tema. Pela excelência do estudo, confira-se: FRANÇA, Erasmo Valladão Azevedo e Novaes. *Conflito de interesses nas assembléias de S.A.*. São Paulo: Malheiros, 1993.

a) Acordo de comando (ou acordo de controle)

Uma das espécies de acordo de voto é o acordo de comando (ou acordo de controle), pelo qual há um pacto entre acionistas que, isoladamente, não detêm o controle da companhia, mas que, em conjunto, justamente por meio do acordo, pretendem obter ou manter o controle, de modo a prevalecer a sua vontade nas deliberações e na condução da companhia.

Nos acordos de comando, seus signatários são caracterizados como controladores da companhia nos termos do artigo 116 da Lei nº 6.404. Respondem pelos eventuais abusos de poder que cometerem e assumem as responsabilidades impostas ao controlador.

Há discussão sobre a viabilidade de os acordos de acionistas tratarem da atuação dos membros do conselho de administração eleitos em decorrência do acordo de voto. Isso porque o artigo 139 da Lei nº 6.404 estabelece que as atribuições e poderes conferidos por lei aos órgãos de administração não podem ser outorgados a outro órgão. Nesse sentido, Fábio Konder Comparato considera "juridicamente aberrante" que os acionistas disponham sobre o exercício de poderes e direitos que não lhes pertencem[493].

Contudo, esse entendimento não é pacífico. Para Luis Gastão Paes de Barros Leães, se o membro do conselho de administração também é signatário do acordo, o exercício dos seus votos como membro do conselho não é inválido, uma vez que não se estará subtraindo competências do conselho de administração. Haverá apenas uma "diretriz de voto", tal como ocorre em relação ao direito de voto dos acionistas[494]. Marcelo M. Bertoldi ainda observa que há a possibilidade de os membros do conselho de administração serem também acionistas, o que impede que se reconheça a invalidade do acordo nesses casos – desde que se observem os interesses da sociedade[495].

Além disso, o § 9º do artigo 118 da Lei nº 6.404, introduzido pela Lei nº 10.303, teve a inequívoca intenção de fazer com que as obrigações assumidas em acordo de acionistas alcancem o membro do conselho de administração eleito conforme os seus termos. Ou seja, colocou-se em evidência

[493] Ineficácia de estipulação, em acordo de acionistas, para eleição de diretores, em companhia com conselho de administração. *Direito empresarial*: estudos e pareceres. São Paulo: Saraiva, 1995, p. 178.

[494] *Comentários à Lei das Sociedades Anônimas*, v. 2, p. 263.

[495] *Acordo de acionistas*, p. 80.

que existe de fato na realidade brasileira uma relação de dependência entre os administradores e os controladores da companhia. Assim, o acordo de acionistas pode dispor sobre isso, já que se trata de uma das forças que compõem a companhia.

b) Acordo de defesa

Os acordos de defesa são os acordos por meio dos quais os seus signatários, que são acionistas não detentores do poder de controle da companhia, procuram resguardar seus interesses em comum, disciplinando sobre o exercício do seu direito de voto.

Tais acordos são possíveis porque a lei assegura aos acionistas minoritários (aqui compreendidos como acionistas que não detêm o controle da companhia) diversos direitos, tais como: convocar a realização de assembleia[496], realizar votação em separado para escolha de membro do conselho de administração[497], solicitar a exibição dos livros sociais[498], entre outros. Assim, o acordo de acionistas torna-se um instrumento aglutinador da minoria, que organiza o exercício de seus direitos de acionistas a fim de defender os seus interesses diante do grupo controlador.

Tal como ocorre nos acordos de comando, também os acordos de defesa deverão observar os interesses da sociedade, sob pena de se configurar abuso do poder de minoria quando se utiliza o acordo de acionistas para criar obstáculos injustificados aos controladores e à própria companhia[499].

Na realidade, ainda que enquadrados pela doutrina como acordos de voto, os chamados acordos de defesa poderão tratar de outros direitos que não apenas o de voto em assembleia. Trata-se de uma decorrência direta da circunstância de a lei societária garantir à minoria uma série de direitos no âmbito da companhia.

[496] Lei nº 6.404, artigo 123.

[497] Lei nº 6.404, artigo 141, § 4º.

[498] Lei nº 6.404, artigo 105.

[499] Sobre o abuso de minoria, confira-se: ADAMEK, Marcelo Vieira Von. *Abuso de minoria em direito societário*: abuso das posições subjetivas minoritárias. São Paulo, 2010. Tese (doutorado) – Departamento de Direito Comercial da Faculdade de Direito da Universidade de São Paulo.

7.3.3.2. Acordo de bloqueio

O acordo de bloqueio tem por objetivo limitar a liberdade de circulação das ações que estão vinculadas a ele. Os acionistas estabelecem restrições mútuas quanto à transmissão de suas ações, o que pode abranger a sua alienação e a sua preferência para adquiri-las[500].

Aponta-se, de modo geral, que são três os motivos pelos quais os acionistas firmam acordos de bloqueio: (i) para evitar o ingresso de terceiros indesejáveis na companhia, mantendo-se um quadro estável de sócios; (ii) como negócio acessório, de modo a impedir que a transferência de ações coloque em risco o adimplemento do negócio principal; e (iii) para estabilizar o poder de controle da companhia nas mãos de acionistas que, de forma isolada, não teriam essa condição, dessa forma evitando que haja concentração das ações em um só acionista, que passaria a determinar os rumos da sociedade sem a interferência dos demais, que integram o acordo de bloqueio[501].

Note-se que, nas companhias fechadas, o próprio estatuto pode prever limitações à transferência de participações acionárias, "contanto que regule minuciosamente tais limitações e não impeça a negociação, nem sujeite o acionista ao arbítrio dos órgãos de administração da companhia ou da maioria dos acionistas"[502]. Há, entretanto, uma diferença quanto à amplitude subjetiva das restrições. Aquelas que forem previstas no estatuto serão aplicáveis a todos os acionistas, enquanto que as previstas no acordo de bloqueio vincula apenas os signatários do instrumento.

Os acordos de bloqueio, contudo, geram efeitos também perante a companhia, que deverá observar os termos do acordo arquivado na sua sede, recusando-se a anotar a transferência das ações bloqueadas. Trata-se de um exemplo de eficácia extrajudicial do acordo de bloqueio levada a efeito diretamente pela própria companhia[503].

Além disso, é relevante mencionar o posicionamento da doutrina no sentido de que não se admitem acordos de acionistas que simplesmente venham impedir a venda de ações de seus convenentes. Esse entendimento decorre do artigo 36 da Lei nº 6.404, que permite que o estatuto da com-

[500] BERTOLDI, Marcelo M.. *Acordo de acionistas*, p. 89.

[501] BERTOLDI, Marcelo M.. *Acordo de acionistas*, p. 89.

[502] Artigo 36 da Lei nº 6.404.

[503] BERTOLDI, Marcelo M.. *Acordo de acionistas*, p. 92.

panhia fechada imponha limitações à circulação de ações desde que regule minuciosamente e não impeça a negociação. Se o acordo de bloqueio simplesmente impedisse a negociação de ações pelos convenentes, chegar-se-ia ao mesmo resultado que o dispositivo legal procurou evitar. Haveria uma fraude à proibição legal[504].

A doutrina, de modo geral, classifica os acordos de bloqueio em três espécies, conforme a natureza das restrições previstas à circulação das ações dos seus signatários.

a) Acordo de preferência

O acordo de bloqueio que estabelece preferência obriga o alienante a oferecer suas ações, preferencialmente, aos demais signatários do instrumento. Apenas diante do interesse deles é que poderá alienar suas ações a terceiros. Evidentemente, o acionista continua exercendo todos os direitos decorrentes de suas ações e não tem obrigação de vendê-las. Se decidir pela alienação, contudo, deve oferecê-las aos demais convenentes.

O acionista que desejar alienar suas ações deverá oferecê-las aos demais, estipulando um preço e um prazo para o exercício da preferência.

b) Acordo de opção de compra e venda ou promessa de venda

No acordo de opção de compra e venda, o acionista se compromete a realizar a venda de suas ações nos termos estipulados, bastando a manifestação opcional de vontade do adquirente para que a operação se aperfeiçoe. Trata-se de um contrato unilateral, já que apenas o promitente vendedor assume uma obrigação perante o outro. Exercida a opção, o vendedor não poderá se opor ao negócio.

Embora esse tipo de acordo seja normalmente tratado como acordo de bloqueio, a rigor, como observa Celso Barbi Filho, o acordo de opção não promove propriamente um bloqueio da circulação das ações. Há apenas uma sujeição do eventual alienante ao opcional adquirente[505].

[504] Nesse sentido: BERTOLDI, Marcelo M.. *Acordo de acionistas*, p. 98.

[505] *Acordo de acionistas*, p. 120.

c) Acordo de prévio consentimento

No acordo de bloqueio que contém cláusula de prévio consentimento, há a necessidade de prévia aprovação do nome do possível adquirente das ações que um dos convenentes pretende alienar, para que a operação se aperfeiçoe. A doutrina é unânime em apontar que, nesse tipo de acordo, os critérios de aprovação devem ser objetivos e descritos no próprio acordo, de modo que não haja a possibilidade de tais condições virem a ser fixadas apenas na situação em concreto.

Como ensina Marcelo M. Bertoldi: "Em hipótese alguma a aprovação ou rejeição da transmissão das ações pode ficar ao talante de qualquer dos signatários do acordo, mesmo em se tratando de sociedade de capital fechado, pois se isso ocorresse estar-se-ia restringindo ilegalmente a livre circulação das ações da companhia, em fraude ao estabelecido no art. 36 da Lei 6.404/76"[506].

Segundo Modesto Carvalhosa, a convenção de aceitação subjetiva deverá conter uma clara e suficiente cláusula liberatória, ou seja, de obrigação de aquisição das mesmas ações pelos signatários remanescentes do acordo que vetarem, *intuitu personae*, o ingresso do candidato a adquirente. Sem essa cláusula liberatória, o acordo de prévio consentimento "representaria um cerceamento ilegal do direito de livre disponibilidade patrimonial"[507].

7.3.4. DURAÇÃO DO ACORDO DE ACIONISTAS

Em regra, as obrigações assumidas não são perenes. Elas nascem para se atingir um determinado fim. O mesmo se aplica aos acordos de acionistas: eles nascem para cumprir os objetivos pretendidos pelos convenentes. Depois, desfazem-se.

Nesse sentido, em relação aos acordos de voto, Waldírio Bulgarelli entende ser inadmissível o acordo de voto em que "o acionista renuncia *para sempre* o exercício do direito de voto ou se obriga, *para sempre*, a votar ou a não votar nesse ou naquele sentido. (...) Esta circunstância realmente

[506] *Acordo de acionistas*, p. 96.
[507] *Acordo de acionistas*, p. 123.

importaria a renúncia definitiva do exercício do direito de voto. Praticamente, esse procedimento equivale à cessão do direito de voto"[508].

Segundo Marcelo M. Bertoldi, vincular quase definitivamente o direito de voto a um acordo de acionistas retiraria esse direito de uma parte dos acionistas. Da mesma forma, um acordo de bloqueio inderrogável equivaleria a excluir a livre disponibilidade do patrimônio dos acionistas vinculados ao instrumento[509].

Assim, os acordos de acionistas podem ser estipulados por prazo determinado ou por prazo indeterminado.

O acordo por prazo indeterminado será aquele cuja extinção se vincula a um evento futuro e incerto, bem como aquele do qual não conste um prazo de vigência. Se o evento futuro for certo quanto à sua ocorrência, mas não quanto ao seu momento (por exemplo, o falecimento de uma pessoa), o acordo de acionistas será por prazo indeterminado.

Já o acordo por prazo determinado convenciona por qual período vigorará. Ou seja, estipula-se um termo final certo (uma data determinada, por exemplo).

Quando se trata de um acordo de acionistas por prazo indeterminado, surge o problema da rescisão unilateral do vínculo. Questiona-se se é possível que um signatário do acordo de acionistas firmado por prazo indeterminado rescinda unilateral e imotivadamente o contrato parassocial, a qualquer momento, mesmo que não tenha havido nenhum descumprimento do acordo pelos demais convenentes. A questão é de suma importância porque cuida, em última instância, da efetividade dos acordos de acionistas[510].

Em relação a isso, parte da doutrina aponta que, se fosse possível romper unilateralmente o acordo de acionistas a qualquer tempo e sem qualquer fundamentação ou motivo pertinente, esse instrumento se tornaria um documento inútil, sem qualquer valor obrigacional efetivo. Ainda que

[508] A regulação jurídica do acordo de acionistas no Brasil, p. 86.

[509] *Acordo de acionistas*, p. 100.

[510] Suponha-se, por exemplo, que tenha sido celebrado um acordo de bloqueio estabelecendo um direito de preferência para a alienação de ações. Se for admissível a rescisão unilateral e imotivada a qualquer tempo, o acionista que assumiu o compromisso de observar a preferência dos demais convenentes poderia simplesmente rescindir o acordo de forma a descumprir a preferência, alienando as suas ações a um terceiro sem oferecê-las primeiramente aos demais convenentes.

um acionista fosse signatário, bastaria a ele rescindir o acordo sempre que desejasse descumpri-lo. Isso seria ainda mais grave na hipótese de o mesmo acionista já ter sido beneficiado pelo acordo de acionistas quando este o favoreceu no passado. A possibilidade de rescisão unilateral, portanto, significaria a ineficácia do acordo de acionistas[511].

Foi justamente para afastar esse tipo de situação que o § 6º do artigo 118 da Lei nº 6.404, inserido pela Lei nº 10.303, estabeleceu que "O acordo de acionistas cujo prazo for fixado em função de termo ou condição resolutiva *somente pode ser denunciado segundo suas estipulações*". Assim, entende-se que, se o acordo de acionistas está vinculado a um termo (certo ou incerto) ou a uma condição resolutiva, não pode haver a sua rescisão unilateral.

Já se o acordo de acionistas não contiver nenhuma previsão quanto ao término de sua vigência ou previr que seu prazo de duração é por tempo indeterminado, caberá a rescisão unilateral por parte de qualquer um dos signatários, sob pena de se ter um contrato de duração eterna, que é incompatível com o princípio da transitoriedade das ações[512]. Entretanto, mesmo nas hipóteses em que a rescisão unilateral for em tese admissível, ela não poderá se prestar à frustração dos direitos legítimos do outro convenente. Nesse sentido, Arnoldo Wald sustenta que a rescisão unilateral deverá ser excepcional e somente poderá ocorrer mediante fundamentação jurídica, sob pena de constituir abuso de direito e ensejar a responsabilidade daquele que rescindiu o acordo[513].

7.4. A UTILIZAÇÃO DE ACORDOS DE ACIONISTAS NAS EMPRESAS PRIVADAS COM PARTICIPAÇÃO ESTATAL

A utilização de acordos de acionistas entre o sócio estatal e o sócio privado no âmbito de uma empresa privada está contemplada expressamente

[511] Nesse sentido, por exemplo: BERTOLDI, Marcelo M.. *Acordo de acionistas*, p. 101-102; COSTA, Carlos Celso Orcesi da. Da rescisão imotivada de acordo de acionistas por prazo indeterminado. *Revista de Direito Mercantil, Industrial, Econômico e Financeiro*, v. 60, out./dez. 1985, p. 42.

[512] Nesse sentido: BERTOLDI, Marcelo M.. *Acordo de acionistas*, p. 102. Sobre a inadmissibilidade de obrigações eternas: VENOSA, Sílvio de Salvo. *Direito Civil*: teoria geral das obrigações e teoria geral dos contratos. v. 2. 2.ed. São Paulo: Atlas, 2002, p. 495.

[513] WALD, Arnoldo. Do descabimento de denúncia unilateral de pacto parassocial que estrutura o grupo societário. *Revista de Direito Mercantil, Industrial, Econômico e Financeiro*, v. 81, jan./mar. 1991, p. 19-20.

no artigo 1º, § 7º, inciso I, da Lei nº 13.303, e no artigo 9º, § 1º, inciso I, do Decreto nº 8.945. Tal utilização apresenta decorrências relevantes.

7.4.1. ACORDO DE ACIONISTAS COMO MECANISMO DE GARANTIA DO SÓCIO ESTATAL

O acordo de acionistas é um instrumento utilizado com o intuito de viabilizar mecanismos para que o sócio estatal tenha condições de influenciar os rumos da empresa privada, a fim de que ela atinja os objetivos que serviram de fundamento para que o Estado se associasse ao empreendimento.[514] Tais mecanismos serão, em regra, o direito de eleger determinados conselheiros, a previsão de que deverá haver unanimidade em torno da aprovação de certas matérias – o que equivale a conceder ao Estado um direito de veto –, bem como a previsão de certas restrições à circulação de ações.

Os objetivos perseguidos pelo Estado com a constituição da empresa privada com participação estatal não serão inteiramente coincidentes com os do sócio privado. Embora ambos devam orientar suas atuações para que a sociedade empresária realize de modo eficiente os objetivos a que se propõe, o sócio privado terá seus próprios interesses, que não serão os mesmos que o Estado busca ao se associar ao empreendimento. Assim, o acordo de acionistas firmado entre o sócio estatal e o sócio privado garantirá que o Estado, mesmo não tendo preponderância no controle da empresa, irá dispor de condições para influenciar determinadas decisões. Ainda que se trate de um instrumento de direito societário, terá objetivos nitidamente regulatórios. As prerrogativas previstas em favor do sócio estatal no acordo de acionistas são ao mesmo tempo mecanismos para o cumprimento de objetivos buscados pelo Estado e decorrência do apoio institucional aplicado pelo Estado no empreendimento.

7.4.2. INSTRUMENTO TIPICAMENTE DE DIREITO PRIVADO

A simples celebração de um acordo de acionistas entre o sócio estatal e o sócio privado consiste na aplicação de um mecanismo típico de direito pri-

[514] Nesse sentido, o artigo 1º, § 7º, da Lei nº 13.303 menciona o acordo de acionistas justamente como instrumento essencial para a defesa dos interesses da empresa estatal na sociedade empresarial investida.

vado para regular a relação entre eles. A utilização do acordo de acionistas, nesse sentido, representa a consagração da concepção segundo a qual o ente estatal age no interior da empresa privada como um sócio qualquer, sem nenhuma prerrogativa específica que decorra da sua simples condição de integrante da Administração Pública.

Assim, afora os direitos e prerrogativas assegurados ao Estado pela lei que autorizou a criação da empresa e pelos atos constitutivos da companhia, eventuais outros direitos decorrerão apenas da legislação societária e do acordo de acionistas eventualmente celebrado, tal como ocorre com qualquer sócio privado.

Em outras palavras, os atos legais e infralegais que culminam na constituição de uma empresa privada com participação estatal já preveem todas as prerrogativas que o Estado terá na condição de sócio. Após isso, o sócio estatal não terá outras prerrogativas no interior da sociedade apenas por integrar a Administração Pública. Ainda que voltado em parte a perseguir os interesses públicos que justificaram sua associação ao empreendimento, a atuação do sócio estatal no âmbito da sociedade será desempenhada fazendo-se uso dos mesmos instrumentos que a legislação garante aos sócios privados.

Se o acordo de acionistas foi celebrado logo ao início, para a própria constituição da empresa privada com participação estatal, já haverá disciplina sobre o exercício dos direitos sociais dos signatários. Caso não haja um acordo de acionistas e o sócio estatal deseje celebrar um instrumento com essa finalidade, suas condições deverão ser *negociadas* com o sócio privado. Não haverá como o sócio estatal impor ao sócio privado determinadas prerrogativas no interior da sociedade simplesmente pelo fato de integrar a Administração Pública. Se houvesse qualquer possibilidade nesse sentido, nem sequer se trataria de uma verdadeira sociedade.

Portanto, no interior da empresa privada, o sócio estatal atuará segundo as práticas e mecanismos típicos de direito societário, exatamente como ocorreria em qualquer empresa privada que não integra a Administração Pública. Não pode nem mesmo impor a realização de um acordo de acionistas.

Em termos teóricos, a utilização de um acordo de acionistas no âmbito de uma empresa privada com participação estatal reforça a constatação de que se trata de uma verdadeira parceria público-privada, de natureza societária, entre o Estado e a iniciativa privada, que se associam em torno de um empreendimento comum. Em vez de se valer de mecanismos impositivos, o Estado, em uma empresa privada, deverá negociar suas posições com o sócio privado.

Esse relacionamento de natureza societária se dará exatamente nos mesmos termos que ocorre em qualquer empresa privada. Nem poderia ser diferente, uma vez que a empresa privada com participação estatal não integra a estrutura estatal, e o Estado não tem preponderância no exercício do controle societário da companhia. Ao optar pela constituição de uma empresa privada em lugar de outros possíveis arranjos de intervenção na ordem econômica, o Estado faz uma opção consciente pelos mecanismos de direito privado, o que significa abrir mão de uma série de prerrogativas que eventualmente teria por outros meios.

7.4.3. NATUREZA JURÍDICA DO ACORDO DE ACIONISTAS NAS EMPRESAS PRIVADAS COM PARTICIPAÇÃO ESTATAL

O acordo de acionistas firmado entre os sócios privado e estatal no âmbito de uma empresa privada tem a natureza jurídica de um *contrato parassocial de direito privado.*

Com relação à parassocialidade, suas características já foram examinadas acima. Pode-se dizer que o acordo de acionistas é um contrato parassocial porque tem natureza negocial e dispõe sobre o exercício dos direitos sociais dos signatários. Seu pressuposto é justamente a existência de uma sociedade empresária, sendo o acordo assessório a ela.

Por se tratar de um contrato parassocial, o acordo de acionistas entre o Estado e o sócio privado não pode estabelecer nenhuma regra que contrarie os atos constitutivos da empresa nem o seu estatuto. Nesse sentido, como ensina Calixto Salomão Filho: "De sua característica parassocial [dos acordos de acionistas] decorre a impossibilidade destes modificarem a relação social. Podem apenas modificar as relações entre as partes, em certos casos com força vinculante para a sociedade"[515].

Em relação à natureza *privada* do acordo de acionistas, são necessárias algumas ponderações.

Embora haja algumas críticas à categorização, conforme mencionado no Capítulo 5, de modo geral se encampou no Brasil a tradição francesa de

[515] *O novo direito societário*, p. 128.

classificar os contratos firmados pela Administração Pública em contratos administrativos propriamente ditos (de direito público) e contratos de direito privado. Maria Sylvia Zanella Di Pietro faz um aprofundamento da distinção ao expor a existência de "contratos de direito privado", "contratos tipicamente administrativos", e "contratos que têm paralelo no direito privado". Mesmo assim, aceita a classificação binária, uma vez que os dois últimos são considerados "contratos administrativos" pela doutrinadora.

A distinção entre contratos administrativos e contratos de direito privado da Administração, em seu aspecto formal, é consonante com os termos da Lei nº 8.666[516]. O artigo 62, § 3º, inciso I, da Lei, menciona a existência de contratos firmados pela Administração "cujo conteúdo seja regido, predominantemente, por norma de direito privado". Arrola como exemplos os contratos de seguro, de financiamento e de locação em que o poder público seja o locatário.

É verdade que, em seu aspecto substancial, a distinção perde um pouco de sua relevância em razão de a lei estabelecer que, mesmo nos contratos regidos predominantemente pelo direito privado, incidem, no que couber, algumas regras do regime de prerrogativas especiais da Administração[517]. De todo modo, há limites para que a Administração publicize tipos contratuais. A aplicação de preceitos de direito público não pode desqualificar a natureza privada de certos contratos, ainda que celebrados com um ente estatal.

Nesse sentido, Marçal Justen Filho entende que existem limitações de ordem econômica e jurídica à publicização dos contratos celebrados pela Administração.

Segundo ele, a limitação econômica decorre da impossibilidade econômica de submeter determinados arranjos contratuais ao regime público, uma vez que isso provocaria uma onerosidade ainda maior ao Estado. Para o doutrinador, "há hipóteses em que a aplicação do regime de direito público produziria efeitos extremamente onerosos para a Administração Pública –

[516] ALMEIDA, Fernando Dias Menezes de. *Contrato administrativo*, p. 226.

[517] Artigo 62, § 3º, inciso I, da Lei nº 8.666. Daí, aliás, a crítica da doutrina (por exemplo, de Fernando Dias Menezes de Almeida) no sentido de que "aplicar, ainda que seja *no que couber*, regras de um regime de prerrogativas especiais da Administração a contratos que se pretende regidos *predominantemente* pelo Direito privado é uma proposição que encerra contradição em seus próprios termos: ou bem *não caberá* em nenhum aspecto, ou bem não *predominará* o Direito privado" (ALMEIDA, Fernando Dias Menezes de. *Contrato administrativo*, p. 227).

tão onerosos que haveria um sacrifício dos interesses estatais e o comprometimento dos direitos fundamentais. A Administração é constrangida a recorrer aos contratos de direito privado, porque essa é a única alternativa economicamente disponível"[518].

Já a limitação jurídica decorre da impossibilidade de submeter certos segmentos do mercado às regras do direito público, que com eles não se compatibilizam. Segundo o doutrinador: "As características da estruturação empresarial geram a impossibilidade de aplicar o regime de direito público, porque isso acarretaria a supressão do regime de mercado que dá identidade à contratação ou o desequilíbrio econômico que inviabilizaria a empresa privada"[519].

Marçal Justen Filho menciona como exemplo de contrato de direito privado o contrato de seguro, tal como prevê o artigo 62, § 3º, inciso I, da Lei nº 8.666. Se a Administração pretender segurar seus bens, deverá recorrer aos instrumentos disponíveis na iniciativa privada. A criação de um sistema de seguro próprio seria muito mais onerosa do que valer-se das alternativas disponíveis no mercado. Isso significará abrir mão de uma série de prerrogativas típicas do regime público. Entretanto, não haverá alternativa viável a essa situação, uma vez que essas prerrogativas são absolutamente incompatíveis com os contatos de seguro[520].

Com base nisso, Fernando Dias Menezes de Almeida conclui que o regime público não deverá ser sempre o aplicado aos contratos celebrados pela Administração. Além de se verificar o disposto na legislação específica aplicável a cada caso, "a inviabilidade econômica de certas contratações atentaria contra certas normas constitucionais relativas à eficiência e economicidade"[521].

No caso dos acordos de acionistas nas empresas privadas com participação estatal, aplica-se raciocínio idêntico.

[518] *Curso de direito administrativo*, p. 586-587.

[519] *Curso de direito administrativo*, p. 586.

[520] *Curso de direito administrativo*, p. 586.

[521] *Contrato administrativo*, p. 291. A respeito do caso do seguro, que é um dos exemplos de contratos predominantemente regidos pelo direito privado de acordo com a Lei nº 8.666, Fernando Menezes Dias de Almeida menciona o seguinte: "à evidência existe suficiente legislação específica regendo o respectivo segmento econômico, o qual seria desequilibrado, se o Estado pudesse impor, nos seus contratos, medidas excepcionais de ação unilateral e autoexecutória. Ademais, dificilmente o Estado encontraria quem contratar se não seguisse as regras usuais de mercado" (idem, p. 291).

Por um lado, se fosse aplicável o regime de direito público ao acordo de acionistas, haveria uma desnaturação do próprio instrumento contratual. Sua função de conferir maior estabilidade à empresa privada com participação estatal por meio da disciplina dos direitos sociais dos signatários ficaria inteiramente comprometida se fosse dado ao Estado o poder de alterá-lo unilateralmente a qualquer momento. Além disso, a possibilidade de se alterar o acordo de acionistas a qualquer momento, de forma unilateral, aumentaria o risco da empresa perante o mercado, dificultando a obtenção de financiamentos e tornando problemático seu relacionamento com os demais atores no mercado.

Aliás, caso o regime público incidisse sobre o acordo de acionistas, o sócio estatal poderia se tornar o verdadeiro controlador da companhia, desnaturando o regime jurídico da empresa privada com participação estatal. Afinal, o sócio estatal teria efetivamente o poder de decidir os rumos do empreendimento, já que poderia alterar o acordo parassocial da forma que desejasse, ainda que observando os atos constitutivos. Nesse caso, a relação entre os sócios, embora formalmente societária, na prática apresentaria uma verticalização que é incompatível com a lógica de uma sociedade empresária de direito privado.

Aplica-se aos acordos de acionistas nas empresas privadas com participação estatal a seguinte lição de Fernando Dias Menezes de Almeida:

Ademais, no caso das sociedades e associações, por se dar origem a nova pessoa jurídica – a qual passa a seguir um regramento jurídico interno, próprio de seu modo de ser –, não seria cabível supor que um sócio ou associado, simplesmente por sua natureza estatal (e não por um critério de controle de capital, ou de maioria em órgão colegiado), pudesse exercer prerrogativas de modo a unilateralmente modificar tal regramento. Esta possibilidade operaria no sentido da estabilidade que o Direito pretender conferir à situação pelo meio qualificado da criação da nova pessoa[522].

Portanto, há uma incompatibilidade jurídica entre a natureza privada da empresa com participação estatal e uma possível aplicação do regime de direito público ao acordo de acionistas[523].

[522] *Contrato administrativo*, p. 366.

[523] O acordo de acionistas das concessionárias dos aeroportos de Guarulhos, Brasília e Campinas preveem, no item 9.5, que "Nenhuma modificação ou aditamento a qualquer disposição deste Acordo será considerada válida se não for realizada de comum acordo entre as Partes

Também do ponto de vista econômico haveria uma incompatibilidade. A aplicação do regime público aos acordos de acionistas seria onerosa ao próprio sócio estatal. Ampliaria demasiadamente os riscos do sócio privado, que dificilmente aceitaria aplicar seus recursos em um empreendimento caracterizado pela verticalidade e que nem sequer garante direitos mínimos, como o do equilíbrio econômico-financeiro – afinal, o contrato de sociedade representa a constituição de um empreendimento, inexistindo propriamente uma equação econômico-financeira a ser observada.

Diante disso, os acordos de acionistas celebrados no âmbito de uma empresa privada com participação estatal, embora tenham um ente estatal como signatário e apresentem uma função regulatória, serão contratos parassociais regidos pelo direito privado. O regime público, caracterizado pela possibilidade de adoção de medidas excepcionais de ação unilateral e autoexecutória por parte do Estado, é incompatível com a lógica que rege as empresas privadas.

Além da impossibilidade de alteração unilateral do acordo de acionistas, decorre de seu caráter privado a possibilidade de sua alteração de comum acordo entre os signatários.

Ainda que um acordo de acionistas tenha seus termos estabelecidos num edital de licitação (como ocorreu na concessão de aeroportos, por exemplo), suas disposições poderão ser alteradas ao longo do tempo. Não há que se falar em violação ao princípio da vinculação ao instrumento convocatório, uma vez que é a natureza (dinâmica) das atividades econômicas a adaptação da sua forma de exploração – inclusive, se for o caso, mediante alterações dos termos de um acordo de acionistas.

7.4.4. FUNÇÕES DESEMPENHADAS PELOS ACORDOS DE ACIONISTAS NAS EMPRESAS PRIVADAS COM PARTICIPAÇÃO ESTATAL

Os acordos de acionistas podem permitir uma série de medidas na condução da empresa privada com participação estatal. Incide nessa seara o princípio da autonomia da vontade, sendo impossível relacionar todas as previsões que em tese podem constar de um acordo parassocial.

e contemplada em documento escrito e assinado por todas as Partes". Afasta-se, portanto, a alteração unilateral por qualquer dos acionistas, inclusive pela Infraero.

Não há nem mesmo a obrigatoriedade de que sejam firmados somente acordos típicos. O objeto dos acordos de acionistas de uma empresa privada com participação estatal não precisa se limitar às matérias previstas no artigo 118 da Lei nº 6.404. A presença de um sócio estatal não produz nenhuma peculiaridade que conduza a entendimento diverso.

7.4.4.1. Estabelecimento de um cronograma de investimentos

Uma das medidas que podem ser tratadas por meio de acordo de acionistas entre o sócio estatal e o sócio privado é a instituição de uma programação de investimentos na empresa. Assim, firma-se um acordo parassocial em benefício da empresa privada com participação estatal, no qual os sócios estabelecem um cronograma de aporte de recursos na sociedade. Por esse mecanismo, possibilita-se uma maior estabilidade em termos econômico-financeiros, transmitindo maior segurança ao mercado. O objetivo dessa maior previsibilidade consiste em garantir não só o comprometimento dos sócios com a empresa, mas também a obtenção de efeitos positivos indiretos – como, por exemplo, maior facilidade de crédito justamente em razão do comprometimento (possivelmente público) dos sócios com o negócio.

Foi estabelecida uma previsão nesse sentido nos acordos de acionistas firmados entre a Infraero e os sócios privados das concessionárias dos aeroportos internacionais de Brasília, Campinas e Guarulhos.

Na Seção III dos acordos de acionistas, cuja minuta era um dos anexos dos editais das respectivas licitações, estabeleceu-se no item 3.3 que, após a integralização do capital, o acionista privado e a Infraero deverão realizar as demais integralizações de acordo com um cronograma acordado entre as partes e em conformidade com os contratos de concessão e com os prazos estabelecidos com os financiadores[524].

O item 3.5 dos acordos de acionistas das concessionárias dos aeroportos ainda prevê que os acionistas privados deverão aportar os recursos necessários para a cobertura de todas e quaisquer deficiências de recursos, de modo a atender o Plano de Exploração Aeroportuário (PEA). A Infraero

[524] Item 3.3 do acordo de acionistas: "Após a integralização de capital social indicada no item 6.2.6.6 do Edital de Leilão __/2011, o Acionista Privado e a Infraero deverão realizar as demais integralizações do capital social da Concessionária de acordo com o cronograma e condições acordados pelas partes, observado o disposto no Contrato de Concessão e seus anexos, assim como os prazos contratados com os Financiadores".

terá a opção de acompanhar os acionistas privados nos aumentos de capital, proporcionalmente à sua participação. De todo modo, para a realização dos investimentos da Fase I-B[525] das concessões, a Infraero assumiu nos acordos de acionistas o compromisso de acompanhar os aumentos de capital necessários, desde que atendidas duas condições de modo cumulativo: (i) o aumento seja decorrente de obrigação contratada com o financiador para que os acionistas das concessionárias contribuam com capital próprio, e (ii) a obrigação de capital próprio contratada com o financiador não ultrapasse a 30% da totalidade dos investimentos considerados para a obtenção do financiamento[526].

Como se vê, o acordo de acionistas pode ser um importante instrumento para que os sócios de uma empresa privada com participação estatal celebrem um compromisso de investimentos no empreendimento. Esse compromisso, celebrado publicamente, deixa transparecer ao mercado que há um firme comprometimento dos sócios com o negócio. Assim, há maior previsibilidade, inclusive para facilitar a obtenção de financiamentos, notadamente nos períodos em que haverá maiores investimentos e o retorno do empreendimento ainda é incerto.

525 A fase I-B da concessão é a de ampliação dos aeroportos, em que se prevê uma aplicação mais intensa de recursos. Assim, é justificável que haja um compromisso do sócio estatal (Infraero) com os investimentos nesse período, de modo a não comprometer o programa de exploração.

526 Assim dispõe o acordo de acionistas no item 3.5 e seus subitens:

"3.5. Caberá ao Acionista Privado aportar recursos necessários para a cobertura de todas e quaisquer deficiências de recursos que a Concessionária venha a enfrentar para realizar o pleno atendimento ao Plano de Exploração Aeroportuário (PEA), caso estes sejam superiores ao montante mínimo inicialmente subscrito. A INFRAERO terá a opção de acompanhar o Acionista Privado no aumento de capital social, proporcionalmente à sua participação, devendo exercer esta opção no prazo de 30 (trinta) dias contados da data que o Acionista Privado informar à Infraero sobre a necessidade do aumento de capital.

"3.5.1. A Infraero se obriga, na proporção de sua participação, a acompanhar os aumentos de capital necessários para realizar os investimentos da Fase I-B do Contrato, desde que sejam atendidas cumulativamente as seguintes condições:

"i. O aumento de capital seja decorrente de obrigação expressa contratada com o Financiador para que os Acionistas da Concessionária contribuam com capital próprio na implantação dos investimentos financiados; e

"ii. A obrigação de capital próprio contratada com o financiador não ultrapasse o montante correspondente a 30% (trinta por cento) em relação à totalidade dos investimentos considerados para a concessão do financiamento, sendo que, caso o montante ultrapasse este limite, a Infraero não estará obrigada a acompanhar os aumentos de capital.

No caso da concessão de aeroportos, que é uma sistemática muito recente no país (cujos riscos parecem incertos aos investidores), o compromisso público de investimentos por meio de um acordo de acionistas, com maior intensidade na fase de ampliação dos aeroportos, é relevante para a obtenção de crédito para o correto desempenho do plano de exploração.

7.4.4.2. Previsão da concessão de garantias aos financiadores

Pelo acordo de acionistas, os sócios da empresa privada com participação estatal podem prever a concessão de certas garantias aos financiadores do empreendimento. Com isso, reduzem-se os custos relacionados à obtenção de crédito, já que haverá formalmente um compromisso dos acionistas público e privado no sentido de que estão de acordo com as garantias previstas.

Os acordos de acionistas das concessionárias dos aeroportos de Brasília, Guarulhos e Viracopos contêm previsões nesse sentido. Estabelecem que tanto o acionista privado quanto a Infraero poderão constituir ônus sobre suas ações em favor dos financiadores, sendo desde logo estabelecido que as partes poderão conceder garantias adicionais ao financiador na proporção de suas participações. Além disso, o acordo de acionistas prevê que fica permitida a transferência de ações da concessionária ao financiador em razão da execução do ônus constituído sobre essas ações para viabilizar o financiamento[527].

O compromisso no sentido de conceder certas garantias destina-se a demonstrar que não haverá questionamentos por parte dos acionistas em relação a elas. Com isso, diminui-se o risco de financiamento, viabilizando-se o crédito em melhores condições à empresa privada com participação estatal.

[527] Item 4.2 do acordo de acionistas: "Ambas as Partes poderão constituir ônus sobre suas Ações em favor dos Financiadores, sendo mandatória a constituição deste ônus caso exigido pelo Financiador. Caso o Financiador exija garantias adicionais, o Acionista Privado e a Infraero poderão conceder as garantias solicitadas pelo Financiador na proporção de suas participações à época na Concessionária, observada a legislação aplicável". Item 4.3 do mesmo instrumento: "Fica permitida a Transferência resultante de execução do Ônus sobre qualquer parcela das Ações detidas pelo respectivo Acionista com relação à criação de garantia de Endividamento em favor do Financiador".

7.4.4.3. Compromisso quanto à manutenção da composição acionária da empresa privada com participação estatal

O contrato parassocial pode conter um compromisso dos acionistas no sentido de manterem a composição acionária da empresa privada com participação estatal. Outra possibilidade consiste na previsão de que o ingresso de novos sócios dependerá da concordância do sócio estatal. Em ambos os casos, trata-se de típicos acordos de bloqueio, pelo qual os acionistas se comprometem a não transferir as suas ações a terceiros – ao menos por um prazo determinado – ou se comprometem a transferir ações somente mediante a anuência do sócio.

Com uma cláusula de bloqueio nesse sentido, propicia-se maior estabilidade na composição acionária da empresa privada com participação estatal. O objetivo do sócio estatal será garantir a consecução das atividades assumidas pela empresa. Isso porque a escolha do sócio privado poderá ter ocorrido com base em características suas (de ordem técnica, econômica etc.). Nesse caso, uma redução muito grande da participação acionária do sócio privado, ou o seu total desligamento da sociedade, poderia comprometer justamente os objetivos que levaram o Estado a se associar a ele.

A necessidade de conferir maior estabilidade à composição da empresa privada com participação estatal adquire contornos específicos se a sociedade for a concessionária de alguma atividade delegada pelo Estado. Nesse caso, a transferência do controle da empresa somente pode ocorrer após uma autorização do poder concedente, e se houver a demonstração de que não haverá prejuízo à atividade concedida, na forma dos artigos 27 e 27-A da Lei nº 8.987[528]. Além disso, o poder concedente poderá verificar

[528] Os artigos 27 e 27-A da Lei nº 8.987 têm a seguinte redação (conferida pela Lei nº 13.097, de 2015): "Art. 27. A transferência de concessão ou do controle societário da concessionária sem prévia anuência do poder concedente implicará a caducidade da concessão. § 1º Para fins de obtenção da anuência de que trata o caput deste artigo, o pretendente deverá: I - atender às exigências de capacidade técnica, idoneidade financeira e regularidade jurídica e fiscal necessárias à assunção do serviço; e II - comprometer-se a cumprir todas as cláusulas do contrato em vigor. Art. 27-A. Nas condições estabelecidas no contrato de concessão, o poder concedente autorizará a assunção do controle ou da administração temporária da concessionária por seus financiadores e garantidores com quem não mantenha vínculo societário direto, para promover sua reestruturação financeira e assegurar a continuidade da prestação dos serviços. § 1º Na hipótese prevista no caput, o poder concedente exigirá dos financiadores e dos garantidores que atendam às exigências de regularidade jurídica e fiscal, podendo

se a transferência do controle terá algum reflexo de ordem concorrencial: busca-se evitar que concessionários que concorrem entre si tenham o mesmo controlador.

Em princípio, as obrigações relacionadas mais diretamente à concessão e não ao exercício dos direitos dos sócios deverão constar do contrato de concessão, já que dizem respeito à relação entre a concessionária e o poder público. Entretanto, como a composição da concessionária tem um reflexo sobre direitos sociais, mais especificamente sobre o direito de disposição das ações, o acordo de acionistas poderá estabelecer determinadas cláusulas de bloqueio. Busca-se, com isso, que haja maior estabilidade na composição acionária, de modo que não se prejudique a consecução das atividades sociais.

Portanto, os objetivos buscados com as cláusulas de bloqueio em um acordo de acionistas não precisam coincidir com aqueles que são consagrados pelo contrato de concessão ou pelos artigos 27 e 27-A da Lei nº 8.987. As cláusulas de bloqueio poderão prever restrições diversas à transferência das ações, cujo conteúdo não precisará necessariamente se limitar às

alterar ou dispensar os demais requisitos previstos no inciso I do parágrafo único do art. 27. § 2º A assunção do controle ou da administração temporária autorizadas na forma do caput deste artigo não alterará as obrigações da concessionária e de seus controladores para com terceiros, poder concedente e usuários dos serviços públicos. § 3º Configura-se o controle da concessionária, para os fins dispostos no caput deste artigo, a propriedade resolúvel de ações ou quotas por seus financiadores e garantidores que atendam os requisitos do art. 116 da Lei no 6.404, de 15 de dezembro de 1976. § 4º Configura-se a administração temporária da concessionária por seus financiadores e garantidores quando, sem a transferência da propriedade de ações ou quotas, forem outorgados os seguintes poderes: I - indicar os membros do Conselho de Administração, a serem eleitos em Assembleia Geral pelos acionistas, nas sociedades regidas pela Lei 6.404, de 15 de dezembro de 1976; ou administradores, a serem eleitos pelos quotistas, nas demais sociedades; II - indicar os membros do Conselho Fiscal, a serem eleitos pelos acionistas ou quotistas controladores em Assembleia Geral; III - exercer poder de veto sobre qualquer proposta submetida à votação dos acionistas ou quotistas da concessionária, que representem, ou possam representar, prejuízos aos fins previstos no caput deste artigo; IV - outros poderes necessários ao alcance dos fins previstos no caput deste artigo. § 5º A administração temporária autorizada na forma deste artigo não acarretará responsabilidade aos financiadores e garantidores em relação à tributação, encargos, ônus, sanções, obrigações ou compromissos com terceiros, inclusive com o poder concedente ou empregados. § 6º O Poder Concedente disciplinará sobre o prazo da administração temporária". Admite-se também a cessão contratual. Sobre o assunto: PEREZ, Marcos Augusto. Contrato administrativo. Cessão de contrato. Possibilidade. Genesis. *Revista de Direito Administrativo Aplicado*, v. 12, p. 93-105, 1997.

restrições legais ou do contrato de concessão. As cláusulas de bloqueio do acordo de acionistas têm natureza negocial; as restrições legais à transferência de ações relacionam-se com a concessão.

No caso das concessões dos aeroportos de Brasília, Guarulhos e Viracopos, o acordo de acionistas das concessionárias prevê no item 4.1 que, ressalvados os casos autorizados pelo contrato de concessão e a possibilidade de o financiador ingressar na empresa por meio da execução de um ônus sobre as ações, o acionista privado e a Infraero não poderão alienar nem onerar ou gravar as suas ações ou qualquer direito inerente a elas[529].

Portanto, além das limitações à transferência de ações que já constam do contrato de concessão, os acionistas podem estabelecer cláusulas de bloqueio específicas, assumindo o compromisso de não transferir ou gravar suas ações, a não ser em situações específicas. Não devem, contudo, ser admitidas cláusulas de bloqueio que impeçam totalmente a venda de ações. Neste ponto, aplica-se o entendimento demonstrado acima ao se tratar genericamente das cláusulas de bloqueio[530].

7.4.4.4. Direito de preferência em caso de alienação de ações

Ainda no campo da composição acionária da empresa privada com participação estatal, o acordo de acionistas poderá estabelecer um direito de preferência para o caso de um dos acionistas pretender alienar ações. O direito de preferência pode ser estabelecido em benefício tanto do sócio privado quanto do sócio estatal. Assim, quando um dos acionistas preten-

[529] O item 4.1 do acordo de acionistas tem a seguinte redação: "Ressalvado o disposto no Contrato de Concessão e na Cláusula 4.3 deste Acordo, nenhuma das Partes poderá vender, transferir, alienar, ceder, onerar ou gravar qualquer parcela de suas Ações ou qualquer direito inerente a elas, ou permitir que referidas Ações venham a estar sujeitas a qualquer Ônus ou de outra forma reduzir os riscos inerentes a tais Ações por meio de operações de hedging ou outras espécies de derivativos. Qualquer Transferência que venha a contrariar o disposto nesta Cláusula ou qualquer outra disposição desta Seção será considerada nula e ineficaz e não terá qualquer efeito, salvo para os terceiros de boa-fé".

[530] Note-se que a inadmissão de cláusulas de bloqueio que impeçam a venda de ações reforça o descabimento da ideia de *affectio societatis*. Não se diga, contudo, que o particular teria o dever de permanecer na empresa enquanto ela existir. Nem mesmo numa concessão de serviço público o particular tem essa obrigação, uma vez que pode buscar a rescisão do contrato pelos meios apropriados.

der alienar ações, deverá oferecer ao outro preferencialmente, para que exerça o direito de compra se assim o desejar.

O direito de preferência serve para que o sócio estatal monitore a composição acionária da empresa privada. No caso de o sócio estatal ser o beneficiado pela previsão, será dada a ele a opção de exercer o direito de compra em determinadas condições, afastando assim a possibilidade de um terceiro ingressar no empreendimento.

Se o acionista privado for o beneficiado, o sócio estatal dará uma preferência para que ele adquira as ações. O propósito será o mesmo: manter preferencialmente uma composição acionária próxima da que existe, de modo a conferir maior previsibilidade ao empreendimento, eventualmente impedindo o ingresso de novos sócios não desejados.

Uma observação relevante diz respeito a possíveis alterações no controle da empresa em razão do exercício do direito de preferência. Caso o beneficiado pelo direito de preferência seja o sócio estatal, deverá ser observada a necessidade de o controle da empresa permanecer em mãos do acionista privado. Do contrário, haveria uma preponderância do sócio estatal, que é incompatível com a manutenção de uma empresa privada, não integrante da Administração Pública. Neste caso, a companhia teria de se converter em uma empresa estatal, com todas as formalidades necessárias.

Poderia se questionar o direito de preferência concedido em favor do sócio privado como possivelmente violador do princípio da licitação. Em princípio, as ações detidas pelo sócio estatal somente poderiam ser alienadas por meio de um procedimento licitatório[531]. Entretanto, o direito de preferência em favor do sócio privado é plenamente compatível com o ordenamento.

Conforme já exposto no Capítulo 6, a empresa privada com participação estatal submete-se ao regime de direito privado. Afinal, trata-se de uma empresa privada. Aplica-se a ela a legislação societária, inclusive a Lei nº 6.404. O estabelecimento de direitos de preferência na aquisição de ações dos outros acionistas é muito comum no âmbito das empresas privadas. Trata-se de direito expressamente contemplado na Lei 6.404, em especial nos seus artigos 40, 57, 168, 171 e 172. Além disso, é um mecanismo natural

[531] Para uma análise da controvérsia sobre a natureza dos bens detidos pelas empresas estatais (se públicos ou privados), confira-se: MARQUES NETO, Floriano de Azevedo. *Bens públicos*, p. 160-166.

às sociedades comerciais, inclusive anônimas, que tem o intuito de conferir maior estabilidade à composição acionária.

Sendo as empresas privadas com participação estatal sociedades comerciais de direito privado, é natural que haja a previsão do direito de preferência em acordo de acionistas, inclusive em favor do sócio privado. Para que não haja prejuízo ao sócio estatal, convém que sejam adotadas cautelas para que as ações sejam alienadas por montante compatível com a realidade do mercado. Entretanto, não há motivo para que se afaste a possibilidade de se prever um direito de preferência em favor do sócio privado para a aquisição de ações do sócio público. Do contrário, o sócio privado seria obrigado a aceitar o ingresso de outro sócio, ou uma redução de capital em virtude da retirada do sócio estatal, o que não é compatível com a natureza privada das empresas privadas com participação estatal.

7.4.4.5. Direito de venda conjunta em caso de aquisição do controle por terceiro ("tag along")

O acordo de acionistas poderá prever em favor do sócio estatal o direito de exercer a venda conjunta de suas ações no caso de terceiros adquirirem o controle da empresa. O recurso (conhecido como "*tag along*") consiste num mecanismo de proteção aos sócios minoritários de uma companhia que garante a eles o direito de se retirar da sociedade caso o seu controle seja adquirido por um terceiro que até então não fazia parte dela.

Os acordos de acionistas das concessionárias dos aeroportos de Guarulhos, Brasília e Viracopos preveem a aplicação do recurso do "*tag along*" em favor da Infraero. Assim, caso um terceiro adquira o controle da concessionária, a Infraero poderá exercer o direito de venda conjunta de todas as suas ações, observados os mesmos prazos e condições. Caso esse direito não seja observado, os acordos estabelecem que a aquisição do controle da concessionária seja nula[532].

[532] O item 4.4 dos acordos de acionistas das concessionárias dos aeroportos de Guarulhos, Brasília e Viracopos prevê o seguinte: "Sem prejuízo às restrições e condições aqui previstas, se quaisquer terceiros adquirirem o Controle da Concessionária ou do Acionista Privado, a INFRAERO poderá exercer seu direito de venda conjunta ("*Tag Along*"). Nesta hipótese, a INFRAERO terá o direito de vender todas suas Ações em conjunto com as Ações representativas do Controle da Concessionária, observados os mesmos prazos, condições e preços. A violação ao disposto nesta cláusula ensejará na nulidade da aquisição do Controle da Concessionária".

7.4.4.6. Acordos de voto entre os sócios estatal e privado

O acordo de acionistas de uma empresa privada com participação estatal poderá estabelecer acordos de voto entre o sócio privado e o sócio estatal. Trata-se de um importante mecanismo destinado a garantir não apenas uma maior estabilidade na condução da empresa, mas também algum controle ao sócio estatal no interior da companhia.

Os acordos de voto poderão tratar de qualquer assunto submetido a deliberações – como, por exemplo, a eleição de membros do conselho de administração e a votação de certos assuntos relativos à companhia. É possível prever, por exemplo, que o sócio estatal terá o direito de eleger determinado número de membros do conselho de administração, ou que certos assuntos só poderão ser aprovados se contarem com o consentimento do sócio estatal (ou com um quórum qualificado que somente será atingido com os votos a que o sócio estatal tem direito).

Os acordos de voto são importantes mecanismos de intervenção do sócio estatal na condução dos negócios da empresa. Permitirão certa ingerência do sócio estatal apesar de ele não ter preponderância no exercício do poder de controle interno da companhia. Para que a sociedade continue sendo uma empresa privada, entretanto, deve-se observar que a preponderância do poder de controle seja exercida pelo sócio privado. Caso o acordo de acionistas preveja que o sócio estatal terá de modo permanente a maioria dos votos e poderá eleger a maioria dos administradores, haverá preponderância do poder de controle em mãos do sócio estatal (na forma do artigo 116 da Lei nº 6.404), o que descaracterizará a sociedade como uma empresa privada.

Os acordos de acionistas das concessionárias dos aeroportos de Guarulhos, Brasília e Viracopos preveem que a Infraero tem o direito de eleger um membro do conselho de administração, qualquer que seja sua participação acionária nas companhias[533]. Assim, os acionistas concordam em exercer seus respectivos direitos de voto para eleger os membros do con-

[533] Item 5.1 dos acordos de acionistas: "O Conselho de Administração deverá ser composto por, no mínimo, 5 (cinco) membros. O Acionista Privado e a INFRAERO elegerão os membros do Conselho de Administração, proporcionalmente à suas participações no capital social votante da Concessionária, sendo que: i. a INFRAERO terá o direito a eleger no mínimo 1 (um) membro, qualquer que seja sua participação societária na Concessionária; ii. os empregados da Concessionária terão o direito de eleger 1 (um) membro, nos termos do Parágrafo único

selho de administração de modo a observar que um deles será indicado pelo sócio estatal.

Além disso, os acordos de acionistas das concessionárias dos aeroportos preveem um rol de decisões que somente poderão ser tomadas com o consentimento expresso e por escrito da Infraero. Ou seja, os sócios estatal e privado concordam em exercer seus direitos de voto de forma a assegurar que certos assuntos somente poderão ser objeto de decisão se contarem com a concordância do sócio estatal. Trata-se de uma das previsões que mais claramente revelam os poderes do Estado na qualidade de sócio das empresas[534].

7.4.4.7. Mecanismos de resolução de controvérsias

Os acordos de acionistas podem também prever mecanismos para a resolução de controvérsias entre os sócios convenentes, inclusive por meio de arbitragem. Há previsão nesse sentido nos acordos de acionistas das concessionárias dos aeroportos de Guarulhos, Brasília e Viracopos[535].

do Art 140 da Lei no 6.404/76; e iii. em qualquer hipótese, deve ser assegurado ao Acionista Privado a eleição da maioria dos membros do Conselho de Administração".

[534] De acordo com o item 5.3 dos acordos de acionistas, as seguintes matérias não poderão ser objeto de decisão sem que haja o consentimento da Infraero: (i) qualquer alteração no capital social autorizado, ou a redução do capital social; (ii) qualquer alteração do estatuto social da concessionária, com exceção das alterações decorrentes de aumento de capital social; (iii) qualquer decisão de liquidação da Concessionária, com exceção da hipótese descrita na cláusula 2.1 (c); (iv) a formação de qualquer parceria, consórcio, *joint venture* ou empreendimento similar; (v) qualquer operação de fusão, cisão, transformação, incorporação de ações, cisão parcial, da concessionária; (vi) a nomeação ou a troca da entidade responsável pela realização de auditoria externa da concessionária; (vii) a venda, transferência ou alienação de ativos da concessionária, seja por meio de uma única operação ou por uma série de operações, interrelacionadas ou não, exceto pela alienação de ativos não mais necessários ou úteis na condução dos negócios da concessionária pelo seu justo valor de mercado; (viii) a contratação de qualquer endividamento que não seja vinculado à realização dos investimentos previstos no Plano de Exploração Aeroportuária (PEA); e (ix) celebração de qualquer contrato, acordo, arranjo ou compromisso com qualquer parte relacionada dos acionistas do acionista privado, ou alteração ou aditamento de qualquer deles, salvo se em termos e condições de mercado".

[535] O item 8.2 dos acordos de acionistas prevê o seguinte: "As Partes obrigam-se a resolver por meio de arbitragem toda e qualquer controvérsia e/ou disputa entre elas oriunda ou relacionada ao presente Acordo, devendo todo o procedimento arbitral ser conduzido pela Câmara de Comércio Internacional - CCI, na cidade de Brasília/DF, no idioma português,

7.4.5. CONCLUSÃO GERAL

A utilização de acordos de acionistas é a consagração de que o sócio estatal age como um sócio privado qualquer no interior da empresa privada. Embora os acordos de acionistas tenham por função assegurar certos direitos ao sócio estatal, isso se faz exatamente da mesma forma que se aplica a qualquer acionista, de qualquer companhia privada. Além disso, o acordo de acionistas não deixa de beneficiar também o sócio privado, uma vez que proporciona maior segurança jurídica ao relacionamento entre os sócios.

Os acordos de acionistas são um instrumento de direito privado em sua essência. O sócio estatal, no âmbito do acordo de acionistas, está despido de qualquer poder decorrente de sua integração à estrutura estatal. Há paridade entre os sócios de uma empresa privada, e o acordo de acionistas é um instrumento que consagra essa composição. Do contrário, não existiria um verdadeiro acordo de acionistas. No máximo, o acordo seria uma declaração de que o Estado "tentaria" se ater aos limites previstos naquele instrumento – o que, evidentemente, é incompatível com o funcionamento de uma empresa privada que não integra a estrutura da Administração Pública.

com três árbitros, sendo um escolhido por cada parte e o Presidente eleito pelos árbitros indicados pelas partes".

CAPÍTULO 8
O MECANISMO DAS *GOLDEN SHARES*

8.1. A ORIGEM DAS *GOLDEN SHARES*: BREVE MENÇÃO DE DIREITO COMPARADO

8.1.1. NOÇÃO GERAL

As *golden shares* – ou ações de classe especial – podem ser um mecanismo útil para que o Estado exerça determinados poderes no âmbito das empresas privadas.

Figura criada no processo de privatização do Reino Unido com a finalidade de garantir ao Estado algumas prerrogativas na condução das empresas recém-privatizadas, as *golden shares* foram utilizadas por diversos outros países. Foram úteis inclusive no processo de privatização brasileiro, que ganhou corpo no início da década de 1990.

Assim, cabe estudar mais detalhadamente esse mecanismo. Evidentemente, não se pretende esgotar a temática das *golden shares*, cuja utilização nem sequer é restrita às empresas com participação estatal – como demonstram alguns exemplos concretos que serão referidos abaixo. Pretende-se apenas apontar alguns fundamentos de compatibilização da figura às empresas privadas com participação estatal que são o objeto deste estudo.

8.1.2. A CONCEPÇÃO DAS *GOLDEN SHARES*

As *golden shares* foram criadas no Reino Unido para atender a algumas demandas econômicas e políticas que surgiram no processo de privatização de empresas que eram controladas pelo Estado[536].

Em virtude da crise de financiamento do Estado ocorrida na década de 1970, entendeu-se que uma das soluções seria conter os gastos públicos com as companhias sob controle estatal. Assim, a partir de 1979, o Governo Thatcher instituiu uma política de transferência desses ativos à iniciativa privada, que supunha-se ter melhor capacidade de geri-los. Ao mesmo tempo, obtinha-se com essa medida a desoneração dos cofres públicos[537].

Por outro lado, várias empresas sob controle estatal tinham uma *importância estratégica* e destinavam-se a perseguir *valores fundamentais* para o Estado. Havia a preocupação de que os novos controladores, privados, não teriam nenhum incentivo a zelar pelos interesses nacionais envolvidos nessas companhias.

Assim, a política de privatização precisava conciliar (i) a presumida maior eficiência econômica da iniciativa privada com (ii) a proteção de interesses estratégicos do Estado e ao bem-estar agregado às companhias que seriam transferidas ao controle privado. Justamente para atingir esses objetivos, foi concebido o instrumento das *golden shares*. Por meio da detenção de *golden shares* pelo Estado nas companhias privatizadas, o poder público, ao mesmo tempo em que permitia a assunção do controle pela iniciativa privada, com a consequente desoneração dos cofres públicos, teria prerrogativas específicas no interior da companhia como forma de resguardar os interesses estratégicos do Estado nas atividades, mas sempre sem prejudicar o funcionamento da empresa.

Em outras palavras, apesar de ser necessária a transferência do controle de certas companhias à iniciativa privada, o Estado entendia que era

[536] PELA, Juliana Krueger. *As golden shares no direito societário brasileiro*, p. 24-32; RODRIGUES, Nuno Cunha. *"Golden shares"*: as empresas participadas e os privilégios do Estado enquanto acionista minoritário, p. 262-272.

[537] Segundo Nuno Cunha Rodrigues, "em 1979, com a chegada ao poder do governo conservador de Margaret Thatcher, é apresentado um ambicioso programa de privatizações que abriu à iniciativa privada sectores tradicionalmente públicos, nomeadamente os serviços prisionais" (*"Golden shares"*: as empresas participadas e os privilégios do Estado enquanto acionista minoritário, p. 265).

imprescindível manter um certo grau de intervenção estatal em virtude da importância estratégica das empresas para a economia e para a satisfação de necessidades essenciais. Não se podia permitir, por exemplo, que as companhias recém-privatizadas tivessem suas atividades interrompidas ou que o seu controle acionário fosse adquirido por estrangeiros, possivelmente por meio de aquisição hostil[538].

8.1.3. AS *GOLDEN SHARES* NO REINO UNIDO

A *golden share* instituída no processo de privatização do Reino Unido tratava-se de uma ação preferencial resgatável, com valor nominal de £1,00 (uma libra), que atribuía ao seu titular – o Estado – determinadas prerrogativas, que variavam de acordo com a empresa que fosse privatizada, mas que em geral consistiam em: (i) aprovação de reformas estatutárias que tivessem por objeto os artigos relativos à *golden share* ou aqueles que impusessem limites à titularidade de ações; (ii) veto em relação a deliberações sobre a dissolução da companhia ou a criação de novas ações; (iii) aprovação da transferência de parte significativa dos ativos da companhia;

[538] Oferta hostil é aquela que ocorre normalmente mediante oferta pública realizada por um proponente interessado em adquirir ações de emissão da companhia aberta (companhia-alvo ou *target*) diretamente dos acionistas, com objetivo de aquisição de controle, e não apenas para a assunção de uma posição minoritária. Geralmente, a oferta hostil para aquisição de controle se dá por meio de valor acima daquele de mercado, com resistência da companhia-alvo (VAZ, Ernesto Luís Silva; NASCIMENTO, João Pedro Barroso do. Poderes da administração na oferta hostil de aquisição de controle no direito comparado: medidas defensivas e *poison pills*. In: FRANÇA, Erasmo Valladão Azevedo e Novaes (coord.) *Direito societário contemporâneo I*, p. 388-389). Fábio Konder Comparato relata que as ofertas hostis (*take-over bids*) teriam surgido na Inglaterra, sendo reguladas inicialmente pelo Companies Act de 1929 ("Take-over" bids ou a desforra do acionista. In: *Aspectos jurídicos da Macro-Emprêsa*, p. 33). As medidas defensivas contra as ofertas hostis teriam sido concebidas em 1974 por Robert Greenhill e Joseph Flom, em Nova Iorque, segundo nota de Gustavo Santamaría Carvalhal Ribas (Das aquisições hostis na prática norte-americana e a perspectiva brasileira. *RDM* 141/124). As *golden shares*, concebidas anos depois, também podem ser medidas protetivas colocadas à disposição do sócio estatal contra ofertas de aquisição hostil do controle de empresas em que o Estado tenha algum interesse especial.

e (iv) adoção de procedimentos específicos para evitar nova transferência do controle das empresas privatizadas[539-540].

As *golden shares* foram emitidas por várias companhias no Reino Unido com o objetivo de garantir ao Estado certas prerrogativas que se reputavam relevantes em cada situação concreta[541].

É interessante observar que, a despeito de ser um mecanismo largamente empregado no processo de privatização do Reino Unido, poucas vezes o Estado invocou as prerrogativas que lhe eram asseguradas pelas *golden shares*[542].

Um caso bastante ilustrativo dessa circunstância diz respeito à oferta de aquisição de ações da Britoil apresentada em 1987 pela British Petroleum. O Estado cogitou vetar a operação em virtude do risco de concentração do mercado de atividades petrolíferas, em especial das reservas no Mar do Norte. Mesmo assim, a British Petroleum manteve sua oferta. Com isso, foram iniciadas negociações entre ela e o Estado, que resultaram em um acordo político no qual a British Petroleum se comprometeu a não demitir empregados e não alienar ativos de titularidade da Britoil.

539 PELA, Juliana Krueger. *As golden shares no direito societário brasileiro*. São Paulo: Quartier Latin, 2012, p. 26.

540 Basicamente, dois procedimentos eram instituídos com a finalidade de evitar a transferência do controle das empresas privatizadas: (i) assegurar ao Estado, por ficção, a maioria dos votos em qualquer deliberação assemblear que fosse relevante em relação ao tema (tal como se utilizou nas privatizações da Britoil e da Enterprise Oil), e (ii) inclusão, no estatuto, de regra segundo a qual os administradores deveriam tomar certas providências caso algum acionista se tornasse titular de ações representativas de mais de 15% do capital votante (sendo essas providências a notificação para venda das ações em determinado prazo, bem como a venda forçada em caso de recusa ou atraso por parte do acionista notificado). Esse último mecanismo foi o mais comum segundo Cosmo Graham e Tony Prosser (PELA, Juliana Krueger. *As golden shares no direito societário brasileiro*, p. 27).

541 Na primeira fase de privatização (1979-1983), as *golden shares* foram emitidas nas seguintes companhias: British Aerospace, Cable & Wireless, Amsterdam International e Britoil. Na segunda fase (1984-1989), as seguintes companhias as emitiram: Sealink, Enterprise Oil, Jaguar, British Telecom, British Gas, Rolls-Royce, British Airports Authority, British Petroleum e British Steel. Finalmente, na terceira etapa (iniciada em 1989), outras companhias passaram a contar com *golden shares*, tais como a National Power, privatizada em 1993 (PELA, Juliana Krueger. *As golden shares no direito societário brasileiro*, p. 28-29).

542 Uma dessas poucas vezes consistiu no veto manifestado pelo Estado britânico à oferta de aquisição de ações apresentada pela empresa americana Southern Company à National Power (cf. RODRIGUES, Nuno Cunha. *"Golden shares"*: as empresas participadas e os privilégios do Estado enquanto accionista minoritário, p. 269).

O Estado, por outro lado, comprometeu-se a não impedir a aquisição e a considerar o resgate da *golden share* em breve. Veja-se, contudo, que se tratou de um acordo político, e não do exercício dos poderes assegurados pela *golden share*. De todo modo, a simples detenção da *golden share* pelo Estado não foi irrelevante: indiretamente, ela permitiu que o Estado tivesse maior poder de negociação para uma solução consensual que garantisse os objetivos estratégicos buscados (no caso, o interesse em evitar a concentração do mercado).

Portanto, ainda que na prática tenham sido raros os casos em que o Estado britânico exerceu as prerrogativas garantidas pelas *golden shares* em empresas privatizadas, a simples potencialidade de o Estado exercer as prerrogativas que lhe eram conferidas já tinha o efeito de desestimular certas condutas que os agentes econômicos sabiam que poderiam ser vetadas. No mínimo, criava-se um ambiente propício à celebração de acordos (como os que ocorreram no caso mencionado acima, bem como na aquisição da Jaguar pela Ford)[543].

8.1.4. AS *GOLDEN SHARES* NA FRANÇA

Na mesma época em que foi criado no Reino Unido, o mecanismo das *golden shares* também passou a ser utilizado por outros países. O objetivo era sempre o de garantir certos interesses estratégicos dos Estados no processo de privatização de empresas até então sob controle estatal.

Na França, a chamada *action spécifique* foi instituída pela Lei nº 86-912, de 6 de agosto de 1986, durante a primeira etapa de privatizações naquele país. Cabia ao Ministro da Economia definir, em cada caso de privatização, se a proteção ao interesse nacional demandava a criação de uma *action spécifique*. Em caso positivo, a *action* seria criada por ato ministerial. Normalmente, garantia-se ao Estado a prerrogativa de aprovar previamente a participação de certas pessoas ou grupos na companhia.

Em 1993, com a edição da Lei nº 93-923, deu-se início à segunda etapa de privatizações na França, alterando-se a disciplina de certos mecanismos instituídos pela legislação anterior. A *action spécifique* passaria a ser instituída por decreto, e não mais por ato ministerial, e poderia conferir mais

[543] Sobre este ultimo caso, confira-se: PELA, Juliana Krueger. *As golden shares no direito societário brasileiro*, p. 30-31.

direitos, tais como (i) aprovação prévia da participação de certos grupos, (ii) nomeação de um ou mais membros do Conselho de Administração ou do Conselho Fiscal, e (iii) veto em determinadas deliberações, notadamente quando envolviam a cessão ou oneração de ativos da companhia[544].

As prerrogativas, contudo, nem sempre foram exercidas pelo Estado francês, ainda que em razão de fatores externos, como a preocupação da Corte de Justiça da União Europeia com o fato de que as ações com poderes especiais poderiam ser discriminatórias e, portanto, contrárias aos propósitos de integração comunitária[545]. Em outras situações, mecanismos alternativos acabaram servindo aos mesmos propósitos – como a constituição de núcleos duros (*noyaux durs*) de acionistas que se comprometiam por acordos parassociais (acordos de acionistas) a manter as suas ações, o que permitia maior estabilidade da estrutura do capital das companhias privatizadas[546].

8.1.5. AS *GOLDEN SHARES* NA ITÁLIA

Na Itália, foi instituído um mecanismo semelhante em 1994, pelos chamados *poteri speciali* (previstos no Decreto-Lei nº 332, posteriormente convertido na Lei nº 474, do mesmo ano).

Os *poteri speciali*, contudo, não exigiam que o Estado fosse titular de ações das companhias privatizadas. Normalmente, tratava-se da previsão estatutária de certas prerrogativas atribuídas ao Ministro da Fazenda, que deveria exercê-las em conjunto com outros Ministros, sempre com vistas a objetivos nacionais de ordem econômica e industrial. Em cada privati-

[544] Segundo Nuno Cunha Rodrigues: "Os direitos inerentes às acções específicas eram substancialmente inferiores aos das congéneres *golden-shares*, permitindo ao Ministro da Economia Francês vetar a aquisição de participações sociais superiores a 10% por parte de uma ou várias entidades actuando concertadamente" (*"Golden shares"*: as empresas participadas e os privilégios do Estado enquanto accionista minoritário, p. 276).

[545] No caso da aquisição da Elf-Aquitaine pelo grupo TotalFina, por exemplo, o Estado francês deixou de exercer sua prerrogativa de veto em virtude dos questionamentos que foram feitos em relação a uma possível violação do tratado comunitário (ainda em 1999). Em 2002, a Corte de Justiça da União Europeia viria a reconhecer que a *action spécifique* naquele caso violava o Tratado de instituição da Comunidade Europeia, o que levou à revogação do decreto que a instituiu.

[546] PELA, Juliana Krueger. *As golden shares no direito societário brasileiro*, p. 39.

zação, cabia ao Ministro da Fazenda estabelecer por decreto os poderes que pretendia assegurar ao Estado[547].

O exercício dos *poteri speciali* foi questionado à luz dos princípios do direito comunitário europeu, notadamente os da livre circulação e da livre iniciativa. Assim, em 1999 e 2000, o Presidente do Conselho de Ministros editou dois decretos destinados a compatibilizar os *poteri speciali* com esses princípios. Previu-se que o exercício dos poderes em questão se submetia aos casos e limites, inclusive temporais, previstos nos estatutos sociais, sempre devendo ser observados os princípios da não discriminação e de vinculação aos motivos de interesse geral que serviram de fundamento para a sua previsão estatutária – motivos esses relacionados à ordem pública, segurança, saúde e defesa nacionais[548].

Em 2003, a Lei nº 350, de 24 de dezembro, introduziu algumas inovações. Previu, por exemplo, que o exercício dos poderes de oposição à participação relevante e de oposição à celebração de acordos de acionistas deveria ser devidamente justificado, com a demonstração de que os atos objeto da oposição seriam prejudiciais a interesses vitais do Estado. Em consequência, assegurou-se aos sócios contrários o direito de impugnar a decisão perante as autoridades jurisdicionais competentes.

8.1.6. OS QUESTIONAMENTOS DEDUZIDOS PERANTE AS CORTES DA UNIÃO EUROPEIA

Outros países europeus também adotaram o mecanismo das *golden shares*, ainda que com outras denominações: Alemanha (*goldene Aktie e Spezialaktie*), Bélgica (*action spécifique*), Portugal (*ações preferenciais*), Espanha (*regime administrativo de controle específico*), entre outros.

Com isso, várias situações foram levadas a julgamento pelas cortes da União Europeia. Questionava-se não apenas o suposto caráter discriminatório dos poderes assegurados pelas *golden shares* (discriminação aqui compreendida como previsão de restrições em virtude da nacionalidade das empresas, o que era contrário aos propósitos de integração comunitária), mas também a própria necessidade e utilidade das prerrogativas estabele-

[547] Com os *poteri speciali*, buscava-se "adaptar e incorporar o regime das *golden-shares* no ordenamento jurídico italiano" (RODRIGUES, Nuno Cunha. *"Golden shares"*: as empresas participadas e os privilégios do Estado enquanto accionista minoritário, p. 290).

[548] PELA, Juliana Krueger. *As golden shares no direito societário brasileiro*, p. 45.

cidas em cada caso (com fundamentos similares à violação dos postulados da razoabilidade e da proporcionalidade).

Entendemos que as alegações relacionadas à integração comunitária são menos relevantes aos propósitos do presente trabalho e por isso não serão aqui referidas. Já em relação aos questionamentos relativos à utilidade e necessidade dos poderes assegurados pelas *golden shares*, cabem alguns comentários.

No processo nº C-483/99, iniciado contra a França, a Comissão da Comunidade Europeia entendeu que os poderes conferidos ao Estado Francês pela *action spécifique* detido por ele junto à Elf-Aquitaine, além de representarem um obstáculo à integração comunitária, não tiveram sua necessidade e adequação comprovadas (a alegação da França era a de que os poderes tinham por objetivo salvaguardar a segurança pública). Além disso, considerou-se que os poderes poderiam ser exercidos de forma abusiva, uma vez que não haviam sido fixados critérios objetivos e específicos para o seu exercício[549].

No processo nº C-463/00, em que se questionavam os poderes garantidos por *golden shares* do Estado Espanhol em uma série de companhias privatizadas, a Comissão igualmente entendeu que o procedimento previsto para o exercício dos poderes estatais concedia às autoridades uma excessiva margem de discricionariedade, tudo em razão da ausência de critérios claros e amplamente divulgados[550].

Vários outros julgamentos foram realizados. Entretanto, esses dois são os mais relevantes ao presente trabalho pelo fato de se ter entendido pela possibilidade de questionar o próprio conteúdo das prerrogativas asseguradas ao Estado por meio de *golden shares*. Entendeu-se que não poderiam ser aceitas prerrogativas desnecessárias ou que permitissem o seu exercício sem um mínimo de clareza e previsibilidade. Trata-se de questões bas-

[549] No caso, garantiam-se ao Estado Francês os seguintes poderes: (i) aprovação prévia da aquisição de títulos representativos de 1/10, 1/5 ou 1/3 do capital social total da companhia ou de seu capital votante; (ii) nomeação de dois representantes para o Conselho de Administração da Sociedade, (iii) oposição à cessão ou oneração das participações societárias majoritárias detidas pela companhia nas sociedades Elf-Aquitaine Production, Elf-Antar France, Elf-Gabon S.A. e Elf-Congo S.A. (cf. PELA, Juliana Krueger. *As golden shares no direito societário brasileiro*, p. 52).

[550] PELA, Juliana Krueger. *As golden shares no direito societário brasileiro*, p. 59.

tante relevantes ao emprego das *golden shares* nas empresas privadas com participação estatal, conforme será demonstrado abaixo.

8.2. A EXPERIÊNCIA DAS *GOLDEN SHARES* NO PROCESSO BRASILEIRO DE PRIVATIZAÇÕES

8.2.1. A PREVISÃO NA LEI Nº 8.031, DE 1990

No Brasil, a figura das *golden shares* surgiu sob a denominação de "ação de classe especial". Sua primeira previsão expressa ocorreu com a Lei nº 8.031, de 12 de abril de 1990, que instituiu o Programa Nacional de Desestatização – PND[551].

Na época, deu-se início a um intenso processo de privatizações, que incluíam a alienação a particulares dos direitos que garantiam à União o controle acionário sobre uma série de empresas. Entretanto, havia uma preocupação com interesses estratégicos da União, que poderiam ser afetados após a alienação de suas ações. Assim, previu-se que a União, por sugestão da Comissão Diretora do PND, poderia reservar a si uma ação de classe especial.

O artigo 6º, inciso XIII, da Lei nº 8.031 previa o seguinte: "Compete à Comissão Diretora do Programa Nacional de Desestatização: (...) XIII – sugerir a criação de ações de classe especial e as matérias que elas disciplinarão, nas condições fixadas nos §§ 1° e 2° deste artigo". O § 2º previa que a ação de classe especial apenas poderia ser subscrita pela União. Já o § 1º foi vetado, sob o entendimento de que os poderes conferidos pelas ações de classe especial eram excessivos[552].

Em decorrência desse veto, a Lei nº 8.031 acabou não disciplinando as hipóteses que justificariam a emissão de ações de classe especial. Tam-

[551] Não é objetivo deste trabalho examinar o processo de privatizações no Brasil. Acerca da polissemia do conceito de privatizações, confira-se: DI PIETRO, Maria Sylvia. *Parcerias na Administração Pública*. 7.ed., p. 5-8. Sobre o mesmo assunto em Portugal, confira-se: OTERO, Paulo. *Privatizações, reprivatizações, e transferências de participações sociais no interior do sector público*. Coimbra: Coimbra, 1999, p. 11-15.

[552] Indicou-se o seguinte nas razões do veto: "revelam-se excessivos os poderes conferidos aos detentores da ação de classe especial, o que redundará, à toda evidência, na redução do valor do controle acionário da empresa a ser privatizada, quando, na realidade, tais poderes devem depender das especificidades de cada empresa, tal como preceituam, de modo satisfatório, o inciso XIII do próprio art. 6º e o inciso XV do art. 21 do projeto".

pouco tratou dos poderes que poderiam ser assegurados por essas ações. O artigo 8º apenas estabeleceu que "Sempre que houver *razões que o justifiquem*, a União deterá, direta ou indiretamente, ações de classe especial do capital social de empresas privatizadas, que lhe confiram poder de veto em determinadas matérias, as quais deverão ser caracterizadas nos estatutos sociais das empresas, de acordo com o estabelecido no art. 6°, inciso XIII e §§ 1° e 2° desta lei". Logo, extrai-se do dispositivo que as ações de classe especial (i) poderiam ser emitidas pela União sempre que houvesse "razões que o justifiquem", sem mencionar precisamente quais poderiam ser esses motivos, sendo que (ii) poderiam conferir poder de veto à União, (iii) cabendo ao estatuto social estabelecer as matérias sujeitas a esse poder de veto.

O Decreto nº 1.204, que veio a regulamentar a lei em 1994, não tratou mais minuciosamente do tema. Apenas acrescentou que a criação das ações de classe especial deveria ser antecedida de um parecer fundamentado que indicasse as matérias a serem submetidas a elas e mencionasse o número de ações necessárias e a sua forma de aquisição[553]. Continuava não existindo nenhuma previsão normativa acerca das matérias que poderiam se submeter ao poder de veto da União.

8.2.2. A UTILIZAÇÃO DAS *GOLDEN SHARES* NAS PRIVATIZAÇÕES: OS CASOS CELMA, EMBRAER E VALE DO RIO DOCE

Sob as normas estabelecidas pela Lei nº 8.031, previu-se a emissão de ações de classe especial em três empresas privatizadas: (i) Companhia Eletromecânica Celma, (ii) Empresa Brasileira de Aeronáutica S.A. - Embraer, e (iii) Companhia Vale do Rio Doce.

Em relação à Celma, o edital para alienação das ações de emissão da companhia (Edital nº PND/A-02/91/CELMA) previa no item 7.1.3 que, após a privatização, seria reservada à União uma ação ordinária de classe

[553] O artigo 43 do Decreto nº 1.204 estabelecia o seguinte: "Art. 43. Havendo razões que o justifique, a União deterá ações de classe especial do capital social de sociedade privatizada, que conferirão poder de veto de determinadas matérias previstas no respectivo estatuto. § 1º As ações de classe especial somente poderão ser subscritas ou adquiridas pela União. § 2º Caberá à comissão diretora, com base em parecer fundamentado, sugerir a criação de ações de classe especial, especificar sua quantidade e as matérias passíveis de veto e estabelecer, quando for o caso, a forma de sua aquisição".

B, com direito de aprovar qualquer alteração dos artigos do estatuto social (i) que tratavam do objeto social, (ii) que estabeleciam limites para participação de companhias aéreas no capital da empresa, e (iii) que tratavam da composição do Conselho de Administração e concedia à União a prerrogativa de indicar um de seus membros.

No tocante à Embraer, o edital (de nº PND-A-05/94/Embraer) de alienação de ações previa no item 2.2.1 o seguinte: "deverá ser criada 'golden share', a ser detida exclusivamente pela União, com veto nas seguintes matérias: I – mudança do objeto social; II – alteração e/ou aplicação da logomarca da empresa; III – criação e alteração de programas militares que envolvam – ou não – a República Federativa do Brasil; IV – capacitação de terceiros em tecnologia para programas militares; V – interrupção do fornecimento de peças de manutenção e reposição de aeronaves militares; VI – transferência do controle acionário; VII – quaisquer modificações no estatuto social que alterem os arts. 9 e 15 e seus parágrafos[554], ou quaisquer vantagens, preferências ou direitos atribuídos à 'golden share'"[555].

Em relação à Vale do Rio Doce, o edital de privatização (de nº PND/A-01/97/CVRD) estabelecia que a União permaneceria titular de participação direta e indireta na empresa. A participação direta seria representada por ação de classe especial emitida pela companhia, que garantiria à União o direito de veto nas deliberações da assembleia geral que tivessem por objeto: (i) alteração da denominação social; (ii) mudança da sede social; (iii) mudança do objeto social no que se refere à exploração mineral; (iv) liquidação da companhia; (v) alienação ou encerramento de determinadas atividades; e (vi) quaisquer modificações dos direitos atribuídos à ação de classe especial da companhia. Já a participação indireta se daria por meio de ação preferencial de classe "A" emitida pela sociedade adquirente das ações objeto do leilão, e conferiria à União o direito exclusivo de deliberar

[554] Os dispositivos tratavam da composição do Conselho de Administração e atribuíam à União o direito de indicar um de seus membros e respectivo suplente.

[555] Em 1999, baseando-se justamente nas prerrogativas que lhe eram asseguradas pela ação de classe especial detida perante a Embraer, a União pretendeu vetar a alienação de 20% das ações ordinárias da companhia a um grupo francês. Houve discussão sobre se a operação enquadrava-se no conceito de transferência de controle acionário. Em parecer, Luiz Alberto da Silva entendeu que não se tratava de transferência de poder de controle (Transferência de ações ordinárias da Empresa Brasileira de Aeronáutica S.A. – Embraer – dos acionistas controladores da companhia a empresas francesas. *Revista de Direito Bancário, do Mercado de Capitais e da Arbitragem*, São Paulo, n. 8, p. 197-217, abr./jun. 2000).

sobre as seguintes matérias em Assembleia Geral: (i) alteração do objeto social; (ii) modificações nas regras sobre limites de participação individual ou conjunta de acionistas em seu capital; (iii) liquidação, dissolução, transformação, cisão, fusão ou incorporação por outra sociedade; (iv) modificações nas regras de desconcentração aplicáveis a seus acionistas; (v) alienação, oneração ou transferência de ações ordinárias ou de quaisquer valores mobiliários permutáveis em ações ordinárias do capital da Companhia Vale do Rio Doce de propriedade da sociedade, exceto ações obtidas fora do âmbito do leilão; e (vi) qualquer modificação nos direitos atribuídos à ação preferencial de classe "A". Essa ação preferencial de classe "A" emitida pela companhia vencedora do leilão vigoraria por cinco anos e seria atribuída ao BNDES Participações S.A., que deveria exercer os direitos assegurados por ela sempre no interesse da União[556].

8.2.3. OS QUESTIONAMENTOS JUDICIAIS CONTRA AS *GOLDEN SHARES*

As privatizações então realizadas geraram muitos debates, inclusive jurídicos. O processo como um todo foi altamente questionado na época, sob os mais diversos fundamentos.

Parte dos questionamentos foi voltada ao mecanismo de instituição de ações de classe especial. Duas ações questionaram o tema em conjunto a uma série de outros assuntos relacionados às privatizações.

Na ação popular (de nº 1997.39.00.12696-8), ajuizada perante a Justiça Federal do Pará, alegou-se a incompatibilidade da ação de classe especial com o direito societário brasileiro. Entretanto, a questão não chegou a ser examinada porque a ação foi julgada extinta sem julgamento do mérito, por perda de objeto, em 2001.

Na ação direta de inconstitucionalidade (de nº 1597-4), ajuizada perante o STF por partidos políticos que à época eram de oposição ao governo federal, alegou-se que a ação de classe especial não se subsumia às espécies de ações tipificadas pela lei acionária brasileira (Lei nº 6.404), o que resultaria numa ofensa ao princípio da legalidade previsto no artigo 5º, inciso II, da Constituição Federal, por parte do Decreto nº 1.204. Contudo, a alegação foi rejeitada porque a figura da ação de classe especial foi intro-

556 PELA, Juliana Krueger. *As golden shares no direito societário brasileiro*, p. 67.

duzida por lei (Lei nº 8.031), não havendo assim que se falar em ofensa ao princípio da legalidade. A alegação de incompatibilidade da ação de classe especial com a Lei nº 6.404, contudo, não foi apreciada, por não se tratar de assunto passível de questionamento por meio de uma ação direta de inconstitucionalidade[557].

Sem que os questionamentos apresentados fossem acolhidos, a privatização da Companhia Vale do Rio Doce ocorreu em 1997, sendo a Valepar S.A. a vencedora do leilão. A venda foi acompanhada pela emissão das ações de classe especial, tal como estabelecido no instrumento convocatório do certame.

8.2.4. A PREVISÃO DA LEI Nº 9.491, DE 1997

Depois da conclusão da privatização da Vale do Rio Doce, a Lei nº 8.031 foi revogada pela Lei nº 9.491, de 1997, que ampliou a abrangência do programa de privatizações. Os dispositivos que tratavam das ações de classe especial foram praticamente repetidos. Entretanto, ao se tratar das prerrogativas que poderiam ser asseguradas por essas ações, o artigo 8º da nova lei empregou o termo genérico "poderes especiais" em vez de se referir apenas ao poder de veto[558]. Essa ampliação de poderes foi contemplada também pelo decreto regulamentador (Decreto nº 2.594, de maio de 1998)[559].

Na prática, a ampliação de poderes que poderiam ser garantidos pelas ações de classe especial possibilitou que a União tivesse a prerrogativa de indicar membros para os Conselhos de Administração das empresas privatizadas. Antes da Lei nº 9.491, a União conseguia garantir esse direito ao prever a possibilidade de veto dos dispositivos dos estatutos sociais que garantiam a ela a indicação de membros do Conselho de Administração.

557 Conforme consulta realizada no *site* do STF em dezembro de 2013, a ADI nº 1.597-4 continua em tramitação, mas não há nenhuma nova decisão de mérito sobre o caso.

558 O artigo 8º da Lei nº 9.491 tem a seguinte redação: "Sempre que houver razões que justifiquem, a União deterá, direta ou indiretamente, ação de classe especial do capital social da empresa ou instituição financeira objeto da desestatização, que lhe confira poderes especiais em determinadas matérias, as quais deverão ser caracterizadas nos seus estatutos sociais".

559 Artigo 16 do Decreto nº 2.594: "Sempre que houver razões que justifiquem, a União deterá, direta ou indiretamente, ação de classe especial do capital social da empresa ou instituição financeira objeto da desestatização, que lhe confira poderes especiais em determinadas matérias, as quais deverão ser caracterizadas nos seus estatutos sociais".

Com a Lei nº 9.491, as próprias ações de classe especial poderiam garantir essa prerrogativa diretamente.

8.2.5. A EDIÇÃO DA LEI Nº 10.303, DE 2001

Posteriormente, para conferir maior estabilidade à figura das ações de classe especial, foi incluído pela Lei nº 10.303 um dispositivo na Lei nº 6.404 que tratava dessas ações. Assim, o § 7º do artigo 17 da Lei 6.404 ficou com a seguinte redação:

§ 7º Nas companhias objeto de desestatização poderá ser criada ação preferencial de classe especial, de propriedade exclusiva do ente desestatizante, à qual o estatuto social poderá conferir os poderes que especificar, inclusive o poder de veto às deliberações da assembléia-geral nas matérias que especificar.

As novidades dessa previsão consistem em estabelecer (i) que a ação de classe especial deve ser uma ação preferencial (antes, poderia ser também uma ação ordinária), e (ii) que outros entes além da União podem deter ações de classe especial em empresas privatizadas (uma vez que não se restringe mais essa possibilidade apenas à União)[560].

Atualmente, o Regulamento do Novo Mercado da BOVESPA contempla a possibilidade de emissão de ações de classe especial, que, portanto, são uma figura compatível com as diretrizes do Novo Mercado[561].

[560] CARVALHOSA, Modesto; EIZIRIK, Nelson. *A nova lei das S.A.*. São Paulo: Saraiva, 2002, p. 109-117. Segundo Juliana Krueger Pela: "Ao admitir que qualquer 'companhia objeto de desestatização' 'poderá criar ações de classe especial', a Lei nº 10.303/01 estendeu a aplicação do instrumento – restrita nas Leis nº 8.031/90 e 9.491/97 às companhias controladas pela União Federal – às empresas sujeitas a processos de privatização nas esferas estaduais e municipais" (*As golden shares no direito societário brasileiro*, p. 143).

[561] O item 2.1 do Regulamento do Novo Mercado contém a seguinte definição: "'Ações em Circulação' significa todas as ações emitidas pela Companhia, excetuadas as ações detidas pelo Acionista Controlador, por pessoas a ele vinculadas, por Administradores da Companhia, aquelas em tesouraria e *preferenciais de classe especial* que tenham por fim garantir direitos políticos diferenciados, sejam intransferíveis e de propriedade exclusiva do ente desestatizante". O item 3.1 estabelece como requisitos para se obter autorização para operar no Novo Mercado, dentre eles o do nº VII: "tenha seu capital social dividido exclusivamente em ações ordinárias, exceto em casos de desestatização, se se tratar de *ações preferenciais de classe especial* que tenham por fim garantir direitos políticos diferenciados, sejam intransferíveis e

8.2.6. A UTILIZAÇÃO DE *GOLDEN SHARES* EM EMPRESAS PRIVADAS SEM RELAÇÃO COM O PROCESSO DE PRIVATIZAÇÕES

Muito embora as Leis nº 9.491 e 10.303, assim como o Regulamento do Novo Mercado da BOVESPA, tratem das ações de classe especial somente em conexão com processos de privatização, o instrumento é utilizado em sociedades anônimas sem qualquer relação com as desestatizações.

Muito emblemática é a situação da Companhia Brasileira de Liquidação e Custódia – CBLC, que presta os serviços de compensação, liquidação, custódia e depósito no mercado de capitais brasileiro. Ela emitiu uma ação de classe especial em favor da própria BOVESPA como forma de (i) assegurar a continuidade dos serviços que presta e (ii) permitir certa ingerência na participação. Com isso, a BOVESPA tem o direito de (i) eleger dois membros titulares e um suplente do Conselho de Administração; e (ii) aprovar por votação em separado uma série de matérias, tais como a alteração da denominação, da sede e do objeto social, liquidações, fusões, cisões e incorporações.

Outro exemplo, que tem relevância ao presente trabalho, é o da Bicicletas Caloi S.A., que passava por uma grave crise. Assim, atribuiu-se uma ação preferencial de classe especial à sociedade encarregada da gestão temporária da companhia, que lhe garantia certas prerrogativas. O objetivo era permitir a ampliação dos poderes e atribuições da administração da sociedade, e a consequente limitação das prerrogativas do então controlador, a fim de facilitar operações destinadas à recuperação da empresa.

Portanto, a utilização de *golden shares* foi ampliada para abranger empresas privadas que jamais estiveram sob controle estatal. Os detentores das *golden shares*, no caso, eram pessoas distintas do Estado, mas que possuíam algum interesse em decisões estratégicas das empresas. Isso faz com que o instrumento das ações de classe especial seja empregado para a internalização à companhia de determinados interesses que não são necessariamente estatais, e sim que se relacionam com as atividades empresariais.

de propriedade do ente desestatizante, devendo referidos direitos ter sido objeto de análise prévia pela BM&BOVESPA".

8.3. A COMPATIBILIDADE DAS *GOLDEN SHARES* E SEU ENQUADRAMENTO NO DIREITO BRASILEIRO

A aceitação da figura das *golden shares* não é unânime. Questiona-se a sua compatibilidade com determinadas regras e princípios do direito societário. Além disso, há o problema de se saber em que situações as *golden shares* podem ser utilizadas. Isso porque se trata de figura criada especificamente para ser empregada na privatização de empresas estatais, mas sua utilização extrapolou esse âmbito.

Assim, é necessário tratar da compatibilidade das *golden shares* com os princípios e regras do direito societário, bem como expor em mais detalhes o enquadramento dessa figura no direito brasileiro. Evidentemente, não é objeto deste estudo tratar de toda a problemática relacionada à figura das *golden shares*, o que certamente demandaria um trabalho específico. De todo modo, algumas considerações são relevantes para uma melhor compreensão das potencialidades relacionadas à utilização de *golden shares* nas empresas privadas com participação estatal.

8.3.1. QUESTIONAMENTOS ACERCA DAS *GOLDEN SHARES*

Vários questionamentos são dirigidos à figura das *golden shares*.

Alega-se que as *golden shares* seriam incompatíveis com diversos *princípios de direito societário*, tais como (i) a necessidade de haver proporcionalidade entre direitos e participação acionária; (ii) a impessoalidade da participação acionária; (iii) a igualdade entre os acionistas; (iv) a regra de que as deliberações devem ser tomadas por maioria; (v) a livre circulação de títulos acionários; e (vi) a tipicidade das espécies e classes de ações.

Além disso, as *golden shares* (i) descaracterizariam o tipo "sociedade anônima" por comprometer a função organizativa da divisão do capital social em partes iguais; (ii) comprometeriam a eficiência do funcionamento do mercado de ações; e (iii) provocariam a subordinação dos interesses da sociedade a pretensões externas à empresa, o que também seria indevido[562].

[562] A sistematização das críticas à figura das *golden shares* é realizada por Juliana Krueger Pela (*As golden shares no direito societário brasileiro*, p. 83-97).

Entretanto, as normas que regem as sociedades no Brasil, inclusive em vigor desde antes da edição da Lei nº 10.303, englobam regras e princípios que são compatíveis com as *golden shares.*

8.3.2. COMPATIBILIDADE COM AS REGRAS E PRINCÍPIOS DO DIREITO SOCIETÁRIO BRASILEIRO

8.3.2.1. A questão da proporcionalidade entre direitos e participação acionária

Poderia se dizer que as *golden shares* violariam o princípio da proporcionalidade entre direitos do sócio e participação acionária. Esse princípio seria contemplado pela regra geral do "*one share, one vote*".

Nesse sentido, o artigo 110 da Lei nº 6.404 estabelece que a cada ação corresponde um voto nas deliberações sociais, sendo vedada a atribuição de voto plural a qualquer classe de ações. Além disso, o artigo 109, § 1º, prevê que as ações de cada classe conferirão iguais direitos aos seus titulares.

É importante notar, portanto, que essa igualdade de direitos se aplica dentro "de cada classe", ou seja, é admissível que determinada espécie ou classe de ações apresente direitos diversos das demais, como ocorre com as ações preferenciais, que podem ser privadas do direito de voto ou podem ter esse direito conferido com restrições (artigo 111 da Lei nº 6.404).

Outro exemplo de desproporção é a diferenciação de direitos por classes de ações, tanto ordinárias (artigo 16 da Lei nº 6.404) quanto preferenciais (artigo 18 da mesma lei).

Portanto, o direito brasileiro admite arranjos de poder desproporcionais ao número de ações, ainda que com determinadas limitações.

A previsão de direitos extraordinários ao detentor de *golden shares* apresenta substancialmente a mesma natureza das exceções mencionadas acima. Se se admite a criação de espécie de ação com direito de voto restrito ou até mesmo sem direito a voto, como ocorre com as ações preferenciais, não há motivo para se rejeitar a instituição de uma classe de ações que confiram direitos de voto especiais, em desproporção com a sua representatividade no capital social.

8.3.2.2. A questão da igualdade entre os acionistas

Outra oposição à figura das *golden shares* consistiria em dizer que elas violam o princípio da igualdade entre os acionistas. Assim, seria vedado instituir diferenças entre os acionistas, bem como atribuir-lhes direitos e deveres distintos.

Entretanto, se existe um direito à igualdade nas sociedades, ele é relativo e se aplica a cada espécie e classe de ações. Reitere-se que o artigo 109, § 1º, da Lei nº 6.404, estabelece que "as ações *de cada classe* conferirão iguais direitos aos seus titulares".

Assim, como o princípio da igualdade não tem alcance irrestrito de acordo com a legislação que rege o direito societário, a figura das *golden shares* não o viola. A atribuição de direitos a classes diferentes de ações é plenamente compatível com o ordenamento.

8.3.2.3. A questão da deliberação por maioria

Poderia se afirmar também que *golden shares* violam o princípio de que as deliberações sejam tomadas pela maioria dos votos. Isso porque as ações de classe especial permitem que certas decisões sejam tomadas sem uma maioria formada.

Entretanto, também não há nenhuma violação a esse princípio.

Segundo o princípio majoritário que rege as sociedades, as deliberações são tomadas por maioria de votos e vinculam todos os acionistas da sociedade. Nesse sentido, o *caput* do artigo 129 da Lei nº 6.404 estabelece que: "As deliberações na assembleia-geral, ressalvadas as exceções previstas em lei, serão tomadas por maioria absoluta de votos, não se computando os votos em branco".

Primeiramente, note-se que o artigo 129 da Lei nº 6.404 já prevê que a necessidade de deliberação por maioria absoluta de votos pode ser excepcionada. O § 1º do próprio artigo 129 estabelece que "O estatuto da companhia fechada pode aumentar o quórum exigido para certas deliberações, desde que especifique as matérias". Ou seja, nem sempre as deliberações serão tomadas por maioria absoluta. Algumas dependerão de um quórum qualificado. Há até mesmo situações em que o consentimento deve ser unânime para a tomada de certas decisões, a fim de se resguardar os direitos individuais dos acionistas[563].

Há previsões também no sentido de que certas deliberações, ainda que tomadas pela maioria, podem ser vetadas. Esse direito de veto pode ser atribuído a uma espécie ou classe de ações (artigo 18 da Lei nº 6.404). Pode resultar também de elevação do quórum de deliberação (artigo 129, § 1º, da lei), ou também de acordo de acionistas (artigo 118, *caput*, da mesma lei). Também nesses casos uma deliberação não será eficaz, ainda que tomada pela maioria, o que significa que o princípio majoritário não é absoluto.

As *golden shares* contemplam direitos semelhantes a esses. Os exemplos já mencionados acima em relação a empresas privatizadas no Brasil demonstram que as *golden shares* preveem direitos de veto a determinadas matérias, o que é compatível com os dispositivos aqui mencionados. Não há que se falar, portanto, em violação ao princípio majoritário, que não é absoluto.

8.3.2.4. *O problema da tipicidade das espécies e classes de ações*

Como mencionado acima ao se expor a utilização das *golden shares* no processo de privatização, a figura chegou a ser questionada judicialmente sob a alegação de que violaria o princípio da tipicidade das ações vigente no direito brasileiro. Na época, ainda não havia sido editada a Lei nº 10.303, que introduziu o § 7º ao artigo 17 da Lei nº 6.404 – dispositivo que contém regra geral sobre a possibilidade de instituição de ações de classe especial no âmbito de empresas privatizadas.

Na realidade, a Lei nº 10.303, conforme também já exposto, não introduziu alterações relevantes em relação às ações de classe especial. Apenas ampliou o âmbito de sua utilização aos Estados e Municípios, bem como previu que elas seriam ações preferenciais.

De todo modo, ao menos parte da doutrina entende que a Lei nº 6.404 já possibilitava a utilização de ações de classe especial mesmo antes da edição da Lei nº 10.303. Isso porque já se contemplava a possibilidade de

[563] São os casos de mudança de nacionalidade de companhia brasileira (artigo 72 do Decreto-lei nº 2.627), alteração estatutária relacionada à diversidade de classes de ações ordinárias (artigo 16, parágrafo único, da Lei nº 6.404), aprovação do projeto dos estatutos sociais na constituição da sociedade (artigo 87, § 2º, da mesma lei), e transformação da companhia em outro tipo, quando não previsto no estatuto social (artigo 221 da Lei nº 6.404).

previsão de certos direitos que são justamente os mais comuns na prática das *golden shares* no direito brasileiro[564].

De fato, vigora no Brasil o princípio da tipicidade de classes e espécies de ações, sendo vedado que as sociedades anônimas emitam ações atípicas[565]. As três únicas espécies de ações, de acordo com o artigo 15 da Lei nº 6.404, são as ordinárias, as preferenciais e as de fruição. As ações ordinárias conferem direito de voto. As preferenciais se distinguem por atribuir vantagens adicionais em relação às ordinárias, mas podem ter o direito de voto limitado parcial ou integralmente em determinadas situações. Já as ações de fruição são recebidas pelos acionistas em substituição às ações de outra espécie em virtude de sua amortização, mas estão em desuso no Brasil.

Mesmo antes da previsão de uma "ação de classe especial", o fato é que as ações ordinárias e preferenciais já poderiam contemplar certos direitos especiais.

Em relação às ações ordinárias, o artigo 16 da Lei nº 6.404 prevê que as ações ordinárias de companhia fechada podem ser de classes diversas em função de três fatores: (i) conversibilidade em ações preferenciais; (ii) exigência de nacionalidade brasileira do acionista; e (iii) direito de voto em separado para o preenchimento de determinados cargos de órgãos administrativos. De acordo com a Exposição de Motivos da lei, esse dispositivo foi introduzido com o objetivo de permitir "a composição ou conciliação de interesses e a proteção eficaz de condições acordadas" nas "associações de diversas sociedades em empreendimento comum (*joint venture*)".

Logo, podem ser identificadas semelhanças entre essa função conciliatória das classes de ações ordinárias e as razões que justificam a previsão de *golden shares*. Assim como as classes de ações ordinárias, as *golden shares* procuram compor interesses distintos, de modo que as decisões sociais devem levar em conta certos interesses que, de outra forma, não seriam

[564] CARVALHOSA, Modesto. *Comentários à lei de sociedades anônimas*. v.1. 4.ed. São Paulo: Saraiva, 2002, p. 165.

[565] Há um consenso doutrinário sobre esse assunto, mesmo antes da Lei nº 6.404, quando ainda estava em vigor o Decreto-lei nº 2.627. A título exemplificativo, confiram-se as seguintes obras: COSTA, Philomeno Joaquim da. *Anotações às companhias*. v. I. São Paulo: RT, 1980, p. 268; PEIXOTO, Carlos Fulgêncio da Cunha. *Sociedades por ações*. v. 1. São Paulo: Saraiva, 1972, p. 120; VALVERDE, Trajano de Miranda. *Sociedades por ações*. v. I. 3.ed. Rio de Janeiro: Forense, 1959, p. 125-128.

ponderados. Nas empresas privatizadas, há os interesses do grupo que adquiriu o controle da companhia e os interesses do Estado. Nas empresas privadas que não passaram por um processo de privatização, há, por exemplo, os interesses do controlador da sociedade e os interesses de terceiros que mantêm relações com a empresa[566].

Além dessa semelhança em termos funcionais, a classe de ações ordinárias prevê o direito de eleger os administradores da companhia. Trata-se de um poder que caracteriza também as *golden shares*. Assim, já se admitia a emissão de ações ordinárias em companhias fechadas que tinham o conteúdo de *golden shares*[567].

Já em relação às ações preferenciais, o artigo 18 da Lei nº 6.404 prevê que o estatuto da companhia pode assegurar a uma ou mais classes de ações preferenciais os seguintes direitos: (i) eleição, em separado, de um ou mais membros dos órgãos da administração; e (ii) aprovação, em assembleia geral, de alterações estatutárias[568]. De acordo com a Exposição de Motivos da lei, o dispositivo foi introduzido para sancionar "práticas usuais, inclusive nas participações do Banco Nacional de Desenvolvimento Econômico – BNDE", mas que não contavam com previsão expressa no Decreto-lei nº 2.627.

Esses direitos políticos que podem ser conferidos às ações preferenciais com base no artigo 18 da Lei nº 6.404 são idênticos aos que costumam ser contemplados nas *golden shares*, conforme se verificou na exposição acima sobre a experiência de utilização das ações de classe especial. O direito de aprovar alterações estatutárias em assembleia especial inclusive equipara-

566 PELA, Juliana Krueger. *As golden shares no direito societário brasileiro*, p. 146.

567 Como sustenta Juliana Krueger Pela: "se o artigo 16 da lei acionária brasileira admite que uma companhia fechada emita classe de ação ordinária cujo diferencial em relação às demais ações seja justamente uma prerrogativa típica das *golden shares* – o direito de eleger administradores em separado – não há razão para negar que as *golden shares* podem assumir, no direito brasileiro, a forma de classe de ação ordinária" *As golden shares no direito societário brasileiro*, p. 147).

568 O artigo 18 da Lei nº 6.404 tem a seguinte redação: "Art. 18. O estatuto pode assegurar a uma ou mais classes de ações preferenciais o direito de eleger, em votação em separado, um ou mais membros dos órgãos de administração. Parágrafo único. O estatuto pode subordinar as alterações estatutárias que especificar à aprovação, em assembléia especial, dos titulares de uma ou mais classes de ações preferenciais".

-se ao poder de veto, conforme consta expressamente da Exposição de Motivos da lei e de acordo com o entendimento majoritário da doutrina[569].

Portanto, a prática que vem sendo adotada nas *golden shares* já era compatível com a Lei nº 6.404, mesmo antes da edição da Lei nº 10.303. Na síntese de Juliana Krueger Pela, "mesmo antes da reforma da Lei nº 6.404/76 pela Lei nº 10.303/01, a emissão de *golden shares* por companhias brasileiras não violava a tipicidade das espécies e classes de ações, desde que observada, obviamente, a disciplina imposta pelos artigos 16 e 18"[570].

8.3.2.5. A questão da impessoalidade

Pode-se alegar também que seria inadmissível a introdução de distinções entre os acionistas fundadas em aspectos subjetivos. Assim, as *golden shares* violariam o princípio da impessoalidade que se faz presente nas sociedades de capital.

Entretanto, esse argumento também não afasta a compatibilidade das *golden shares* com o direito societário brasileiro.

Na realidade, o recurso às classes de ações já representa a admissão de elementos *intuitu personae* nas companhias. A emissão de classes de ações preferenciais, com direito de voto restrito a determinadas matérias, é um exemplo de introdução desses elementos. Nas companhias fechadas isso é ainda mais evidente, como se vê na regra do artigo 16 da Lei nº 6.404, que permite que as ações ordinárias sejam de classes diferentes em função, dentre outros elementos, da exigência de nacionalidade brasileira do acionista. Há também a regra do artigo 36 da mesma lei, que possibilita que o estatuto social da companhia fechada introduza restrições à circulação de ações.

[569] Confiram-se, a título exemplificativo: CANTIDIANO, Luiz Leonardo. *Reforma da lei das S.A. comentada.* Rio de Janeiro: Renovar, 2002, p. 89; CARVALHOSA, Modesto. *Comentários à lei de sociedades anônimas.* v. 1. 4.ed., p. 233; REQUIÃO, Rubens. *Comentários à lei das sociedades anônimas.* v. 1. São Paulo: Saraiva, 1978, 160-161. Em sentido contrário: SALOMÃO FILHO, Calixto. *O novo direito societário.* 4.ed., p. 125.

[570] *As golden shares no direito societário brasileiro,* p. 155-156. No mesmo sentido, confiram-se: SALOMÃO FILHO, Calixto. *O novo direito societário,* 4.ed. São Paulo: Malheiros, 2011, p. 145; CANTIDIANO, Luiz Leonardo. *Reforma da Lei das S.A. comentada.* Rio de Janeiro: Renovar, 2002, p. 89; PENTEADO, Mauro Rodrigues. Ações preferenciais. In: LOBO, Jorge (org.). *Reforma da lei das sociedades anônimas.* Rio de Janeiro: Forense, 2003, p. 193.

Portanto, há a possibilidade de introdução de elementos pessoais nas sociedades anônimas. As *golden shares*, ao permitirem certas prerrogativas ao Estado detentor dessas ações de classe especial, não deturpam os mecanismos acionários no direito brasileiro.

8.3.2.6. *A questão da livre circulação das ações*

A transmissibilidade das ações é um elemento central às sociedades anônimas. A divisão do capital social em ações foi um mecanismo criado justamente para permitir a transferência das ações. Assim, poderia se alegar que as *golden shares* seriam contrárias a essa sistemática por conferirem a possibilidade de o Estado ter alguma ingerência sobre a estrutura acionária da empresa. É o que ocorre no Reino Unido, na Itália, na França, e também o que se verifica no Brasil, por exemplo nas *golden shares* emitidas pela Embraer.

Entretanto, esse argumento também não conduz à incompatibilidade das *golden shares* com o ordenamento societário brasileiro.

Na realidade, a transmissibilidade das ações é realmente a regra vigente, mas isso não significa o afastamento de eventuais condicionamentos à transferência. Em determinados casos, é plenamente admissível que se prevejam restrições à circulação de ações de emissão da companhia.

No Brasil, admite-se, por exemplo, que o estatuto da sociedade anônima fechada imponha limites à circulação de ações, desde que (i) regule tais restrições detalhadamente, (ii) não impeça a negociação das ações e (iii) não sujeite o acionista ao arbítrio dos órgãos da administração da empresa ou da maioria dos acionistas, conforme previsto no artigo 36 da Lei nº 6.404[571].

Assim, as restrições impostas à circulação das ações emitidas pela companhia fechada podem consistir em (i) previsão, no estatuto, de que os acionistas devem preencher determinados pré-requisitos, como, por exemplo,

[571] O artigo 36 da Lei nº 6.404 estabelece o seguinte: "Art. 36. O estatuto da companhia fechada pode impor limitações à circulação das ações nominativas, contanto que regule minuciosamente tais limitações e não impeça a negociação, nem sujeite o acionista ao arbítrio dos órgãos de administração da companhia ou da maioria dos acionistas. Parágrafo único. A limitação à circulação criada por alteração estatutária somente se aplicará às ações cujos titulares com ela expressamente concordarem, mediante pedido de averbação no livro de 'Registro de Ações Nominativas'".

residência em determinado local, certas nacionalidades, ou ter determinada profissão; (ii) necessidade de prévia aprovação da transferência das ações pela administração da sociedade ou seus acionistas; e (iii) observância de procedimento para exercício do direito de preferência pelos demais acionistas ou pela própria empresa[572]. A experiência da utilização das *golden shares* no Reino Unido, França, Itália e Brasil demonstra que as ações de classe especial com frequência contemplam a prerrogativa de haver prévia aprovação da transferência (item "ii", acima)[573].

Também em relação à transmissibilidade das ações, poder-se-ia sustentar que as *golden shares*, por não poderem ser transferidas, representariam elas próprias uma ofensa ao princípio da livre circulação das ações. Haveria, portanto, uma descaracterização do tipo "sociedade anônima".

Entretanto, também esse argumento deve ser rejeitado.

De fato, no direito brasileiro, a regra é a impossibilidade de transferência das *golden shares*. Conforme já tratado acima, tanto a Lei nº 8.031 quanto a Lei nº 9.491, que a revogou, previam que as *golden shares* seriam necessariamente subscritas pela União. A alteração introduzida na Lei nº 6.404 pela Lei nº 10.303, embora não mencione apenas a União, estabelece que as ações de classe especial devem ser de titularidade do ente desestatizante. Disso se depreende que ele não pode transferir livremente suas ações.

Entretanto, as regras que impedem a transferência das *golden shares* decorrem da própria função atribuída ao mecanismo, que é a de ser um instrumento para que o Estado assegure a consecução de certas finalidades que justificaram a sua própria presença como sócio da empresa. Assim, a inalienabilidade das *golden shares* é inerente à sua natureza. Há, portanto, um *interesse legítimo* que justifica a sua inalienabilidade.

Ademais, as críticas contra a inalienabilidade das ações seriam uma forma de se tentar proteger o próprio titular dessas ações, que fica privado de um direito seu, tornando-se "prisioneiro" do seu título. No caso das *gol-*

[572] PELA, Juliana Krueger. *As golden shares no direito societário brasileiro*, p. 118-119.

[573] Note-se que essa prerrogativa de aprovação prévia da transferência se aplica apenas às companhias fechadas. Em relação às abertas, a doutrina entende que tal prerrogativa seria incompatível com o tipo societário. Juliana Krueger Pela afirma o seguinte: "A rigor, portanto, diante da disciplina da circulação de ações nas sociedades anônimas, essas formas de *golden shares* seriam admitidas somente nas companhias fechadas e, ainda assim, desde que respeitadas as condições para o exercício do poder de aprovação prévia. Em tese, nas companhias abertas, sua adoção contraria um elemento central desse subtipo: a regra da livre transferência das ações" (*As golden shares no direito societário brasileiro*, p. 119).

den shares, essa preocupação com a defesa dos direitos do seu detentor não se aplica, já que sua titularidade é justamente uma forma de garantir certas prerrogativas. Se o Estado detiver certos poderes em função da titularidade de *golden shares*, a impossibilidade de transferência dessas ações não será propriamente um problema.

Portanto, as *golden shares* se revelam um mecanismo plenamente compatível com o direito societário brasileiro e com os princípios que o orientam.

Examinada a legislação que trata das *golden shares* e a sua compatibilidade com os princípios que regem as sociedades, cabe verificar a potencialidade desse mecanismo nas empresas privadas com participação estatal, bem como as condições para o seu exercício pelo sócio estatal.

8.4. O EMPREGO DAS *GOLDEN SHARES* NAS EMPRESAS PRIVADAS COM PARTICIPAÇÃO ESTATAL

O mecanismo das *golden shares* se submete a alguns condicionamentos no âmbito das empresas privadas com participação estatal.

8.4.1. A INSTITUIÇÃO DAS *GOLDEN SHARES*

A instituição de *golden shares* em favor do ente estatal na constituição de uma empresa privada não é obrigatória. O Estado poderá se valer de outros instrumentos (*v.g.*, acordos de acionistas) para assegurar seus interesses no empreendimento. Entretanto, caso se pretenda instituir *golden shares* em favor do Estado, a decisão pela adoção desse mecanismo deverá ser devidamente fundamentada. Será essencial que o Estado indique precisamente quais interesses pretende proteger com a criação de *golden shares* em seu favor.

Isso ocorre porque os fundamentos que levaram à instituição das *golden shares* sempre deverão ser levados em consideração para a análise da adequação e da proporcionalidade das medidas adotadas pelo Estado quando fizer uso das ações de classe especial.

Embora não haja no Brasil nenhuma previsão normativa específica sobre a necessidade de fundamentação dos motivos que levaram à previsão de *golden shares* em empresas das quais o Estado seja sócio minoritário, entendemos que se trata de uma derivação da obrigatoriedade de motivação dos atos administrativos em geral. Além disso, os fundamentos declarados pelo Estado servirão de limite ao exercício das prerrogativas que lhe são garantidas pelas *golden shares*. Afinal, como será demonstrado abaixo, os atos praticados pelo Estado no exercício dos poderes assegurados pelas *golden shares* não são insindicáveis.

Além de fundamentar a simples instituição das *golden shares*, será necessário que os poderes assegurados ao Estado por meio dessas ações de classe especial sejam delimitados de forma clara e objetiva. Será indevido prever prerrogativas ao sócio estatal que sejam imprecisas.

O exercício das prerrogativas asseguradas por meio de *golden shares* ao Estado consiste numa potencial fonte de conflitos societários entre o ente estatal e o sócio privado. A previsão de poderes excessivos ou a inexistência de qualquer precisão em relação aos objetivos que o Estado pretende com as *golden shares* pode afastar prejudiciais investidores em virtude do aumento dos riscos gerados ao sócio privado[574-575].

O desafio, portanto, é encontrar um ponto ótimo, que assegure os objetivos (sempre bem definidos e delimitados) que são buscados pelo sócio estatal, mas levando em consideração de que se tratará de uma empresa privada, que não integra a Administração Pública. A fundamentação que serviu de embasamento para a instituição das *golden shares* em favor do

[574] Não há, entretanto, uma relação direta entre a instituição de *golden shares* e a perda de valor da empresa. Muito embora seja intuitivo afirmar que a instituição de *golden shares* gera uma redução no preço das ações de emissão da companhia e a diminuição da liquidez dessas ações, isso pode não ocorrer na prática. Nesse sentido, um estudo desenvolvido pela Oxera Consulting Ltd. em 2005, a pedido da Comissão da Comunidade Europeia, analisou a variação do preço de negociação em bolsa das ações de emissão de empresas que apresentavam *golden shares*, tais como Cimentos de Portugal – Cimpor, Volkswagen AG, British Airport Authority, Portugal Telecom, entre outras. O estudo concluiu que não há evidências de que o preço de negociação das ações de emissão das companhias tenha sido influenciado pela instituição de *golden shares* (*Special rights of public authorities in privatised EU companies*: the micronomic impact. 2005. Disponível em: *www.europa.eu.int*).

[575] Pedro de Albuquerque e Maria de Lurdes Pereira ressaltam esse risco de consequências negativas derivado da utilização das prerrogativas das *golden shares* sem observância ao princípio da proporcionalidade. Segundo eles: "as *golden shares* têm frequentemente sequelas negativas no desempenho das respectivas empresas e, por essa via, mostram-se susceptíveis de repercussões desfavoráveis no abastecimento de bens ou no fornecimento de serviços. A constatação afasta quaisquer dúvidas eventualmente existentes quanto à necessidade de o Estado abster-se de fazer funcionar os poderes especiais sempre que tal não se mostre adequado, que o benefício a alcançar seja muito inferior à lesão imposta ou existam alternativas menos lesivas e tão ou mais eficazes" (*As "golden shares" do Estado português em empresas privatizadas*: limites à sua admissibilidade e exercício, p. 65).

Estado será essencial como mecanismo de controle dos atos que venham a ser praticados pelo sócio estatal.

Aplica-se o dever de se observar a proporcionalidade e a adequação na fixação dos instrumentos colocados à disposição do sócio estatal. Esses parâmetros inclusive já serviram de fundamento para as autoridades da União Europeia considerarem inadequados (porque desproporcionais e imprecisos) os poderes reservados por *action spécifique* em favor da França na Elf-Aquitaine (Processo nº C-483/99), bem como por *golden shares* em favor do Estado Espanhol em empresas privatizadas (Processo nº C-463/00) – conforme tratado acima. Em ambos os casos, entendeu-se que as ações concediam às autoridades uma excessiva margem de discricionariedade em razão da inexistência de critérios claros e amplamente divulgados.

8.4.2. FUNÇÕES DESEMPENHADAS PELAS *GOLDEN SHARES*

Conforme já tratado, as *golden shares* são utilizadas no Brasil tanto em empresas privatizadas quanto em empresas privadas que jamais estiveram sob controle estatal.

No caso das empresas privatizadas, as *golden shares* são uma forma de intervenção estatal nas atividades estratégicas das empresas cujo controle foi transferido à iniciativa privada. Visam a assegurar interesses públicos – como a estabilidade na prestação de serviços e a garantia de abastecimento de determinados bens – bem como a proteger interesses nacionais, de modo a garantir que certas atividades reputadas estratégicas pelo Estado não venham a ser controladas por estrangeiros. Foi esse o espírito que orientou o estabelecimento de ações de classe especial na Companhia Vale do Rio Doce, cujas reservas minerais são de importância estratégica para o Brasil, bem como na Companhia Eletromecânica Celma e na Empresa Brasileira de Aeronáutica – Embraer, que desempenham atividades relacionadas à defesa do país.

Nesse contexto, as *golden shares* vinculam-se aos interesses de natureza pública que, devido à sua relevância estratégica, devem ser assegurados mesmo depois da privatização das companhias que anteriormente se encontravam sob controle estatal.

No caso das empresas privadas que jamais tiveram qualquer participação estatal, as *golden shares* podem ser utilizadas para uma série de funções. Por exemplo, as *golden shares* instituídas na Companhia Brasileira de Liquidação e Custódia – CBLC em favor da BOVESPA destinam-se a assegurar a continuidade e a qualidade dos serviços de liquidação e custódia desempenhados pela primeira em favor da segunda. Já no caso das Bicicletas Caloi, a ação de classe especial tinha por objetivo garantir a preservação da empresa por meio da atribuição de poderes à sociedade que assumiu a responsabilidade de recuperar a companhia. Esses dois exemplos foram tratados acima.

Existe também a possibilidade de as *golden shares* se prestarem a resguardar interesses de terceiros que mantenham contratos com a companhia – credores, por exemplo. Trata-se de uma prática corrente no caso de realização de operações estruturadas por sociedades de propósito específico (SPE), em que certas deliberações relevantes ficam submetidas ao poder de veto de alguns acionistas que exercem o papel de fiscais (*trustees*) dos interesses de terceiros, que negociam com tais sociedades. Assim, a SPE emite uma *golden share*, que é atribuída aos representantes dos seus credores (geralmente o agente fiduciário), de modo a permitir que o representante dos credores vete qualquer deliberação que tenha a potencialidade de desviar a SPE das finalidades para as quais foi constituída, o que poderia comprometer os seus credores[576].

Enfim, não há nenhuma homogeneidade nas funções buscadas por meio da previsão de *golden shares* em empresas privadas que nunca estiveram sob controle estatal.

No caso das empresas privadas com participação estatal, a situação se aproxima mais das empresas privatizadas num certo sentido. As *golden shares* emitidas em favor do Estado são um instrumento para que o sócio estatal exerça prerrogativas que são necessárias a assegurar as finalidades de interesse público que justificaram a sua associação ao empreendimento.

É a observação de Calixto Salomão Filho. O doutrinador entende que o mecanismo das *golden shares* "permite acrescentar o instrumento societário à disciplina regulatória, internalizando o interesse público. A ideia se aproxima da concepção original do institucionalismo publicista de Rathenau, o que é totalmente consentâneo com as necessidades de setores regulados"[577].

[576] O exemplo é dado por Luiz Leonardo Cantidiano (*Reforma da lei das S.A. comentada*. Rio de Janeiro: Renovar, 2002, p. 89-90).

[577] *O novo direito societário*, p. 146.

Assim, caberá verificar os objetivos que serviram de fundamento para que houvesse a emissão de *golden shares* em favor do sócio estatal.

Dois exemplos dão uma ideia mais concreta da potencialidade da utilização desse mecanismo nas empresas privadas com participação estatal.

Suponha-se que o Estado tenha se associado a uma empresa que estava enfrentando uma crise econômica, mas cuja atividade era relevante e de interesse público. O objetivo com essa associação, portanto, era recuperar a empresa. Nesse caso, podem ser emitidas *golden shares* que permitam ao Estado vetar determinadas decisões que prejudiquem a recuperação da empresa, ou ainda que lhe confiram a prerrogativa de indicar determinados diretores. O ideal, reitere-se, é que esses poderes sejam descritos em detalhes, para evitar discussões sobre o seu alcance. Criando-se uma sistemática nesses termos, busca-se melhorar a imagem da empresa perante o mercado, sendo o Estado um elemento que confere confiabilidade ao empreendimento.

Aliás, é interessante notar que as *golden shares* têm sido utilizadas justamente como um instrumento de recuperação de empresas. Conforme menciona Calixto Salomão Filho: "Nesses casos, frequentemente a imagem do controlador encontra-se tão desgastada que para a obtenção de crédito é fundamental não apenas uma mudança da administração, mas uma mudança de controle. A *golden share* fornece então instrumento eficaz e relativamente indolor para o controlador, já que ao mesmo tempo em que garante que esse não possa influir na administração, perdendo virtualmente todos os seus poderes, não implica perda do 'patrimônio' do controlador, *i.e.*, diluição ou redução de sua participação de capital na companhia"[578].

Outro exemplo de uma possível função das *golden shares* em empresas privadas com participação estatal consiste no objetivo de assegurar determinadas condições do funcionamento da sociedade. Suponha-se que o Estado tenha constituído uma sociedade de propósito específico com um grupo privado para o desenvolvimento de uma tecnologia de extração de petróleo da camada do pré-sal (formando-se, depois, um consórcio com a Petrobras e a PPSA, nos termos da legislação vigente). Trata-se de uma atividade que envolve um risco financeiro muito elevado, uma vez que de resultados incertos. Diante de eventuais dificuldades, o sócio privado

[578] SALOMÃO FILHO, Calixto. *O novo direito societário*. 4.ed. São Paulo: Malheiros, 2011, p. 147.

poderia apresentar uma tendência de alterar os objetivos da sociedade para outras atividades menos arriscadas. Nesse caso, para fazer com que a sociedade continue direcionada às atividades que justificaram a sua criação, pode ser atribuída ao sócio estatal uma *golden share* que lhe confira a prerrogativa de vedar alterações estatutárias que modifiquem o objeto social.

Enfim, as *golden shares* são um instrumento que pode ser voltado a assegurar uma série de objetivos em favor do sócio estatal no âmbito das empresas privadas.

Por outro lado, não se pode excluir a possibilidade de que uma empresa privada com participação estatal emita *golden shares* em favor de outro ente, não estatal – por exemplo, em favor de representantes de um credor seu que viabilizou recursos. Como a emissão de *golden shares* em favor de credores é uma sistemática difundida no mercado, trata-se de uma situação compatível com a atuação de uma empresa privada de que o Estado seja sócio[579].

8.4.3. PODERES QUE PODEM SER ASSEGURADOS AO SÓCIO ESTATAL

Diversas prerrogativas podem ser asseguradas ao sócio estatal detentor de *golden shares* em uma empresa privada.

Caso a *golden share* tenha sido emitida com fundamento no artigo 17, § 7º, da Lei nº 6.404, não há nenhuma definição na lei acerca dos poderes que poderão ser garantidos por meio dessas ações preferenciais de classe especial. Assim, como ensina Juliana Krueger Pela, tais prerrogativas poderão consistir em: (i) nomeação de administradores, desde que respeitado o direito à representatividade assegurado pela lei aos demais acionistas; (ii) poder de veto em decisões assembleares; (iii) aprovação, prévia ou posterior, de atos da administração da empresa; (iv) eleição de membros do Conselho Fiscal da companhia; ou (v) caso se trate de companhia fechada

[579] Como o objetivo deste estudo ao tratar das *golden shares* é apenas examinar a utilização de tal figura em favor do sócio estatal de uma empresa privada, não trataremos de outras situações. A menção aqui feita destina-se apenas a esclarecer que as empresas privadas com participação estatal são na realidade empresas essencialmente privadas, que nem mesmo integram a estrutura estatal e, portanto, em princípio poderão se valer de qualquer sistemática usual de mercado, tal como a emissão de *golden shares* em favor de um credor.

e desde que observados os critérios legais, ingerência sobre a estrutura de capital da sociedade[580].

Se a *golden share* for emitida com fundamento no artigo 18 da Lei nº 6.404, poderá conferir ao sócio estatal o direito de nomeação de administradores, de votação em separado, e de aprovar determinadas alterações estatutárias em assembleia geral. Nas companhias fechadas, pode-se também assegurar ao sócio estatal a prerrogativa de aprovar determinadas alterações na estrutura de capital da empresa, desde que observados os limites legais[581].

Há, portanto, ampla liberdade para a definição das prerrogativas que poderão ser asseguradas ao sócio estatal por meio da emissão de *golden shares*. Entretanto, tais poderes deverão ser previstos de forma detalhada (a fim de evitar discussões sobre o seu alcance), e sua fixação deverá observar os limites legais aplicáveis ao tipo societário eleito.

Acerca do assunto, há um interessante acórdão proferido pelo Tribunal de Justiça das Comunidades Europeias (Acórdão C-503/99, Comissão/Bélgica, de 4 de julho de 2002), em que se decidiu que a influência do Estado deve ser estritamente limitada ao necessário para garantir obrigações fundamentais de interesse público. Por esta razão, o Tribunal deu ênfase ao "princípio do respeito da autonomia de decisão da empresa" em questão. Assim, as regras que conferem ao Estado direitos especiais por meio de *golden shares* devem ser baseadas em critérios objetivos e precisos que não excedam o necessário para proteger o interesse público que justificou a constituição da empresa[582].

[580] *As golden shares no direito societário brasileiro*, p. 161.

[581] Segundo Juliana Krueger Pela: "A principal diferença entre as duas formas de *golden share* representadas por ações preferenciais diz respeito, portanto, aos poderes inerentes ao título. Nas companhias sujeitas a processo de privatização há maior liberdade para a determinação, no estatuto social, dos direitos que caberão ao ente público. Essa circunstância é plenamente justificável, já que em geral se busca tutelar o interesse nacional ou o interesse público" (*As golden shares no direito societário brasileiro*, p. 161). Em uma empresa privada com participação estatal, haverá de qualquer forma algum interesse público relacionado aos poderes que foram assegurados ao Estado. De todo modo, entendemos que a fixação das prerrogativas asseguradas ao sócio estatal dependerão do fundamento que serviu de motivo para a emissão da *golden share*.

[582] Acórdão C-503/99, Comissão/Bélgica, de 4 de julho de 2002, Colect. P. I-4809, nº 51 e 52. Para uma análise mais completa do acórdão, que tratou também de outros temas, confira-se: ARCHER, Miguel; COSTA, Miguel; ASSEICEIRO, Sara. Função accionista do Estado e *golden shares*: o caso da *golden share* da PT. *Revista da Faculdade de Direito da Universidade Nova*

Reputamos que esse entendimento é plenamente aplicável ao caso das empresas privadas com participação estatal no Brasil. Como referido acima em outros capítulos, o Estado dispõe de liberdade de escolha da forma jurídica adotada. Pode optar entre a constituição de uma empresa pública, de uma sociedade de economia mista, ou pela integração de um ente estatal a uma empresa privada na qualidade de sócio. A intensidade pretendida para o controle estatal é um dos fatores que devem ser levados em consideração nessa decisão. A mesma preocupação deve orientar a previsão das prerrogativas que serão asseguradas ao Estado por meio de uma *golden share* numa empresa privada. Será descabido prever poderes que resultem num controle descabido sobre a empresa. Inclusive foi para evitar esse tipo de situação que restou vetado o § 1º do artigo 6º da Lei nº 8.031, conforme mencionado acima.

O Decreto Estadual nº 14.452, de 2013, do Estado da Bahia, prevê no artigo 22 uma série de prerrogativas que serão garantidas ao sócio estatal na Sociedade de Propósito Específico que explorará o Porto Sul, em Ilhéus. As previsões demonstram a variedade de prerrogativas que podem ser asseguradas ao ente estatal numa empresa privada[583].

de Lisboa, p. 15. Disponível em <http://www.fd.unl.pt/docentes_docs/ma/MEG_MA_11629.pdf> Acesso em 2.5.2013.

[583] Artigo 22: "As ações de classe especial (golden share) conferirão adicionalmente, ao Estado da Bahia, o direito de veto em relação às seguintes matérias, que deverão ser obrigatoriamente submetidas à Assembleia Geral de acionistas, além de outras a serem definidas no Edital: I - procedimentos para inclusão de novos acionistas na SPE, observados os critérios de viabilidade técnica e econômico-financeira; II - procedimentos para a prestação de serviços pela SPE para terceiros, observadas a legislação vigente, as limitações de capacidades do terminal e a movimentação de cargas dos acionistas; III - interrupção injustificada do atendimento a cargas de terceiros; IV - plano de expansão e modernização do TUP e da ZAL, quando for o caso; V - alienação de ativos reversíveis ao Estado ao final da cessão de direito real de uso da área do TUP e da ZAL, nos termos definidos na minuta de acordo de acionista e respeitada a legislação aplicável; VI - encerramento das atividades e do terminal portuário e da ZAL, quando for o caso; VII - alteração da denominação da SPE; VIII - redução do objeto social da SPE; IX - modificação dos direitos relativos à ação de classe especial; X - liquidação da SPE".

8.4.4. O EXERCÍCIO DAS PRERROGATIVAS ASSEGURADAS PELAS *GOLDEN SHARES*

O exercício das prerrogativas asseguradas ao Estado por meio de *golden shares* se submete a algumas orientações gerais.

8.4.4.1. A questão da fundamentação do ato praticado pelo Estado

A doutrina aponta com frequência que o ente estatal, ao exercer as prerrogativas que lhe são garantidas por *golden shares* em empresas privatizadas, vincula-se ao interesse público. Assim, o exercício de tais poderes "Sujeita-se, nesse sentido, às normas gerais de direito administrativo que impõem a obrigatoriedade de motivação e a observância de princípios como a razoabilidade e proporcionalidade"[584].

Concordamos com o entendimento de que o ente estatal deve fundamentar e motivar as decisões tomadas no exercício dos poderes que lhe são assegurados pelas *golden shares*. Caberá demonstrar que o ato praticado vincula-se às finalidades que serviram de base para a instituição das ações de classe especial. Será descabido que o Estado, somente por deter certas prerrogativas, exerça-as em desconformidade com os objetivos que motivaram a sua associação ao empreendimento. Por esse motivo, o ato deve ser motivado. Foi essa necessidade de motivação, reitere-se, que levou a Itália à edição da Lei nº 350, de 2003, mencionada acima.

Entretanto, não se pode perder de vista que se está em um ambiente empresarial, caracterizado por uma maior celeridade e por menor formalismo. Assim, não será necessário que cada ato praticado pelo sócio estatal no exercício dos poderes assegurados pelas *golden shares* atenda a certos condicionamentos incompatíveis com o funcionamento de uma empresa.

Um exemplo pode esclarecer o que se afirma aqui. Suponha-se que o sócio estatal decida vetar determinada deliberação que pretendia alterar o objeto da empresa privada, uma vez que essa alteração afetaria os objetivos de interesse público que são buscados com o empreendimento. É descabido exigir que o ato seja precedido de um procedimento administrativo. Fosse tomado em outro ambiente, não empresarial, certamente o ato precisaria ser o resultado de um processo administrativo. Entretanto,

[584] PELA, Juliana Krueger. *As golden shares no direito societário brasileiro*, p. 157.

a realização de um procedimento com essa finalidade é incompatível com o funcionamento de uma empresa.

O ente estatal, na qualidade de sócio da empresa privada, caso entenda por exercer determinada prerrogativa que lhe é assegurada por uma ação de classe especial, deverá fazê-lo na forma das regras que regem a empresa, observando-se os seus estatutos. Assim, se o poder de veto tiver de ser exercido em assembleia, essa deverá ser a forma adotada pelo ente estatal. O dever de motivação, conquanto existente, deve ser exercido de forma compatível com o ambiente empresarial.

8.4.4.2. *Dever de proporcionalidade e razoabilidade: o limite do interesse social*

Não há dúvidas de que as *golden shares* são um instrumento destinado a assegurar ao sócio estatal determinadas decisões que considera estratégicas na condução das empresas privadas. Nessa medida, as *golden shares* trazem ao interior da companhia determinados interesses que não seriam propriamente da empresa, e sim do sócio estatal. Internalizam-se à empresa privada certas preocupações de interesse público que são o próprio fundamento para que o Estado acresça os seus esforços ao empreendimento.

Entretanto, impõe-se ao Estado o dever de conciliar suas prerrogativas de sócio com os interesses da companhia. Isso significa que o sócio estatal deverá sempre ponderar os efeitos que sua decisão poderá ter sobre os negócios da empresa, uma vez que a própria decisão tomada, ainda que com objetivo legítimo, poderá prejudicar a companhia de modo irreversível. Daí a necessidade de o sócio estatal exercer os poderes assegurados pelas *golden shares* sempre observando-se os postulados da proporcionalidade e da razoabilidade.

Assim, por exemplo, não se deve aceitar o veto a uma determinada deliberação somente porque o sócio estatal tinha o direito de vetá-la. O veto será cabível se a deliberação tomada efetivamente for contrária aos interesses que o Estado deve tutelar por meio das *golden shares*.

Evidentemente, existirá certa margem de discricionariedade ao sócio estatal, sendo tal espaço poderá ser maior ou menor dependendo do caso concreto. Ao intérprete caberá verificar as normas e os instrumentos que regem as ações de classe especial, em especial as razões que conduziram à sua instituição (por exemplo, o edital da concessão que levou à constituição da empresa privada com participação estatal, as negociações que antecederam a formação da empresa, entre outros).

Ademais, o exercício das prerrogativas previstas nas *golden shares* encontram limite nos interesses da companhia.

Impossível deixar de fazer referência neste ponto, ainda que de forma breve, ao clássico debate que se trava no direito societário entre as teorias contratualista e institucionalista no que se refere à definição do interesse social (aqui compreendido como interesse da companhia).

A teoria contratualista, que tem como seu maior expoente Pier Giusto Jaeger, autor da obra *L'interesse sociale*, defende que o interesse social é identificado com o interesse comum dos sócios. Não há, contudo, unanimidade sobre o que seria o interesse comum dos sócios. Para alguns, deveriam ser considerados também os sócios eventuais e futuros. Jaeger entendia que o interesse dos sócios estaria na distribuição dos dividendos, mas reviu seu entendimento para identificar o interesse dos sócios com o aumento de valor das próprias ações.

Já a teoria institucionalista, que tem por expoente Walther Rathenau, autor do ensaio *La realtà della società per azioni – riflessioni suggerite dall'esperienza degli affari*, identifica o interesse social ao desenvolvimento da empresa em si, que tem interesses próprios, distintos dos interesses individuais de cada acionista. Assim, como a consecução do objeto social apresenta relevância que transborda os limites da empresa, o interesse social deve abranger também outros interesses: dos consumidores, do Estado, dos trabalhadores, entre outros.

O artigo 115 da Lei nº 6.404 estabelece que o acionista deve exercer o direito de voto "no interesse da companhia", considerando-se "abusivo o voto exercido com o fim de causar dano à companhia ou a outros acionistas, ou de obter, para si ou para outrem, vantagem a que não faz jus e de que resulte, ou possa resultar, prejuízo para a companhia ou para outros acionistas". Neste ponto, parece aproximar-se mais da teoria contratualista. Entretanto, os artigos 116, parágrafo único, e 117, tratam da tutela de interesses extra societários, o que condiz com a teoria institucionalista.

Ao tratar dessa discussão, Juliana Krueger Pela entende que os deveres previstos no artigo 116 da Lei nº 6.404 se referem ao acionista controlador. Assim, admitir que o interesse social, de que trata o artigo 115, incluiria esses outros interesses, tornaria redundante o dever imposto ao acionista controlador pelo artigo 116. Sua conclusão é a de que o dever de exercer o direito de voto no interesse comum de todos os sócios "recai também sobre o titular da *golden share*, de modo que o exercício dos poderes conferidos pelo título deve necessariamente vincular-se ao interesse social"[585].

Em sentido semelhante, Marcelo Vieira Von Adamek defende que os titulares de *golden shares* "embora não possam só por isso ser considerados controladores, devem exercer os seus direitos em estrita consonância com o interesse social e em harmonia com o dever societário de lealdade"[586].

Na realidade, não há uma fórmula fechada para se definir o que é o interesse social. Entendemos útil neste ponto recorrer ao princípio da vinculação à forma jurídica escolhida pelo Estado, que já foi já tantas vezes nesta tese.

Na medida em que o Estado, dentre todas as formas jurídicas possíveis, optou por se associar a um empreendimento de natureza privada, isso significa que a sua atuação como sócio deverá levar em consideração os interesses da empresa na qualidade de pessoa privada que não integra a estrutura do Estado.

Caso o Estado reputasse necessário deter um controle mais abrangente, poderia se valer de uma empresa pública ou de uma sociedade de economia mista – ainda que neste último caso tenha de levar em consideração também os interesses dos acionistas minoritários. Optando por integrar uma empresa privada na qualidade de sócio, o Estado deve observar que o exercício das prerrogativas asseguradas pelas *golden shares*, embora regular, sempre terá um impacto sobre a empresa, que deverá ser ponderado em cada decisão concreta. Daí a necessidade de que tais prerrogativas sejam exercidas segundo os postulados da razoabilidade e da proporcionalidade.

8.4.4.3. A sindicabilidade dos atos praticados no exercício das prerrogativas asseguradas pelas golden shares

Pode-se questionar se os atos praticados pelo sócio estatal ao exercer uma prerrogativa assegurada por uma ação de classe especial seriam sindicáveis ou não.

[585] *As golden shares no direito societário brasileiro*, p. 176-177.

[586] *Abuso de minoria em direito societário*: abuso das posições subjetivas minoritárias. São Paulo, 2010. Tese (doutorado) – Departamento de Direito Comercial da Faculdade de Direito da Universidade de São Paulo, p. 172.

Acerca desse assunto, Nuno Cunha Rodrigues faz uma longa análise para se verificar se o ato em questão seria um ato administrativo ou um ato privado da Administração, deduzindo daí se seria possível questionar a decisão tomada pelo Estado[587].

Entendemos que a questão não foi colocada de maneira adequada. Saber se o ato é sindicável ou não é uma falsa questão. Como existem determinados condicionamentos ao exercício das prerrogativas asseguradas por uma *golden share*, não nos parece haver dúvidas de que o ato poderá ser questionado. Nesse sentido, pouco importará que se trate de um ato administrativo ou um ato de qualquer outra natureza.

Note-se que o exercício do poder de veto ou de outras prerrogativas societárias pode ser questionado ainda quando efetivado por um sócio privado – por exemplo, sob a alegação de que estaria havendo um abuso de direito por parte do acionista. Se é assim em relação a qualquer sócio privado, o mesmo se aplica quando o sócio é o Estado ou um ente estatal qualquer, uma vez que seu ato também poderá deixar de atender os condicionamentos aplicáveis.

Note-se que não se trata apenas de verificar se o ato está em consonância com os objetivos buscados com a instituição da *golden share*. O ato poderá ser abusivo ou apresentar outro defeito qualquer, ainda que esteja em consonância, em tese, com os interesses públicos que justificaram a instituição da ação de classe especial. Há uma espécie de "dever de utilização prudente" das prerrogativas asseguradas pelas *golden shares*[588].

8.4.4.4. Responsabilização pelo exercício das prerrogativas previstas nas golden shares

Em função do exposto acima, também não nos parece haver dúvidas de que o sócio estatal poderá ser responsabilizado pelos prejuízos que decorram do exercício inadequado das prerrogativas que lhe são asseguradas

[587] *"Golden-shares"*: as empresas participadas e os privilégios enquanto accionista minoritário, p. 397-420.

[588] Segundo Nuno Cunha Rodrigues: "A utilização prudente dos poderes de que os Estados-membros dispõem ao abrigo das acções privilegiadas (*golden-shares*) leva a que (quase) não se suscitem problemas de natureza contenciosa a respeito destas acções" (*"Golden-shares"*: as empresas participadas e os privilégios enquanto accionista minoritário, p. 349). Nos países da União Europeia, conforme tratado acima, parece haver uma utilização bastante prudente das prerrogativas asseguradas pelas *golden shares*, que raramente são invocadas.

pelas *golden shares*. O simples fato de o Estado poder exercer essas prerrogativas – o que cria uma expectativa no sócio privado de que serão efetivamente invocadas – não afasta a sua responsabilização quando do seu exercício abusivo.

Em sentido contrário, Nuno Cunha Rodrigues entende que não podem ser invocados prejuízos especiais e anormais "decorrentes da prática de um acto administrativo legal quando o seu exercício esteve, desde sempre, previsto", sendo que também "não serão invocáveis normas de direito privado aplicáveis em situações análogas", fazendo referência nesse ponto "à hipótese de o veto do Estado pela detenção de uma acção privilegiada ('*golden-share*') ser considerado abusivo". Segundo ele, como o regime de detenção das *golden shares* é de "natureza administrativa", não seria possível invocar normas de direito privado, como a da responsabilização pelo abuso de poder[589].

Reputamos que o entendimento defendido pelo doutrinador português não pode ser acolhido. A simples possibilidade de o Estado exercer as prerrogativas decorrentes de uma *golden share*, ainda que criem perante o sócio privado uma expectativa de que sejam utilizadas, não afasta a responsabilização do sócio estatal por condutas abusivas. Como já tratamos mais detalhadamente em capítulos anteriores, ainda que o sócio estatal tenha determinados interesses de ordem pública que justificam sua integração ao empreendimento, no interior da sociedade atuará na mera condição de sócio, podendo ser responsabilizado pelos atos praticados com abuso de poder, tal como qualquer outro sócio ou o próprio controlador.

8.4.4.5. Possibilidade de utilizar outros meios (inclusive consensuais)

Há ainda uma questão relacionada ao dever de fazer uso das prerrogativas asseguradas por *golden shares*. Pode-se questionar se há um dever propriamente dito na utilização desses poderes, ou se existe uma simples faculdade.

Em princípio, se o sócio estatal está convencido de que é necessário praticar determinado ato (por exemplo, um veto a uma deliberação social) para assegurar algum interesse do Estado na companhia, terá o dever de

[589] *"Golden-shares": as empresas participadas e os privilégios do Estado enquanto accionista minoritário*, p. 419.

exercer essa prerrogativa – observados, evidentemente, todos os condicionamentos expostos acima.

Entretanto, nada impede que o Estado obtenha seus objetivos por outros meios que, assim, contornem eventual prejuízo aos seus interesses. É o que ocorreu no Reino Unido, por exemplo, ao deixar de exercer determinadas prerrogativas no caso da aquisição das ações da Britoil pela British Petroleum, ou no caso da aquisição da Jaguar pela Ford. Em ambas as situações, o Estado tinha a possibilidade de vetar as aquisições. Contudo, em vez de exercer tal prerrogativa, optou por fazer uma negociação com os compradores, obtendo assim o compromisso de que seriam cumpridas certas obrigações.

Entendemos que o mesmo pode ser aplicado no Brasil. O sócio estatal pode utilizar instrumentos consensuais em vez de exercer a prerrogativa assegurada pela *golden share*, desde que de modo fundamentado, demonstrando que os resultados obtidos por outros meios são mais eficazes do que o simples exercício das prerrogativas garantidas pelas ações de classe especial.

Portanto, o sócio estatal tem o dever de buscar a consecução dos objetivos que serviram de fundamento para sua integração à empresa privada – sempre de forma compatível com a natureza privada da empresa. Isso não significa, entretanto, que deva utilizar sempre todas as prerrogativas que lhe são garantidas pelas *golden shares* que detenha na sociedade. Os poderes assegurados pelas ações de classe especial são instrumentos colocados à disposição do sócio estatal, e sua não utilização será plenamente justificável em certos casos.

Há quem diga que o sócio estatal somente poderia utilizar as prerrogativas asseguradas pelas *golden shares* "em casos extremos", nos quais as autoridades reguladoras e os esquemas assegurados pelos contratos de concessão não fossem suficientes para a consecução dos interesses públicos buscados[590].

[590] É o entendimento de Pedro de Albuquerque e Maria de Lurdes Pereira. Para esses doutrinadores portugueses, "o Estado só pode lançar mão dos poderes contidos nas 'golden shares' em casos extremos, em que a actuação das autoridades reguladoras independentes ou os esquemas jurídicos associados aos contratos de concessão de serviço público se relevem inoperantes ou insuficientes" (*As "golden shares" do Estado português em empresas privatizadas*: limites à sua admissibilidade e exercício, p. 63). Segundo eles: "Seja dissuadindo o investimento directo, seja desencorajando o investimento de carteira, as *golden shares* – a existên-

Entretanto, não concordamos com esse entendimento. O sócio estatal, ainda que detenha determinadas prerrogativas por meio de *golden shares*, continua sendo um sócio da empresa privada. Embora persiga a consecução de determinados interesses públicos, faz isso por meio da sua condição de sócio. Seus objetivos, portanto, são diferentes daqueles que são buscados por um ente regulador, que não se associa ao empreendimento. Assim, não há nenhuma espécie de subsidiariedade no que diz respeito ao uso das prerrogativas garantidas por ações de classe especial. Não é necessário que sua utilização derive da impossibilidade de os órgãos reguladores resolverem a questão concreta.

O argumento central daqueles que defendem que as *golden shares* só podem ser utilizadas em casos extremos reside no princípio da proporcionalidade. Dá-se ênfase ao fato de que a utilização indevida das prerrogativas garantidas pelas *golden shares* pode provocar prejuízos à empresa, empobrecendo seu desempenho empresarial e encarecendo os investimentos. Entretanto, entendemos que o princípio da proporcionalidade e a constatação de que existem riscos relacionados à má utilização das prerrogativas estatais conduz ao exercício responsável das prerrogativas asseguradas pelas *golden shares*, e não a uma subsidiariedade qualquer na sua utilização.

cia e o modo como são realmente aproveitadas – empobrecem o desempenho empresarial, traduzindo-se, por essa via indirecta, num prejuízo para aqueles que visavam justamente avantajar. Impõe-se escapar, tanto quanto possível, a esta lógica, reduzindo ao máximo o seu âmbito de actuação" (cit., p. 67).

CONCLUSÕES

Na introdução deste estudo, fazíamos uma constatação e expúnhamos desde logo uma justificativa.

A constatação era a de que se verifica na atualidade um engajamento do Estado na exploração de atividades econômicas por meio da adoção de formatações empresariais distintas do modelo das empresas estatais. Com especial intensidade nos últimos anos, estão sendo constituídas verdadeiras *parcerias público-privadas de natureza societária* em que o Estado, por meio de empresas estatais, torna-se sócio de particulares em sociedades empresárias que não integram a Administração Pública. A posição do sócio estatal nesses arranjos é diferente daquela que se verifica nos hábitos administrativos que marcaram a experiência das sociedades de economia mista no Brasil. Em lugar de o Estado controlar de forma absoluta (ou absolutista) a atividade empresarial, constitui-se uma verdadeira parceria em que o poder de controle do Estado não é preponderante sobre o sócio privado. Para designar esse fenômeno, utilizamos a expressão "empresa privada com participação estatal".

A justificativa para a elaboração de um estudo sobre o assunto dizia respeito à absoluta ausência de estudos mais abrangentes que se dedicassem a examinar o fenômeno à luz do nosso ordenamento jurídico. Os dois artigos publicados sobre o tema antes do início das pesquisas para a produção deste trabalho – o primeiro de Alexandre Santos de Aragão (2009) e o segundo de Carlos Ari Sundfeld, Rodrigo Pagani de Souza e Henrique Motta Pinto (2011) – ressaltavam precisamente a necessidade de se aprofundar o estudo dessas sociedades: as "empresas público-privadas" ou "empresas semiestatais", segundo as denominações empregadas pelos doutrinadores. Ambos os ensaios apontavam que não era possível a doutrina se contentar com a afirmação de que tais empresas seriam meras sociedades privadas sem qualquer distinção especial. Mencionava-se a necessidade de estudos sobre a relação dessas empresas com o Estado, seja em termos de controle externo, seja no tocante aos instrumentos que permitem ao Estado-sócio uma atuação ativa no interior dessas empresas.

Apontamos que as parcerias público-privadas de natureza societária podiam se prestar a uma série de objetivos bastante diferentes entre si, o que demandava um estudo do tema numa perspectiva ampla. Essas parcerias seriam uma técnica de intervenção do Estado no domínio econômico que teria por objetivo (i) fomentar determinadas atividades, (ii) permitir uma exploração econômica mais eficiente e libertada de certas amarras que se aplicam às empresas estatais, e (iii) integrar o Estado como sócio de empresas privadas que desempenham serviços públicos ou outras atividades dependentes de um contrato de concessão com o poder público. Em todas essas situações, o ente estatal, na qualidade de sócio, empregaria seu apoio institucional e aportaria recursos do Estado no empreendimento. Com isso, passaria a ter uma atuação mais ativa do que a de um regulador ou a de uma instituição financeira nos moldes tradicionais de fomento, inclusive reduzindo-se a assimetria informacional entre o parceiro privado e o ente estatal.

O fenômeno, que encontra sua matriz constitucional na parte final do inciso XX do artigo 37 da Constituição Federal, vem sendo empregado com bastante frequência. As experiências de participação da Petrobras, da Eletrobras e do BNDESPAR no capital de empresas privadas mais recentemente passaram a contar com previsões legais expressas também para outras estatais, como a Valec, o Banco do Brasil, a Caixa Econômica Federal, a Empresa Brasileira de Correios e Telégrafos e a Sabesp. Foram editadas regras que permitem à União tornar-se sócia minoritária de empresas para o incentivo à inovação e à pesquisa científica e tecnológica no ambiente produtivo. Além disso, o modelo de constituição de empresas com participação estatal não preponderante foi o adotado nas concessões de aeroportos e está prevista para ocorrer também no setor portuário – sendo que uma sistemática semelhante, mas com a constituição de consórcios em lugar de sociedades, está sendo adotada na exploração dos campos do pré-sal segundo o modelo de partilha.

A prática demonstra, portanto, que o engajamento empresarial do Estado vem sendo utilizado para finalidades muito diversas, o que implica a adoção de arranjos empresariais com características bastante diferenciadas em cada situação. Em outras palavras: as empresas privadas com participação estatal podem ter configurações bastante diversas em cada situação.

Logo percebemos que era necessário estudar não apenas os arranjos empresariais consistentes nas empresas privadas com participação estatal, mas também compreender o fenômeno como sendo um veículo de intervenção estatal no domínio econômico, ou seja, como técnica de intervenção do Estado. A essa forma de intervenção consistente na participação do Estado como sócio de empresas privadas sem preponderância no seu controle, atribuímos a denominação de "técnica acionária".

O desenvolvimento do tema seguiu uma sequência lógica.

Em primeiro lugar, era necessário compreender (i) por que o Estado atua por meio de organizações empresariais e (ii) como se dá a sua relação com os particulares em ambiente societário.

Em segundo lugar, cabia fazer uma caracterização mais apurada das empresas privadas com participação estatal e da própria técnica acionária. Por ser baseada no emprego do apoio institucional do Estado a um empreendimento que será executado pela empresa privada com vistas à realização de atividades que o Estado reputa relevantes por uma série de motivos, era necessário compreender os efeitos desse apoio institucional, seus impactos (concorrenciais, financeiros etc.) e suas limitações. Feito isso, foi possível enfrentar as questões relacionadas à escolha do sócio privado e ao regime jurídico das empresas privadas com participação estatal.

Em terceiro lugar, com a fixação das premissas estabelecidas nos capítulos anteriores, foi possível examinar a utilização dos acordos de acionistas e das ações de classe especial (*golden shares*) – sempre com foco nas peculiaridades que essas figuras poderiam assumir em tais arranjos societários.

Cada um desses blocos de assuntos correspondeu a uma parte do trabalho.

O método adotado neste estudo foi o de enunciar uma hipótese ("*há uma técnica de intervenção do Estado no domínio econômico – a 'técnica acionária' – pela qual o Estado emprega o seu apoio institucional e econômico em parcerias público-privadas de natureza societária, como mecanismo orientador de certas con-*

dutas consideradas desejáveis pelo Estado na ordem econômica"), examinando-a sob diversos ângulos a fim de se chegar a algumas conclusões a respeito do fenômeno.

De modo geral, as conclusões obtidas com a investigação foram indicadas à medida que desenvolvíamos as discussões. Cabe, entretanto, relacionar os pontos que nos parecem mais significativos em relação a cada um dos aspectos que foram desenvolvidos a partir da premissa verificada.

(1º) O ordenamento jurídico deliberadamente prevê a figura da empresa como mecanismo destinado a que o Estado, em sua intervenção no domínio econômico, liberte-se de certas amarras de direito público que não sejam compatíveis com a atividade desenvolvida. Na medida em que o Estado intervém diretamente na economia, precisa necessariamente se valer de formas "de direito privado". Não se trata propriamente de uma "fuga" (possivelmente fraudulenta) para o direito privado, e sim da constatação de que certos mecanismos "de direito privado" são úteis, naturais e eficientes para a consecução de determinadas atividades pelo Estado. Apesar de integrarem a Administração Pública, as empresas estatais, pelo simples fato de serem empresas, devem ter uma atuação adaptada às atividades econômicas que exercem. Logo, é natural que as empresas estatais tenham maior liberdade na sua atuação.

(2º) Como a empresa é um mecanismo contemplado pelo ordenamento para o desempenho de certas atividades acometidas ao Estado, identifica-se a existência de uma "Administração Pública empresarial", ao lado da "Administração Pública não-empresarial". Cada uma dessas realidades adota padrões racionais um tanto distintos – o que é confirmado pela recente edição da Lei nº 13.303, que estabeleceu o estatuto jurídico das empresas estatais, com regras peculiares às atividades empresariais do Estado.

(3º) O fenômeno da empresa, portanto, é relevante não apenas ao direito comercial, mas também ao direito administrativo. Ele desempenha um papel de "filtragem" dos princípios da Administração Pública, de modo que eles sejam aplicados de forma adaptada à realidade das atividades econômicas. Rejeitamos, portanto, o argumento de que a busca de mecanismos "de direito privado" cederia ante a constatação de que existe apenas um dever de "boa gestão". O ordenamento jurídico contempla um amplo ferramental para o desempenho das complexas atividades administrativas, e a racionalidade empresarial é um deles.

(4º) Nesse contexto, deve ser inserida a temática das empresas privadas com participação estatal. Trata-se do emprego de uma técnica de atuação do Estado no domínio econômico, segundo uma lógica empresarial, para a consecução de certas finalidades que o Estado considera relevantes. Identificou-se que a atuação empresarial com engajamento do Estado pode servir não apenas à prestação de serviços ou à exploração de atividades econômicas, mas também para uma série de outras finalidades associadas a essas atividades – como, por exemplo, de fomento a uma determinada atividade reputada como sendo de interesse público. Nesse contexto, entretanto, a participação do Estado *desloca-se para o exterior do aparato estatal*. Surge a proposta de o Estado integrar empresas privadas na qualidade de sócio, mas *sem que elas se insiram na Administração Pública*. Com isso, busca-se maior eficiência da atuação empresarial – enfim, utiliza-se o figurino da empresa – e a organização ainda se libera em definitivo de certas amarras típicas da Administração Pública (até mesmo daquelas que se aplicam de forma adaptada às empresas estatais).

(5º) O relacionamento público-privado de natureza societária no Brasil historicamente foi caracterizado por um predomínio absoluto do Estado. A análise do consistente movimento de criação de sociedades de economia mista no país, retomado a partir do ano de 1939, demonstrou que o Estado sempre buscou um domínio absoluto dessas companhias, fazendo-o por meio (i) da manutenção da maioria do capital votante em mãos do Estado, o que lhe proporcionava absoluta preponderância nas deliberações sociais, (ii) da indicação do presidente, de diretores e de conselheiros das sociedades, com a possibilidade de demissão *ad nutum*, (iii) da dispersão do capital entre os privados, estabelecendo-se limites ao número de ações que poderia ser adquirido por cada pessoa privada a fim de impedir a constituição de grupos relevantes que pudessem contrastar as decisões do sócio estatal controlador, bem como (iv) da criação de normas que excepcionavam as regras gerais do anonimato (como aquelas previstas no Decreto-lei nº 2.928). Em decorrência disso, não havia nenhuma intenção de se estabelecer uma verdadeira parceria entre os setores público e privado. As sociedades de economia mista, mesmo antes de receberem uma conceituação legal no Brasil (o que ocorreu somente com o Decreto-lei nº 200, no ano de 1967), sempre foram estruturadas no país de forma a reservar ao Estado uma posição de superioridade absoluta em relação aos acionistas privados.

(6º) Mesmo verificando-se um domínio absoluto do Estado nas sociedades de economia mista, parcela relevante da doutrina sustentava que esse não era um modelo obrigatório. Não havia no ordenamento a previsão de formas rígidas e obrigatórias de participação do Estado em sociedade com particulares. Era pacífico que o Estado poderia constituir empresas com particulares tanto na condição de majoritário quanto de minoritário. A doutrina não via dificuldade em reconhecer uma margem de liberdade – evidentemente não absoluta – para que, em cada arranjo concreto, fossem definidos os poderes dos sócios, bem como a participação de cada um deles no capital das companhias. Muitas vezes se apontava que o controle absoluto do Estado-sócio acabava por distorcer a sistemática do capital misto, o que eventualmente tornava sem sentido a associação público-privada em ambiente societário. Sustentava-se que as sociedades de economia mista "autênticas" eram aquelas que contavam com uma participação estatal minoritária, sem predomínio na administração das empresas. De certa forma, as empresas privadas com participação estatal são a retomada dessa concepção.

(7º) Apesar de se entender que não haveria necessariamente modelos obrigatórios de sociedades de capital misto, houve uma evolução desse entendimento em sentido parcialmente oposto. Ao criar um conceito de sociedade de economia mista que era mais restrito do que o entendimento doutrinário vigente à época, limitando-se a designar essas empresas como sendo somente aquelas em que a União tivesse a titularidade da maioria do capital votante, o Decreto-lei nº 200 acabou por ter um duplo efeito. Por um lado, deixou-se de prever expressamente a possibilidade de o Estado participar como sócio de empresas privadas. Assim, ainda que não houvesse nenhuma vedação a arranjos societários dessa natureza, a ausência de previsão expressa refletia um possível desinteresse pela sistemática. Por outro lado, ao incluir no conceito de sociedade de economia mista a obrigatoriedade de o Estado ser o titular da maioria do capital votante, positivava-se uma espécie de preferência pelo controle estatal incontrastável. Não tardou para que parte da doutrina considerasse que as sociedades de economia mista eram meros coadjuvantes dos misteres estatais, sem a necessidade de levar em consideração os interesses dos acionistas privados, praticamente como se fossem verdadeiras empresas públicas.

(8º) Essa concepção que reduz o papel dos acionistas privados começou a ser revista mais recentemente. Retomou-se a concepção de que o ordena-

mento, ao contemplar a figura das sociedades de economia mista, parte do pressuposto de que é possível haver a compatibilização de interesses públicos e privados, associando-os em uma empresa. Além disso, a reunião de capitais públicos e privados demanda que os interesses dos acionistas privados também sejam levados em consideração na gestão das sociedades – o que não significa o comprometimento das finalidades públicas buscadas. Essa retomada do princípio associativo encontra fundamentos expressos no ordenamento (nos dispositivos da Lei nº 6.404 que tratam da defesa dos minoritários, nas alterações introduzidas pela Emenda Constitucional nº 19, também prevendo a participação dos minoritários nos conselhos de administração e fiscal, e na edição da Lei nº 13.303, que estabeleceu o estatuto jurídico das empresas estatais, com regras específicas sobre direitos dos minoritários, sobre governança e sobre a responsabilização do acionista controlador por atos praticados com abuso de poder).

(9º) Nesse contexto, identifica-se o acordo de acionistas como um importante instrumento de partilha do controle de uma sociedade de economia mista. Ainda que o sócio estatal continue tendo preponderância sobre as sociedades de economia mista, admite-se a celebração de acordos parassocietários entre o Estado e sócios particulares estratégicos. Essa possibilidade, apesar de contar com fundamento normativo expresso (Decreto nº 1.091, de 1994), não tem sua legalidade reconhecida de modo unânime pela doutrina nem pela jurisprudência (*vide* o emblemático caso CEMIG). Entretanto, com fundamento na ideia de propriedade dinâmica, concluímos que o poder de controle de uma sociedade de economia mista pode em certa medida ser limitado por meio de um acordo de acionistas, desde que com isso (i) sejam mantidos determinados poderes necessários a garantir os interesses públicos envolvidos e (ii) o Estado obtenha outras vantagens à empresa como contrapartida pela disposição de parcela do poder de controle.

(10º) Nesse sentido, o acordo de acionistas é um ato negocial de uma propriedade dinâmica de titularidade do Estado, a qual consiste justamente no poder de controle sobre a sociedade de economia mista. Dentro do plexo de prerrogativas que o poder de controle enfeixa, o Estado pode limitar algumas delas por meio de um ato negocial celebrado com um sócio estratégico a fim de obter outras vantagens à companhia – notadamente o aporte de capital privado e de *expertise* por parte do acionista. Dessa forma, o Estado confere uma "funcionalização" específica a parcela

da propriedade dinâmica constituída pelo poder de controle. Essa sistemática confirma a viabilidade de estruturação de arranjos societários em que o Estado não terá domínio absoluto – e já tem sido empregada em algumas empresas privadas com participação estatal, como no caso das recentes concessões de aeroportos no Brasil.

(11º) As empresas privadas com participação estatal podem ser definidas como sendo as *sociedades comerciais privadas, não integrantes da Administração Pública, em que o Estado, por meio de um ente estatal, participa como sócio e se vale de instrumentos societários destinados a direcionar o comportamento da empresa para a realização de determinados objetivos públicos previstos no ordenamento jurídico, mas sem possuir, de modo permanente, preponderância no exercício do poder de controle.* Sua existência deriva da constatação de que a intervenção do Estado no domínio econômico (com base no artigo 173 da Constituição Federal) não se resume à atuação por meio das empresas estatais. Ainda que o dispositivo mencione apenas as empresas públicas e sociedades de economia mista, nada impede que o Estado possa se valer de uma *técnica acionária*, ou seja, participe de empresas privadas na qualidade de sócio com vistas a influenciar a sua atuação. Nesse caso, aportará o apoio institucional do Estado e investirá recursos de origem estatal em tais empresas, por entender que as atividades desempenhadas por elas atenderão determinadas finalidades que justificam o comprometimento da Administração Pública com o negócio. Com isso, o Estado figurará como sócio da empresa e disporá de instrumentos que direcionem o comportamento desta, ainda que sem preponderância no controle interno da sociedade.

(12º) Por não ter preponderância no controle interno das empresas privadas com participação estatal, o este estatal normalmente será um sócio minoritário. Entretanto, o dado essencial para a caracterização dessas empresas não consiste na quantidade de ações de titularidade do Estado, e sim na circunstância de que o Estado não terá preponderância, de modo permanente, no controle societário da empresa. Isso ocorre porque, há muito tempo, no clássico estudo de Berle e Means intitulado *The modern corporation and private property*, publicado com base em dados estatísticos de 1929, demonstrou-se a distinção entre propriedade acionária e poder de controle interno. Assim, o essencial para a caracterização de uma empresa privada com participação estatal é que a preponderância no poder de controle fique em mãos do sócio privado e não do sócio estatal – e não que este último seja necessariamente o sócio minoritário. A solução aqui preconi-

zada é a adotada pelo direito português, que parte da ideia de "influência dominante", e não de percentual de participação acionária, para conceituar as chamadas "empresas participadas" (conforme previsto na Lei nº 50/2012 e no Decreto-lei nº 113/2013). É este também o entendimento adotado pelo anteprojeto da nova lei de organização administrativa, que fixou o critério do "controle estatal estável" como baliza que distingue as empresas estatais e as empresas não estatais com participação do Estado – e não o da titularidade da maioria do capital social.

(13º) Menciona-se aqui a *preponderância* no poder de controle porque o sócio estatal pode ser um dos controladores da empresa. Pode-se formar, portanto, um bloco de controle com a participação do sócio estatal. Assim, seria equivocado dizer que o sócio privado é o único controlador. O que se reputou essencial neste estudo para a configuração da empresa privada com participação estatal é que o sócio estatal não tenha preponderância no exercício do poder de controle interno.

(14º) Além da preponderância do sócio privado, as empresas privadas com participação estatal são caracterizadas (i) pela assunção de riscos atinentes ao empreendimento, o que significa a possibilidade de perdas, algo natural em qualquer atividade econômica; (ii) pela utilização de mecanismos privados e pela busca do lucro; e (iii) pela sua não integração à Administração Pública, do que deriva o fato de que o sócio estatal atua nessas empresas como um sócio privado qualquer.

(15º) As empresas privadas com participação estatal sempre foram objeto de menção por parte da doutrina, ainda que de forma muito sucinta e sem uma análise mais detida. Apesar disso, há também os opositores a essa figura, que entendem que os recursos públicos, em razão de sua escassez, devem ser aplicados primordialmente em empreendimentos destituídos de intuito lucrativo. Entretanto, as objeções à participação estatal em empresas privadas que não integram a Administração não podem subsistir. O ordenamento coloca à disposição da Administração Pública uma série de ferramentas pelas quais se podem desenvolver funções buscadas pelo poder público. O objetivo de lucro perseguido por empresas privadas consiste apenas no móvel da sua atuação. É perfeitamente possível que seja compatibilizado com outros interesses. O simples fato de haver o emprego de recursos de origem pública em uma empresa privada também não tem nada de irregular. É possível por meio de um financiamento público, por medidas de fomento, e inclusive como arranjo concessório (veja-se, por exemplo, o caso das concessões subsidiadas pré-existentes à instituição do modelo das parcerias público-privadas, bem como as concessões patrocinadas – artigo 2º, § 1º, da Lei nº 11.079). A diferença é que a empresa privada que conta com participação estatal tem como um de seus sócios um ente que integra a Administração Pública, o qual exerce determinados poderes no interior dessa sociedade justamente por deter a qualidade de sócio.

(16º) Também não pode ser aceita a alegação de que a participação estatal em uma empresa privada seria ofensiva à isonomia. É inequívoco que há um risco de ofensa não somente à isonomia, mas também aos princípios da moralidade, da probidade e da impessoalidade nessa sistemática. Entretanto, o mesmo risco existirá, em tese, em qualquer atuação administrativa, ainda que em razão de outras circunstâncias. A escolha da pessoa privada a quem o Estado irá se associar de fato poderá ser ofensiva à isonomia, dependendo dos critérios que servirem de fundamento para essa seleção. Mas isso não significa que qualquer escolha seja anti-isonômica e, consequentemente, não há um questionamento do modelo propriamente dito.

(17º) Na realidade, as empresas privadas com participação estatal são uma figura que encontra fundamento constitucional na parte final do inciso XX do artigo 37 da Constituição Federal. Há previsão legal genérica das empresas privadas com participação estatal também no artigo 12, § 5º, incisos II e III, da Lei nº 4.320, no artigo 1º, § 7º, da Lei nº 13.303, e nos artigos 8º e 9º do Decreto nº 8.945. Assim, entendemos que não há de fato como questionar a juridicidade da participação estatal em empresas privadas. Trata-se de uma sistemática legítima de intervenção estatal na economia.

(18º) O ordenamento jurídico brasileiro prevê variadas formas de atuação do Estado em atividades empresariais. Isso significa que há uma relativa *liberdade de escolha das formas jurídicas empresariais pelo Estado*. Cada uma delas apresenta características próprias e apresentará o sócio estatal com maior ou menor poder interno. Assim, caberá em cada caso concreto, havendo autorização legal, que a Administração opte por uma ou outra figura.

(19º) Pode-se dizer que o Estado tem o poder de intervir no domínio econômico por meio da *técnica acionária*. A técnica acionária representa um modo de intervenção estatal na economia por meio da qual o Estado, utilizando-se de sua capacidade de realizar um apoio institucional a determi-

nados empreendimentos, associa-se a eles com o objetivo de induzir certas condutas que sejam vantajosas aos objetivos de interesse coletivo buscados com a associação. Dessa forma, além de empregar capital público, o Estado presta um apoio institucional ao empreendimento. Esse apoio tem uma relevância marcante face ao mercado, uma vez que consiste no reconhecimento oficial da relevância da atividade e da pessoa com quem o Estado se associou. Além disso, esse apoio estatal é único: nenhuma entidade privada pode conceder um apoio como o estatal.

(20º) A técnica acionária pode ter diversos objetivos. Não é possível relacionar todos eles, uma vez que novos objetivos podem surgir do desenvolvimento das atividades econômicas. Entretanto, relacionamos três objetivos principais, que são: (i) a dinamização e diversificação das atividades realizadas por empresas estatais (por meio da qual formam-se grupos societários em que as empresas estatais figuram como sócias de empresas privadas – tal como ocorre com as participações da Petrobras, da Eletrobras, da Sabesp, e como está previsto para a Valec por meio de alteração legislativa recente); (ii) a participação do Estado na gestão de atividades que dependam de uma outorga estatal (em concessionárias, nos parceiros privados de uma PPP, e como ocorreu nas concessões de aeroportos e está previsto para a formatação do Porto Sul, na Bahia); e (iii) a participação do Estado como mecanismo de auxílio a uma atividade ou a um agente econômico (como ocorre na atuação do BNDESPAR, no desenvolvimento de projetos científicos e tecnológicos à luz da Lei nº 10.973 e do Decreto nº 5.563, e na contenção de crises econômicas).

(21º) O emprego da técnica acionária deve obedecer a uma série de parâmetros. O apoio institucional do Estado pode ter relevantes impactos em termos concorrenciais, devendo assim ser empregado atendendo-se ao postulado da isonomia. Além disso, por se tratar de uma técnica de fomento, o apoio institucional do Estado tem o risco de gerar uma certa paralisia das atividades que não contam com tal apoio. A técnica acionária deve ainda atender ao princípio da transparência. Disso deriva a necessidade de procedimentalização da decisão. Ainda que não exista no Brasil uma previsão normativa ampla sobre isso (como existe em Portugal, por exemplo), identificamos algumas normas que conduzem a essa necessidade – ainda que adaptada a cada situação concreta, evidentemente (Decreto nº 1.091, de 1994, artigo 2º; Lei nº 11.908, de 2009, artigo 2º, § 1º). Por fim, a técnica acionária tem impacto direto sobre as finanças estatais, uma vez

que o Estado aportará recursos ao empreendimento e assumirá os riscos da atividade.

(22º) No que se refere à escolha do sócio privado, a doutrina se divide. Uma parcela entende que é impossível realizar licitação para a escolha do sócio privado, uma vez que a *affectio societatis* seria uma característica não licitável. Menciona-se também que um contrato de direito privado da Administração – como o contrato de sociedade –, por ser de direito privado, não precisaria ser precedido de licitação. Outra parcela da doutrina entende que é imprescindível a realização de um certame licitatório, sob pena de ofensa aos princípios gerais da Administração Pública. Entretanto, as duas correntes estão equivocadas.

(23º) A ideia de *affectio societatis* como fundamento geral para se defender a impossibilidade de seleção objetiva do sócio em uma empresa privada com participação estatal deve ser rejeitada. A própria noção de *affectio societatis* é criticável justamente devido à sua imprecisão – o que faz com que sua aplicação acrítica e desmedida se revele incompatível com a evolução da ciência jurídica. Além disso, a ideia de *affectio societatis*, ainda que fosse aceitável na prática do direito societário atual, é absolutamente despropositada para servir de critério seguro para a prática da técnica acionária pelo Estado. A invocação do conceito – impreciso, vazio e altamente subjetivo – de *affectio societatis* é incompatível com os princípios que regem a Administração Pública.

(24º) A corrente que se baseia na existência de um contrato de direito privado da Administração tampouco tem razão. Primeiro, porque a própria distinção entre contratos administrativos e contratos de direito privado é difícil e imprecisa. Depois, porque a categorização é questionada por parcela relevante da doutrina, que não vê distinções claras entre uma e outra figura. Por fim, o fato é que a formação de um contrato de direito privado pode se dar exatamente da mesma forma que ocorre com um contrato administrativo, isto é, com licitação.

(25º) A alegação de uma obrigatoriedade intransigente de se realizar licitação para a escolha do sócio privado também não deve ser acolhida. Há outros mecanismos para a escolha de um sócio por meio do emprego de critérios objetivos que não precisam necessariamente ser uma licitação. Além disso, em muitas situações, tratar-se-á de uma escolha estratégica para a diversificação e dinamização das atividades de uma empresa estatal. Nesses casos, a realização de uma licitação poderia revelar segredos comerciais, o que acabaria por inviabilizar o arranjo.

(26º) Diante da insuficiência dos entendimentos doutrinários, concluímos que a questão passa primeiro pela compreensão dos pressupostos aplicáveis ao tema da escolha do sócio privado. Primeiro, deve-se ter em conta que a técnica acionária é um mecanismo de exercício de uma função administrativa, o que demanda a necessidade de procedimentalização – ainda que adaptada à realidade de cada situação. O procedimento de escolha do sócio de uma concessionária que promoverá a gestão de um aeroporto, por exemplo, será diferente do que ocorre na situação de uma empresa estatal se associar a um particular para o desempenho de uma atividade econômica em regime de concorrência. Depois, não se pode perder de vista que a associação do Estado a um particular significa o aporte do apoio institucional do Estado, o que tem um valor econômico. Deve-se verificar também que a associação do Estado a um particular apresenta um impacto sobre o mercado, inclusive em termos concorrenciais.

(27º) Partindo-se desses pressupostos, concluímos que a seleção do sócio privado dependerá diretamente da função pretendida pelo Estado com o emprego da técnica acionária naquele caso específico. Tratando-se de uma medida de fomento, deve-se observar o princípio da isonomia. A decisão deve ser fundamentada, mas dificilmente será possível realizar um procedimento de escolha nos moldes de uma licitação. Sendo objetivo a diversificação e a dinamização das atividades realizadas por uma empresa estatal, também não será possível, em princípio, a realização de um procedimento dotado de publicidade. Nessa situação, muitas vezes a atividade é realizada em regime concorrencial. Haverá decisões sigilosas, que não poderão contar com ampla publicidade. Já nos casos em que a técnica acionária é atrelada a uma outorga estatal (uma concessão, por exemplo), em princípio deverá ser realizada uma licitação prévia, tal como ocorreu nas recentes concessões de aeroportos e está previsto para ocorrer no setor portuário. Nos casos de privatização ou desestatização, em princípio também deverá ocorrer uma licitação, uma vez que haverá a alienação de um patrimônio estatal.

(28º) Em síntese, a doutrina já produzida sobre a escolha do sócio privado pelo Estado não observou o fenômeno em toda a sua variedade de situações. Os fundamentos baseados na *affectio societatis* e na desnecessidade de licitação para a celebração de contratos de direito privado da Administração não são suficientes para que se adote o entendimento de que a realização de licitação será sempre descabida. Além disso, por uma

diversidade de razões, normalmente relacionadas com o dinamismo das atividades econômicas, é impossível que haja seleção do sócio privado por meio de um procedimento licitatório público. Como regra geral, a Administração deverá observar os princípios que regem a sua atividade, de modo que a escolha do sócio privado seja compatível com a atuação da Administração Pública. A escolha deverá ser motivada, a fim de possibilitar o controle sobre o ato. Entretanto, a forma como incidem os princípios da Administração e o modo como se opera a seleção dependerão dos objetivos e do contexto em que se insere a formação da empresa privada com participação estatal. Haverá, ainda, os casos de inviabilidade de competição.

(29º) A associação estatal a uma empresa privada deve contar com autorização legislativa em cada caso. Isso não significa, entretanto, que cada associação em específico deve contar com prévia autorização em lei. Aplica-se o entendimento adotado pelo Supremo Tribunal Federal na ADI nº 1.649.

(30º) A constituição de uma empresa privada com participação estatal deve ser justificada e sua atuação deverá se inserir no objeto do sócio estatal. Evidentemente, determinadas empresas estatais terão um objeto mais amplo, ou até mesmo voltado a diversas finalidades, como é o caso, por exemplo, do BNDESPAR.

(31º) A constituição de uma empresa privada com participação estatal não é uma solução necessariamente subsidiária. O ordenamento prevê diversas possibilidades de engajamento empresarial pelo Estado, sendo uma delas a participação em empresas privadas. Cada solução apresenta características próprias. Assim, dentro da relativa liberdade de escolha das formas jurídicas, caberá ao sócio estatal optar por aquela que entender ser a melhor solução para o caso concreto.

(32º) As empresas privadas com participação estatal se submetem ao regime de direito privado, o que se reflete nas suas contratações com terceiros e na contratação de pessoal. Elas podem concorrer com o poder público e, em princípio, não podem receber qualquer vantagem do poder público apenas por terem um ente estatal como sócio. Além disso, elas não realizam atos de autoridade.

(33º) As empresas privadas com participação estatal não se submetem ao controle externo pelos Tribunais de Contas – salvo, evidentemente, como toda empresa privada pode se submeter ao travar relações jurídicas com o poder público. Entretanto, elas se submetem aos mecanismos

jurisdicionais típicos da atividade administrativa, tais como a ação popular (Lei nº 4.717, artigo 1º, § 2º), a ação de improbidade administrativa (Lei nº 8.429, artigo 1º, parágrafo único) e, por decorrência, a ação civil pública.

(34º) Incidem sobre as empresas privadas com participação estatal os mecanismos de controle típicos do direito privado. O sócio estatal deverá exercer suas prerrogativas de sócio nos exatos termos que um acionista privado qualquer. Isso significa que o sócio estatal não terá poderes excepcionais apenas por integrar a estrutura do Estado. Não poderá, por exemplo, exercer atos de autoridade no interior dessas companhias. Seus poderes serão aqueles garantidos pela legislação societária, pelo estatuto e por eventuais acordos de acionistas ou ações de classe especial. Seria um desvirtuamento que o sócio estatal tivesse prerrogativas de poder público no interior de empresas privadas que não integram a Administração Pública.

(35º) Os acordos de acionistas são um mecanismo direcionado a garantir certos poderes ao sócio estatal de uma empresa privada, possibilitando maior segurança jurídica ao sócio privado. Trata-se de um mecanismo típico de direito privado, de natureza contratual. A figura consagra a assertiva de que o sócio estatal não possui nenhuma prerrogativa específica apenas por integrar a estrutura da Administração Pública. Sua realização no âmbito de empresas privadas com participação estatal é expressamente contemplada pelo artigo 1º, § 7º, inciso I, da Lei nº 13.303.

(36º) Os acordos de acionistas podem ter diversas funções em uma empresa privada com participação estatal, tais como: (i) estabelecer um cronograma de investimentos, (ii) prever a concessão de garantias aos financiadores, (iii) estabelecer compromissos relacionados à composição acionária da empresa, (iv) instituir o direito de venda conjunta em caso de aquisição do controle por terceiro, (v) prever um direito de preferência em caso de alienação de ações, (vi) estabelecer acordos de voto que garantam a anuência do sócio estatal acerca de decisões consideradas estratégicas, e (vii) prever mecanismos de resolução de controvérsias. Todas essas funções foram contempladas nos acordos de acionistas das concessionárias dos aeroportos de Guarulhos, Brasília, Campinas, Galeão e Confins.

(37º) Os acordos de acionistas não podem ser objeto de alteração unilateral pelo sócio estatal. Seria um contrassenso garantir ao sócio estatal essa possibilidade, o que equivaleria a conceder-lhe a preponderância no exercício do poder de controle. Se o Estado desejar ter esse tipo de con-

trole, caberá constituir outro tipo de arranjo empresarial permitido pelo ordenamento, e não uma empresa privada com participação estatal.

(38º) As *golden shares* (ou ações de classe especial) são outro mecanismo que poderá garantir certos poderes ao sócio estatal no interior de uma empresa privada. As *golden shares* permitem acrescentar uma disciplina regulatória ao instrumento societário, internalizando o interesse estatal à empresa privada – concepção que se aproxima do institucionalismo publicista. Entretanto, as *golden shares* não poderão ter uma utilização desvirtuada, que permita ao sócio estatal um controle absoluto sobre a empresa, que eventualmente desvirtue a sua qualificação como empresa privada.

(39º) As *golden shares* podem ter diversas funções. Podem ser emitidas para permitir ao sócio estatal o direito de veto a determinadas decisões, ou ainda que lhe confiram a prerrogativa de indicar determinados diretores. Podem tratar também do funcionamento da empresa – por exemplo, impedindo a alteração do seu objeto social.

(40º) O sócio estatal deverá fundamentar as decisões adotadas com base em uma *golden share*. Ele se sujeita às normas gerais de direito administrativo que impõem a obrigatoriedade de motivação e a observância dos princípios da razoabilidade e da proporcionalidade. Entretanto, não se pode perder de vista que se está em um ambiente empresarial, caracterizado por uma maior celeridade e por menor formalismo. Assim, não será necessário que cada ato praticado pelo sócio estatal no exercício dos poderes assegurados pelas *golden shares* atenda a certos condicionamentos incompatíveis com o funcionamento de uma empresa. Como existem certos condicionamentos ao exercício das prerrogativas asseguradas por uma *golden share*, o ato poderá ser questionado. Nesse sentido, pouco importa a discussão que se trava no direito português sobre a natureza do ato (se seria ou não um ato administrativo). O exercício dos direitos de sócio pode ser questionado inclusive quando praticado por um sócio privado. Além disso, não se trata apenas de verificar se o ato está em consonância com os objetivos buscados com a instituição da *golden share*. O ato poderá ser abusivo ainda que esteja em consonância com os interesses públicos que justificaram a instituição da ação de classe especial. Há uma espécie de "dever de utilização prudente" das prerrogativas asseguradas pelas *golden shares*.

(41º) O sócio estatal pode ser responsabilizado pela utilização inadequada dos poderes assegurados por uma *golden share* – exatamente da mesma forma que ocorre com o exercício das prerrogativas de acionista por um sócio privado.

(42º) O sócio estatal não é obrigado a invocar as prerrogativas que lhe são garantidas por uma *golden share*. Nada impede que ele obtenha seus objetivos por outros meios que, assim, contornem eventual prejuízo aos seus interesses – como ocorreu em diversas situações verificadas no direito comparado, por exemplo.

Ao final de um longo percurso, concluímos que a técnica acionária do Estado é uma teoria em construção. Seus limites, suas potencialidades e seus condicionamentos ainda demandam maiores reflexões. Sua sólida edificação pressupõe o desenvolvimento de estudos sobre o comportamento do sócio estatal em ambiente societário externo à estrutura da Administração Pública.

Como disse Tullio Ascarelli, o problema dos juristas não é apenas distinguir o lícito do ilícito, mas também aquele da fantasia, da criação de instrumentos jurídicos que seriam como máquinas a desempenhar determinadas funções[591]. As empresas privadas com participação estatal são precisamente um veículo (ou uma "máquina") de engajamento empresarial do Estado, que apresenta características muito interessantes e úteis.

Esperamos que este estudo sirva de estímulo para que o tema seja melhor desenvolvido, a fim de que a técnica acionária seja empregada de modo correto e possa ser uma ferramenta de parcerias público-privadas úteis e inovadoras.

[591] "Il nostro problema di giuristi non è solo quello, della distinzione tra lecito o illecito, ma anche quello della fantasia; quello della creazione di strumenti, vorrei dire di macchine giuridiche, che possano conseguire determinate finalità, che abbiano freno e motore, che camminino, ma non vadano a finire nei fossi, che cioè contemperino esigenze diverse. I problemi sollevati da una economia industrializzata (o dal desiderio dell'industrializzazione) rivelano sotto questo la loro novità rispetto ala problematica tradizionale" (ASCARELLI, Tullio. *Problemi giuridici*. Milão: Giuffrè, 1959, p. 702).

REFERÊNCIAS

ABREU, Jorge Manuel Coutinho de. *Da empresarialidade*: as empresas no direito. Coimbra: Almedina, 1999.

ABREU FILHO, Carlos Toledo. *Comentários à lei de sociedades por ações*. v. 5. In: VIDIGAL, Geraldo de Camargo; MARTINS, Ives Gandra da Silva (coords.). São Paulo: Resenha Universitária, 1986.

ADAMEK, Marcelo Vieira Von. *Abuso de minoria em direito societário*: abuso das posições subjetivas minoritárias. São Paulo, 2010. Tese (doutorado) – Departamento de Direito Comercial da Faculdade de Direito da Universidade de São Paulo.

ALBERT, Stéphane; BUISSON, Claudie. *Entreprises publiques*: le rôle de l'État actionnaire. Paris: La Documentation Française, 2002.

ALBUQUERQUE, Pedro de; PEREIRA, Maria de Lurdes. *As "golden shares" no Estado Português em empresas privatizadas:* limites à sua admissibilidade e exercício. Coimbra: Coimbra, 2006.

ALCOFORADO, Haroldo Mavignier Guedes. Empresas estatais integrantes do sistema financeiro nacional. In: _____ (coord.). *Direito administrativo empresarial*. Rio de Janeiro, Lumen Juris, 2006, p. 229-254.

ALMEIDA, Fernando Dias Menezes de. Contrato administrativo no Brasil: aspectos críticos da teoria e da prática. *Revista de Contratos Públicos – RCP*, Belo Horizonte, ano 1, n. 1, p. 125-139, mar./ago. 2012.

ALMEIDA, Fernando Dias Menezes de. *Contrato administrativo*. São Paulo: Quartier Latin, 2012.

ALONSO UREBA, Alberto. *La Sociedad Mercantil de Capital como forma de la Empresa Pública Local*. Madri: Universidad Complutense, Faculdade de Direito, Seccion de Publicaciones, 1988.

ALONSO UREBA, Alberto. *La empresa pública, aspectos jurídico-constitucionales y de Derecho Econômico*, Editorial Montecorvo, Madri, 1985.

ÁLVARES, Walter T. As sociedades de economia mista. *Revista de Direito Administrativo* nº 38, p. 20-28, out./dez. 1954.

ALVES, Clarissa Brandão de Carvalho Cardoso. Direito da concorrência e *joint ventures*: limites legais. In: RIBEIRO, Marilda Rosado de Sá (org.). *Estudos e pareceres – direito do petróleo e gás*. Rio de Janeiro: Renovar, 2005.

AMARAL, Antônio Carlos Cintra do. Formação de consórcio – Escolha de empresa estatal – Desnecessidade de licitação. *Revista Diálogo Jurídico*, 12.3.2002. Disponível em <www.direitopublico.com.br>. Acesso em 25.4.2012.

AMARAL, Diogo Freitas do. *Curso de direito administrativo*. vol. II, 2.ed Coimbra: Almedina, 2001.

AMORIM, João Pacheco de. *As empresas públicas no direito português, em especial, as empresas municipais*. Coimbra: Almedina, 2000.

ARAGÃO, Alexandre Santos de. *Agências reguladoras e a evolução do direito administrativo econômico*. Rio de Janeiro: Forense, 2002.

ARAGÃO, Alexandre Santos de. O princípio da eficiência. *Revista Eletrônica de Direito Administrativo Econômico* – REDAE, nº. 4, nov./dez. 2005 e jan. 2006. Disponível em: <www.direitodoestado.com.br>. Acesso em: 30.5.2012.

ARAGÃO, Alexandre Santos de. As parcerias público-privadas no direito positivo brasileiro. *Revista Forense* n. 385, Rio de Janeiro, mai./jun. 2006.

ARAGÃO, Alexandre Santos de. *Direito dos serviços públicos*. Rio de Janeiro: Forense, 2007.

ARAGÃO, Alexandre Santos de. Empresas estatais e o controle pelos Tribunais de Contas. *Revista de Direito Público da Economia - RDPE*, v. 23, 2008.

ARAGÃO, Alexandre Santos de. Empresa público-privada. *Revista dos Tribunais – RT*, ano 98, n. 890, p. 33-68, dez. 2009.

ARAGÃO, Alexandre Santos de. *Curso de direito administrativo*. Rio de Janeiro: Forense, 2012.

ARAGONE RIVOIR, Ignacio. Participación accionaria del Estado en sociedades concesionarias: tendencias, problemas y desafíos. Palestra proferida no III Congresso Iberoamericano de Regulação Econômica, 27.6.2008. Disponível em <www.direitodoestado.com.br>, acesso em 30.4.2012.

ARCHER, Miguel; COSTA, Miguel; ASSEICEIRO, Sara. Função accionista do Estado e *golden shares*: o caso da *golden share* da PT. *Revista da Faculdade de Direito da Universidade Nova de Lisboa*, p. 15. Disponível em <http://www.fd.unl.pt/docentes_docs/ma/MEG_MA_11629.pdf> Acesso em 2.5.2013.

ARIÑO ORTIZ, Gaspar. La "nueva" empresa público-privada: ¿ilusión o realidad? *Cuenta y Razón*, 1993, p. 37-50. Disponível em: <http://dialnet.unirioja.es/servlet/articulo?codigo=2044707> Acesso em 30.5.2012.

ARIÑO ORTIZ, Gaspar. *Princípios de derecho público económico*. 3.ed. Granada: Comares, 2004.

ARIÑO ORTIZ, Gaspar. *Empresa pública, empresa privada, empresa de interés general*. Navarra: Thompson Arazandi, 2007.

ASCARELLI, Túlio. *Problemi giuridici*. Milão: Giuffrè, 1959.

ASCARELLI, Túlio. *Iniciación al estudio del derecho mercantil*. Barcelona: Bosch, 1964.

ASCARELLI, Túlio. O contrato plurilateral. In: Problemas das Sociedades Anônimas e Direito Comparado. São Paulo: Saraiva, 1969, p. 271-283.

ASNER, Michael. Unsolicited Proposals: Turning problems into opportunities. Disponível em: <http://www.summitconnects.com/Articles_Columns/PDF_Documents/200312_10.pdf>. Acesso em: 15.11.2011.

BACELLAR FILHO, Romeu Felipe. O contrato administrativo no Brasil. *Revista do Advogado*, São Paulo, ano 29, n. 107, 2009.

BAENA DEL ALCÁZAR, Mariano. Sobre el concepto de fomento. *Revista de administración pública*, n. 54, set./nov. 1967.

BANDEIRA DE MELLO, Celso Antônio. *Prestação de serviços públicos e Administração Indireta*. 2.ed. São Paulo: RT, 1979.

BANDEIRA DE MELLO, Celso Antônio. Empresa estatal – associação com empresa privada sem licitação para constituírem sociedade de propósitos específicos que disputará licitação de concessão de serviço público – invalidade – inconstitucionalidade do art.

32 e §§ da Lei 9.074/95. *Revista Trimestral de Direito Público – RTDP* n. 48, p. 147-153.

BANDEIRA DE MELLO, Celso Antônio. *Curso de Direito Administrativo*. 27.ed. São Paulo: Malheiros, 2010.

BANDEIRA DE MELLO, Celso Antônio. Natureza essencial das sociedades de economia mista e empresas públicas: consequências em seus regimes. In: _____. *Grandes temas de direito administrativo*. 1.ed., 2.tir., São Paulo: Malheiros, 2010, p. 329-338.

BANDEIRA DE MELLO, Celso Antônio. Sociedades de economia mista, empresas públicas e o regime de direito público. In: _____. *Grandes temas de direito administrativo*. 1.ed., 2.tir., São Paulo: Malheiros, 2010, p. 339-349.

BANDEIRA DE MELLO, Celso Antônio. *Pareceres de direito administrativo*. São Paulo: Malheiros, 2011.

BAPTISTA, Luiz Olavo; DURAND-BERTHEZ, Pascal. *Les associations d'enterprises dans le commerce international*. Paris: Feduci, 1986.

BARBI FILHO, Celso. *Acordo de acionistas*. Belo Horizonte: Del Rey, 1993.

BARBI FILHO, Celso. Acordo de acionistas: panorama atual do instituto no direito brasileiro e propostas para a reforma de sua disciplina legal. *Revista de Direito Mercantil, Industrial, Econômico e Financeiro*, vol. 121, jan./mar. 2001.

BARNÉS VASQUEZ, Javier. Introducción a la doctrina alemana del "derecho privado administrativo". In: PÉREZ MORENO, A. (coord.). *Administración instrumental*: libro homenaje a Manuel Francisco Clavero Arevalo. t. I. Madrid: Civitas, 1994.

BARROSO, Luis Roberto. *Temas de direito constitucional*. Rio de Janeiro: Renovar, 2002.

BARROSO, Luis Roberto. Regime jurídico das empresas estatais. *Revista de Direito Administrativo*, n. 242, out./dez. 2005, p. 85-93.

BEMQUERER, Marcos. *O regime jurídico das empresas estatais após a Emenda Constitucional nº 19/1998*. Belo Horizonte: Fórum, 2012.

BENSOUSSAN, Fabio Guimarães. *A participação do Estado na atividade empresarial através das "golden shares"*. Dissertação de mestrado, Nova Lima, Faculdade de Direito Milton Campos, 2006. Disponível em <www.ncampos.br>. Acesso em 25.4.2012.

BERCOVICI, Gilberto. IRB – Instituto de Resseguros S.A. Sociedade de economia mista. Monopólio de fato, dever de contratar e proteção à ordem pública econômica. *Revista de Direito do Estado – RDE*, n. 12, Renovar, p. 335-376, out./dez. 2008.

BERCOVICI, Gilberto. *Direito Econômico do petróleo e dos recursos naturais.* São Paulo: Quartier Latin, 2011.

BERLE Jr., Adolf A.; MEANS, Gardiner C. *Società per azioni e proprietà privata.* Torino: Giulio Einaudi, 1966.

BERTOLDI, Marcelo M. O poder de controle na sociedade anônima – alguns aspectos. *Revista de Direito Mercantil, Industrial, Econômico e Financeiro,* vol. 118, abr./jun. 2000.

BERTOLDI, Marcelo M. *Acordo de acionistas.* São Paulo: RT, 2006.

BESSONE, Darcy. Acordo de acionistas. Poderes do acionista controlador de sociedade anônima. Artigos 116, 238 e 273 da Lei 6.404/76, *Revista dos Tribunais,* ano 80, out. 1991, vol. 672.

BOBBIO, Norberto. *Da estrutura à função.* Barueri: Manole, 2007.

BORBA, José Edwaldo Tavares. *Direito societário.* 8.ed. Rio de Janeiro: Renovar, 2003.

BORGES, Luiz Ferreira Xavier. O acordo de acionistas como instrumento da política de fomento do BNDES: o pólo de Camaçari. *Revista do BNDES,* v. 14, n. 28, dez. 2007.

BORTOLOTTI, Bernardo; FACCIO, Mara. *Reluctant Privatization,* p. 12. Disponível em <http://www.feem.it/Feem/Pub/Publications/WPapers/WP2004-130.htm>. Acesso em 30.5.2012.

BRÉDIN, Jean-Dénis. *L'entreprise semi-publique et publique et le droit privé.* Paris, 1957.

BREMMER, Ian. State capitalism comes of age: the end of the free market? *Foreign affairs,* n. 3, vol. 88, mai./jun. 2009.

BRUNA, Sérgio Varella. *Agências reguladoras*: poder normativo, consulta pública e revisão judicial. São Paulo: RT, 2003.

BUENO, Alessandra Belfort. O consórcio na indústria do petróleo. In: PIRES, Paulo Valois; BUENO, Alessandra Belfort (org.). *Temas de direito do petróleo e do gás natural.* Rio de Janeiro: Lumen Juris, 2002.

BULGARELLI, Waldírio. A regulação jurídica do acordo de acionistas no Brasil. *Revista de Direito Mercantil, Industrial, Econômico e Financeiro,* v. 123, jul./set. 2001.

CÂMARA, Jacintho Arruda. O lucro nas empresas estatais. *Revista Brasileira de Direito Público – RBDP,* Belo Horizonte, ano 10, n. 37, p. 9-18, abr./jun. 2012.

CAMARGO, Sérgio Alexandre. Tipos de estatais. In: SOUTO, Marcos Juruena Villela (Coord.) *Direito administrativo empresarial*. Rio de Janeiro: Lumen Juris, 2006.

CANTIDIANO, Luiz Leonardo. *Reforma da Lei das S.A. comentada*. Rio de Janeiro: Renovar, 2002.

CARDOZO, José Eduardo Martins. O dever de licitar e os contratos das empresas estatais que exercem atividade econômica. In: CARDOZO, José Eduardo Martins; QUEIROZ, João Eduardo Lopes; SANTOS, Márcia Walquiria Batista dos (coord.). *Direito administrativo econômico*. São Paulo: Atlas, 2012, p. 1270-1299.

CARRASQUEIRA, Simone de Almeida. *Investimento das empresas estatais e endividamento público*. Rio de Janeiro: Lumen Juris, 2006.

CARRASQUEIRA, Simone de Almeida. Revisitando o regime jurídico das empresas estatais prestadoras de serviço público. In: _____ (coord.). *Direito administrativo empresarial*. Rio de Janeiro, Lumen Juris, 2006, p. 255-328.

CARRASQUEIRA, Simone de Almeida. O controle financeiro do Tribunal de Contas e as empresas estatais. In: _____ (coord.). *Direito administrativo empresarial*. Rio de Janeiro, Lumen Juris, 2006, p. 329-369.

CARVALHAES NETO, Eduardo Hayden Contratos privados da administração pública: uma análise do regime jurídico aplicável. 2011. Tese (Doutorado) – Universidade de São Paulo, São Paulo, 2011.

CARVALHO FILHO, José dos Santos. *Manual de Direito Administrativo*. 24 ed. Rio de Janeiro: Lumen Juris, 2011.

CARVALHOSA, Modesto. *Comentários à lei de sociedades anônimas*. vol. 4, t. I. São Paulo: Saraiva, 1998.

CARVALHOSA, Modesto. *Comentários à lei de sociedades anônimas*. v.1. 4.ed. São Paulo: Saraiva, 2002.

CARVALHOSA, Modesto. *Acordo de acionistas*. São Paulo: Saraiva, 2011.

CARVALHOSA, Modesto; EIZIRIK, Nelson. *A nova lei das S.A.*. São Paulo: Saraiva, 2002.

CASELLI, Bruno Conde. O pré-sal e as mudanças da regulação da indústria do petróleo e gás natural no Brasil: uma visão institucional. *Revista Brasileira de Direito Público – RBDP*, Belo Horizonte, ano 9, n. 35, p. 111-140, out./dez. 2011.

CASSESE, Sabino. Azionariato di Stato. *Enciclopedia del diritto*, vol. IV, Milano: Giuffrè, 1959, p. 774-785.

CASTRO, Rodrigo R. Monteiro de. *Controle gerencial*. São Paulo: Quartier Latin, 2010.

CAVALCANTI, Themístocles Brandão. *Tratado de direito administrativo*. vol. II. 3.ed. Rio de Janeiro: Freitas Bastos, 1956.

CAVALCANTI, Themístocles Brandão. Sociedade de economia mista – sua natureza – seus problemas. *Revista de direito administrativo*, Rio de Janeiro, n. 103, p. 1-15, jan./mar. 1971.

COELHO, Fábio Ulhoa. *Curso de direito comercial*. v.2. 5.ed. São Paulo: Saraiva, 2002.

COELHO, Fábio Ulhoa. *Manual de direito comercial*. 21.ed., São Paulo: Saraiva, 2009.

COMPARATO, Fabio Konder. "Take-over" bids ou a desforra do acionista. In: *Aspectos jurídicos da Macro-Emprêsa*. São Paulo: RT, 1970, 31-42.

COMPARATO, Fabio Konder. Restrições à circulação de ações em companhia fechada: 'nova et vetera'. *Revista de Direito Mercantil, Industrial, Econômico e Financeiro*, nº. 36, out./dez. 1979.

COMPARATO, Fábio Konder. Ineficácia de estipulação, em acordo de acionistas, para eleição de diretores, em companhia com conselho de administração. *Direito empresarial*: estudos e pareceres. São Paulo: Saraiva, 1995.

COMPARATO, Fabio Konder. Sociedade de economia mista transformada em sociedade anônima ordinária – inconstitucionalidade. *Revista Trimestral de Direito Público*, São Paulo, n. 25, p. 61-68, jan./mar. 1999.

COMPARATO, Fabio Konder; SALOMÃO FILHO, Calixto. *O poder de controle na sociedade anônima*. 4.ed. Rio de Janeiro: Forense, 2005.

CORREIA, José Manuel Sérvulo. *Legalidade e autonomia contratual nos contratos administrativos*. 1ª reimp. Coimbra: Almedina, 2003.

COSTA, Philomeno Joaquim da. *Anotações às companhias*. v. I. São Paulo: RT, 1980.

COTRIM NETO, A. B. Teoria da empresa pública em sentido estrito. *Revista de Direito Administrativo*, Rio de Janeiro, n. 122, p. 21-56, out./dez. 1975.

CRETELLA JÚNIOR, José. *Tratado de direito administrativo*. vol. VII. Rio de Janeiro: Forense, 1970.

CRETELLA JÚNIOR, José. *Comentários à Constituição de 1988.* 2.ed. Rio de Janeiro: Forense Universitária.

D'ALTE, Sofia Tomé. *A nova configuração do sector empresarial do Estado e a empresarialização dos serviços públicos.* Coimbra: Almedina, 2007.

DALLARI, Adilson Abreu. Acordo de acionistas. Empresa estadual concessionária de serviço público federal. *Revista Trimestral de Direito Público – RTDP* nº 28, 84-108, 1999.

DALLARI, Adilson Abreu. Licitações nas empresas estatais. *Revista de Direito Administrativo* n. 229, jul./set. 2002, p. 69-85.

DE LA RIVA, Ignacio M. *Ayudas públicas*: incidencia de la intervención estatal en el funcionamiento del mercado. Buenos Aires: Hammurabi, 2004.

DELION, André G. *Le droit des entreprises et participations publiques.* Paris: LGDJ, 2003.

DI PIETRO, Maria Sylvia Zanella. *Do direito privado na Administração Pública.* São Paulo: Atlas, 1989.

DI PIETRO, Maria Sylvia Zanella. O sistema de parceria entre os setores público e privado. *Boletim de Direito Administrativo*, São Paulo: NDJ, n. 9, p. 586-590, set. 2000.

DI PIETRO, Maria Sylvia Zanella. *Discricionariedade administrativa na Constituição de 1988.* 2.ed. São Paulo: Atlas, 2001.

DI PIETRO, Maria Sylvia Zanella. *Parcerias da Administração Pública.* 7.ed. São Paulo: Atlas, 2009.

DI PIETRO, Maria Sylvia Zanella. *Direito administrativo.* 23.ed. São Paulo: Atlas, 2010.

DI PIETRO, Maria Sylvia Zanella. Do princípio da legalidade e do controle judicial diante da constitucionalização do direito administrativo. In: DI PIETRO, Maria Sylvia Zanella; RIBEIRO, Carlos Vinícius Alves. *Supremacia do interesse público e outros temas relevantes do direito administrativo.* São Paulo: Atlas, 2010, p. 173-196.

DI PIETRO, Maria Sylvia Zanella. Ainda existem os chamados contratos administrativos? In: DI PIETRO, Maria Sylvia Zanella; RIBEIRO, Carlos Vinícius Alves. *Supremacia do interesse público e outros temas relevantes do direito administrativo.* São Paulo: Atlas, 2010, p. 398-411.

DUARTE, António Pinto. Notas sobre o conceito e regime jurídico das empresas públicas estaduais. In: FERREIRA, Eduardo Paz (org.) *Estudos sobre o novo regime do sector empresarial do Estado.* Coimbra: Almedina, 2000.

DURÁN MARTÍNEZ, Augusto. Nuevas formas de relacionamento público-privado en el cumplimiento de los cometidos del Estado. *Revista Brasileira de Infraestrutura – RBINF*, Belo Horizonte, ano 1, n. 1, p. 13-57, jan./mar. 2012.

EIZIRIK, Nelson. O Estado como acionista controlador de companhias integrantes do mercado acionário – o "Caso Vale". In: _____. *Questões de direito societário e mercado de capitais*. Rio de Janeiro: Forense, 1987, p. 34-58.

EIZIRIK, Nelson. As sociedades anônimas com participação estatal e o Tribunal de Contas. In: _____. *Questões de direito societário e mercado de capitais*. Rio de Janeiro: Forense, 1987, p. 28-33.

ESTORNINHO, Maria João. *A fuga para o direito privado*: contributo para o estudo da actividade de direito privado da Administração Pública. Coimbra: Almedina, 1999.

FERRAZ JUNIOR, Tércio Sampaio. Fundamentos e limites constitucionais da intervenção do estado no domínio econômico. *Revista de Direito Público*, nº. 47-48, jul./dez. 1978.

FERREIRA, Waldemar. *A sociedade de economia mista em seu aspecto contemporâneo*. São Paulo: Max Limonad, 1956.

FERREIRA, Waldemar. *Compêndio de sociedades mercantis*, vol. III, Rio de Janeiro: Freitas Bastos, 1949.

FERREIRA, Sérgio de Andréa. Sociedade de economia mista e sociedade subsidiária. Regime jurídico dos contratos por elas celebrados. Alteração contratual: consequências. *Revista Forense* 358/201. Rio de Janeiro: Forense, dez. 2001.

FERREIRA, Sérgio de Andréa. O direito administrativo das empresas governamentais brasileiras. *Revista de Direito Administrativo*, Rio de Janeiro, n. 136, p. 1-33, abr./jun. 1979.

FIDALGO, Carolina Barros. *As empresas de capital público-privado sem controle estatal*. Monografia de pós-graduação, Rio de Janeiro, UERJ, 2008.

FIGUEIREDO, Lúcia Valle. *Empresas públicas e sociedades de economia mista*. São Paulo: RT, 1978.

FIGUEIREDO, Lucia Valle. Privatização parcial da CEMIG – Acordo de acionistas – Impossibilidade de o controle societário ser compartilhado entre o Estado de Minas Gerais e o acionista estrangeiro minoritário. *Revista de Direito Mercantil, Industrial, Econômico e Financeiro*, vol. 118, abr./jun. 2000.

FLEINER, Fritz. *Instituciones de derecho administrativo*. Barcelona: Labor, 1933.

FORGIONI, Paula A.. PPPs e participação minoritária do Estado-acionista: o direito societário e sua instrumentalidade para o direito administrativo. *Revista de Direito Público da Economia – RDPE* Belo Horizonte, n. 16, ano 4. Out./dez. 2006. Disponível em: <http://bid.editoraforum.com.br/bid/PDI0006.aspx?pdiCntd=38664>. Acesso em: 2.2.2012.

FONSECA, Rui Guerra da. *Autonomia estatutária das empresas públicas e descentralização administrativa*. Coimbra: Almedina, 2005.

FRANÇA, Erasmo Valladão Azevedo e Novaes. *Conflito de interesses nas assembléias de S.A.*. São Paulo: Malheiros, 1993.

FRANÇA, Erasmo Valladão Azevedo e Novaes; ADAMEK, Marcelo Vieira von. "Affectio societatis": um conceito jurídico superado no moderno direito societário pelo conceito de "fim social". In: FRANÇA, Erasmo Valladão Azevedo e Novaes. *Temas de direito societário, falimentar e teoria da empresa*. São Paulo: Malheiros, 2009, p. 27-68.

GABARDO, Emerson. *Princípio constitucional da eficiência*. São Paulo: Dialética, 2002.

GALGANO, Francesco. *Trattato di diritto commerciale e di diritto pubblico dell'economia*, vol. II, L'impresa. Padova: Cedam, 1978.

GARCIA, Flávio Amaral; FREITAS, Rafael Véras de. Concessão de aeroportos: desafios e perspectivas. *Revista Brasileira de Direito Público – RBDP*, Belo Horizonte, ano 10, n. 36, p. 9-35, jan./mar. 2012.

GARCIA. Letícia Simonetti. O acordo de acionistas e seus efeitos concorrenciais. In: SANTOS, Theophilo de Azeredo (coord.). *Novos estudos de direito comercial em homenagem a Celso Barbi Filho*. Rio de Janeiro: Forense, 2003.

GARRIDO FALLA, Fernando. *Tratado de derecho administrativo*. vol. 2. 12.ed. Madri: Tecnos, 2006.

GASPARINI, Diógenes. Associação de utilidade pública: declaração, *Revista de Direito Público*, n. 77, p. 168, jan./mar. 1986.

GONÇALVES, Pedro Costa. *Regime jurídico da atividade empresarial local*. Coimbra: Almedina, 2012.

GONÇALVES NETO, Alfredo de Assis. *Lições de direito societário*. 2.ed. São Paulo: Juarez de Freitas, 2004.

GRAU, Eros Roberto. Sociedade de economia mista – Nulidade de acordo de acionistas que importa em mudança de seu acionista controlador. *Revista de Direito Administra-*

tivo, nº. 222, out./dez. 2000.

GRAU, Eros Roberto. *A ordem econômica na Constituição de 1988*. 13.ed. São Paulo: Malheiros, 2008.

GROTTI, Dinorá Adelaide Musetti. Licitações nas estatais em face da Emenda Constitucional 19, de 1998. *Revista Trimestral de Direito Público* 27/24. São Paulo: Malheiros, 1999.

GUERRA, Sérgio. Neoempreendedorismo estatal e os consórcios com empresas do setor privado. In: MARSHALL, Carla; GOMES, José Maria Machado (coord.). *Direito empresarial público*. vol. 2. Rio de Janeiro: Lumen Juris, 2004, p. 47-104.

GUIMARÃES, Bernardo Strobel. O exercício da função administrativa e o direito privado. São Paulo, 2011. Tese (doutorado) – Departamento de Direito do Estado da Faculdade de Direito da Universidade de São Paulo.

GUIMARÃES, Bernando Strobel. A participação de empresas estatais no capital de empresas controladas pela iniciativa privada: algumas reflexões. In: MARQUES NETO, Floriano de Azevedo; ALMEIDA, Fernando Dias Menezes de; NOHARA, Irene Patrícia; MARRARA, Thiago (org.). *Direito e Administração Pública*: estudos em homenagem a Maria Sylvia Zanella Di Pietro. São Paulo: Atlas, 2013, p. 374-389.

GUIMARÃES, Marcello. *Uso político de estatais pelo acionista controlador em prejuízo dos direitos dos acionistas minoritários*. Belo Horizonte: Fórum, 2011.

HAJ MUSSI, Luiz Daniel Rodrigues. Acordo de acionistas na sociedade de economia mista: comentários a acórdão do Superior Tribunal de Justiça. *Revista de Direito Público da Economia – RDPE*, Belo Horizonte, ano 3, n. 9, p. 239-252, jan./mar. 2005.

HODGES, John T.; DELLACHA, Georgina. Unsolicited Infrastructure Proposals: how Some Countries Introduce Competition and Tranparency, Working Paper n. 1, 2007.

HOUIN, R. A administração das empresas públicas e as normas de direito comercial. *Revista de Direito Administrativo*, n. 48, abr./jun. 1957

JORDANA DE POZAS, Luís. Ensayo de una teoría del fomento en el derecho administrativo. *Revista de estúdios políticos*, n. 48, p. 41-54, 1949.

JORDÃO, Eduardo Ferreira. *Restrições regulatórias à concorrência*. Belo Horizonte: Fórum, 2009.

JUSTEN FILHO, Marçal. Empresa, ordem econômica e Constituição. *Revista de Direito Administrativo – RDA*, Rio de Janeiro, n. 212, p. 109-133, abr./jun. 1998.

JUSTEN FILHO, Marçal. *Curso de direito administrativo*. 4.ed. São Paulo: Saraiva, 2008.

JUSTEN FILHO, Marçal. *Comentários à lei de licitações e contratos administrativos*. 15.ed. São Paulo: Dialética, 2012.

JUSTEN FILHO, Marçal. *Curso de direito administrativo*. 9.ed. São Paulo: RT, 2013.

JUSTEN FILHO, Marçal; JORDÃO, Eduardo Ferreira. A contratação administrativa destinada ao fomento de atividades privadas de interesse coletivo. *Revista Brasileira de Direito Público – RBDP*, v. 9, n. 34, p. 47-71, jul./set. 2011.

LAMARQUE, Jean. *Recherches sur l'application du droit privé aux services publics administratifs*. Paris: L.G.D.J., 1960.

LAMY FILHO, Alfredo; PEDREIRA, José Luiz Bulhões. *Sociedades anônimas*. Pareceres. Vol. II. Rio de Janeiro: Renovar, 1996.

LARENZ, Karl. *Metodologia da ciência do direito*. 2.ed. Lisboa: Fundação Calouste Gulbenkian, 1989.

LEÃES, Luis Gastão Paes de Barros. O conceito jurídico de sociedade de economia mista. *Separata da Revista dos Tribunais*, v. 354, p. 19-37, abr./1965.

LEÃES, Luis Gastão Paes de Barros. *Comentários à Lei das Sociedades Anônimas*. v. 2. São Paulo: Saraiva, 1980.

LOUREIRO, Gustavo Kaercher. O arranjo institucional da indústria do petróleo no âmbito dos contratos de partilha de produção. *Revista Brasileira de Direito Público – RBDP*, Belo Horizonte, ano 11, n. 41, p. 203-241, abr./jun. 2013.

MARAIS, Bertrad du. *Droit publique de la régulation économique*. Paris: Dalloz, 2004.

MARCON, Giuseppe. *Le imprese a partecipazione pubblica*: finalitá pubbliche ed economicità. Padova: Cedam, 1984.

MARQUES NETO, Floriano de Azevedo. As contratações estratégicas das estatais que competem no mercado. In: OSÓRIO, Fábio Medina; SOUTO, Marcus Juruena Villela (org.). *Direito administrativo:* estudos em homenagem a Diogo de Figueiredo Moreira Neto. Rio de Janeiro: Lumen Juris, 2006, p. 575-604.

MARQUES NETO, Floriano de Azevedo. *Bens públicos*: função social e exploração econômica; o regime jurídico das utilidades públicas. Belo Horizonte: Fórum, 2009.

MARQUES NETO, Floriano de Azevedo. Do direito administrativo à Administração contratual. *Revista do Advogado da Associação dos Advogados do Estado de* São Paulo – AASP. São Paulo, ano XXIX, n. 107, p. 74-82, dez. 2009.

MARRARA, Thiago. As cláusulas exorbitantes diante da contratualização administrativa. *Revista de Contratos Públicos – RCP*, Belo Horizonte, ano 3, n. 3, p. 237-255, mar./ago. 2013.

MARSHALL, Carla (org.). *Direito empresarial público.* vol. 2. Rio de Janeiro: Lumen Juris, 2004.

MARTÍN, Encarnación Montoya; MORENO, Alfonso Pérez. Formas organizativas del sector empresarial del Estado. *Stvdia Ivridica,* nº 60, Colloquia 7. Coimbra: Coimbra Editora, 2001.

MARTÍN-RETORTILLO, Sebastián. Sentido y formas de La privatización de la Administración Pública. *Stvdia Ivridica,* nº 60, Colloquia 7. Coimbra: Coimbra Editora, 2001.

MARTINS, Fran. *Comentários à lei das sociedades anônimas.* Rio de Janeiro: Forense, 1979.

MARTINS, Ricardo Marcondes. Contratos administrativos. *Revista Brasileira de Direito Público – RBDP.* Belo Horizonte, ano 5. n. 18, jul./set. 2007. Disponível em: <http://bid.editoraforum.com.br/bid/PDI0006.aspx?pdiCntd=47239>. Acesso em 4.1.2012.

MAXIMILIANO, Carlos. *Hermenêutica e aplicação do direito.* Rio de Janeiro: Forense, 2006.

MAZZUCATO, Mariana. *The entrepreneurial state*: debunking public vs. Private sector myths. London and New York: Anthem Press, 2013.

MEIRELLES, Hely Lopes. *Estudos e pareceres de direito público.* vol. II. São Paulo: RT, 1971.

MELLO, Célia Cunha. *O fomento da Administração Pública.* Belo Horizonte: Del Rey, 2003.

MELLO, Rafael Munhoz de. Atividade de fomento e o princípio da isonomia. *In*: SPARAPANI, Priscila; ADRI, Renata Porto (coord.). *Intervenção do Estado no domínio econômico e no domínio social*: homenagem ao Professor Celso Antônio Bandeira de Mello. Belo Horizonte: Fórum, 2010, p. 263-285.

MENDONÇA, J. X. Carvalho de. *Tratado de direito comercial brasileiro*, tomo I, Rio de Janeiro: Freitas Bastos, 1946.

MENDONÇA, José Vicente Santos de. Uma teoria do fomento público: critérios em prol de um fomento público democrático, eficiente e não-paternalista. *Revista dos Tribunais – RT*, ano 98, n. 890, p. 80-140, dez. 2009.

MENDONÇA, José Vicente Santos de; PRISCO, Alex Vasconcellos. PPSA, a estatal endógena do pré-sal: cinco controvérsias e um quadro geral. *Revista de Direito Público da Economia – RDPE*, Belo Horizonte, ano 10, n. 39, p. 99-123, jul./set. 2012.

MENEZES, Maurício Moreira Mendonça. Resolução de acordo de acionistas com base na quebra da "affectio societatis". *Revista Trimestral de Direito Civil*, v. 23, jul./set. 2005.

MODESTO, Paulo. Legalidade e autovinculação da Administração Pública: pressupostos conceituais do contrato de autonomia no anteprojeto da nova lei de organização administrativa. In: MODESTO, Paulo (coord.). *Nova organização administrativa brasileira*. Belo Horizonte: Fórum, 2009, p. 113-169.

MONTEIRO, Vera. *Concessão*. São Paulo: Malheiros, 2010.

MORAES, Luiza Rangel de. Ações de classe especial. *Revista de direito bancário, do mercado de capitais e da arbitragem* n. 22, p. 129-155, São Paulo, RT, out./dez. 2003.

MOREIRA, João Batista Gomes. Regime jurídico do pré-sal. *Fórum Administrativo – FA*, Belo Horizonte, ano 11, n. 129, p. 14-19, nov. 2011.

MOREIRA NETO, Diogo de Figueiredo. *Mutações do direito administrativo*. 2.ed. Rio de Janeiro: Renovar, 2001.

MOREIRA NETO, Diogo de Figueiredo. *Curso de direito administrativo*. Rio de Janeiro: Forense, 2006.

MOREIRA NETO, Diogo de Figueiredo. O Parlamento e a sociedade como destinatários do trabalho dos tribunais de contas. In: SOUZA, Alfredo José de. *et alli* (org.). *O novo Tribunal de Contas:* órgão protetor dos direitos fundamentais. 3.ed. Belo Horizonte: Fórum, 2005.

OTERO, Paulo. *Vinculação e liberdade de conformação jurídica do sector empresarial do Estado*. Coimbra: Coimbra, 1998.

OTERO, Paulo. *Privatizações, reprivatizações e transferências de participações sociais no interior do sector público*. Coimbra: Coimbra, 1999.

OTERO, Paulo. Coordenadas Jurídicas da Privatização da Administração Pública. *Stvdia Ivridica*, nº 60, Colloquia 7. Coimbra: Coimbra Editora, 2001.

PAIVA, Alfredo de Almeida. As sociedades de economia mista e as empresas públicas como instrumentos jurídicos a serviço do Estado. *Revista de Direito Administrativo – RDA*, seleção histórica (1945-1995), Rio de Janeiro, p. 29-38.

PARDO, José Esteve. *El desconcierto del Leviatán*: política y derecho ante las incertidumbres de la ciencia. Madrid: Marcial Pons, 2009.

PEIXOTO, Carlos Fulgêncio da Cunha. *Sociedades por ações*. v. 1. São Paulo: Saraiva, 1972.

PEIXOTO, Carlos Fulgêncio da Cunha. *Sociedades por ações*. v.2. São Paulo: Saraiva, 1972.

PELA, Juliana Krueger. *As golden shares no direito societário brasileiro*. São Paulo: Quartier Latin, 2012.

PENTEADO, Mauro Rodrigues. As sociedades de economia mista e as empresas estatais perante a Constituição de 1988. *Revista de Direito Administrativo*, v. 177, jul./set. 1989.

PENTEADO, Mauro Rodrigues. Reflexões sobre a privatização, parcerias e a política econômica. Disponível em: <http://www.uepg.br/rj/a1v1at01.htm>. Acesso em 30.5.2012.

PENTEADO, Mauro Rodrigues. Ações preferenciais. In: LOBO, Jorge (org.). *Reforma da lei das sociedades anônimas*. Rio de Janeiro: Forense, 2003, p. 183-217.

PEREIRA, Cesar A. Guimarães. *Usuários de serviços públicos*. 2.ed. São Paulo: Saraiva, 2008.

PEREIRA, Guilherme Döring da Cunha. *Alienação do poder de controle acionário*. São Paulo: Saraiva, 1995.

PEREIRA, Luiz Carlos Bresser; SPINK, Peter Kevin (org.). *Reforma do Estado e Administração Pública gerencial*. Rio de Janeiro: FGV, 1998.

PEREIRA, Luiz Carlos Bresser; CUNIL GRAU, Nuria. Entre o Estado e o mercado: o público não estatal. In: _____ (org.). *O público não-estatal na reforma do Estado*. Rio de Janeiro: FGV, 1999.

PEREZ, Marcos Augusto. Desestatização e contrato: o contrato como técnica de remodelação da atuação estatal. Disponível em <www.manesco.com.br>. Acesso em 29.4.2012.

PEREZ, Marcos Augusto. Contrato administrativo. Cessão de contrato. Possibilidade. Genesis. *Revista de Direito Administrativo Aplicado*, v. 12, p. 93-105, 1997.

PERICU, Giuseppe. *Le sovvenzioni come strumento di azione amministrativa*. Milão: Giuffrè, 1ª parte, 1967; 2ª parte, 1971.

PINTO, Bilac. O declínio das sociedades de economia mista e o advento das modernas empresas públicas. *Revista de Direito Administrativo - RDA*, Seleção Histórica, p. 257-270, 1991.

PINTO, Henrique Motta. *Empresa estatal: modelo jurídico em crise?*, Dissertação de Mestrado. PUC/SP, 2010.

PINTO, Henrique Motta. A autarquização das empresas estatais na jurisprudência do Supremo Tribunal Federal: um obstáculo para as reformas na administração pública. *Cadernos Gestão Pública e Cidadania*, v. 15, p. 215-233, 2010.

PINTO JÚNIOR, Mario Engler. Regulação econômica e empresas estatais. *Revista de Direito Público da Economia*. n. 15, jul./set. 2006.

PINTO JUNIOR, Mario Engler. *Empresa estatal*: função econômica e dilemas societários. São Paulo: Atlas, 2010.

PIRES, Adriano. A regulação do setor de petróleo e gás no Brasil. *In*: LANDAU, Helena (coord.). *Regulação jurídica do setor elétrico*. Tomo II. Rio de Janeiro: Lumen Juris, 2011.

PONTES, Aloysio Lopes. Sociedades de economia mista – bôlsa de valores. *Revista de Direito Administrativo – RDA* n. 66, p. 375-387, out./dez. 1961.

PRISCO, Alex Vasconcelos. Atuação da Empresa Brasileira de Administração de Petróleo e Gás Natural S.A. – Pré-Sal Petróleo S.A. (PPSA): gestão e risco no regime jurídico-regulatório dos consórcios constituídos no âmbito do sistema de partilha de produção. *Revista de Direito Público da Economia – RDPE*. Belo Horizonte, ano 9, n. 34, p. 9-44, abr./jun. 2011.

RAIMUNDO, Miguel Assis. *As empresas públicas nos tribunais administrativos*: contributo para a delimitação do âmbito da jurisdição administrativa face às entidades empresariais instrumentais da Administração Pública. Coimbra: Almedina, 2007.

RAMOS, Luciano Silva Costa. Contornos jurídicos da utilização do regime jurídico-privado pela Administração Pública, *Revista Trimestral de Direito Público – RTDP* nº 46, p. 223-232.

RENFORD, William; RAVEED, Sion. *A comparative study of multinational Corporation joint international business ventures with family firm or non-family firm partners*. Manchester: Ayer, 1980.

REQUIÃO, Rubens. *Comentários à lei das sociedades anônimas*. v. 1. São Paulo: Saraiva, 1978.

RIBAS, Gustavo Santamaría Carvalhal. Das aquisições hostis na prática norte-americana e a perspectiva brasileira. *Revista de Direito Mercantil – RDM* nº 141, p. 121-129.

RIBEIRO, Marcia Carla Pereira. *Sociedade de economia mista e empresa privada*: estrutura e função. Curitiba: Juruá, 2001.

RIBEIRO, Marilda Rosado Sá. *Direito do petróleo*: as *joint ventures* na indústria do petróleo. 2.ed. Rio de Janeiro: Renovar, 2003.

ROCHA, Henrique Bastos. A sociedade de propósito específico nas parcerias público-privadas. In: GARCIA, Flávio Amaral (coord.) *Revista de Direito da Associação dos Procuradores do Novo Estado do Rio de Janeiro*, Vol. XVII Parcerias Público-Privadas. Rio de Janeiro: Lumen Juris, 2006.

RODRIGUES, Ana Carolina; DAUD, Felipe Taufik. O Estado como acionista minoritário. *Revista de Direito Público da Economia – RDPE*, Belo Horizonte, ano 10. n. 40, p. 9-31, out./dez. 2012.

RODRIGUES, Bruno Leal. Formas de associação de empresas estatais: acordo de acionistas, formação de consórcios e participação em outras empresas. In: *Direito administrativo empresarial*. Rio de Janeiro: Lumen Juris, 2006.

RODRIGUES, Bruno Leal. Estatais no direito internacional. In: _____ (coord.). *Direito administrativo empresarial*. Rio de Janeiro, Lumen Juris, 2006, p. 11-31.

RODRIGUES, Edgard Camargo. Tribunal de Contas: abrangência de atuação e direitos de terceiros. In: *Licitações e contratos administrativos. Uma visão atual à luz dos tribunais de contas*. Curitiba: Juruá, 2007.

RODRIGUES, Nuno Cunha. *"Golden-shares"*: as empresas participadas e os privilégios do Estado enquanto accionista minoritário. Coimbra: Coimbra, 2004.

RODRIGUES, Pedro Nuno. As propostas não solicitadas e o regime de contratação pública: reflexões a pretexto dos procedimentos de atribuição de usos privativos de recursos hídricos por iniciativa particular. *Revista de Direito Público e Regulação* nº 3. set./2009.

RODRIGUES JUNIOR, Álvaro. Análise dos conceitos de "affectio societatis" e de "ligabilidad" como elementos de caracterização das sociedades comerciais. *Revista de Direito Privado*, nº 14, 2003.

RODRÍGUEZ MIGUEZ, José Antonio. *La participación en el capital social como modalidad de ayuda pública a las empresas*. Santiago de Compostela: Xunta de Galicia, 2002.

ROVAI, Armando. As sociedades anônimas e as *joint ventures*. In: FINKELSTEIN, Maria Eugênia Reis; PROENÇA, José Marcelo Martins(coord.). *Direito societário:* sociedades anônimas. São Paulo: Saraiva, 2007.

SALOMÃO FILHO, Calixto. *O novo direito societário*. 4.ed. São Paulo: Malheiros, 2011.

SANTAMARÍA PASTOR, J. A. *Principios de derecho administrativo*. vol. I, Madrid: Centro de Estudios de Derecho Administrativo, 1998.

SCHILLING, Arno. Sociedades de economia mista. *Revista de Direito Administrativo* nº 50, Rio de Janeiro, p. 36-46, out./dez. 1957.

SCHIRATO, Vitor Rhein. Novas anotações sobre as empresas estatais. *Revista de Direito Administrativo*, Rio de Janeiro, n. 239, p. 209-240, jan./mar. 2005.

SCHIRATO, Vitor Rhein. *Livre iniciativa nos serviços públicos*. Belo Horizonte: Fórum, 2012.

SCHIRATO, Vitor Rhein. Contratos administrativos e contratos da Administração Pública: pertinência da diferenciação?. *Revista de Contratos Públicos – RCP*, Belo Horizonte, ano 2, n. 2, p. 177-186, set. 2012/fev. 2013.

SCHNEIDER, Jens-Peter. O Estado como sujeito econômico e agente direcionador da economia. Tradução de Vitor Rhein Schirato. *Revista de Direito Público da Economia – RDPE*, Belo Horizonte, n. 18, p. 188-217, abr./jun. 2007.

SCHWIND, Rafael Wallbach. *Remuneração do concessionário*: concessões comuns e parcerias público-privadas. Belo Horizonte: Fórum, 2010.

SILVA, Luiz Alberto da. Transferência de ações ordinárias da Empresa Brasileira de Aeronáutica S.A. – Embraer – dos acionistas controladores da companhia a empresas francesas. *Revista de Direito Bancário, do Mercado de Capitais e da Arbitragem*, São Paulo, n. 8, p. 197-217, abr./jun. 2000.

SIQUEIRA, Mariana de; NÓBREGA, Marcos. A ANP e a possível mitigação de sua função regulatória no contexto da camada do pré-sal. *Revista de Direito Público da Economia – RDPE*. Belo Horizonte, ano 9, n. 35, p. 67-80, jul./set. 2011.

SOUTO, Marcos Juruena Villela. *Licitações – contratos administrativos*. Rio de Janeiro: Adcoas Esplanada, 1999.

SOUTO, Marcos Juruena Villela. *Direito administrativo da economia*. Rio de Janeiro: Lumen Juris, 2003.

SOUTO, Marcos Juruena Villela. *Direito administrativo em debate*. Rio de Janeiro: Lumen Juris, 2004.

SOUTO, Marcos Juruena Villela. *Direito administrativo*: estudos em homenagem a Diogo de Figueiredo Moreira Neto. Rio de Janeiro: Lumen Juris, 2006.

SOUTO, Marcos Juruena Villela. Criação e função social da empresa estatal: a proposta de um Novo Regime Jurídico para as Empresas sob Controle Acionário Estatal. In: _____ (coord.). *Direito administrativo empresarial.* Rio de Janeiro: Lumen Juris, 2006.

SOUTO, Marcos Juruena Villela. Parceria do mercado com o Estado. In: _____ (coord.). *Direito administrativo:* estudos em homenagem a Diogo de Figueiredo Moreira Neto. Rio de Janeiro: Lumen Juris, 2006.

SOUTO, Marcos Juruena Villela. Criação e função social da empresa estatal – a proposta de um novo regime jurídico para as empresas sob controle acionário estatal. In: _____ (coord.). *Direito administrativo empresarial.* Rio de Janeiro, Lumen Juris, 2006, p. 1-10.

SOUTO, Marcos Juruena Villela. Propostas legislativas de novo marco regulatório do pré-sal. In: ARAGÃO, Alexandre Santos de. *Direito do Petróleo e de outras fontes de energia.* Lumen Juris: Rio de Janeiro, 2011.

STEELE, Jenny. *Risks and legal theory.* Oxford and Portland: Hart, 2004.

SUNDFELD, Carlos Ari. A submissão das empresas estatais ao direito privado: uma definição histórica do STF. *Boletim de Direito Administrativo – BDA.* Ano XI, n. 5, p. 286-290, maio 1995.

SUNDFELD, Carlos Ari. A participação privada nas empresas estatais. In: _____ (coord.). *Direito administrativo econômico.* 1.ed. 2.tir. São Paulo: Malheiros, 2002, p. 264-285.

SUNDFELD, Carlos Ari; SOUZA, Rodrigo Pagani de. A superação da condição de empresa estatal dependente. *Revista de Direito Público da Economia – RDPE,* Belo Horizonte, n. 12, p. 9-50, 2006.

SUNDFELD, Carlos Ari. Uma lei de normas gerais para a organização administrativa brasileira: o regime jurídico comum das entidades estatais de direito privado e as empresas estatais. In: MODESTO, Paulo (coord.) *Nova organização administrativa brasileira.* Belo Horizonte: Fórum, 2009, p. 55-65.

SUNDFELD, Carlos Ari; SOUZA, Rodrigo Pagani de. Licitação nas estatais: levando a natureza empresarial a sério. *Revista de Direito Administrativo,* n. 245, p. 13-30, 2007.

SUNDFELD, Carlos Ari; SOUZA, Rodrigo Pagani de; PINTO, Henrique Motta. Empresas semiestatais. *Revista de Direito Público da Economia – RDPE,* Belo Horizonte, ano 9, n. 36, p. 75-99, out./dez. 2011.

SUNSTEIN, Cass. R. *Laws of fear:* beyond the precautionary principle. Edimburgh: Cambridge, 2005.

TÁCITO, Caio. Controle das empresas do Estado (públicas e mistas). *Revista de Direito*

Administrativo n. 111, jan./mar. 1973.

TÁCITO, Caio. *Temas de direito público*: estudos e pareceres. Vol. 1, 2 e 3. Rio de Janeiro: Renovar, 1997.

THALER, Richard H.; SUNSTEIN, Cass R. *Nudge*: improving decisions about health, wealth, and happiness. New Haven and London: Yale, 2008.

TONIELLI, Pier Angelo. *The rise and fall of state owned enterprise in the Western World*. New York: Cambridge University Press, 2000.

TOKARS, Fábio. *Sociedades limitadas*. São Paulo: LTr, 2007.

TOJAL, Sebastião Botto de Barros. *O Estado e a empresa estatal* – controle: fiscalização ou poder de dominação? São Paulo, 1987. Dissertação (mestrado) – Faculdade de Direito da Universidade de São Paulo.

TRAVASSOS, Fernando C. As vantagens de uma empresa público-privada. *Jornal Valor Econômico*, 21.8.2007.

VALVERDE, Trajano de Miranda. *Sociedades por ações*. v. I. 3.ed. Rio de Janeiro: Forense, 1959.

VALVERDE, Trajano de Miranda. *Sociedade por ações*. v. 2. Rio de Janeiro: Forense, 1959.

VALVERDE, Trajano de Miranda. Sociedades anônimas ou companhias de economia mista *Revista de Direito Administrativo – RDA*, Seleção Histórica 1945-1995, Rio de Janeiro, p. 29-38.

VAZ, Ernesto Luís Silva; NASCIMENTO, João Pedro Barroso do. Poderes da administração na oferta hostil de aquisição de controle no direito comparado: medidas defensivas e *poison pills*. In: FRANÇA, Erasmo Valladão Azevedo e Novaes (coord.) *Direito societário contemporâneo I*. São Paulo: Quartier Latin, 2009, p. 387-421.

VEDEL, Georges; DELVOLVÉ, Pierre. *Droit administratif*. Paris: PUF, 1984.

VERGÉS, Joaquim. *Empresas públicas: cómo funcionam, comparativamente a las privadas*: eficiência, eficácia y control. Madrid: Ministerio de Economía y Hacienda. Instituto de Estudios Fiscales, 2008.

VIEIRA, Livia Wanderley de Barros Maia; GAROFANO, Rafael Roque. Procedimentos de Manifestação de Interesse (PMI) e de Propostas Não Solicitadas (PNS): os riscos e os desafios da contratação na sequência de cooperação da iniciativa privada. *Revista Brasileira de Infraestrutura – RBINF*, Belo Horizonte, ano 1, n. 2, p. 183-211, jul./dez. 2012.

WALD, Arnoldo. As sociedades de economia mista e as empresas públicas no direito comparado. *Revista Forense,* Rio de Janeiro, v. 152, p. 510-523, mar./abr. 1954.

WALD, Arnoldo. As sociedades de economia mista e a nova lei das sociedades anônimas. *Revista de Informação Legislativa,* Brasília, ano 14. n. 54, p. 99-114, abr./jun. 1977.

WALD, Arnoldo. O acordo de acionistas e o poder de controle do acionista majoritário. *Revista de Direito Mercantil, Industrial, Econômico e Financeiro,* v. 81, jan./mar. 1991.

WALD, Arnoldo. Do regime legal do contrato de parceria entre a OPP Petroquímica e a Petrobras – Parecer – 1ª parte. *Cadernos de Direito Tributário e Finanças Públicas* 24/145. São Paulo: RT, 1998.

WEISSBURG, Adam B. Reviewing the law on joint ventures with an eye towards the future. *Southern California Law Review,* vol. 63, Los Angeles, 1990.

ÍNDICE